中国石油HSE管理丛书

HSE管理经验汇编

（2011年）

中国石油天然气集团公司安全环保与节能部　编

石油工业出版社

内 容 提 要

本书收录了2011年中国石油各企业HSE管理的典型经验和有效做法，分为体系推进、教育培训、责任落实、风险管理、环境保护、消防与交通安全管理、海上作业安全管理、事件管理、承包商管理、职业健康、综合管理11大类，共106篇。详细介绍了中国石油HSE管理取得的丰硕成果、体系建设中遇到的问题和解决办法，是企业HSE管理水平的真实写照。本书适合中国石油及其他石油石化企业的管理人员和企业员工阅读。

图书在版编目（CIP）数据

HSE管理经验汇编.2011年/中国石油天然气集团公司安全环保与节能部编.—北京：石油工业出版社，2012.2
（中国石油HSE管理丛书）
ISBN 978-7-5021-8876-4

Ⅰ.H…
Ⅱ.中…
Ⅲ.石油企业-工业企业管理-经验-中国
Ⅳ.F426.22

中国版本图书馆CIP数据核字（2011）第269994号

出版发行：石油工业出版社
（北京安定门外安华里2区1号　100011）
网　址：www.petropub.com.cn
编辑部：（010）64255590　发行部：（010）64523620
经　销：全国新华书店
印　刷：石油工业出版社印刷厂

2012年2月第1版　2012年2月第1次印刷
787×1092毫米　开本：1/16　印张：26.5
字数：612千字

定价：70.00元
（如出现印装质量问题，我社发行部负责调换）

前　言

安全环保是企业生存与发展的基础，也是国家财产和人民群众生命健康安全的根本保障。随着经济发展和社会进步，人们对安全的期待不断提高，企业员工对加强安全监管监察、改善作业环境、保障职业安全和健康权益的要求也越来越高。与此同时，国内外重大事故灾难仍时有发生，造成了巨大的经济损失和环境灾难，甚至引起了人员伤亡，这就使各个国家和企业对安全环保的要求越来越严格。因此，安全环保工作对经济发展和社会稳定具有重大的意义，已成为衡量企业可持续发展的重要指标，是现代企业竞争制胜的核心竞争力。

石油石化工业是我国的支柱产业，在国民经济中占有重要地位，但它也是一个高风险行业，高温高压、易燃易爆、有毒有害和腐蚀性强、连续作业、点多线长面广等生产经营风险凸显，发生事故的概率较大。中国石油天然气集团公司紧紧围绕建设综合性国际能源公司战略目标，将安全环保工作作为“天字号工程”、发展战略基础摆在突出位置。“十一五”时期，集团公司坚持以科学发展观为指导，牢固树立安全发展、清洁发展理念，以 HSE 管理体系建设为主线，以开展安全环保基础年活动为载体，积极学习、借鉴国际 HSE 管理先进经验，扎实推进安全环保工作，取得了新进展、新突破。固化提升了“环保优先、安全第一、质量至上、以人为本”的 HSE 管理理念；推动形成了“人人负责、事事受控，纵向到底、横向到边”的安全环保责任体系；颁布实施了集团公司“HSE 管理原则”、“反违章禁令”；大力推广了安全观察与沟通、作业许可、HAZOP 分析、上锁挂牌、培训矩阵等 HSE 方法工具；开展了安全环保隐患专项治理；推进实施了节能减排“双十工程”；制定发布了集团公司应对突发事件的总体预案和 18 个专项预案，为“十二五”时期全面建设和深化推进 HSE 管理体系打下了良好的基础。

安全环保工作是一个认识、学习、落实、总结和改进的过程。2011 年，我们组织一些企业围绕 HSE 管理工作实践撰写了 200 余篇文章，经过层层筛选，最终评出了 106 篇，列入《HSE 管理经验汇编（2011 年）》一书出版发行。本书总结和提炼了蕴藏在各企业的健康安全环保实践方面的典型经验和有效做法，以方便各个企业之间相互借鉴和学习。本书包含11个方面的内容：体系推进、教育培训、责任落实、风险管理、环境保护、消防与交通安全管理、海上作业安全管理、事件管理、承包商管理、职业健康和综合管理，展示了中国石油HSE管理取得的丰硕成果，是企业HSE管理水平的真实写照。

本书评选出的每篇文章，都经过了反复的审读和修改，安全环保与节能部、安全环保技术研究院、长城钻探工程公司、大港石化公司，以及文章撰写单位的相关同志做了大量工作，在此表示感谢。由于时间仓促，文章筛选过程中难免存在遗珠之憾，敬请谅解。

2012.01

目　录

体 系 推 进

推进 HSE 体系要真信真学真用 ………………………………………… 工程技术分公司（3）
开展安全管理审核　促进体系持续改进 ………………………………… 塔里木油田（6）
深化 HSE 体系推进　加强基层班组标准化建设 ………… 西南油气田矿区服务事业部（10）
找准突破口　破解“两层皮”　精心策划 HSE 体系建设推进工作 ………… 兰州石化（14）
积极探索管理方法　扎实推进 HSE 体系建设 ……………………… 兰州石化动力厂（18）
注重员工安全业绩管理　助推 HSE 体系稳步建设 ……………………… 辽河石化（22）
夯基础　重实效　促融合　推进 HSE 体系有效运行 …………………… 四川销售（24）
推进 HSE 体系建设　构筑安全运营坚实屏障 ………………………… 宁夏销售（27）
整合多套管理体系　搭建统一高效的体系管理平台 ………………… 管道分公司（30）
建立专业审核标准　规范量化审核程序 ………………………………… 川庆钻探（34）
国际项目高端客户 HSE 管理探索与实践 ………………………………… 东方物探（39）
开展审核定级　优化 HSE 体系运行 ……………………………………… 东方物探（44）

教 育 培 训

构建“121”安全经验分享模式　实现连续安全生产新跨越…… 大庆油田第二采油厂（51）
探索特色 HSE 培训模式　提高员工岗位操作技能 ……………… 长庆油田第三采油厂（55）
员工安全能力是安全文化的基础 ……………………………………… 塔里木油田（58）
提高规程法制意识　严格按章操作 …………………………………… 塔里木油田（62）
探索和推行基层 HSE 培训新模式　有效提高操作员工安全环保素质
　　………………………………………………………………………… 吉林油田（67）
履行职责　提高素质　努力做一名合格的 HSE 培训师 ………… 吉林油田新民采油厂（70）
提高安全意识　抓好教育培训 ……………………………………… 兰州石化乙烯厂（73）
加强基层培训　提高员工素质 ……………………………………… 长城钻探录井公司（75）
着力领导干部素质提高　将安全作为聘任的重要条件 ……………………… 渤海钻探（78）
转变理念　强化培训　实现全员 HSE 能力和意识的持续提升 ……………… 东方物探（81）

责任落实

坚持标准　严格监督　确保钻井生产安全平稳运行
…………………………………………………… 大庆油田大庆钻探钻井三公司（87）
强化监督职能　促进管理改进　持续提升 HSE 管理水平 …… 大庆油田天然气分公司（91）
以 HSE 分委会为载体　深入落实直线责任 …………………………………… 辽河油田（96）
安全文化始于有感领导 ……………………………………………………… 塔里木油田（99）
安全是责任　更是受益终生的事业 …………………………………… 塔里木油田（104）
落实直线责任和属地管理　强化全员安全责任意识 ……………………… 塔里木油田（108）
推进机构在培育安全文化中的作用 …………………………………… 塔里木油田（116）
全面覆盖　划分属地　落实责任 …………………… 西南油气田重庆天然气净化总厂（119）
切实落实直线责任　严格高风险作业许可管理 …………………………… 西南油气田（123）
双向述职促交流　上下合力保安全——探索践行“有感领导”新途径
……………………………………………………………………… 西南油气田重庆气矿（127）
兼职安全员筑起安全施工的首道屏障 ………………………………… 大庆石化化建公司（129）
开展“值日安全员”活动　提高全员安全意识 ……………………… 大庆石化化工二厂（131）
践行有感领导　强化直线责任　稳步推进 HSE 体系建设……………………… 宁夏石化（134）
践行有感领导　培育安全文化 ……………………………………………… 中油燃料油（137）
构建全员责任体系　落实安全环保责任 …………………………………… 长城钻探（140）
细化落实“三分之一工作法”　促进安全工作持续有效改进
…………………………………………………………………… 长城钻探井下作业公司（144）
安全环保责任书个性化　领导述职常态化 ……………………………………… 川庆钻探（147）

风险管理

传承“三老四严”作风　筑牢基层安全生产基石 ……………… 大庆油田第一采油厂（151）
立足风险防控　实施程序管理　全面提升泵站系统安全管理能力
……………………………………………………………………… 大庆油田第三采油厂（155）
借助 HSE 信息平台　科学监控 HSE 隐患 ………………… 大庆油田井下作业分公司（160）
坚持机制创新　推行监管分离　努力构建适应油田加快发展的“大监督”格局
……………………………………………………………………………………… 长庆油田（163）
加强信息动态管理　确保作业风险受控 ……………………… 长庆油田第二采油厂（171）
开展安全观察与沟通　实现行为安全受控 …………………………………… 塔里木油田（174）
以人为核心　实施关键人员变更管理 ………………………………………… 塔里木油田（178）

大力开展 HAZOP 分析　努力提高工艺安全水平 ………………………… 西南油气田（183）
创新载体　丰富内涵　扎实有效开展安全经验分享活动 ……………………… 大庆石化（186）
以标准化管理促进生产受控　确保装置安稳长满优运行 ………… 大庆石化化工一厂（189）
消除短板　提高员工应急处置能力 ………………………………………………… 兰州石化（191）
夯实基础管理　确保安全受控 …………………………………… 兰州石化油品储运厂（193）
工作循环分析在工艺安全管理中的应用 ……………………………………… 宁夏石化（195）
以上锁挂签测试为手段　强化能量隔离管理　确保作业过程安全 ………… 宁夏石化（198）
持续推进作业许可管理改进　在实践和创新中不断提升 HSE 业绩水平…… 宁夏石化（203）
抓关键环节管理　保施工作业安全 ……………………… 大连石化建筑安装工程公司（208）
严格落实生产操作法　努力提高生产受控水平 ………………………………… 大连石化（210）
运用目视化管理　提高现场安全管理水平 ……………………………………… 大连石化（212）
加强检维修作业管理　有效控制加油站风险 …………………………………… 辽宁销售（214）
夯实应急管理基础　强化应急预案演练 ………………………………………… 福建销售（218）
落实全面开工验收制度　有效防范施工作业安全风险 ………………………… 西部钻探（222）
强化基层基础管理　提高风险防控能力 ………………………………………… 渤海钻探（225）
着力储存、运输、使用环节控制　确保放射源安全 …………………………… 渤海钻探（228）
建立生产安全预警系统　增强事故事件防范能力 ……………………………… 川庆钻探（231）
工艺危害分析在 LNG 发动机推广项目的应用 ………………………………… 川庆钻探（234）
规范标准作业程序　提升作业安全水平 ………………………………………… 川庆钻探（240）
管道局 HSE 小经验………………………………………………………………… 管道局（243）
工程建设公司 HSE 经验做法…………………………………………………… 工程建设公司（245）
着眼全局　着力细节　打造员工公务外出安全管理防线 ………… 中国寰球工程公司（248）
东北炼化公司 HSE 经验做法………………………………………… 东北炼化工程公司（252）
深入开展危害辨识和风险管理　着力构建企业安全环保牢固防线 ………… 宝鸡钢管（254）

环 境 保 护

实施清洁生产　创建绿色企业 …………………………………………………… 辽河油田（261）
运用数字化技术　打造“三道防线”　促进安全发展…………………………… 长庆油田（265）
实现钻井废弃物“零”排放………………………………………………… 塔里木油田（268）
坚持清洁发展　建设绿色炼厂 …………………………………………………… 广西石化（271）
实施绿色勘探　拓展国际高端高效市场 ………………………………………… 东方物探（275）

消防与交通安全管理

一细两懂三控制　削减风险保安全 ……………………………… 大庆油田公共汽车公司（281）

传承“硬骨头”精神　提升安全管理水平 ………………… 大庆油田大庆钻探工程公司（284）
落实责任　夯实基础　筑牢屏障　全面推进油田交通安全管理上水平 …… 辽河油田（287）
创新管理方法　落实安全责任　做好市场化条件下交通安全管理工作
…………………………………………………………………… 长庆油田第五采油厂（291）
实施“动态风险管理”　坚持做好“三个检查”　努力提高交通安全管理水平
…………………………………………………………………… 大庆石化矿区事业部（295）
适应形势需要　改进训练方法　努力提高队伍灭火救援保障能力
……………………………………………………………………… 辽阳石化消防支队（297）
应用“四位一体”技术成果　努力提升道路运输 HSE 管控水平
…………………………………………………………………… 川庆钻探长庆指挥部（301）
发挥区域联防资源优势　促进消防能力共同提高 ………… 中国石油第四消防联防区（304）
运用信息网络技术　提高交通安全风险监管能力 ……………………………… 运输公司（308）

海上作业安全管理

强管理　严落实　持续提高赵东项目 HSE 业绩水平………………… 大港油田赵东项目（315）
强化风险识别与隐患治理　提高设备设施本质安全水平 ……………………… 冀东油田（319）
夯实基础　提高能力　全力做好海上石油应急救援保障
……………………………………………………………… 冀东油田海上应急救援响应中心（323）
推进安全管理体系　提升船舶安全管理水平 ……………………………… 海洋工程公司（328）

事 件 管 理

转变观念　做好事件/事故管理 ………………………………………………… 塔里木油田（335）
深刻吸取事故教训　强化现场过程管理 …………………………………………… 辽阳石化（340）
挖掘事故事件价值　促进安全绩效提升 ………………………… 南美公司安第斯项目（343）
加强事件管理　实现过程控制 ……………………………………… 长城钻探古巴项目部（347）
强化事故分析　探索有效事故管理模式 …………………………………………… 川庆钻探（350）

承包商管理

落实 HSE 九项原则　强化承包商安全管理………………………………… 塔里木油田（357）
坚持“四个一样”深化承包商安全管理……………………………………… 锦州石化（363）

职业健康

采取务实高效的治本措施　创造优良健康业绩 …………………………………… 辽河油田（369）
以人为本　持续提升职业健康管理水平 ……………………………………… 塔里木油田（373）
强化基础　不断提升职业健康管理水平 ……………………………………… 西南油气田（377）
着力增强危害预防　提升健康监护能力 ………………………………………… 西部钻探（379）
关注基层员工健康　落实以人为本承诺 ………………………………………… 东方物探（383）

综合管理

以人为本　精细管理　预防为主　全员参与——化工企业安全文化建设的探索与实践
…………………………………………………………………………… 大庆油田化工集团（389）
创新管理　勇争一流　全面提升现场安全环保工作水平
…………………………………………………………… 大庆油田大庆钻探工程公司（394）
深化创建“五型”班组　努力构筑安全生产前沿阵地 …………………………… 抚顺石化（397）
规范基层 HSE 资料　为基层组织和员工减负 ……………………… 长城钻探钻井二公司（401）
推行“866”管理活动　控制井队作业风险 ……… 川庆钻探长庆井下技术作业公司（404）
行为安全管理的探讨 ……………………………………………………………… 川庆钻探（411）

体系推进

推进 HSE 体系要真信真学真用

工程技术分公司

工程技术业务一直是中国石油天然气集团公司（以下简称集团公司）安全生产的高危行业。近 20 年事故统计显示，本行业发生的生产亡人数量占到了集团公司亡人总数的 28%，“十五”期间该数据是 35.24%。2008 年工程技术业务实行专业化重组，强力推进 HSE 体系建设后，安全业绩明显提升。2008—2010 年三年亡人数量降到了集团公司亡人总数的 7.69%，2009 年无亡人事故，2009—2010 年两年无井喷失控事故。中国石油工程技术分公司（以下简称工程技术板块）HSE 体系建设与推进工作有以下切实的做法。

一、加强组织领导，努力提升 HSE 体系推进领导力

集团公司在借鉴杜邦公司先进经验的基础上创新了 HSE 体系，形成一套具有鲜明实践特点和中国石油特征的科学体系。对此，一定要“真信、真学、真用”，才能真正管用。自集团公司开展 HSE 体系推进以来，工程技术板块先后有川庆钻探、长城钻探、东方物探被列为集团公司试点单位，渤海钻探通过积极争取，2010 年成为集团公司重点指导单位。在 HSE 体系推进中，坚持“分公司统一领导，联席会议组织协调，企业分头推进，员工各司其责”。对于 HSE 体系推进，在年初的工作会上安排部署，年中跟进协调，年末总结提高，确保 HSE 体系推进工作不断深入。各企业密切结合实际，在推进 HSE 体系建设方面做了许多大胆的探索和积极的实践。

二、践行“有感领导”，全面构筑安全生产责任体系

在集团公司安全环保与节能部的帮助指导下，工程技术板块大力推广川庆钻探凝练出的“领导七个带头”的好经验，把“有感领导”做真做实。结合对自身事故资源的研究分析，全面梳理管理流程和制度，按“管工作，必须管安全”的原则，落实相关业务部门的 HSE 责任。在属地管理方面，积极协助长城钻探从最初的“确认、告知、跟踪、提示”进一步升华为“识别、维护、杜绝、监督”，“我的属地，我管理”原则得到进一步的落实。另外还推广了东方物探“动车组”管理方法，细化各层级责任和权力，推动各企业建立全面覆盖的 HSE 绩效考核体系，收到明显成效。

三、坚持以赛促训，不断提升井控安全意识和技能

工程技术板块成立以来，按照集团公司“加强理论培训、现场培训、模拟培训和实战演练，提高应急处置真本事”的指示精神，以“井控安全”为切入点，采取“以赛促训”、“以点带面”等措施，优化培训方式，提升和扩大培训效果，组织编写并出版了集团公司

《井控培训教材和井喷事故案例汇编》，制定修订了《关于进一步加强井控工作的实施意见》等17项井控工作制度。自2008年以来连续三年开展井控技能竞赛，以促进岗位员工“学业务、练技能、增才干、当尖兵”，大力营造各单位间和员工间“比、学、赶、帮、超”的文化氛围，极大地改善了井控安全工作。三年来安全处理各类井涌溢流853井次，彻底杜绝了井喷失控事故的发生。

四、强化风险管理，着力提高重点领域防控能力

从“风险评估、设计把关、主动防控、有序应对、保护油气”五方面全面落实“积极井控”理念，狠抓“三高、两浅井”的井控管理，全面开展井控风险评估和分级管理。自2009年集团公司各油气区域全面实现井控风险评估和分级管理以来，针对过去一些低风险井不安装或安装超高配置防喷器的问题，组织相关专家和制造厂家研制生产了“体积小、成本低、安全可靠”的7兆帕防喷导流器，既保障了低风险井的井控安全，又降低了井控成本。另外针对大规模推广欠平衡、气体钻、控压钻井、带压作业等新技术工艺带来的较高井控风险，颁布实施了一系列技术标准和操作规范，确保了井控安全。

五、建立管理机制，下大气力抓好隐患排查治理

工程技术板块建立了隐患“排查、评估、立项、治理、验收”管理机制，突出在钻井装备、井控和应急设施以及污水处理、爆炸品、放射源管理等重点领域和关键环节排查与整治。三年投入了15.6亿元，治理隐患487项。对具有重大安全隐患的港“12井”污水存放池，明确一位副总师挂牌督办，渤海钻探全天候守护，确保了港“12井”的安全度汛。针对“4·22”亡人事故，在集团公司安全环保与节能部的指导下开设研究专题，组织本板块各企业开展大讨论，对暴露出的设备和工艺安全缺陷，果断采取措施，改进钻机控制装置，完善起下钻工艺，根除事故根源。

六、加强应急管理，完善体系和增强应急能力并重

工程技术板块在建立健全两级应急预案的同时，进一步充实和完善了两级应急专家库和专、兼职应急抢险队伍。2009年，在投资近亿元的“中国石油井控应急救援响应中心”组织进行了首次集团公司级的企地联动井喷应急演练。观摩演练的国家部门、地方政府和兄弟单位的领导对本次演练效果给予高度肯定。在“十一五”期间，工程技术板块还调动井控应急中心先后为普光气田、山西煤层气田、延长油矿、土库曼、巴基斯坦等处的井喷着火事故进行应急抢险救援。西部钻探、渤海钻探等企业与相关企业和地方政府也开展多次应急演练。通过这些实战和演练，应急队伍得到锻炼，应急预案得到完善，广大员工得到教育，同时也提升了集团公司的社会形象。

七、用好事故资源，以事故为镜子找不足补短板

墨西哥湾“4·20”井喷爆炸导致了震惊世界的墨西哥湾重大环境灾难。事故发生后，工程技术板块以高度的职业敏感在第一时间安排专人严密跟踪事故进展，多次组织专题会议研讨事故原因，总结经验教训，弥补工作短板，及时向集团公司和有关部门报告情况。两次

下发文件汲取教训、加强管理、做出安排；组织编译《墨西哥湾井喷漏油灾难国家调查报告》，并下发各企业借鉴参考。此外还充分利用此次的事故资源，编制了安全经验分享课件，利用各种专业会议和井控安全检查等机会，将经验教训传达给企业领导和工程技术人员。

八、贯彻集团公司要求，不断提升 HSE 整体水平

2009 年工程技术板块按照集团公司安全环保与节能部的要求建立了与国际接轨的安全指标分析方法，率先在集团公司施行了百万工时安全指标统计分析制度，为先期发现薄弱环节和管理弱项做好先期预警、堵塞漏洞、科学预防、补齐短板提供了科学支撑。我们深信，就 HSE 工作而言，工程技术板块内 HSE 水平最低的那个单位，代表的就是整个板块的最高水平！2010 年按照集团公司安全环保与节能部的要求，把工程技术板块 8 家企业通过签约的形式结成 4 个互帮互学的对子，确保先期试点企业传经送宝，后期开展企业少走弯路。结对子企业充分利用这一机制，端正态度，放下架子，互派工作组，相互学习，取长补短，共同提高，同时也促进了工程技术板块 HSE 工作整体水平的提升。

三年来，在集团公司正确领导和安全环保与节能部的悉心指导下，通过各企业不懈努力，工程技术板块的 HSE 工作初步显现了四个好苗头。一是通过“感知责任、感染同事、感召基层、感奋员工”，领导干部“七个带头”正在逐步落实于具体行动中，HSE 领导力正在从“重视”向“重实”转变。二是通过流程梳理和制度创新，部门 HSE 直线责任初步归位，机关部门由“旁观者”变为“直线责任者”，“管工作，必须管安全”的 HSE 责权构架基本形成。三是属地管理的内涵和外延正在实践创新中得到丰富和完善。四是 HSE 绩效考核与“票子、帽子、位子”挂钩力度持续加大，对干部和员工思想行为的约束力持续增强。

廖总说：“安全环保工作，一年、两年靠运气，三年、五年靠管理，长治久安靠文化。”工程技术板块 HSE 业绩的取得来自于方方面面的贡献和支持。对于成绩，我们始终诚惶诚恐，如履薄冰！我们面对的现实是，集团公司 HSE 及井控工作仍然处于严格监管阶段，“三基工作”依然薄弱，工程技术业务野外施工、频繁流动的高风险依然如故，点多面广、战线长的生产管理格局进一步突出，海外业务面临的安保风险还在持续加大。面对国企肩负的“三大责任”，面对集团公司“十二五”目标，我们对 HSE 工作的阶段性、长期性、反复性和艰巨性不敢有丝毫疏忽和懈怠。唯有始终保持清醒头脑，唯有以“三老四严”的大庆精神老老实实地建设好、推进好 HSE 体系，才能为工程技术业务的长治久安打牢思想文化基础！

转眼“十二五”已过去了十分之一。回头看，我们有所进步。向前看，我们重任在肩！按照“精细管理”和“工程技术要来一场革命”的要求，今后应在“转变观念、养成习惯、提高水平”上多谋划，在“精”和“细”上用功夫，在“优化升级、定量评价、刚性管理、规范执行、注重实践、相互融合”六个方面补短板，利用“十二五”或更长一点的时间努力实现“从探索实践向体系升级、从模糊粗放向精细管理、从理论创新向注重实绩、从单极体系向全面融合”四个方面的转变，为工程技术服务业务的健康发展打基础，为实现集团公司宏伟目标作贡献。

开展安全管理审核　促进体系持续改进

塔里木油田

中国石油塔里木油田公司（以下简称塔里木油田）将审核评估定级作为推动安全文化和安全持续改进的重要管理工具和手段。通过制定审核标准，培养审核队伍，开展审核定级活动和强化审核结果的应用，探索建立了体系持续改进的运行机制。

一、安全管理审核本质内涵

“不衡量就不会进步，不审核就不会持久”，安全管理现状审核是推动并确保落实和执行的有效手段，是对管理状况阶段性的复核和评价。通过审核过程的沟通交流和辅导，能够引导安全观念转变，推动安全责任落实，促进安全文化培育。通过对审核发现的分析、总结和归纳，能够了解、评价企业安全管理的真实状况，发现系统运行及系统自身存在的问题及其原因。通过持续改进，确保管理系统持久有效运行，促进企业不断改进提高和科学和谐发展。

二、安全管理审核实施方法

（一）转变审核观念，改变审核形式

塔里木油田本着培育自身安全文化、推动安全文化持续发展的思路，充分认识到审核是企业自身的需要，是企业自己的责任。要做好审核工作，首先必须纠正以往审核的错误观念。

塔里木油田以往审核的功能定位偏差，误认为审核主要是找问题，问题越多，审核越成功，审核方与被审核方很难形成共同目标和良好的互动，审核中往往存在双方不和谐的声音。结果是审核作用发挥不理想，达不到审核理应达到的预期效果。

审核不仅是为了挑毛病、找问题。通过审核过程的沟通、交流和辅导，转变安全观念，落实安全责任，加强共享和学习，促进安全文化培育，通过审核过程的分析、总结和归纳，能够了解、评价企业安全管理的真实状况，发现系统运行及系统自身管理上的问题和原因，确保安全管理系统持久有效运行，促进企业自身不断改进提高才是审核的真正目的。

塔里木油田改变以往隐患排查和设备缺陷检查式的审核方式，把审核当成一次安全理念及标准的宣传、培训和辅导，注重审核过程的沟通和交流，充分发挥审核的推动、辅导作用。通过审核辅导，推动员工安全观念转变和标准执行，让员工充分认识到，审核能够帮助员工提升安全技能，给员工创造安全的工作环境，从而转变对审核的态度和观念。审核过程更加注重探讨管理中存在的缺陷和薄弱环节，寻找深层次的管理问题；审核过程充分了解、听取基层的意见和建议，帮助基层解决实际困难；审核过程更加关注安全文化氛围的形成，

更加关注安全理念观念的转变和执行的常态化。

（二）制定审核定级管理办法

本着培训、辅导的理念，塔里木油田广泛争取各方意见，制定了审核结果公开、透明的安全管理现状审核（评估）定级管理办法。安全管理现状审核评估（定级）采用量化的方式，总分1000分，分A、B、C、D四级（见表1）。根据审核发现分析汇总，风险变化调整各级别分数，引导基层持续提升。

表1　审核评估级别

级　　别	2009年前	2010年
A级（优秀）	850分以上	875分（含）以上
B级（较好）	700分至850分	725分（含）至875分
C级（合格）	600分至700分	625分（含）至725分
D级（不合格）	600分以下	625分以下

1. 编制审核清单

依据行为安全、系统安全、工艺安全三大系统和27个要素制定了通用审核清单。审核清单坚持转化、细化管理标准和技术标准的原则。审核清单针对不同业务具有个性化特点，广泛征求各单位意见，即由各单位根据其业务特点、岗位设置，在通用清单的基础上选择或增加与其相适应的条款，形成个性化清单。

根据每年审核的结果，针对审核的突出问题，对基础审核清单也在进行不断地修订和完善，每年的推进重点也列入清单，强化薄弱环节、重点内容的审核推进。并根据各要素的整体推进情况，对要素权重进行调整，引导推进方向和重点推进内容的强化。表2列举了行为安全各要素审核清单三年的权重变化。安全组织在安全文化推进过程中，进步最快，自觉性逐渐增强，每年的权重也在逐渐降低。而直线组织一直是推动的重点和难点，则权重在逐渐增加。

表2　行为安全要素分值变化

序　　号	安 全 要 素	2009年权重	2010年权重	2011年权重
1	承诺和目标	25	10	10
2	有感领导	45	50	60
3	安全组织	50	30	20
4	政策和措施	15	20	10
5	直线领导	45	50	40
6	直线组织	40	50	60
7	属地管理	50	60	70
8	安全审核	30	30	30
合计		300	300	300

2. 确定审核对象

将全油田基层站队、二级单位及直线组织列为审核对象。并根据风险管理特点和推进总体情况，逐步扩展和延伸审核对象，调整审核定级权重标准和审核定级占业绩考核比例权重。安全文化推进之初的 2008 年，审核对象主要是风险的直接面对者，即 146 个基层站队。为强化直线组织和直线领导职责的落实，2009 年审核对象逐步延伸到 19 个二级单位的直线领导和机关、10 个作业区的 60 多名领导和 40 多个科室部门。根据 2008 年和 2009 年审核的问题，为促进油田机关的安全理念转变和安全责任落实，从根本上解决油田层面的管理问题，2010 年审核对象继续延伸到油田机关。

甲方单位是安全管理责任单位，但承包商承担了塔里木油田三分之二的工作，且都是高风险工作，承包商安全文化是油田整体安全文化的重要组成部分。所以在 2008 年和 2009 年审核对象主要是甲方单位的基础上，逐步向承包商单位延伸。2010 年增加了对钻试修承包商的审核，2011 年继续增加了基建类、检维修类承包商的审核。不同单位审核评估分值变化过程见表 3。

表 3　不同单位审核评估分值变化过程

<table>
<tr><th colspan="2">审核单位</th><th>2008 年</th><th>2009 年</th><th colspan="2">2010 年</th><th colspan="2">2011 年</th></tr>
<tr><td rowspan="3">业主单位</td><td>有感领导</td><td>—</td><td>40%</td><td rowspan="3">75%</td><td>20%</td><td rowspan="3">75%</td><td>20%</td></tr>
<tr><td>直线组织</td><td>—</td><td>—</td><td>20%</td><td>20%</td></tr>
<tr><td>属地管理</td><td>100%</td><td>60%</td><td>60%</td><td>60%</td></tr>
<tr><td colspan="2">承包商</td><td>—</td><td>—</td><td colspan="2">25%</td><td colspan="2">25%</td></tr>
</table>

（三）加强审核组织

为了更好地发挥审核辅导和推动、查找管理问题、提升改进管理的作用。塔里木油田在审核人员、时间等方面加大组织和保障力度。审核组由油田领导、杜邦公司专家、专聘外部审核员、直线组织（业务部门）成员、安全组织成员组成。对专聘外部审核员，在审核前强化对油田理念、标准、审核技巧的培训和考核，只有考核合格才能参与审核工作。确保审核人员能够统一按照油田的理念、标准进行审核。

为了更好地发挥审核辅导作用，及时推广审核亮点，分享最佳实践，促进安全文化常态化机制的形成，在 2008—2010 年的审核经验基础上，2011 年油田审核由定期审核转变为随机、动态、滚动审核。审核的问题及时在油田公示，便于各单位及时共享。比如，在某单位审核中发现效果良好的解决高处作业安全带悬挂的方法，迅速在全油田推广。又如，变频器过热的问题，在全油田也得到了全面的预防。

（四）审核结果应用

为加强审核统计、分析和跟踪管理，塔里木油田开发了审核管理软件系统。每年审核的问题，自动生成安全气象指示图，清晰显示油田安全管理各要素的安全状态，有针对性地指导安全管理。

2008—2011 年四年的审核，对安全文化起到极大的推动作用。审核过程促进了被审核单位与审核员的交流，改变了审核氛围，总结形成了可操作性的审核清单，同时培养了审核员，锻炼了审核队伍。

三、安全管理审核存在的问题及对策

问题1：审核观念没有转变，还停留在看记录、挑问题阶段。

对策：观念决定态度，态度决定行为，必须转变审核的观念。审核应更多地采取现场查看、沟通和访谈、追溯取证的方式，重点不是找问题、不是现象，追溯管理原因，识别管理薄弱环节，改进提升管理，实现团队共同进步才是关键。应更加重视审核培训、辅导作用，从被审核方考虑，帮助其明确标准、解决困难。

问题2：审核成绩与绩效有较大关联，就会出现问题修饰、碍于面子、不能完全实事求是的问题，影响了审核定级作用的发挥。

对策：必须合理将审核结果与单位的业绩、奖金分配、集体荣誉、个人的业绩挂钩，通过触动利益，引起对审核的重视，越重视越有效。强化对事不对人、双方促进、共同提高。在审核方面宁做诤友，不做谄朋。培养具有高度敬业精神的审核员，并初步让审核员承担审核结果责任，保证审核效果。

问题3：安全人员主导审核，直线部门参与不足。

对策：安全人员不是全才，不能解决所有问题。逐渐培养直线组织审核员，让直线组织认识到审核的重要性，主导审核，才能更加有效地发挥审核作用。安全部门的职责需要逐渐从主导到辅导过渡，最后由直线部门承担审核责任。

深化 HSE 体系推进
加强基层班组标准化建设

西南油气田矿区服务事业部

中国石油西南油气田矿区服务事业部（以下简称矿区服务事业部）成立于 2007 年 8 月，负责对分布在川渝两地的 18 个石油生活基地、143 个生活居住区实施专业化管理。矿区服务事业部管理的区域分散、老旧小区多而小、基地基础设备设施陈旧、员工老龄化严重、综合素质偏低。为夯实基层基础，全面控制风险，保障作业安全，矿区服务事业部自 2010 年 11 月以来，先后在中国石油西南油气田的重庆公管中心长寿石油社区管理站、川南公管中心兰田石油社区管理站等 4 个管理站，以 HSE 体系推进为载体，开展了以编写岗位职责、工作流程和作业流程、关键节点控制措施、应急处置程序等为主要内容的清理、识别、对标工作。

2011 年 3 月，矿区服务事业部在成都、重庆召开基层 HSE 体系建设和基层标准化建设工作推进会，全面推进基层标准化建设。在基层标准化建设工作中，矿区服务事业部从“转变观念、养成习惯、提高能力”出发，按照“四个一”的工作思路，落实“三个关键”，开展“五项工作”，达到“五个效果”。

一、明确“四个一”的工作思路

确定一个目标——明确基层标准化建设的总体目标，实现简单、实用、受控、减负，让基层员工看得见、摸得着，达到作业风险全面受控，为基层减负。

按照一个标准——以基层员工清楚岗位职责、清楚身边的风险源、清楚操作流程、清楚控制措施、清楚应急预案的“五个清楚”为标准，开展标准化建设工作。针对矿区服务事业部基层班组员工对“五个清楚”落实不到位的状况，从“五个清楚”这一标准的落实入手，开展标准化建设工作，狠抓落实。

建立一种方法——改变以前管理部门对基层班组要求多、具体执行的措施少、基层员工执行模糊困难的状况，在推进工作中，建立起一种把大量工作“要求”变为“动作”的方法。

树立一种作风——通过标准化建设工作，树立一种实事求是、求真务实的工作作风，改变基层管理人员对属地状况掌握不够、工作缺乏标准、班组员工规范意识差、随意性强的工作作风。

二、落实“三个关键”

（一）践行“有感领导”是关键

矿区服务事业部在决定开展基层标准化建设时，便定位为一把手工程。矿区服务事业部最高管理者先后在6个公管中心对单位领导班子、机关科室长、科级单位领导和班组长进行了体系知识的宣讲和现场指导，并于2011年3月底主持召开了成都、重庆片区基层HSE体系和基层标准化建设推进会。矿区服务事业部其他领导也多次深入管理站、班组，对管理站领导、班组长和班组员工详细讲解HSE体系知识和标准化建设方法。各单位主要领导亲自抓标准化建设工作，积极参与到工作中来，解决标准化建设工作中的问题和困难，为工作的推进提供强有力的资源。

通过两级领导班子把“有感领导”践行到实处，由“重视”转变为“重实”，为标准化建设工作的开展提供了组织保障。

（二）业务部门履行直线责任是关键

标准化建设工作中，矿区服务事业部和各单位的两级业务部门切实履行直线责任，对基层班组进行指导，为建设工作起到了至关重要的作用。矿区服务事业部机关安全环保质量处、物业服务管理处、党群工作处、人事劳资处等处室先后十多次到4个试点站，与班组员工同吃同住同工作，一起进行标准化建设工作，同时解决建设工作中存在的问题和困难。二级单位的业务部门人员更是长期驻扎在管理站、班组，为基层标准化建设提供了强大的技术支撑。

通过两级业务部门积极履行直线责任，亲自到一线班组帮助指导推进工作，为员工答疑解惑，由“管理者”转变为“参与者”，为标准化建设提供了强大的业务技术保障。

（三）基层全员参与、有效落实属地管理是关键

在推进工作中，为了发挥员工的积极性和主动性，使基层全员参与到此项工作中来，矿区服务事业部改变以往自上而下的做法，采取了自下而上的方式。班组员工自己动手、动笔、动口，开展属地管理的设备设施清理、岗位职责的梳理修订、作业流程的编制、危害因素辨识与风险评价控制等工作。在此过程中，员工既对HSE体系进行了学习，又树立了“写自己所做的、做自己所写的、记自己所做的”思想，明确“真信就真干、减负靠自己”的观念。

全员参与、属地管理的有效落实，使基层班组对自己的属地管理内容更加清楚，实现了由“操作者”转变为“属地管理者”，既提高了员工的业务水平，又废除、整合了繁琐、重复和不实用的资料，达到了减负的效果。

三、开展五项工作

在基层班组的建设过程中，始终坚持以风险全过程受控为核心，紧紧围绕“五个清楚”标准，从五个方面开展工作。

（一）清理修订岗位职责，实现岗位职责、属地管理内容清楚

针对基层班组以往岗位职责不明晰、内容不准确、员工掌握不到位的情况，矿区服务事业部在原有岗位职责的基础上，结合班组员工的具体工作内容，开展岗位职责的修订，重点把属地管理内容、岗位工作范围内的HSE工作要求进行描述，形成一个清晰、明了、员工易掌握的岗位职责。

（二）开展属地管理基本状况、危害因素和隐患的清理排查工作

由于矿区服务事业部大部分水、电、气设备设施建设时间长，存在基本情况掌握不清楚、危害因素和风险源及关键节点不明确、管理存在漏洞等问题。为解决这些问题，在标准化建设中进行了全面摸家底、查隐患工作，主要是清理、描述基层物管站、班组属地管理的基本状况，采用图示化、目视化方式，进行区域划分和标识。

（1）清理班组设备设施的配置情况（含消防设施、安全环保设施）和存在的主要风险；

（2）用图示化表述水、电、气管网和走向以及巡检线路，对水、电、气管网线上的控制阀门和开关（即控制节点）进行标注并编号；

（3）小区绿化带用图示化按区块进行划分，对各种树木、草地进行编号和挂牌。

（三）开展工作循环分析，梳理、修订操作流程和操作规程

（1）梳理作业类型，编制入户安全检查、检维修作业、绿化修枝、农药喷洒、配发电等工作流程图。

（2）编制作业流程图。针对作业过程中风险较高的控制节点（如天然气阀门、电气开关）和高风险作业编制作业流程图。结合水、电、气管网分布图及关键控制点，进行流程图的编制，经评审后执行，保证操作动作准确无误，并具有唯一性和可操作性。

（3）清理、规范操作规程。针对目前个别班组使用台钻、砂轮机、电焊机、加臭机等设备未严格按操作规程操作，以及操作规程缺失等情况，在标准化建设中，为了使员工掌握并严格执行操作规程，对所有的设备操作规程进行清理，对缺失的操作规程进行补充，确保设备的安全运行和人员操作安全。

（四）开展危害因素辨识、风险评价和控制工作

（1）开展全员岗位危害因素辨识、风险评价工作。对照岗位、工作区域、周边环境、设备设施状态，从能量、能量的载体、有毒有害物质、人的不安全行为、物的不安全状态、管理的缺陷、环境的影响因素等方面进行危害因素的管理工作，确保危害因素识别全面、评价准确、控制措施具体。

（2）根据危害因素辨识、风险评价的结果和作业流程图，在操作卡中提示操作风险、预防措施、应急处置、操作步骤等内容，在具体作业时严格按照操作卡内容进行操作。

（3）编制应急处置卡。根据可能发生的突发事件，结合电、气管网示意图、作业流程图，编制应急处置卡。处置程序、操作步骤对应到相应的区间、管线、阀门、开关等编号上，向上、向下的信息联络、应急救援电话、应急材料等都在卡上进行详细描述。应急卡的制定，使突发事件的应急处置措施更为清晰和实用，同时更易于员工掌握和演练。

（五）开展基础资料台账的清理整合工作

针对目前基层班组工作记录繁杂、重复记录和台账不规范的情况，发动班组员工自行清理基础台账，对重复记录的资料台账进行整合，特别是将安全活动记录、学习活动记录、党工团活动记录等资料融合为一本《班组活动记录》台账。对检查记录表、生产运行记录、设备台账等基础资料进行规范，确保班组资料台账的规范实用有效，同时为员工减负。

四、达到“五个效果”

一是建立了一套简洁、实用、易懂、可操作、风险全面受控的基层HSE体系。通过大量的归纳、汇总和分析，将过去大量的要求、文件转化为了实际工作中可执行和操作的标准、动作。通过这些标准、动作的建立，让各级管理者和员工树立起一种新的工作方法和思维方式，以改变其旧的不合理习惯、思维。

二是使基层员工真正做到了“五个清楚”。通过围绕落实“五个清楚”的工作要求和全员参与，开展岗位风险识别、作业流程梳理、规范作业活动的清理、对标工作，让员工做到对属地管理的基本状况清楚，知道干什么和怎么干，使作业风险全面受控，逐步养成良好安全习惯，保障作业安全。

三是培训方式和内容更加切合实际。岗位职责、作业流程操作卡和应急处置卡的建立，为员工的培训提供了良好的素材，有助于脱产式课堂教育方式逐步向现场教育转变，使员工的培训内容更加贴合实际，管理层编制的员工培训计划更具有针对性和实用性。

四是逐步树立了求真务实的工作作风。通过对属地管理内容的全面摸底，使基层管理者清楚掌握了“家底”，清楚了风险控制的关键部位，知道了如何脚踏实地的管理；通过自下而上、全员参加的方式开展标准化建设工作，激发了班组员工的主观能动性，使员工转变了观念，在工作中严格按照标准规范进行操作，改变了工作随意性。

五是实现了基层为自己减负。通过开展清理、识别、对标工作，实现了一套工作职责、一组作业流程、一套基础台账、一个格式化的工作记录。从职责描述、制度编写、工作运行以及工作记录上避免了“两张皮”的现象，并通过对工作记录进行科学、合理地整合，减少了基层员工的重复劳动。

找准突破口　破解“两层皮”
精心策划HSE体系建设推进工作

兰州石化

深化HSE体系建设，是中国石油天然气集团公司（以下简称集团公司）“十二五”重要战略目标，也是当前企业安全生产的迫切需要。中国石油兰州石化公司（以下简称兰州石化）按照集团公司总体部署和炼化板块具体要求，紧密结合企业实际，深刻反思事故教训，深入研究体系内涵，精心策划，周密部署，找准突破口，选好切入点，认真制定HSE体系建设推进方案，努力破解HSE体系建设与实际管理“两层皮”难题。

一、剖析深层问题，找准HSE体系建设的科学定位

只有找准问题才能解决问题。兰州石化通过全面开展管理评估、问题排查和现状调研，认清HSE体系运行现状，找准HSE体系建设问题，准确把握HSE体系建设的重点和难点，努力探索HSE体系建设推进工作的切入点和突破口。

（一）主动进行安全现状评估，分析HSE体系管理缺陷

针对“1·7”事故暴露出的深层次问题，兰州石化主动与杜邦公司安全管理专家一起进行HSE管理现状评估，深入查找和分析安全管理过程中存在的不足和问题，确定急需解决的问题与事项，提出了6项主要问题、12条优先建议，制定了改进计划，为HSE体系推进计划的策划与制定、工作任务的策划与划分和阶段目标的确定找到了较为准确的依据。

（二）全面开展“三大排查”，查找基础管理差距

为了找准并解决安全生产和基础管理中的问题，在全公司范围内深入开展了“三大排查”，即排查安全隐患，排查各部门、各系统专业管理短板，排查基层单位管理薄弱环节及需要帮扶的班组和人员。先后查出各类安全隐患1087项、专业管理短板119项、需要帮扶基层薄弱车间30个，进一步发现了HSE体系建设中的典型问题和重点解决方向。

（三）不断深化HSE体系现状调研，明确HSE体系运行难题

针对多年来HSE体系运行与日常管理结合不紧密的问题，2011年初兰州石化再次开展HSE体系管理现状调研，公司领导班子成员亲自组织，按照分管专业，分成生产技术、工艺设备、制度建设、培训管理等十余个专业组，与基层单位共同讨论分析HSE体系运行中存在的问题和难点，研究解决办法与措施，提出了44项建议和措施，为系统解决专业管理融入体系管理的问题提供了有益指导。

（四）大力组织对口学习，借鉴HSE体系推进经验

在邀请杜邦公司、中国石油宁夏石化公司（以下简称宁夏石化）专家进行HSE体系管

理培训的基础上，兰州石化分层、分级组织各级领导和管理人员前往宁夏石化学习取经、现场考察。兰州石化领导班子成员与宁夏石化领导班子座谈 HSE 体系推进思路、方法、难点和经验。机关处室、二级单位、主要生产车间主任分 3 批共计 180 余人先后到中国石油塔里木油田、大港石化、川庆钻探等企业进行专项考察，分层进行对口交流，虚心学习先进实践经验；随后分 19 个专业组开展参观学习研讨，有效开拓了 HSE 体系建设的思路与方法，明确了 HSE 体系策划应把握的关键和细节，为 HSE 体系建设的构思设计、工作计划的制定、推进过程的控制、关键环节的把握积累了宝贵的经验。

二、澄清模糊认识，形成 HSE 体系建设的思想共识

公司 HSE 体系建立运行多年来，干部员工一直存在着认识上的局限性、理念和思维方式上的排斥性、工作执行过程的被动性等深层次问题。最突出、最根本的表现就是体系运行与实际管理“两层皮”，积累演变为体系运行流于形式、传统的基础管理滑坡，导致事故多发频发，并酿成了严重的“1·7”事故。兰州石化在剖析深层问题的基础上，认真思考、深入研究，进一步澄清了干部员工中的模糊认识，及时统一了体系建设推进的思想。

（一）深入思考研究，明确 HSE 体系建设的正确认识

通过分析总结公司 HSE 体系建设的历程和经验教训，找出了体系建设存在问题的症结，揭示了体系建设“两层皮”问题的三个成因，即价值观的不同导致思想认识与 HSE 体系理念相背离、制度起点低导致制度标准与体系标准不一致、执行力不强导致体系标准在执行上层层衰减。经过分析研究，阐明了 HSE 体系建设必须做到的“三个认同”，即认同安全核心价值观、认同 HSE 管理原则和基本理念、认同企业安全管理正处于严格监督阶段的定位。针对 HSE 体系建设普遍存在的认识误区，切中要害，明确提出了体系建设必须树立的“三不观点”，即 HSE 概念不神秘、HSE 体系管理不复杂、HSE 体系与现行管理不矛盾。这些具有鲜明特点、明确指向的思想观点，进一步澄清了模糊认识，把握 HSE 体系建设推进的正确方向。

（二）组织专题研讨，确定 HSE 体系建设的基本思路

兰州石化高度重视集团公司 HSE 体系建设提升计划，将体系建设推进工作确定为当前基础工作的大事之一，组建深入推进体系建设的工作机构，连续 4 次主持召开领导班子会议，专题研究体系推进策划工作，反复研究体系建设的实质与内涵，逐步深化和细化体系推进整体策划，统一了领导班子思想，逐步确定了体系推进的基本思路、工作原则与操作方式，引导体系策划按照务实、有效的方向系统推进。

（三）强化教育引导，营造 HSE 体系建设的良好氛围

兰州石化把深刻汲取“1·7”事故教训作为统一思想的前提，在全体员工中广泛深入地开展“再教育、再警示、再反思”活动，分专业、分层面、分系统组织机关处室、基层单位持续组织观看“1·7”事故警示片，让触目惊心的画面和鲜血淋漓的事实撞击心灵，使全体干部员工都从血的教训中加深感受、提高认识，真正理解安全管理和体系建设的紧迫形势，从灵魂深处转变思想观念，为进一步推进体系建设创造了打破坚冰、逐步接轨的条件。兰州石化通过专题工作会、生产经营综合视频会等形式，主动开展安全经验分享、安全

观察与沟通、制定个人安全行动计划等活动，主要领导发出《致全体员工家属的一封信》，向全体员工宣传深入推进体系建设的重要意义，讲解 HSE 体系原则、理念和制度、标准，在思想和行动上为策划体系推进工作奠定基础。

三、突出重点目标，明确 HSE 体系建设的计划方案

HSE 体系建设推进计划是体系建设策划的主要成果和推进工作的具体实施方案，必须全面、准确地体现前期工作的原则、思路、方法和具体内容。兰州石化按照集团公司的总体计划和炼化板块的要求，把握自身特点和需要突破的难点，突出当前 HSE 体系建设的关键环节，特别提出了具有兰州石化特点的、针对性强的“3312”重点工作任务，努力完善体系推进计划的具体内容和方案。

（一）制订阶段计划，确定 HSE 体系推进总体目标

兰州石化在深入研究、反复论证的基础上，将 HSE 体系建设的 5 年推进计划整体设计为 3 个阶段。一是 2011 年为基础工作阶段。主要是强化 HSE 培训，转变 HSE 理念认识，健全 HSE 管理制度标准，完善 HSE 工作流程，确定并启动重点工作任务，夯实 HSE 建设基础，形成良好的 HSE 推进氛围。二是 2012—2013 年为提升优化阶段。主要以培训 HSE 先进工具方法为重点，构建工艺设备安全管理系统，促使先进的 HSE 工具方法融入各级直线管理组织，提升 HSE 绩效，形成 HSE 管控能力。三是 2014—2015 年为持续改进阶段。主要是总结巩固 HSE 体系推进成果，优化 HSE 管理过程，强化 HSE 管理细节，细化 HSE 绩效考核，固化 HSE 最佳做法，持续改进 HSE 管理，培育企业 HSE 文化。

（二）突出重点任务，找准 HSE 体系建设的突破口

针对当前 HSE 体系建设的实际，兰州石化按照点面结合、重点攻坚的要求，在体系建设计划的一系列要素中，选择既与生产实际紧密结合、又与日常管理紧密结合，既切实有效、又容易操作，既能尽快实现、又能起到示范作用的工作入手，明确提出 2011 年体系建设推进工作要突出抓好的“3312”重点任务，即抓好“三项管理”、推进“三种方法”、落实“一个责任”、养成“两个习惯”。

一是抓好目视化、作业许可、上锁挂签“三项管理”。“三项管理”是体系建设的重要内容，也是当前急需实施的管理工具。“三项管理”标准明确，程序清晰，具有成熟完备管理经验，对于确保危险作业和非常规作业任务风险全面受控具有重要作用，公司将其列为体系建设中必须尽快落实的管理目标。

二是推行严格执行“十大不可违背安全条款”、安全经验分享、安全观察与沟通“三种方法”。“三种方法”是 HSE 体系管理实践中得到验证的科学有效的管理方法，既是体系建设的重要目标，又是在公司内部有一定群众基础的实际的体系管理载体。特别是“十大不可违背安全条款”，是在全面总结归纳兰州石化 10 年安全生产事故事件，结合企业安全生产现状提炼出的“保命条款”，必须通过严格考核处罚得到全面执行，强制规范员工的安全行为，有效控制和预防高危作业事故。

三是落实属地管理“一个责任”。属地管理是体系管理的基础，是实现安全生产“全员管”目标的重要手段，也是体系建设的重要目标。公司在借鉴先进经验的基础上，研究制

定了具有特色、有所创新的《属地 HSE 管理通则》，明确属地管理的重点是加强现场作业和人员的安全管理，属地按照区域进行划分，一个属地只有一个属地主管，属地主管以现场操作人员为主，属地单位负责人的责任是落实本单位属地管理责任，各级管理人员通过直线责任对现场进行管理，属地管理不代替各级管理部门及人员对现场的专业管理。

四是养成按规定着装、乘车必须系好安全带“两个习惯”。“两个习惯”虽然是举手之劳，也是体系管理中最细小的问题，但传递着企业文化和精神作风，体现着良好的职业标准和行为规范，只有长期坚持，养成良好习惯，才能保证体系建设由量的积累实现质的飞跃。

（三）加快制度转化，实现 HSE 体系建设的标准并轨

围绕制度标准偏低的问题，兰州石化组织人员对照集团公司已发布的 15 项规范、即将发布的 10 项规范、待发布的 5 项规范与公司 HSE 相关制度逐一进行对照和梳理，又与先进兄弟企业转化的 32 项制度进行比较，按照“以现行制度为基础，充分考虑集团公司规范的要求，将上级规范内容融入现有制度中”的原则，重新调整 HSE 管理制度框架，确定需修订和转化的 HSE 核心制度 34 项。针对每项制度的发布情况，分别明确了责任单位、转化标准和时间进度，在体系推进计划中作出详细安排，要求 2011 年上半年完成 20 项，年底前完成 2 项，其余 12 项要求在集团公司相关制度发布 3 个月内完成转化。通过制度的修订和转化，实现公司制度与集团公司标准的全面接轨，有效地提高 HSE 体系管理水平。

通过近一段时间 HSE 体系建设推进工作策划与实施，进一步加深了对体系建设推进工作的长期性、艰巨性的理解和认识，取得了几点重要启示：只有把安全作为企业的核心价值观，把安全当作最大的以人为本，真正认同以安全为核心的体系管理原则和理念，才能从根本上保证体系建设正确方向；只有实事求是，准确把握石化企业的特点，认清企业处于严格监督初级管理阶段的现实，才能真正把体系建设当作夯实管理基础的必由之路；只有遵循企业管理的科学规律，全面落实 PDCA 循环法则，通过发现问题、查找原因、总结经验、吸取教训、学习提高的持续改进过程，才能真正使体系管理得到有效运行；只有从企业实际出发，学习不照搬、实践不教条、执行不僵化，做好消化、吸收、融合、转化，选准载体、找到抓手，才能真正使体系管理为我所用。

积极探索管理方法　扎实推进 HSE 体系建设

兰州石化动力厂

近几年来，中国石油兰州石化公司动力厂（以下简称动力厂）HSE 体系推进过程中，认真领会兰州石化公司精神，结合动力厂实际，积极开拓思路，广泛发动群众，摸索出开展 HSE 体系工作的“三四五六”的具体做法，促进 HSE 体系工作落到实处、取得实效，动力厂连续 3 年被评为“兰州石化公司安全环保先进单位”。

一、“三”——三管齐下，落实安全工作全员管

一是“会管”。这是能力建设，通过能力建设使员工对管安全有自信感。按照“学规章”的要求，管安全首先要懂安全，反“三违”首先要识别“三违”。动力厂和各车间都举办了“三违”辨识培训班，动力厂组织了全厂范围内的“三违”辨识活动，识别“三违”现象条目 268 条，建立了反“三违”台账，包括“三违”现象、原因分析、纠防措施、措施落实责任人 4 个方面。编写了反“三违”题库 480 道，进行不断地培训和考核。此外，每年还举办了工业用火、HSE 信息录入、QHSE 体系、“安全型”班组的创建等培训班。对安全环保“双百”题库重新进行了修订，对新版操作规程陆续安排培训，员工学安全知识，练安全技能，在兰州石化公司连续两年的安全主题活动知识竞赛中动力厂都取得了优异成绩。通过培训提高员工素质和认识、统一行为和标准。只有安全教育到位，员工的自我防范意识到位，才能更好地落实安全责任。在领导干部中积极开展安全观察与沟通活动，按照“六步法”，严格按照机关干部每月 2 次以上、生产管理部干部每月 4 次以上的要求，对现场进行不定期的观察和沟通，发现和制止违章现象，沟通和启发员工认识安全习惯、识别不安全行为。

二是“想管”。这是思想（文化）建设，通过思想（文化）建设，使员工对管安全有责任感。每年年初，动力厂都要召开 HSE 体系建设扩大会议，所有科级以上干部、部分专业技术人员、班组长参加会议，会上首先传达兰州石化公司领导的报告、HSE 体系建设的要点，宣读动力厂 HSE 体系建设总结及计划，各单位负责人作表态发言，动力厂领导作动员讲话。动力厂各班组都围绕 HSE 体系建设组织讨论，在讨论中，领导深入车间班组，到生产一线，进行 HSE 体系建设思想的宣贯，使体系建设逐步入脑入心。动力厂还定期召开座谈会，以提高各级安全责任人的责任意识、认识水平、管理能力；每年都征集 HSE 体系建设论文，并安排了围绕 HSE 体系建设的管理研讨会，进一步统一思想、理清思路、激发干劲。

三是“要管”。这是制度建设，通过制度建设，使员工对管安全有紧迫感。每年年初的 HSE 体系建设扩大会议上动力厂和各单位的主要领导都要签订《HSE 目标责任书》。把各单

位的关键事项都纳入责任书，努力做到事项明确、指标量化、考核有据；各车间又将责任指标分解到班组岗位，做到压力传递、责任明确、目标清晰。每月对 HSE 体系建设推进情况进行检查总结和考核。每年年初，动力厂领导、科级干部、班组长都制定了个人安全行动计划，在工作中逐项落实，每月跟踪督查一次；针对动力厂内控的一些故障、波动和事件，都要召开管理案例分析会，查思想、纠作风、找症结、定措施、堵漏洞，保证 HSE 体系建设更加有效地开展。

“会管”是能力，“想管”是动力，“要管”是激励。通过“会管”、“想管”、“要管”，达到“全员管”。落实“全员管”的措施贯穿 HSE 体系建设的全过程，践行“全员管”的主题浸透于员工的一切行为。动力厂就是按照这条思路，顺着这条主线，来逐步达到全员懂安全、全员能安全、全员想安全、全员管安全的效果。

二、“四”——四位一体，构建安全可视化立体格局

（1）设置可视化警示牌。在现场危险作业区、关键部位及操作室等地方，结合“六大禁令”，安装常见违章、典型违章行为及纠错警示牌，时刻提醒现场作业操作人员，严格执行“规定动作”，杜绝违章，提高现场可视化管理水平，规范员工的安全行为，目前已安装了 96 块警示牌。

（2）悬挂“三违”现象提示栏。在装置操作室设置“三违”现象提示栏，“三违”现象包括本装置班组的共性“三违”和个性“三违”，同时明确“三违”现象的举报电话。通过醒目的“三违”现象提示栏，突出可视化管理，让员工看得见、记得住，达到提示警示的目的，时时提醒员工反省自己的行为、对照检查自己的行为。

（3）制作“温馨提示卡”。在所有班组制作四种颜色的“温馨提示卡”，内容主要包括绿色卡的“防护常识”、蓝色卡的“危险作业”、红色卡的“事故案例”、黄色卡的“典型操作”。在班组安全学习中，在班组交接班时，滚动式地将“温馨提示卡”内容作为学习和提示的特定内容，使“温馨提示”更贴近安全、更结合实际、更符合自己，使“温馨提示”个性化、实质化。

（4）制作“安全全家福”。在 19 个班组操作室制作“安全全家福”、在岗员工的全家生活照，并附以员工对安全感触最深的一句话，时时提醒自身安全才能全家幸福，人人落实安全责任才能装置安稳。

可视化管理，让员工时时处处能感知安全、感受安全、突出人性化、增强个性化、看得见、听得进、记得住，让员工更容易接受和领会。

三、“五”——五项活动，营造浓厚安全文化氛围

（1）亲人安全岗位行。近几年动力厂先后多次组织了“亲人安全岗位行”活动，让员工家属到装置、到班组、到岗位，了解亲人的工作场所、工作内容、安全风险等，企业和家庭共建安全文化，将企业安全文化向家庭、向 7 小时之外延伸。

（2）安全文化漫画展。每年团委牵头举办“安全环保漫画展”，使画者明其内涵，看者震撼心灵，并在各装置班组巡展，使安全环保漫画资源得到最大化利用。

（3）安全文化小品大赛。动力厂每年举办“安全文化小品大赛”，员工自编自导自演，

用小品来解读安全，用演绎来揭示道理，在丰富娱乐文化的同时，给人以鲜活的安全启示。

（4）安全黑板报展评。动力厂每年都举办以 HSE 体系建设为主要内容的“黑板报展评”，各单位积极参与，员工用画笔触及 HSE 话语，用心灵勾勒 HSE 主题。

（5）安全论文征集。在网页上开辟了 HSE 体系建设的多个专刊：“安全主题活动专栏”、“安全观察与沟通专栏”、“动力厂员工健康管理活动专栏”等，岗位员工谈认识、写体会、话感受；车间班组明思路、定措施、提做法。提高了全员的安全意识，涵盖了 HSE 体系建设的方方面面，营造了“不换频道、一抓到底”的浓厚氛围。

“五项活动”通过喜闻乐见的方式，让大家参与安全、领悟安全，进行安全文化的培育，抓员工的养成教育。

四、“六”——六个一次，确保 HSE 体系建设扎实推进

（1）每周一次小班预案演练观摩。班组是安全的第一道防线，也是最后一道防线。基层班组的安全应急能力和水平，决定了生产的安全平稳水平。动力厂 1 号文件以受控文件的形式下发了班组预案演练计划，各车间每周轮流组织一次预案演练的观摩，动力厂观摩考评组对预案进行观摩评价考核，结果在每月的业绩奖中兑现。通过小班预案演练，突出第一时间的应急，保证 24 小时的安全生产。

（2）每周一次安全环保检查通报。近几年动力厂施工项目较多，例如石蜡氧化装置拆除、污水深度回用项目和新循环水场的建设、安全隐患项目治理、中 2 的扩能改造、3#锅炉改造、二循的异地建设、8000 制氮项目的建设等，动力厂和车间两级管理人员加大对施工现场的检查督导力度，尤其是对拆除锅炉、新凉水塔的浇注、新循环水线的敷设等危险作业特别加以关注，从安全措施的落实、监护人的到位、作业人员的资质等进行多次检查，确保施工的安全顺利进行。每周不定期检查，检查情况在每周一主要领导干部会上集中通报。有批评有表扬，突出时效性，强化针对性，做到压力传递，督促安全第一责任人的职责落实，达到了常常敲安全警钟、时时紧安全之弦的效果。

（3）每月一次安全环保考核兑现。每月对四周以来的检查监督中发现的典型违章进行经济考核，对发现隐患、避免事故的员工进行奖励，树立违章必究、有功必奖的明确导向。岗位员工积极“反三违”、“查问题”，保障人身和生产安全。

（4）每月一次安全环保形势分析会。坚持召开每月的安全环保形势分析会，传达精神，总结经验，吸取教训，安排事项，做到上下信息的及时沟通、兰州石化公司精神的准确贯彻，突出了安全工作的计划性、协调性和阶段性。

（5）每季度一次安全技能竞赛。大赛由各生产管理部轮流承办、员工广泛参与，突出实际工作中的各种安全技能。从 2007 年开始，动力厂先后举办了 17 次安全技能大赛，进行了消防灭火、加装盲板、接消防蒸汽皮带、推车式二氧化碳灭火器的使用、佩戴空气呼吸器等安全技能项目的比赛，每年有近半数员工参与或观摩比赛。通过技能大赛，使参赛和观摩的员工都得到培训，又营造了浓厚的安全氛围，达到了“练技能、提素质、造氛围”的效果。

（6）每季度一次“可靠动力”岗检。由动力厂主要领导带队、各专业管理人员参加，每季度集中对各生产部按照单项奖的细则仔细检查，对生产中发生故障、波动、事故的一票

否决，对优胜单位从厂长奖励基金中给以奖励兑现，且实行蝉联递增奖励，突出正向激励机制、明确“无事故、无波动”是动力厂所有安全环保工作的最终目标。通过这一活动，进一步落实安全生产责任，不断规范员工作业行为，激发广大员工立足岗位、结合自身实际抓好动力安全可靠工作的自觉性和主动性。

在多年实践的基础上，通过“六个一次”将一些安全管理措施固化于制度中，逐步做到：熟悉安全管理的规定动作，认知安全管理的固定流程，明白安全管理的奖惩规则，树立优异和遵章者嘉奖鼓励、落后和违章者处罚鞭策的明确导向。“六个一次”使安全管理与日常的生产紧密结合起来，长期抓、固定抓、坚持抓，取得了较好的效果。

注重员工安全业绩管理
助推 HSE 体系稳步建设

辽河石化

为加速转变全员 HSE 理念，强化 HSE 体系建设工作，顺利推广施行新工具、新方法，提高员工参与安全管理和安全文化建设的积极性，中国石油辽河石化公司（以下简称公司）结合当前安全管理处于严格监管阶段的现状，建立并实施了“辽河石化公司员工个人安全业绩管理办法”（以下简称“办法”），取得了初步成效。

一、“办法”构思

“办法”旨在通过对员工日常安全行为的正负激励，采取“在岗一秒钟，行为必受控”的动态跟踪考核机制，真正营造安全工作“齐抓共管”的良性氛围，促使员工放弃侥幸心理，克服麻痹思想，增强安全意识和岗位责任心，树立参与公司安全管理的使命感和荣誉感。

“办法”的运行模式是先期建立全体员工的个人年度安全业绩银行账户，每年年初为每名员工账户中初始充值 100 分。“办法”规定，凡员工在日常安全行为和表现方面出现诸如违章、事故或履责不到位的现象，将从当事员工个人账户中支取相应的处罚分值；凡员工发现并纠正违章，发现并处理隐患，参与行为安全观察与沟通，参与安全培训，完成安全监护，实施安全经验分享，承担安全培训师、安全分析师、安全审核员任务并完成较好的，将对当事员工个人账户充入相应的奖励分值。当员工个人账户分值高出总经理嘉奖标准后，每季度由总经理对前 10 名员工进行嘉奖，当员工个人账户分值低于处罚下限时，每月将扣减员工月度绩效工资 10% ~20%，直至其账户分值高于下限。

员工个人安全业绩的各项记录，将作为员工在岗期间安全行为的终身记录，归档管理。

二、“办法”实施

“办法”由各基层单位组织全体员工进行了深入讨论，广泛征求了员工意见，得到了员工的普遍认同。公司主要领导高度重视“办法”的出台，公司总经理、党委书记亲自审阅，并在公司 HSE 委员会上讨论通过，正式发布实施。

为确保“办法”公平、公正、良性运行，公司建立了员工个人安全业绩管理平台，采取分级管理，分类录入，定期审核，定期公示，公开表奖的原则，对员工个人安全业绩进行录入、兑现和管理。

自“办法”实施以来，公司安全环保处利用安全例会、生产调度会等，广泛进行宣传，即时督促各基层单位录入个人业绩信息，多次组织对业绩录入情况进行复核，并要求属地单位每月对员工个人安全业绩结果进行张榜公示。属地单位的员工个人安全业绩管理实施情况，还纳入了属地单位的业绩考核。截至2011年6月，已有597名员工获得了不同程度的加分奖励，其中个人最高加分已达38.3分。已有44名员工因负面表现而被扣分，其中扣分最多者达30分。按照办法规定，已对账户分值超出嘉奖额度的10名员工进行了嘉奖，每人一次奖励1000元，对6名账户分值少于80分的员工，每人每月扣除绩效工资100元，并否决了当年先进评比资格。

三、实施效果

自"办法"实施以来，取得了一定的成效，员工岗位安全责任制得到了进一步强化，个人安全行为得到了进一步规范。

（1）2011年5套装置大检修期间，现场管理从根本上得以改善，规范了作业许可，规范了作业监督，规范了作业分区，规范了警示标识，规范了劳动保护，规范了脚手架搭建，规范了作业人员的安全行为，作业现场井井有条，施工人员违章明显下降。这一变化，来源于属地单位的严格管理，更来源于属地单位员工的尽职尽责。经公司现场监察中心统计，检修期间发现的施工人员违章行为只有17人次，较往年检修期间近百人次违章，下降幅度非常明显。

（2）员工出示"停止作业卡"的积极性明显增强，对现场发现的危险行为、违章行为识别和纠正到位率显著提升。2011年，属地单位员工出示"停止作业卡"已达51张，同比增加了27张。

（3）发现和处理现场隐患的积极性明显增强，2011年由员工巡检及时发现并处理的隐患已达102起，其中不乏风险较高的隐患，大大提高了员工巡检积极性和巡检质量，使得现场隐患得到了动态监控。

（4）员工个人违章或安全职责落实不到位的现象呈下降趋势，2011年以来，员工个人违章或违反劳动纪律的行为累计共发现21起，同比减少了30起。

总之，公司自实行员工个人安全业绩管理以来，员工在岗期间的安全行为、表现得以全面掌控，员工自身的安全素养得以快速提升，为公司全面推进HSE体系建设奠定了较好的基础，也较好地改进了公司总体安全业绩水平。当然，在实施过程中，也遇到一些问题，比如如何确保结果的真实性，防止属地单位将业绩集中到少数员工身上，如何更客观地确定奖扣标准等，还有待于边实践边摸索边完善。

夯基础　重实效　促融合
推进HSE体系有效运行

四川销售

中国石油四川销售分公司（以下简称公司）HSE体系自2001年建立运行以来，始终立足生产作业实际，按照“统一规范、继承创新、高效务实、重在基层、全面全员、运行有效”原则，努力实现HSE管理与日常工作的有机融合，通过全面引入系统化的风险管理方法，不断创新管理方式，夯实安全环保管理基础，提高安全环保管控能力，生产作业环节连续多年未发生事故，安全环保业绩逐年好转，为公司快速发展提供了坚强的安全保障。

一、立足实际，建立体系运行新模式

把“追求零伤害、零污染、零事故，在健康、安全与环境管理方面达到国际同行业先进水平”作为公司的HSE目标，在HSE体系运行过程中严格遵循PDCA循环模式，注重体系推进工作与日常工作的有机结合，经过多年探索，初步形成了具有四川销售特色的“33171”体系推进模式：以推行“有感领导、直线责任和属地管理”3项管理制度，解决各级领导和部门责任落实不到位和履职不力的问题；建立“制度、培训、绩效”3个管理系统，夯实体系基础，提升体系运行质量；建立以“控制重点领域、控制关键环节、控制要害部位的重大风险，大力整治安全环保隐患”为主要内容、行之有效的1套风险应急防范机制，防范、控制生产作业的风险；推行“个人安全行动计划、工作前安全分析、安全观察与沟通、作业许可、安全经验分享、目视化管理、上锁挂签管理”7个管理工具，强化风险控制手段，为全员提供参与安全管理的平台和载体；在体系推进运行过程中，逐步形成具有公司特色的1种企业安全文化，为HSE体系推进工作创造良好的安全文化氛围。

二、创新管理，推进体系与日常工作相融合

创新管理是保证HSE体系有效运行、富有生机活力的必由之路。

（一）推行“三卡一表”

HSE体系建立初期，基层单位体系标准的可操作性不强，基层员工不易理解掌握。按照“简明、统一、规范、可操作”的原则，对HSE作业指导书进行了提炼概括，把基层岗位的HSE体系文件卡片化，按岗位、工种分别编制了“风险管理卡、岗位操作卡、应急处置卡和HSE检查表”，即“三卡一表”。并动员基层员工参与“三卡一表”具体内容的编写工作，把岗位员工“干什么、怎么干、干到什么程度”，“有什么风险、如何控制”，“应急状态下如何处置”和“岗位检查什么”等日常工作真实的作业内容汇总起来，提炼成

"卡"，印发给员工，使HSE体系文件主动适用于基层作业的实际需求，让基层员工真正理解并接受了HSE是什么，改变了过去员工对HSE体系不易理解和掌握的情况，员工按"卡"操作，简洁规范，易学易用。通过"三卡一表"的实施，员工的风险意识、操作技能和应急处置能力大大提高。

（二）体系审核与安全检查融合

体系审核与安全检查尽管侧重点有所不同，但从目的和方法上讲，两者没有根本差别。按照传统，公司每年组织两次安全大检查（半年、年终），HSE体系建立后，按照要求每年还必须开展两次内审，在工作安排上难度很大，基层单位迎检负担也很重。为解决这个问题，从2009年开始，把半年及年终的安全大检查与体系内审合二为一，形式上以全要素审核为主，审核范围包括了机关部门、油库、加油站、施工场所、车辆管理及非生产区域，审核清单充分涵盖检查表的内容，审核结果既作为HSE体系建设持续改进建议的依据，又同时作为安全绩效考核的依据。几年来，通过审核特别是对机关部门的审核，增强了全员HSE意识，夯实和规范了安全环保基础，提升了体系运行绩效。

三、多措并举，提高安全管控执行力

安全环保的管控水平最终取决于各项制度的执行力。

（一）深入开展"反三违"工作

通过开展"自查、自纠、自防和互查、互纠、互防"活动，提高员工自觉"反三违"的意识；通过开展"安全为了谁"等讨论活动，营造良好的反"三违"氛围；通过推行"违章曝光"、"违章公示"方法，用镜头围攻不安全行为，设置"违章曝光牌"，对"三违"采取"零宽容"态度；通过把每一起"三违"按照"四不放过"进行处理，开展细致分析教育工作，让"反三违"工作真正起到"处理一个人，教育一大片"的目的，让"高压线"最大限度地发挥威慑、警示作用，员工已经自觉地形成按章执行的习惯。

（二）"模拟故障点"巡检方法

在所属油库推行"模拟故障点"巡检方法，即管理人员不定时在油库某个区域或设施设备上放置"模拟故障"标识牌，要求巡检人员发现后立即报告，管理人员马上组织采取对应的模拟处置措施。这种方法即增强了岗位员工责任心，提高了巡检质量，又能与岗位培训、隐患排查、应急演练等工作结合起来，提高生产作业现场的安全监管水平。

（三）推行"看板作业"

在生产作业现场推行"看板作业"的方法，把油品收、存、发等作业程序直观地反映在一张流程表上，形成"作业板"。操作时，准确传达作业指令，依"板"组织生产，按工序层层复核，并反馈指令执行情况，避免出现误操作，保证生产作业全过程始终处于安全受控状态。

四、夯实基础，持续提升体系运行质量

基础工作的质量是促进HSE管理水平由量变到质变的根本动力。

（一）抓好培训工作

采用培训矩阵方法，把培训需求、计划、执行与考评等培训环节的工作做细做实，增强培训工作的针对性和有效性；注重培训工作与实际工作的有机结合，坚持传统的“师带徒”和“一日一题、一周一抽问、一月一考核”等制度，努力做到培训工作化，工作培训化；推行安全管理人员持证上岗制度和操作人员安全操作证制度，三年一考核，每年一复审；开展两级 HSE 培训师培训工作，采取开放互动式的课堂教学模式，激发学员学习热情，提高培训质量；不断完善 HSE 课件标准化课件库、HSE 题库，确保 HSE 培训工作的整体质量符合要求。

（二）抓细隐患排查工作

多年来坚持发动全员自下而上地开展风险辨识及隐患排查活动，岗位员工自己查找、上报本岗位存在的风险，提出消减措施建议，经汇总整理后，逐月更新《风险管理台账》。各二级公司编制了《岗位风险辨识手册》，省公司编写了《风险识别库》，收集机关、库站、施工、车辆等环节存在的风险，逐项制定防范及削减措施，建立立案销案制度，整改一项销掉一项，对风险进行有效控制。

（三）抓实事故事件管理工作

制定了未遂事件上报管理制度，鼓励员工主动上报事故事件，分享事故事件经验，目前已经对 100 多起上报的未遂事件进行了奖励和通报。通过定期分析上报的未遂事件的发生原因，总结经验教训，真正把事故事件当作一种宝贵的资源进行广泛共享，为日常管理制定针对性的改进措施，充分发挥事故事件管理在推动 HSE 绩效改善上的积极作用。

推进 HSE 体系建设 构筑安全运营坚实屏障

宁夏销售

2010 年，根据中国石油天然气集团公司蒋洁敏总经理对中国石油宁夏销售公司（以下简称宁夏销售）提出的“把宁夏石化 HSE 管理的理念和做法全面移植，在销售系统率先建成 HSE 管理样板”的殷切希望和要求，宁夏销售确立了以“HSE 体系建设为主线”的安全工作方针，认真学习借鉴兄弟单位很多好的经验做法，同时结合工作实际，从转变观念、养成习惯、提高能力、运用科技、狠抓落实上下工夫，摸索了一些符合销售企业管理特点和具有宁夏销售特色的 HSE 管理方法。

一、引入先进安全文化理念，提升安全行为和风险意识

一是开展先进 HSE 理念培训。先后举办了 15 期 HSE 管理理念培训班，对“有感领导、直线责任、属地管理”等管理理念进行培训，总经理亲自授课，各级管理人员 800 人次参加了培训。1 年多来，宁夏销售形成了全方位、多角度、高密度、不间断的 HSE 培训制度，组织专业人员研发出了加油员、保管员、收银员、加气员、卸油员、发油员等专项岗位的 HSE 培训专题课件，由 HSE 内训师到基层库、站逐岗位培训，先后已有 1600 余名员工参加了培训。通过培训，在全公司范围内逐步确立了“一切事故都是可以避免的”、“任何事故必须立即上报”等先进的安全理念。二是开展全员风险辨识。组织开展油库、加油站各岗位风险辨识活动，制定《员工岗位风险及安全生产承诺书》。其次，开展“学练查考谈”活动，即学操作规程、岗位技能和岗位责任；练“学”的内容，通过学习练技术、练本领；查身边的隐患和岗位隐患；考“反违章禁令”、“HSE 管理原则”、岗位职责、“学”和“练”的成果；利用班前会、班后会，谈安全，谈风险。编写出了《加油站典型事故（事件）160 例》和《油库典型事故（事件）200 例》，作为基层员工安全经验学习的读本。通过以上措施，进一步提升了全体员工的安全素质和风险辨识能力。三是开展专项培训。举办了承包商安全管理、设备质量保证和完整性、加气站设备使用和维护及防御性驾驶、上锁挂签测试专项培训班 5 期，培训人员 400 余人，有针对性地弥补了宁夏销售在安全管理上的短板。四是打造 HSE 培训师队伍。从人员选拔、课件制作、试讲和授课技巧等环节入手，打造了一支 18 人组成的 HSE 内训师队伍，由内训师对一线员工进行 HSE 理念和库站各岗位风险控制措施等内容的培训，扩大基层岗位培训的范围和深度。

二、强化安全制度执行，提升执行能力

宁夏销售安全环保管理还处于严格监管的阶段，完善的管理制度和强有力地执行是保证

企业安全运营的关键。

一是完成六项制度升级。重点对《作业许可管理制度》和《特种作业管理办法》修订升级，结合落实直线责任、属地管理的要求，修订形成新的“一证五票”制度。进一步明确了加油站经理、片区经理、分公司经理等属地管理责任者必须对票证内容进行审核并到现场确认签字。同时，增加临时用电和动火过程中关键环节专业技术人员的签字，每一级审批人的签字过程就是对作业风险辨识情况、安全防范措施准备情况、应急救援情况的一次审核，提高了各级管理人员安全责任意识，提升了规章制度的执行力。二是修订完善体系文件。增加了《工艺安全信息管理程序》、《操作规程管理程序》、《事故管理控制程序》和《交通安全管理控制程序》，将原有 26 个 HSE 程序文件增加至 30 个，进一步完善各项管理程序，使每一项工作在执行时都有章可循。三是加大员工不安全行为考核力度。在学习贯彻中国石油天然气集团公司《反违章禁令》的基础上，结合销售企业生产经营特点，制定了《员工个人不安全行为考核规定》，对员工习惯性违章及可能造成事故的十项不安全行为提出了明确的考核要求。四是扎实推行属地管理。制作油库、加油站属地管理划分图，按照管理分工进一步细化属地管理区域，明确小属地责任人，做到“我的属地我有责”。五是践行有感领导。通过总经理的一封公开信向全体员工表明全力支持 HSE 推进工作的决心，副处级以上干部制定《个人安全行动计划》，科级以上干部对安全行为审核进行记录，并列入年终考核。六是健全应急管理体系。建立“1 + 11”公司级预案，全面指导突发事件应急处置；完善二级单位“1 + 15”市县级预案，上下衔接、紧密有序；立足班组实际，修订基层现场处置预案，提升应急处置能力。

通过对各项 HSE 管理制度逐个进行消化、吸收和再创新，进一步提升制度执行力。

三、加大安全投入，提高本质安全能力

一是实施目视化改造。2010 年投入 32 万元对办公楼和“一库四站”试点推进单位进行目视化改造。2011 年再投入 90 余万元进行进一步改造，完善办公楼和作业场所安全警示标识。借鉴宁夏石化的经验，宁夏销售把标识、标签、标牌张贴、悬挂、摆放在存在安全风险的部位，明确安全注意事项，逐步实现“风险有提示，危险有警示”的目视化效果。二是城市中心站加装隔爆阻燃装置。近两年先后完成了 13 座加油站隔爆阻燃装置改造，投资金额近 300 万，有效地提高了本质安全水平。三是推行风险控制工具——上锁挂签测试管理。除检维修时在各级电源开关、相关阀门上实施上锁挂签外，针对近几年销售系统加油站频繁发生卸混油事故的成因，将“上锁挂签”理念引申到杜绝加油站发生卸混油事故上，对加油站储油罐卸油口和油罐车连接油罐胶管端口进行了改造，即柴油储油罐卸油口为阳端、汽油储油罐卸油口为阴端，柴油罐车胶管连接油罐端口为阴端，汽油罐车胶管连接油罐端口为阳端，从本质上杜绝了卸混油事故的发生。

四、强化工程 HSE 管理，严把施工安全关

从宁夏销售近几年发生的事故统计显示，承包商管理是安全管理的薄弱环节，为此我们通过六项措施扎实有效控制施工作业风险。

一是开展施工人员三级教育。首先由质量安全环保处对所有进库施工人员进行一级教育

(即入库安全教育),教育的内容为施工安全管理规定、油库(加油站)安全管理制度和施工作业风险;培训结束后,组织施工人员进行考试,成绩合格的发放入场工作证;其次针对各工种的作业特点,由属地单位开展培训;最后由各施工队在每天作业前进行作业风险提示。通过严格的培训、考试、准入制度,严把三级教育关。二是落实特种作业管理规定。各项特种作业严格执行“一证五票”管理制度,临时用电严格执行上锁挂签制度,一、二级配电箱必须上锁挂签,并在配电柜上注明使用和管理的施工单位;三级配电箱,虽然不上锁但是必须要挂签,标明正在使用的单位,收工后全部上锁。三是狠抓施工现场安全监管。严查、严管监护人和特种作业人员上岗资质,项目单位留有证件复印件备案,定期对照检查。按照《宁夏公司施工现场 HSE 管理办法》每天对施工场地进行巡回检查,并将查出的问题,以《HSE 隐患整改通知单》的形式下发给承包商,整改完成后撤销。严重违章的,下达处罚通知书,并停工整改。四是建立激励考核机制。每天由项目单位和承包商组成评比小组,对质量、进度、安全、现场管理情况进行评比,对考核指标完成好的施工作业队进行奖励。建立违章曝光台,对发现的问题,取证通报,以促进各施工单位抓好现场安全管理。

五、规范车辆安全管理,加强道路安全监管

一是积极开展驾驶员安全培训。宁夏石化要求所属各单位每月坚持开展驾驶员安全教育,提升驾驶员防御性驾驶能力。同时提倡亲情教育,将每年的“父亲节”定为交通安全日,由各车辆管理部门组织所属驾驶员及其配偶、子女进行交通安全教育。二是建立驾驶员考核制度。发布了《安全驾车十不准》,建立了《车辆驾驶员管理考核评分细则》,对车辆驾驶员安全驾驶和出行进行严格考核;制定《车辆考评细则》对驾驶员所驾驶的车辆开展定期检查。结合两项细则考核,按月度对驾驶员安全驾驶和车辆维护保养情况进行考评打分,并将考评得分作为考核驾驶员月度绩效的主要依据。

宁夏销售 HSE 体系推进工作刚刚起步,虽然取得了一些成绩,但与上级领导的要求还有很大差距。安全管理工作任重道远,容不得半点的疏忽和麻痹,我们将持续有力地推行 HSE 体系,结合实际、突出重点、抓住关键,持续提升安全环保业绩水平,为集团公司建设绿色、健康、环保的国际能源公司贡献自己的一份力量。

整合多套管理体系
搭建统一高效的体系管理平台

管道分公司

2009年以来，中国石油管道公司（以下简称管道分公司）不断细化和优化管理体系建设，应用体系标准的过程方法，对质量管理体系、HSE体系、规章制度、应急管理、标准、业务流程等进行了全面的整合，同时将公司两级机关乃至基层站队的体系文件进行了有机整合，形成了覆盖公司生产经营全业务管理的综合性管理体系。

一、开展体系整合工作的背景

管道分公司是有着40年历史的输油气管道企业，截至目前，运行管理的管道里程达1万4千多公里，分布在全国17个省（自治区、直辖市），在公司实际管理中存在着新老管线共存、原油和成品油以及天然气多种输送介质并存、主副业并存的情况，管理上具有一定的难度，更是突显了建立体系的必要性。管道分公司HSE体系建设工作于2002年3月启动，先后取得质量管理体系、职业健康安全管理体系和石油天然气工业健康、安全与环境管理体系认证资格。

尽管管道分公司在体系建设方面取得了一定的成绩，但也遇到一些问题，影响了体系的实施效果。

一是在体系整合前，文件化的管理体系主要有：规章制度、HSE体系和内控体系。这三套体系分别是在不同的历史时期，按照不同的标准逐渐形成的。导致多个体系分别形成管理文件，存在重复、交叉、矛盾、新旧文件沉积等问题；同一工作可能有多个文件进行规定，在执行时易产生混乱。

二是公司机关管理部门大多习惯于形成规章制度而不纳入体系文件，导致体系文件覆盖面窄，而规章制度受控性较弱，缺乏系统性管控和定期评估。公司员工习惯于按照规章制度办事，从某种程度上说，体系文件主要用于应对内、外部审核检查，HSE体系的运行从管理文件上就存在“两层皮”现象。

三是公司和二级单位分别编制HSE体系文件、规章制度，使得各单位管理不统一，水平参差不齐，不利于实现扁平化、精细化管理。各单位分别建立各自的体系文件，增加了工作量，造成了资源的浪费。

四是上级部门下发的管理文件可能与公司现行的规章制度、HSE体系文件有某些相互冲突的地方，公司机关业务主管部门习惯于直接转发上级下发的管理文件并要求所属单位制定实施细则。这样会导致所属单位在对上级管理文件的落实执行过程中，因理解和执行的方式不同导致公司范围内同一业务管理的方式方法和标准五花八门、不规范、不统一。同时由于缺少对新老管理文件的对照分析，常常导致因对同一业务存在相互冲突的管理规定。

二、体系整合工作的主要做法

（一）全面实施以“一贯到底、全面覆盖”为指导思想的体系整合工作

针对HSE体系推进实施过程中存在的问题，公司在学习借鉴华北油田、兰州石化等兄弟单位管理经验的基础上，发布实施了《中国石油管道公司管理体系改进工作方案》，成立了公司体系建设委员会及体系改进办公室，制订了总体计划和阶段性计划，全面实施了体系整合改进工作。

总体目标是：通过持续改进，全面完善，实现公司管理体系文件的“一贯到底”和“全面覆盖”，依照“集约、统一、简化”的原则，形成对公司管理较为完善、适用的管理体系文件，实现同类介质管道运营管理和工程建设的“标准、流程、作业文件”的三统一目标。

指导思想是：将原有的HSE体系、规章制度、业务流程、各类公文等所有管理文件，通过汇总梳理、分析对照、合并增删修订，转化为HSE程序文件或其作业文件的方式与HSE体系文件进行系统整合；并在继续保留现有业务流程编号、框架的基础上将现有的全部业务流程与整合后的管理体系文件进行配套关联，统一并规范各类文件的管理方法，使所有管理文件处于受控状态。各部门制定的体系文件细化了所属单位的职责分工及执行的方法、标准，体系文件在覆盖公司全部业务的同时，实现了主要管理活动的“一贯到底”。

（二）搭建覆盖全业务的管理体系文件架构

体系整合的最终目的是形成一套“结构合理、层次清晰、覆盖面全、操作性强”的管理体系文件。公司以ISO 9001、Q/SY 1002.1—2007标准架构为基础，以管理过程为主线，参考BP公司、杜邦公司有关HSE管理要素，从识别管理系统和业务管理过程着手，根据识别结果归纳、提取形成适合管道公司的管理要素，并对照相关体系标准的管理要素、专业公司HSE体系和DNV ISRS7国际安全管理评级系统进行了综合分析并充分覆盖，搭建了管道公司的管理体系文件总架构，共设立了20个一级要素、92个二级要素。从体系文件架构上能够全面满足上级部门、认证机构的要求，便于将来公司业务发展的不断调整。体系文件框架的合理搭建，使每项业务都能在体系框架中得到定位，各专业的管理文件在具有各自独立性的同时，又通过体系框架形成逻辑关系，从结构上为消除管理文件增减的随意性打下了基础。

（三）对体系文件实施分级管控

由于管道分公司在实际管理中存在着新老管线共存、多种输送介质、主副业并存、点多线长面广的实际情况，为了保障管理体系文件的实施效果，便于管理体系在基层单位的有效执行，管道分公司实行一套管理体系文件、分级管理的管控模式。

1. 公司统一管控的体系文件

公司统一管控的体系文件包括：管理手册、程序文件及相应的作业文件（含公司级总

体应急预案和专项应急预案）。其中管理手册是对体系架构、各项业务职能分工的总体描述。程序文件及相应的作业文件是规范各项业务管理的方法、制度和标准。这部分体系文件由公司机关管控，可有效实现公司范围内同一工作标准的统一和规范化。

2. 生产单位管控的体系文件

生产单位管控的体系文件包括：各单位的体系管理工作手册、作业指导书、应急预案。其中，作业指导书包括站队管理岗作业指导书和操作岗 HSE 作业指导书；应急预案包括综合应急预案及现场处置预案。这些文件作为公司管理体系文件的组成部分，由公司各直线部门制定模板框架、规定内容要求，并进行备案和审核把关，只是将文件编写和审批发布的管控权限放在各生产现场负责。

生产单位负责管理的体系文件中，操作岗 HSE 作业指导书和应急预案是依据集团公司相关规定要求所制定，分别针对操作岗位常规工作的应知应会内容、事故的应急处置工作。工作手册和站队管理岗作业指导书是作为所属单位和基层站队推行公司管理体系的指导性文件，既有承上启下作用，又包含具体的实施计划安排，可以减轻基层的文件培训宣贯任务，分别引导生产单位的机关、基层站队管理人员更好、更方便地执行公司体系文件，促进体系的有效实施。

生产单位的体系管理工作手册，内容是以公司管理体系文件为依据，结合本单位实际情况，编制各部门/岗位完成自身管理业务、目标指标的具体安排，以及指引开展相应工作需执行的公司体系文件。站队管理岗位作业指导书是依据公司体系文件，结合基层实际情况，按管理岗位职责分工，写明各岗位应做的主要具体工作内容和要求、完成频次和时间、形成的记录等。

（四）通过信息化手段规范体系文件的受控管理

为了实现对体系文件的共享、查询、打印等方面的控制和管理，确保体系文件的受控，公司建立了体系文件管理平台，所有体系文件均在平台上发布并实时更新。一是除操作岗位 HSE 作业指导书和应急预案外，其余生产经营管理类文件均以体系文件管理平台上发布的为唯一受控文本，强化了体系文件的严肃性，防止了文件的非预期使用。二是通过平台的关键词查询功能，在进行体系文件修订时，能够系统全面的实现体系文件的连带变更。

三、体系整合工作取得的成效

（一）形成了涵盖全业务的管理体系

管道分公司自 2009 年 10 月启动体系整合改进工作启动后，以各部门在用的各类管理文件为基础，对 HSE 体系文件、规章制度、应急预案、公文、标准、业务流程等进行了梳理和分析，在删除过期文件、将内容交叉重复、雷同的进行合并、根据与业务职责和上级及标准要求的对照进行补充后，截至 2011 年 6 月公司共计发布程序文件 121 个，管理类作业文件 354 个，配套关联业务流程 1087，梳理确认记录 1168 个。各所属单位完成了 23 个《工作手册》、175 个《管理岗作业指导书》的编制和发布，完成了 508 个《岗位 HSE 作业指导书》、568 个《应急预案》的制定修订工作。

（二）为公司的快速发展打下了坚实的基础

随着集团公司各项业务的不断壮大，管道建设也进入了快速发展时期，每年都有多条管线投入生产运营。管道分公司通过体系整合，改变了以往公司机关和所属单位两套体系文件的母/子体系结构，形成了从机关到所属单位“一贯到底”的一套体系文件、分级管理的运管模式。所属单位的各类管理文件得到规范化和模块化，满足了管道事业大发展的形势下，新的管线、单位不断成立的管理需要。运用体系管理的PDCA运行模式，通过内外部审核、管理评审、管理对标、事故事件学习等专项工作，对管理体系文件持续改进、不断修订完善，初步形成了管道分公司的综合管理知识积累体系，为管道分公司各项业务管理水平的不断提高、公司的发展壮大奠定了坚实基础。

（三）促进了公司各项业务管理水平的提升

管理体系文件编改过程中，通过充分吸收国外先进企业的经验、国际安全评级、对标采标、事故事件学习等工作的成果，转换集团公司HSE体系推进先进经验，增强了体系文件的系统性、科学性和先进性。随着各专业的管理类、技术类文件全部纳入体系管理，今后油气管道工程建设、运营管理、储运技术研究等各领域积累的管理经验、技术方法能够通过管理文件积淀固化下来，促进了各专业管理水平的不断稳固提升。

（四）体系文件的管理更为规范

通过进一步识别管理系统和过程、优化管理要素，对所有管理文件进行系统化梳理，公司形成了较为科学、全面、系统的管理体系文件架构目录。体系文件与各专业管理的结合更为紧密，文件的增减不再随意，尤其是对上级下发的各种管理办法和制度类文件不直接转发，而是通过“消化吸收”采取体系文件变更的方式，将相应要求融入管理体系文件之中，防止了同一业务政出多门、管理文件累积、交叉、重叠，基层单位在执行过程中难以把握和无所适从的情况发生。

通过持续的HSE体系整合改进工作，管道分公司初步形成了覆盖全业务、全过程，上下“一贯到底”，涵盖体系标准要素的综合管理体系，有效提升了管理效率和标准化、规范化、精细化管理水平。

建立专业审核标准　规范量化审核程序

川庆钻探

推进 HSE 体系建设要求“用标准规范行为”，而“让行为符合标准”是现场管理效果的外在表现。中国石油川庆钻探工程公司（以下简称公司）结合业务风险特点，在积极完善 HSE 制度标准、培训教育和绩效考核系统过程中，通过建立专业审核标准，规范量化审核程序，促进了 HSE 绩效考核标准化、HSE 绩效管理精细化。

一、建立专业审核标准

（一）梳理公司专业分类

根据公司生产经营业务，结合钻井工艺流程，公司对所有专业进行梳理，细分出 16 个专业，即物探、建筑安装、钻井、录井、测井、固井、压裂酸化、试修、油气田地面建设、交通运输、油田开发、机械制造、检测技术、安全监督、教育培训和酒店管理专业。

（二）分析风险特点

（1）从油气资源储存特点看，川渝地区“三高”和长庆地区“三低”的作业环境迥异，地理构造各有特点，钻井等专业标准和操作规程各有侧重，HSE 管理模式存在较大差异。

（2）从设备设施使用看，公司服务专业种类多，高精尖设备、专用设备多，使用、检测和维修要求高，并且主要依靠自身力量进行。

（3）从施工作业环境看，公司生产单位分散，野外作业环境恶劣，风险点多；点多面广战线长，工作地点频繁变换，流动风险大。

（三）确定审核标准结构

（1）根据各专业及风险特点，公司 HSE 审核标准采用“1＋16”的结构，即 1 个总则，加上 16 个专业的审核标准。

（2）总则：明确各专业审核标准的共同部分，重点规范各二级单位领导和机关职能部门的审核要点，规范各专业审核标准的结构。

（3）各专业审核标准：用于规范各专业基层单位的现场审核。对于共同部分，直接引入总则中的相关条款。规范化的专业审核标准成为基层队构建 HSE 标准化现场、标准化操作、标准化管理的基本框架。

（四）明确标准编制要求

将公司体系推进成果与传统管理有机结合，重点突出各专业的风险控制要点，促进落实属地责任的实现。

（五）编制专业审核标准

组织精干人员，集中时间编制适合各专业生产经营风险控制的审核标准，试用、修订后提交公司标准化委员会。

（六）会审专业审核标准

公司标准化委员会分专业组织专家，对各专业审核标准进行系统评审，形成专业审核标准（试行版）。

二、审核标准的特点

公司 HSE 管理体系审核标准基于《中国石油天然气集团公司企业标准》（Q/SY 1002. 1—2007）、参考了中国石油天然气集团公司体系运行质量审核标准和相关企业的审核标准，结合公司风险特点进行编制。

（一）规范审核主体

（1）明确“谁管工作，谁管安全”。各业务处室履行分管业务范围的直线管理责任，负责分管业务范围的 HSE 审核。

（2）建立审核员库。各业务处室根据 HSE 审核需要培养和选聘审核员，质量安全环保处提供技术支撑，进而在公司范围内分专业建立 HSE 审核员库。

（3）规范审核组成。审核组由具备相应资质的组长和组员组成。

（4）规范审核员资质要求。一是审核员应具有相关专业的知识和技能，二是审核员应具备相应的个人素质和能力，三是划定审核员的主要任务。

（5）规范审核组长的任职条件。在知识和技能方面，审核组长除满足审核员的要求外，还应具有关于领导审核方面的知识和技能。

（6）明确审核员保持和提高能力的途径。审核员应通过参加审核实践，通过更多的工作经历、培训、自学、教学和参加各种有关会议或其他相关活动等途径来保持和提高审核能力。

（7）提出审核员能力评价的基本方法。对审核员的评价包括素质、知识和技能，强调评价过程中应识别培训和其他技能提高的需求。

（8）引入观察员评审机制。观察员由公司质量安全环保处委派，负责跟踪审核过程，并监督、评价审核员履行审核职责的情况，提交审核有效性评价报告。为促进审核员公正、客观、准确地评价二级单位 HSE 方针和目标实现的程度，规范审核方案和程序，添加了一道保障。

（二）细化审核客体

公司的 HSE 审核按审核内容分为专业审核和专项审核。

（1）专业审核以油气工程技术服务业务链所涉及的物探、钻井、测井、录井等专业单位为审核对象，突出专业特点，通过编制审核清单，采用以现场观察、人员访谈为主，查阅资料为辅的审核方式，对 16 个专业进行 HSE 管理体系审核。

（2）专项审核根据法律法规、标准要求及公司的实际，定期或不定期开展某一方面（或几个方面）的 HSE 审核（检查）。专项审核初步设定 10 项：直线领导履职情况审核；

井控安全审核；设备设施完整性审核；承包商安全审核；交通安全审核；硫化氢防护（个人防护和公司防护）审核；危险化学品（民爆物品、放射物品）审核；消防安全审核；环境保护审核；职业健康审核。

（3）专业审核和专项审核由相关业务处室具体负责组织、实施，真正落实和体现“谁管工作、谁管安全”的责任回归。

（三）规范审核行为

1. 突出审核的计划性

公司 HSE 体系办公室年初编制 HSE 审核计划方案，确定受审核方、审核范围、审核类型、审核内容、审核时间等。在实施审核前编制审核方案，并文件化。

2. 规定了审核频次

专业 HSE 审核，至少每年 1 次。专项审核，依据法律法规、上级要求和公司规定确定。追加审核，发生以下特殊情况，随时启动的审核：发生严重的不符合或重大投诉时；组织的管理层、内部结构、管理方针和目标等有较大变化时；进行第二方、第三方审核前；相关方有要求时。

3. 规定审核方式

审核方式有文件评审、面谈沟通和现场观察。文件评审包括审阅被审核单位相关的制度、程序、操作规程、许可证、操作记录等。面谈沟通对象包括与被审核单位的领导层、各职能部门和 HSE 部门的管理人员以及操作员工的面谈，要保证有足够的面谈人员。现场观察的内容包括人的安全和不安全行为，以及物的状态和工作环境。通过观其文、听其言、察其行、验其果，确保审核的有效性。

4. 明确审核抽样率

确保横向覆盖所有职能部门和单位，纵向贯通各个层级的领导和员工。在标准中，具体规范了抽样数量：二级单位领导层——60% ×领导总数，且不少于 3 名，不多于 6 名领导，应有 1 名正职领导；职能部门——应覆盖二级单位所有主要职能部门，且部门正职领导应接受审核；作业现场——10% ×基层单位作业现场总数，且不少于 2 个，不多于 5 个作业现场；员工——每个现场访谈员工 3 ~ 5 人。

（四）细分管理要素

按技术流程或管理流程将每个要素分解为多个子要素，每个子要素又按 PDCA 要求，分解为若干具体的审核要点事项，确保每个要素符合标准要求，同时满足现场审核的有效性和可操作性要求。

（五）合理分配权重

（1）HSE 绩效权重。公司经营目标管理责任制规定，各单位 HSE 绩效占其总绩效的 15%。

（2）分配审核权重。在 HSE 责任书规定了各单位 HSE 绩效考核方式和权重：

HSE 绩效 = 结果指标得分 + 过程绩效得分

其中，结果指标占 HSE 绩效总分的 40%，过程绩效占 HSE 绩效总分的 60%。

过程绩效 = 专业审核评分 + 专项审核评分 + 行为安全审核

其中，专业审核评分占 HSE 绩效过程总分的 70%；定期的专项审核占 HSE 绩效过程总分的 15%；不定期（临时）的专项审核占 10%；各级直线领导的行为安全审核占 5%。

（3）分配要素权重。根据体系标准的要求，结合公司风险特点，对 28 个要素赋予不同的权重和分值。

（4）分配层级权重。在要素权重分配的基础上，将每个要素按二级单位领导层、机关和基层单位（现场）赋予不同的权重。考虑推进体系建设的需要，适当加大了直线领导和一线员工考核的比重。

（六）审核的量化定级

审核评分实行 1000 分制。审核时根据被审核单位的实际情况，剔除审核清单中的不适用项，并将审核结果折算成千分制计算得分。

量化的审核结果共分为四级：

A 级——950 分（含）以上。

B 级——850 分（含）至 950 分。

C 级——800 分（含）至 850 分。

D 级——800 分以下。

（七）规范审核结果的运用

通过统计、分析审核结果中不同类别和不同级别的发现项，可以得出以下结论：

（1）加强对重大隐患的控制，通过整改关键发现项，提升现场本质安全。

（2）根据审核结果，修订一些关键安全标准，提升安全管理综合水平等。

（3）将审核的结果输入培训管理中，提升培训管理的针对性。

（4）将审核的结果输入绩效管理中，用于审核定级，使审核与绩效考核紧密结合。

①公司审核评定为 A 级的单位，下次免审（如审核后发生事故不再免审），并给予适当的奖励。

②公司审核评定为 B 和 C 级的单位，按正常计划审核。

③公司审核评定为 D 级的单位，实行限期整改，半年内进行一次复审。

④审核定级结果直接与被审核单位及其直线领导的业绩和奖金挂钩。

三、实施量化的审核活动

（一）组建审核组

量化审核定级工作，采取在公司安委会统一领导下，由公司安委会办公室（质量安全环保处）负责量化审核定级的日常工作，对各分委会办公室量化审核定级工作进行支撑、协调、指导和监督；各分委会办公室（公司业务处室）负责具体的审核组织。

（二）审核准备

审核组负责收集被审核单位的资料信息，制定审核实施计划，分配审核任务，组织审核前培训，明确审核要求，为完成审核任务奠定基础。

（三）审核实施

运用观察、交流与沟通等管理工具，采取小范围座谈、个别访谈、查阅各级管理层及生产现场资料等多种形式，重点分层次审核二级单位的领导、职能科室和基层单位及作业现场。

1. 人员访谈

一是访谈二级单位领导。重点讨论二级单位的体系建设的思路、方法，实施要点，以及有感领导七个带头的实施情况。

二是访谈职能部门负责人。对质量安全环保部、计划经营部、生产运行部、工程技术部、人事劳资部及质量安全监督站等部门的科级干部进行访谈，重点突出如何结合分管业务工作范围，开展 HSE 工作的同步计划、实施、考核情况。

三是访谈三级单位领导、办公室人员。

四是访谈项目负责人和现场员工。突出项目负责人和现场员工对 HSE 体系建设的认识和重视程度。

2. 查阅文件资料

二级单位突出制度管理的规范性。分公司突出制度管理的实用性和完整性。作业现场突出制度管理的实用性。

3. 查看现场

借助专业审核标准，重点关注属地管理情况。

4. 汇总评分

审核组汇总各要素控制的成效和不足，对审核结果进行评分，依据定级规则确定等级，写出审核报告，并报公司审核。

5. 编制审核报告

审核报告由组长组织编写，审核组成员提供相关要素的审核结果，审核组长对审核报告的准确性和完整性负责。

（四）交流沟通

通过审核总结会，宣布审核结果，肯定成绩的同时，着重指出审核发现的问题，并提出整改意见和具体要求；被审核单位明确整改措施，实施对不符合项的整改。

（五）审核追踪

通过审核总结会，宣布审核结果，以达到对不符合项的持续改进。各被审核单位应及时实施整改措施，并及时将整改情况反馈到分管处室。

分专业建立审核标准、各层级考核、量化二级单位绩效指标，有效地激励各级人员参与安全管理的积极性是实现安全生产长效机制的有效手段。

国际项目高端客户 HSE 管理探索与实践

东方物探

中国石油东方地球物理勘探有限公司（海外项目简称 BGP）是一支专门从事“找油找气”的物探技术工程服务队伍，1994 年开始进入国际物探市场。目前国际勘探遍布全球，在 50 多个国家先后为 100 多家油公司进行油气勘探服务，发展到陆上业务第一，综合实力全球第三，主要服务由服务于中资公司、小油公司发展到更多地服务于国际大油公司。在国际业务发展历程中，HSE 管理工作作为各项基础管理的体现，成为了 BGP 国际化的“敲门砖”和主要推手，HSE 管理的发展历程，经历了“挑战—提高—再挑战—再提高”的持续上升过程，既有经验又有教训。尤其近年来，BGP 为 Shell、Exxon Mobil、BP、Chevron、TOTAL 等国际油公司提供了优质、高效、安全的服务，极大提升了 BGP 的品牌效应。

一般来讲，高端客户是指那些对市场进入、市场规范、技术标准、合同条件、HSE 管理、项目综合管理等方面都有更高要求的市场，具有资金密集、技术密集、管理集成、人才密集等特点，有极强的挑战性和风险性。相对于 BGP 而言，高端客户就是国际化的大石油公司。作为物探行业的主要承包商之一，进入这些高端客户并最终赢得这些高端客户，对提高 BGP 国际物探市场竞争力和企业的发展与稳定、学习 HSE 管理和其他先进管理经验、锻炼和储备高素质的人才以及提升 BGP 的影响力都有着十分重要的意义。

回顾这些年为高端客户服务的过程，BGP 在 HSE 管理的道路上走过了一条不同寻常的道路，遇到了这样或那样的困难。比如，中方人员的语言和交流能力较差、“习惯被动执行，不习惯主动做事”、“习惯拍脑门做决定，不习惯一切都要先有计划后执行”、“习惯只做而不记录，不习惯做了就要记录”、承诺的员工休假计划不能落实、与当地员工文化的融合差、承包商管理弱等等，面对这些问题，从开始的不理解、迷惑，到心理上真正接受、执行，从开始觉得“小题大做”到“势在必行”，归根结底是一种观念的转变，是对“HSE 管理核心价值观”核心内涵的真正理解并在实践中的具体应用。

一、建立符合国际行业标准的 HSE 管理体系

建章立制体现了一个公司 HSE 管理水平和对社会、员工的责任与关怀。从服务高端客户伊始，BGP 就瞄准了国际物探业界 HSE 管理体系的最高标准，也就是被行业界广泛认可的国际油气生产商（OGP）和国际地球物理承包商（IAGC）指南中的相关要求，据此来建立 BGP 的 HSE 管理体系。尼日利亚 9811 队从 1998 年就开始与壳牌公司合作，本着创建国际一流物探公司的宗旨，开发、制定了与壳牌公司相适应的 HSE 管理体系，HSE 程序就达上百个。更重要的是 9811 队并没有因此止步，而是在实践中不断对体系进行更新和完善，

初期的员工培训矩阵不能完全满足要求，对此及时进行了更新，培训项目从原来的 10 个增加到目前的 30 多个，涵盖了每个岗位、每个活动。不仅如此，作业队根据尼日利亚作业的需要，以人为本，在海外所有项目中第一个建立了专门的劳保政策，对劳保配发标准、劳保采购渠道、劳保质量、劳保管理通过公司政策这种最高形式给予了强有力的保障，完善了员工抵御风险的能力。2007 年 BGP 已经成为 IAGC 组织的核心会员，在这个国际性组织中具有了建议权和话语权，国际影响力进一步提升。

二、践行领导承诺，全力推进 HSE 管理体系

俗话说："安全工作好不好，关键在领导"。目前通用公司的 HSE 管理系统结构把"领导与承诺"作为 HSE 管理系统有效运行的核心驱动力。高端客户对此更加重视，他们在审查承包商的 HSE 管理体系时，其中一个必不可少的问题，就是审核管理层是怎么做的。记得 TOTAL 公司在审查 BGP 的一个项目时因为没有看到管理层到位检查的记录，审计结果受到了极大的负面影响。而也是 TOTAL 公司，在到 BGP 另外一个项目检查时，恰恰是看到了项目经理的现场检查记录，在审计评述时对此给予高度的评价与肯定。BGP 沙特项目根据作业情况，年初就制定了包括项目经理在内一直到班组长的年度访问、检查和审核计划，不同层面的管理层都参与到 HSE 管理活动中来，展现"有感领导"，有力地推进了 HSE 管理体系的良态发展。在总部层面，公司管理层对高端客户项目定期进行高层访问，与此同时，还指定了专门的人员负责与这些高端客户就运作过程中出现的问题或投诉进行跟踪调查和评估，定期通过电话和面访的方式与高端市场客户进行交流。

三、做好项目启动计划，保障项目启动时间

"良好的开端是成功的一半"，良好的项目准备是成功运作的开端。BGP 十分重视项目启动环节，做到了"提前、充分、快速"。所谓"提前"，就是项目团队核心提前到位，提前学习合同内容，充分分析项目状态，超前动作，做好各种计划；所谓"充分"，就是保证了人、财、物的投入力度，保障充分资源；所谓"快速"，就是给项目执行人充分授权，遇到问题能快速决策。BGP 的 8624 队在给壳牌公司作业时，在仔细研读合同后，将其中的各项要求制定了一套项目启动追踪表，式样参照 HSE 管理中的整改计划表（RWP），依据直线责任和属地化原则落实相关人员和完成时间，由项目经理和总部定期追踪完成进度，使 8624 队在不到 1 个月的时间里就完成了从动迁、甲方营地验收、全面开工审计到甲方同意采集的全部工作，实现了项目的迅速启动，得到了利比亚壳牌公司的高度赞扬。BGP 沙特阿美项目制定了项目启动 HSE 体系检查表和更完善的项目检查表，以保证 HSE 监督不会忽视和遗漏某些重要 HSE 体系管理要素而造成开工困难。上述做法使得 BGP 在国际知名大公司的项目运作和 HSE 管理水平不断提升，赢得了信任，提高了声誉。

四、建立面向高端市场倾斜的资源配置机制

高端市场各种要求标准高，相应也增加了对人、财、物的要求，这就要求在执行高端客户项目时的资源配置上区别于其他项目，推动高标准、高质量的资源向贡献率高（收入和声誉）的高端客户项目和重点项目倾斜。

在设备配置方面，BGP 重点在机动车辆、住宿营房车、餐车、洗浴车、洗澡车、住宿帐篷、各种劳动保护品和 HSE 专用设备等方面加大了投入力度。BGP 毛里塔尼亚的 TOTAL 项目为当地员工配置了全套的可移动厕所和洗澡车，替换了用铁皮加工的自制简易设施；阿尔及利亚 BP 项目为当地员工的住宿帐篷提供了“水空调”和“双顶”帐篷，使得当地员工夏天不再遭受酷暑煎熬；利比亚壳牌项目给车辆增加了不同的机械限速装置，从本质上降低了超速驾驶的可能性；BGP 阿曼项目在采购劳动保护用品时，注重供应商评估，严把审核关，杜绝任何一种不符合国际标准的劳保用品流入项目中。

在人力资源配置方面，BGP 做到了把语言好、技术精、HSE 意识和知识强、沟通能力强的人员安排到高端项目。国际高端项目运作有一个基本规律，就是甲方重点和项目经理、队长进行有效沟通，这两名“重量级”人员的观念、HSE 管理和语言水平，成为项目能否成功的关键性因素，只有真正理解“HSE 管理是项目运作综合管理的具体体现”这一内涵，才有可能运作好国际物探市场的高端项目。为此，国际部人力资源管理部门出台了针对高端项目作业人员的管理办法，建立了相应的人才库，需要什么样的人才，就可以在库中搜索，避免出现由于人员配置不当而造成中途撤换队经理和相关人员情况的发生，为运作好高端项目提供了过硬的人力资源保障。

五、狠抓 HSE 管理工作关键，注重制度贯彻执行

再先进的理念、再完善的制度体系，不脚踏实地去落实执行，到头来也只能是墙上画饼。能取得的安全成就，取决于能展现的安全要求，而这一要求的真正落地，只有通过严格执行才能得到真正实现，高端项目的 HSE 管理工作更要把执行放在首要位置。

（一）强化直线管理和现场监督

BGP 尼日利亚 9811 队每名中方人员都设定了自己的管辖区域和管理责任，定期到现场进行检查。HSE 部门配备了一定数量的 HSE 代表（HSE Representative），每天随班组出工，现场对 HSE 政策、规章的执行情况进行监督，对发现的违章操作、不安全行为等立即进行纠正并及时上报，对故意或经常违章行为有权在现场进行处罚。

（二）加强交通安全管理

交通安全是物探行业中最具风险的隐患，BGP 沙特项目经理部在交通安全管理方面特别强调了严格执行准驾制度；强制车辆检查维护保养；避免不必要的行车；非常规行车路线实行报批；不准搭载陌生人；避免或减少夜间行驶；安装旅途监控设施；建立行车安全追踪制度，基地随时和驾驶员保持联系，清楚人员、车辆位置；超过一定时限未归或未到达目的地也无法取得联系者，立即启动应急预案等多方面的要求。所有车辆安装了通过卫星传递信号的、真正意义上的全球定位系统（RVTS），即使在国内也能监测到项目上的车辆动态。

（三）注重风险管理

风险管理是 HSE 管理的核心内容。阿尔及利亚 BP 项目在运作开始之前，甲方和乙方共同对将要施工的区块进行了详细地踏勘，结合准备开始的作业活动，对各种活动可能存在的风险都进行了登记，并依照风险矩阵管理的模式对所有风险进行了评估，确定了高、中、低

三类。在此基础上，又把因为作业活动可能会产生的各种隐患进行了彻底登记，制定了隐患登记表，该表按照对隐患管理的要求，详细地阐述了该隐患来源于哪项作业活动、有哪些会导致隐患升级的因素、有哪些控制方法等等所有涉及隐患管理的内容。所有班组都有一份涉及本班组作业的隐患登记表，严格采取相应的控制措施，确保隐患在控制之中，避免了事故的发生。

（四）强化培训，提升素质

万事开头难，培训是关键。培训是转变观念、养成习惯、提高技能、逐步培育安全文化的重要途径和手段。尼日利亚 9811 队 HSE 培训模式是“地毯式”的全员培训，不仅注重培训过程，更注重培训结果。比如，在进行完炸药管理培训后，立即对必须要掌握的知识点进行考核，不合格就需要重新参加培训；为了保证知识的及时更新和强化，尼日利亚、沙特、阿曼等多个项目都开展了反复培训（Re - fresh），通过多次重复培训，反复灌输，员工意识逐步加强。在培训方式上，注重内外结合，阿尔及利亚长期和西方专业培训机构签订培训合同，新项目启动和重点风险活动都邀请培训公司到项目现场进行培训。在培训内容上，尼日利亚 9811 队注重与实际情况相结合，除去规定的培训内容外，根据需要增加培训内容，如测量组的砍刀培训、地图识别培训、钻井组的硫化氢培训、司机的 GPS 使用培训等等。

BGP 作为“找油先锋”，总是第一个深入不毛之地的，很难直接招聘到满足要求的当地员工，有的员工甚至还不会写自己的名字。正是因为 BGP 坚持对员工实行全方位、全过程的不间断培训，许多当地员工完成了从“菜鸟”到“大虾”的转变，安全理念、安全知识入脑入心。尼日利亚 9811 队在满足了自己项目需要的同时，近几年为其他项目输送 20 多人。在项目因雨季停工期间，有的员工临时到其他公司应聘，如果提到为 BGP 工作过，就会优先录取。巴基斯坦项目经理部充分发挥培训中心作用，为 BGP 伊拉克高风险项目提供了近 100 名巴基斯坦籍员工，极大地降低了中方员工的暴露风险。

六、推行本土化战略，注重与当地文化的融合

近年来，全球安保形势更加复杂，给 BGP 海外项目运作带来了更多压力，尤其是近几年的高端市场，比如尼日利亚 Shell 项目、伊拉克 BP 项目、阿尔及利亚 TOTAL 项目，都面临着不同程度的高安保风险，在这种环境下推行本地化运作便是解决这些问题的一个有益尝试。BGP 尼日利亚项目就是推行本土化运作的成功典型，目前野外作业全部由当地雇员负责，现场没有一名中方人员。

除安保因素外，在高端项目推行本地化，加快与当地文化的融合也是高端客户的一个重要要求，因为高端客户往往更加注重当地员工的意见，倾听他们对“老板”的评价。中外双方融洽和谐的氛围，特别是在高端市场项目中，会对 HSE 管理工作的进行起到事半功倍的效果，为项目运作甚至为赢得市场带来意想不到的收获。阿尔及利亚 BP 项目在给中方人员的考核项目里就有每天至少和 1 名当地员工聊天 10 分钟、1 个月必须交 1 个当地朋友的指标；毛塔 TOTAL 项目为当地的穆斯林建造了舒适的“帐篷清真寺”；尼日利亚 9811 队通过自编的 HSE 季度刊物向员工祝贺生日、新婚祝福；利比亚壳牌项目规定中方人员必须每月去当地食堂和员工一起吃饭。尼日利亚项目 9912 队被壳牌总部划定为“绿色地带”

(Green Band)，这在壳牌的承包商队伍中是不多见的，理由之一就是“与当地传统文化的完美融合”。

BGP从踏入国际勘探市场那天开始，品牌就与高端客户紧密相连。在集团公司的亲切关怀下，BGP从事国际业务17年，在高端客户的HSE管理方面取得了一个又一个成绩，尼日利亚壳牌900万安全工作小时无LTI事故、阿曼PDO连续6年作业无LTI事故、沙特阿美公司58个百万工时无事故记录、2010年度荣获了集团公司工程服务板块唯一一个社会安全体系先进管理单位称号，这些成绩无疑是BGP继续做好高端客户HSE管理工作的巨大推动力。BGP将秉承“找油先锋”的一贯作风，在今后的国际高端项目HSE管理工作中继续前行，为高端项目运作实现“提速、提效、提素”提供保障，为早日把BGP建设成国际一流物探公司保驾护航。

开展审核定级　优化 HSE 体系运行

东方物探

一般来说，决定一个企业管理体系运行总体水平高与低的评价标准是那些影响体系运行总体质量的“短板”要素，而不是“长板”要素。这样的认识已经有一段时间了，但如何对体系运行的“长板”与“短板”要素进行科学、量化评价，在中国石油东方地球物理勘探有限公司（以下简称东方物探）以前的审核中没有获得很好的解决方法。

长期以来，体系运行审核工作大多是通过对各要素运行的受控情况进行审核，找出运行过程中的不符合项，提出改进的意见和建议，并通过管理评审对整个体系的运行受控情况做出相对宏观的评价后再进行持续改进。定性评价得多，定量评价得少；“长项”总结得多，“短板”分析得少；没有建立一套体系运行科学、规范的定量与定性评价相结合的审核方法。由于没有一套科学规范的体系运行评级标准，因而也无法对体系的运行进行审核定级工作，造成了用基础资料堆积体系运行，与生产实际和岗位工作结合不够紧密的“两张皮”现象。

在中国石油天然气集团公司与杜邦公司开展 HSE 项目合作以来，东方物探作为试点单位之一，在 HSE 管理体系运行方面引进了许多新的理念和新的方法，丰富了 HSE 管理的内涵和运行手段，以安全是公司的核心价值观、有感领导、直线责任、属地管理、全员责任为主要内容的体系运行工作犹如“动车组”运行，使层级职责归位得到彰显，全员责任得到落地，“管工作必须管安全”的理念已经深入人心，“自上而下”的体系运行，“自下而上”的体系运行评价使得体系运行与岗位责任的结合不断得到强化，创造出了对体系运行进行审核定级、量化打分的运行评价条件。

2010 年 4 月至 12 月，根据体系运行的实际情况，为了验证公司各单位整体运行 HSE 管理体系的“长板”与“短板”，对影响公司体系运行水平的要素进行综合评价，东方物探实施了 HSE 体系审核定级工作。

一、“四步法”总体策划，分阶段稳步实施

在体系推进试点的过程中，公司发布实施了《安全管理现状审核定级实施方案》，确定了审核定级的方式和系统评价体系运行的标准。

第一步：示范审核、培训骨干。2010 年 4 月，从各单位抽调 31 名 HSE 专业人员进行集中培训，并由 3 名杜邦顾问组成审核组，制定《体系运行要素审核清单》，选择了一支地震队和一个固定场所进行示范审核，学员现场观摩学习，培训了一支审核定级的骨干力量。

第二步：以点带面、示范审核。为使各基层单位掌握审核定级方案，2010 年 5 月，组成 6 个审核组，对 19 个二级单位的 22 个基层单位开展了 HSE 体系示范性审核定级工作，

100多名基层单位的正职主动参加了审核和现场观摩，使基层单位了解了审核定级的程序和体系运行的基本内容，促进了体系在各基层单位的规范运行，为审核定级工作的顺利实施奠定了良好的基础。

第三步：内部审核、优化运行。2010年6月至8月，要求各单位利用2个月的时间，组织全覆盖的内部模拟审核定级工作，同时，针对审核中发现的问题进行“自查自纠”，提升了基层单位体系运行水平。各单位在体系运行与岗位职责的落实上下功夫，将体系内部审核的业绩与岗位绩效考核挂钩，使审核工作与岗位职责的落实紧密结合，调动了落实全员责任的积极性，收到了很好的效果。

第四步：审核定级、检验成果。审核之前，首先对以下工作进行了规范：

（1）确定审核对象。审核对象是公司各二级单位下属的基层单位，主要是物探队、车间、中心。通过对基层单位的审核，定量评价各二级单位、职能部室和基层单位在HSE管理体系运行中所处级别，找出体系运行的短板。

（2）修订审核清单。按照野外生产、科研、接待服务、固定作业场所四种情况，分类别建立审核清单，确定各要素审核点（每一类别审核清单均超过150个审核点）和现场审核方法，并对各审核点赋予相应分值，每个审核清单的总分为1000分。

（3）统一评分标准。根据各审核点实施的充分性、有效性，确定衡量要素运行质量的赋分系数，即实施充分、效果好，得满分；实施不充分、效果好，得3/4的分；实施充分，效果不好，得1/2的分；实施不充分，效果不好，得1/4的分；没有实施，得零分。得分比例分为三项：人员访谈占40%、文件审阅占30%、现场观察占30%。

（4）明确审核方式。组成审核组，观察被审核单位的作业现场，访谈一把手、基层单位领导、班组长和员工，查阅相关记录，审核组对审核点逐个进行讨论，根据该审核点运行的充分性和有效性，确定系数和计算分值。

（5）量化定级标准。将运行情况设定为4级，得分850及以上的为A级，700至749分的为B级，600至699分的为C级，600分以下的为D级。2010年总经理与各二级单位主要行政领导签订的责任书中，将HSE体系审核定级并评定为“D级”列为杜绝性指标。审核中二级单位出现D级的，出现问题的基层单位领导予以免职，对单位主要负责人进行诫勉谈话，并根据情节轻重，按照有关规定给予组织处理或行政处分等。

2010年9月下旬至12月初，东方物探组织开展了全面审核定级工作。此次审核，共审核二级单位机关20个，基层单位99个（其中地震队19个，非地震队10个，科研单位11个，辅助生产单位39个，后勤服务单位20个），现场访谈和考核1892名员工，观察现场630个。被审核的99个基层单位，有29个达到A级，69个达到B级，1个基层小单位为C级。

二、层级定级找出短板，全面运用审核成果

评定结果有助于各单位和部门改进工作。对各审核对象的定级方法如下：

（1）对二级单位的定级：将其所属的基层单位得分情况进行算术平均，对照标准确定其级别；

（2）对职能部门的定级：将其归口要素在基层单位的得分情况进行算术平均，对照标

准确定级别；

（3）对基层单位的定级：根据各审核点的得分，确定各要素得分，并将各要素得分相加，得出基层单位的总分，对照标准确定其级别。每个单位都对自己体系运行工作的状况了如指掌，能够迅速采取有针对性的措施予以纠正。

通过评定掌握了评价工作的客观依据。审核结束后，定量评定各要素得分情况和各单位总体得分情况，确定二级单位、职能部室和基层单位的级别，作为各单位年终 HSE 绩效考核的重要依据之一。尤其是机关职能部门，把各要素的得分情况与处室分管要素进行对口考核，非常明确地得出处室主管要素的运行水平，为科学合理评价处室 HSE 工作提供了直接的客观依据。

通过评定找出了体系运行方面存在的短板。在对 7 个一级要素、25 个子要素的审核当中，得分 950 分以上的 A 级要素 8 个，700 分到 849 分的 B 级要素 17 个，得分 600 至 699 分的 C 级要素 3 个。由此可以看出，文件控制、应急、管理评审、危害因素辨识和运行控制要素的运行存在明显的短板，为下一步持续改进工作明确了方向，提供了箭靶。

参加审核定级的 22 个单位中，总成绩最好的是 862 分，最差的是 733 分。结合审核定级、阶段安全检查结果和 HSE 管理信息系统应用三个方面的得分，最终有 15 个单位被评为安全生产先进单位，5 个单位因为没有达到规定的体系运行标准，虽然也做到了安全生产无事故，但也没被评为公司先进。

积极反馈信息，促进体系运行的持续改进。将各单位审核定级的结果及时反馈给各单位，并到体系运行存在问题较多的单位进行宣讲和培训，实现了过去定性评价体系运行情况向定量评价体系运行情况的转变，使内审评价体系更规范、更科学、更有利于体系运行的持续改进。

三、总结经验、提高认识、持续改进

审核定级是提升体系运行水平的有效方法，通过审核定级，能够提高各级单位一把手对 HSE 体系的重视程度，促进其对体系运行的理念和知识真学、真信、真用；能够提高各级领导和员工对体系管理的认识，落实好直线责任和属地管理责任；能够找到体系运行的短板，有针对性地制定改进措施，提高体系运行水平。通过审核定级的实践，公司也认识到，要使审核定级工作发挥应有的作用，持续提升 HSE 管理体系运行水平，还需重视以下三个方面的工作：

（一）培育一支审核定级的骨干队伍

要选拔一批责任心强、业务素质好的 HSE 专业人员队伍，对他们进行系统的培训，使其掌握内审的方法和技巧，掌握和理解标准要素的内涵，才能在审核过程中准确把握被审核单位各要素的运行质量，提供正确的指导意见和建议。

（二）建立科学规范的审核标准清单

要结合不同单位、不同场所、不同业务的实际，确定各要素的审核点，建立尽可能量化、具体化的符合标准要求的审核清单，减少因审核人员理解不同造成的审核偏差，同时也有利于各单位体系的规范运行。

（三）重视审核定级结果的应用

一是要针对找出的体系运行短板，告知被审核单位如何改进工作，同时，要进行系统总结，找出单位整体运行的短板，制定切实可行的纠正预防措施；

二是要将审核定级的结果纳入到绩效考核中，纳入到责任书中，严考核、硬兑现，才能形成持久运行动力，激励各级领导和全体员工运行好体系。

东方物探对审核定级工作进行了初步的尝试，取得了较好的效果，今后还将作进一步的努力和改进，为规范、科学运行好 HSE 管理体系，发挥审核定级的最大效果和作用不断进行探索实践。

教育培训

构建“121”安全经验分享模式 实现连续安全生产新跨越

大庆油田第二采油厂

中国石油大庆油田第二采油厂南五联合站（以下简称南五联合站）自建成投产45年来，始终坚持“每天都是新起点”的理念，在继承中创新、在创新中发展，严抓安全生产不松懈。中国石油天然气集团公司（以下简称集团公司）推行安全经验分享活动后，南五联合站针对生产特点和实际情况，落实、构建了“121”安全经验分享模式，不仅夯实了安全管理基础，而且促进了生产运行水平的不断提升。

一、“121”安全经验分享模式的产生背景和内容

南五联合站是易燃易爆要害场所，为确保安全生产平稳运行，从建站之初，就在培养安全意识和总结安全经验上下功夫，充分利用班前讲话的机会，每日进行一次安全提问，每周进行一次安全点评，每月进行一次安全教育，营造了想安全、抓安全、促安全的氛围。

集团公司安全经验分享活动开展以来，南五联合站围绕“如何有效开展安全经验分享活动”、“如何调动全员参与安全经验分享活动”等问题进行了广泛的调研、座谈和讨论，采取“三走三看”的方式，走出五联看五联，走出三区看五联，走出二厂看五联，到油田标杆站队参观学习。在标杆站队先进的管理理念和方法的基础上，形成了“121”经验分享模式，即：一名员工讲案例，两名员工谈体会，一名干部做点评。通过定期分享安全经验，共享事故资源，达到了全员参与、全员提高的目的。

二、“121”安全经验分享模式的新内涵

两年来，南五联合站结合设备运行情况以及队伍整体素质，不断探索和实践，对“121”安全经验分享的内容进行了充实和丰富，对“121”安全经验分享的方式进行了延伸和拓展，构建了具有五联特色、符合五联实际、利于五联发展的“121”安全经验分享模式，赋予了“121”安全经验分享模式新的内涵。一是广辟来源，分享一条经验。在原来利用班前会时间组织员工学习上级文件、事故通报的基础上，搭建了空中课堂、应急演练、事故模拟等安全资源共享平台，每周分享一次险情案例、每月观看一个视频资料、每季讲解一次安全操作经验。二是扬长避短，发挥警示教育和学习借鉴两项功能。通过对各种安全经验的集中学习、收听收看、现场观摩以及操作演练，使员工从中受到警示教育，强化员工的安全意识、责任意识，提高员工的技能素质和风险防控能力。三是潜移默化，取得一份收获。把开展安全经验分享活动作为提升管理水平的一个载体、一种途径，无论是事故案例，还是

先进经验，都要通过分析和学习，从中汲取教训、收获经验、受到启发，从而进一步完善规章制度，规范员工行为，丰富防控措施，不断夯实安全生产基础。

三、“121”安全经验分享模式主要做法及效果

安全管理重在落实责任，贵在持之以恒。南五联合站通过构建“121”安全经验分享模式，把安全经验分享活动很好地渗透到安全意识培养、融入到责任心教育、拓展到技能培训、深化到生产运行、延伸到设备管理、运用到风险防控中，从源头上消除隐患，在过程中控制风险，确保了“安全、平稳、优质、高效”的良好运行态势。

一是分享事故资源，提高员工安全意识。事故案例是最生动、最震撼的安全教材，以事故为鉴，不仅能提升员工的安全意识，做到警钟长鸣，更能加深员工对危险与危害的认识。为此，把警示作用强、影响力大、血淋淋的事故案例作为分享安全经验的资源，强化安全意识的手段，定期组织学习事故通报，收看案例视频，让员工从一幅幅触目惊心的画面、一声声撕心裂肺的呼唤、一条条发人深思的教训中，感受到一次看似微不足道的违章操作、一次不及时的巡回检查、一次不经意的疏忽都可能付出惨痛的代价，使员工在心灵上产生震撼，在思想上形成共鸣，在行动上更加重视安全、关注安全。输油工林某在一次检查过程中，工帽突然脱落，虽然没有发生长发卷入电机的事故，但对她触动很大，于是在经验分享会上提出了佩戴发网上岗的建议。队里采纳后，为每名女工配发了一个五毛钱的发网，不仅罩住了女工的长发，更罩住了女工的安全，被员工称之为“五毛钱”的安全。现在，女工上岗戴发网已经固化为南五联合站的安全制度。

二是分享险情案例，提高员工责任意识。日常工作中发生在身边的险情案例，虽然没有造成人员伤害或财产损失的后果，但透过案例却可以给予员工很多启示。为此，南五联合站把分享险情案例引入到员工的责任心教育之中。“几滴小水珠”是“121”安全经验分享活动中的第一个险情案例。20 世纪 70 年代初，注水工王某一次下班路过注水泵时，不经意间发现水泥地面上有几滴黄豆粒大的水珠，这引起他的疑虑，他蹲在水珠旁细心观察了 20 多分钟，原来的几滴水珠变成了碗口大的水渍，由于他发现及时、处理果断，避免了一起 15 兆帕注水干线穿孔的事故。这个故事给员工留下了深刻的印象，在讨论中大家一致认为，在南五联合站这样的要害场所，具备高度的责任心尤为重要。2010 年 10 月 13 日下午 15 点左右，维修大班的技术人员在罐区检修时，无意中闻到一丝若有若无的油气味，他马上警觉起来，立即和同班对罐区进行了仔细检查，结果没有发现任何异常，但却感觉到油气味越来越浓，他们就一直追踪味道检查，最后在站外大约 50 米的地方，发现了一摊 2 平方米左右的原油，原来是外输管线穿孔了。由于发现及时，采取措施得当，避免了产量损失和环境污染。类似这样通过高度责任心得以规避安全风险的真人真事在南五联合站还有很多，像“察烟观色”、“测温除隐患”等故事，都时刻引导和警醒着员工，员工的责任意识得到了进一步强化，使“安全源于责任”、“责任重于泰山”等理念真正入脑入心，实现了员工从岗位操作者到属地管理者的转变，夯实了安全生产基础。

三是分享操作经验，提高员工技能素质。搞好安全生产工作，员工不但要具备高度的责任心，而且还要具备过硬的技能。为此，南五联合站把分享操作经验作为提升技能的载体，把培训地点从会场搬到现场，把培训方式从静态灌输变为实地学习，充分利用容器清淤的有

利时机，组织员工轮流进入容器看过内部结构以后，再请队里的技师、助理技师、技术骨干、大赛选手把工作原理、工艺流程、操作经验、注意事项等在现场边演示边讲解给岗位员工，促进了员工队伍技能素质的整体提高。此外，南五联合站还利用施工停产等难得的机会，模拟相应的事故状态，组织员工进行应急演练，分享事故应急处理经验，现场掌握如何操作和切换流程事故。两年来，南五联合站已经组织类似培训25次，使岗位员工完全掌握了设备构造、工艺流程以及应急预案，逐步营造了员工互相学习、共享经验的氛围，激发了全员参与安全管理的积极性，员工的心理承受能力、快速反应能力、安全保障能力得到进一步提升。2010年，南五联合站获得作业区技能大赛团体第一名，有4名员工在厂技能大赛获奖，1名员工被授予油田公司技术能手称号。目前，南五联合站岗位员工都能熟练切换本岗工艺流程，严格按规范操作，快速处理生产故障。

四是分享管理经验，提高生产管理水平。精细生产管理是实现安全生产的根本保证。为了破解日常工作中可能遇到的管理难题，南五联合站把“121”安全经验分享活动拓展到生产运行中。组织干部员工认真分享采油48队的“位标”管理法，并结合工作实际，提出了可视化管理思路。经过干部员工集中探讨，推行了“可视化数字状态牌”管理法，对检查方法、故障类别、整改措施、巡检标准、危险点源、巡检时钟六个方面进行了规范，既保证了岗位员工按时、按点、按路线巡回检查，又使岗位员工在巡检过程中，能将发现问题及时体现在“可视化数字状态牌”的相应位置，使现场管理更加直观、透明。此外，为了提高日常操作的准确性，南五联合站学习借鉴第二采油厂南二联将“操作卡”放置生产现场的做法，把操作规程、应急预案等内容做成卡片放在生产岗位设备旁，方便了操作，规范了行为。

五是分享典型做法，提高设备运行效率。设备运行状况对安全生产、外输质量、节能降耗等指标都有着决定性的影响。因此，南五联合站将“121”安全经验分享活动延伸到设备管理中，定期选树在设备管理中做得好或存在不足的突出典型，组织员工开展经验分享，提高设备管理水平。针对部分岗位管线和设备老化严重，个别员工思想负担重的实际，南五联合站把运行28年没有进行大修的三台锅炉作为设备管理典范，把锅炉班组精心保养设备、细心维护设备、用心操作设备的经验和做法分享给全站员工。在此基础上，全队总结提炼出了“两坚持五到位两及时”巡回检查制度和“三查三清一交接”的修保制度。通过分享，注水工侯某感慨地说：“我站是全厂最老的注水站，很多设备的零件都很难买到，以前总是害怕出现这样那样的问题，今天的经验分享给我启发很大，设备再老，只要认真加密巡回检查，做到严防死守，就有信心保证在年底新站投产前，让这些设备安全退役”。此外，南五联合站每月还坚持用照相机把设备保养、维护中的一些低水平记录下来，在“121”安全经验分享会上“亮丑”，促使员工自觉养成了不原谅一个小差错，不容忍一个过得去的做法。现在，南五联合站岗位员工在设备管理中都能做到零缺陷交接、零差错操作、零隐患运行，保证了全站设备的安全运转。

六是分享革新成果，提高风险防控能力。安全工作必须做到超前管理、超前控制，这样才能使隐患消灭在萌芽状态。为此，南五联合站始终坚持在技防上下功夫，并把推广群众性技术革新成果作为“121”安全经验分享的一项内容，鼓励员工在工作中要勤于观察，善于思考，针对生产或管理中的难题，多动脑、多动手、多实践，进而提高了风险防控能力。注水技师魏某针对设备老化、冷却水泵容易发生偷停的现象，经过不断摸索和试验，研制出了“冷却水泵停泵自动报警装置”，只要冷却水泵停泵，就能及时报警，解决了因停泵发现不及时造成的不良后果。此外，为了方便员工倒电源时移动绝缘板，南五联合站研制了滑道式绝缘隔板，既保护了员工人身安全，又方便了操作，工作效率大大提高。

“121”安全经验分享模式运行两年来，南五联合站的安全保障防线日益凸显，安全管理根基日益稳固，安全预控屏障日益坚实，危险点源层层处于监控之中。截至 2011 年 4 月 28 日，已经实现连续安全生产 16299 天，始终保持全国油气集输系统连续安全生产最高纪录。

探索特色 HSE 培训模式
提高员工岗位操作技能

长庆油田第三采油厂

2008 年以来，在油田公司全面推行岗位标准作业程序的整体趋势带动下，中国石油长庆油田公司第三采油厂（以下简称采油厂）紧密结合本单位 HSE 体系运行要求和安全管理工作实际，探索推行以岗位标准作业程序为核心的 HSE 培训模式，把岗位标准作业程序作为员工岗位操作培训考核的唯一标准，健全完善“说、教、练、考、纠”五位一体培训机制，努力提高员工岗位安全操作技能，实现全员、全方位、全过程风险控制。

一、主要做法

（一）“说、教、练、考、纠”五位一体，持续优化员工 HSE 培训机制

1. 重点“说”

开展班前“工具箱”会议，通过员工介绍自己的岗位职责，描述岗位风险及控制措施，促使岗位员工熟练掌握管辖区域的岗位工作内容、设备工况，明晰所在岗位的危险源点、控制措施以及日常操作中的违章行为。

2. 实施“教”

针对油区点多、面广、人员分散的状况，选派专人手把手地深入基层巡回施教，教员工掌握规范的操作要领、方法、步骤、注意事项等，将理论知识和实际操作有机结合起来。通过组织观摩学习，取长补短、弥补差距，有效提高员工操作技能，杜绝违章操作。

3. 注重“练”

将报废设备组装维修，放置于各自培训场地进行拆解训练，清楚掌握设备结构，强化员工岗位练兵，开展岗位互动演练、技术比武等特色活动，以井组、班站、井区、作业区为单位，层层举办岗位标准作业程序操作评比活动，形成“赶、学、比、帮、超”的学习竞赛高潮。

4. 严格“考”

针对多数新增员工技术素质低的现状，结合岗位标准作业程序特点，按照“主辅分离”的原则，将主程序和附件分开培训，边培训边考核，“成熟”一片，考核一批，对岗位员工现场操作进行综合考评，及时了解岗位员工对设备操作技能的熟练程度，实现了培训—操作—考核—再强化培训—再操作—再考核的持续改进提升。

5. 持续“纠”

岗位标准作业程序并不是一成不变，随着产建规模的日益扩大，新工艺、新技术的不断

应用，岗位标准作业程序还需不断完善，及时纠偏。引导基层全员参与，自主管理，根据合理化建议和存在的问题，继续深化和完善岗位标准作业程序，使其成为生产运行和质量控制的一个载体。

（二）以载体文化渗透 HSE 管理，充分利用各种可视化培训媒介，营造浓厚学习氛围

1. 无声的老师——岗位标准作业程序看板挂件

结合岗位标准作业程序内容，按照目视化管理规范的要求，将步骤中某些细节进行形象化和量化，制作成标准作业程序挂件展示在设备及流程旁，使每一项作业流程均能清楚呈现，以潜移默化的方式培养员工良好的操作习惯，实现安全管理工作的简单化、直观化、显性化。

2. 安全的导师——危险源辨识及削减挂件

发动岗位员工对每台设备的危险源点进行查找，对每台设备运行过程中的危险程度、危险区域进行划分，用红、黄、蓝三种颜色标识出来，其中红色表示一级危险源点，黄色表示二级危险源点，蓝色表示三级危险源点，以图文并茂的形式将各个危险区域图片加配安全削减措施制作成危险源识别及削减挂件，悬挂在设备旁醒目的位置，使员工抬头举手之间随时能够学习安全操作知识。

3. 设备的放大镜——PSRT 挂件

为了使新分、新增员工较快掌握岗位设备的内部结构原理，全面学习设备的养护知识，提高设备的安全使用效率，作业区以目视化的形式把设备的工作原理（P）、内部结构（S）、标准化操作规程（R）和故障排除方法（T），以图文并茂的形式制作成 PSRT 挂件，悬挂于机泵设备旁，将平时员工看不到、掌握不了的设备内部结构图片完全展现于大家面前，使员工们更直观地学习到设备的内部结构以及工作原理。

（三）活化基层班组 HSE 培训形式，提升岗位安全操作水平

1. 岗位自学

在作业区全面培训的基础上，以班组岗位设备的标准化操作内容为重点，以实践操作为切入点，从设备的结构性能、维护保养、故障排除、安全防范措施等方面入手，通过每日一题、每天一练、每周一考的岗位练兵，以及标准化操作轮流讲课等方式，在“培养说、认真教、重点练、全面考”上下功夫，营造浓厚的学习氛围。

2. 互动促学

组织基层干部员工相互交流、相互学习，共同讨论岗位标准作业程序培训过程中的难点和疑点，积极寻找推行岗位标准作业程序的切入点。同时，组织干部员工到兄弟单位取经观摩，学习借鉴先进的培训模式和经验方法，提升自身的培训技能。

3. 师徒帮学

在班组员工之间开展一帮一，“你说、我做、他点评”的岗位标准作业程序培训考核工作，提高全员的标准操作能力，使标准操作日常化、经常化。

4. 活动助学

以活动促管理，大力推进安全文化建设工作，先后开展了“抓思想、抓基层、抓基础，

管思想、管行为、管习惯”活动，“对照岗位标准作业程序、全员反习惯性违章”主题活动，并将班前宣誓、氛围熏陶、文化激励、警示教育、技术保障、会议学习、观念引导、实战演练等引入生产环节，逐步使员工“安全标准入心、安全规范入脑、安全操作入行”。

二、应用效果

（一）实现安全生产无事故

推行以岗位标准作业程序为核心的员工 HSE 培训模式以来，岗位操作流程更加清晰，安全管理程序更加规范，员工培训机制日趋成熟，岗位员工识别、控制、消除风险的能力全面提升，“人的不安全行为”这一风险因素得到有效控制。近年来，乘用车在原油产量不断提速的同时，没有发生一起安全事故，实现了“零事故、零污染、零伤害”的目标。

（二）“反三违”取得明显效果

采油厂通过推广应用岗位标准作业程序，清晰、规范、准确地表述操作流程，并加大培训考核力度，使员工树立起“标准操作、规范操作、安全操作”的工作理念，很大程度上减少了识别风险不充分、操作程序随意简化、操作步骤颠倒顺序等不规范行为，有效遏制了各类“三违”现象，成为采油厂纠正和预防员工习惯性违章的一项有效举措。

（三）员工综合安全能力明显增强

推行以岗位标准作业程序为核心的员工 HSE 培训模式，更加固化了采油厂“以人为本、修己安人”安全发展理念，员工严格按照岗位标准作业程序上岗操作的意识得到强化，准确识别危险和防范控制不安全因素的能力有所增强，员工应急处理和自我调控能力也显著提升，员工快速适应岗位、满足安全要求的能力持续提高，适应和促进了采油厂的快速发展。

三、工作启示

（1）HSE 培训是强化企业内质的迫切需要。采油厂面对点多、面广、用工形式复杂的现状，突出做好全员 HSE 能力与意识的培训提升，对提升企业安全管理综合管理水平，拓展延伸员工自主安全管理能力将起到决定性作用。

（2）推行岗位标准作业程序为核心的培训是落实“只有规定动作，没有自选动作”理念的强力举措。岗位标准作业程序是长庆油田规范岗位操作的 HSE 作业文件，是具有长庆鲜明特色的企业标准，严格执行、规范执行、不可逆转执行就是符合“规定动作要求”，对规范员工思想认识、统一员工操作行为具有很强的指导意义。

（3）采油厂模式的 HSE 培训是细化集团公司 HSE 管理原则的体现。HSE 九项原则明确指出“企业必须对员工进行健康安全环境培训”；采油厂遵循要求，结合现状，细化措施，在 HSE 培训环节想方法、谋点子，以“说教练考纠”五位一体的 HSE 培训模式有力推动了 HSE 培训工作的深入运行，对采油厂大发展起到坚强支撑作用。

员工安全能力是安全文化的基础

塔里木油田

“活到老，学到老”是人生追求的一种最高境界，而在企业，对员工进行安全培训，既是企业的义务和责任，又是员工必须接受的学习任务和学习责任，企业的安全培训可促使和保持员工树立正确的安全意识、掌握必要的安全知识和技能以满足岗位工作需要。安全培训应当按照不同的培训对象有计划、持续地开展，以提高培训的针对性和有效性。根据杜邦公司安全经验和海因里希法则，96%的事故都是由于人的不安全行为造成的。安全培训要素的实施正是着眼于此，通过强化、有效的培训，将安全理念扎根在每个员工的心底，转变员工安全意识；逐步固化员工良好的安全行为习惯，培养安全习惯；提高员工安全技能，实现安全生产。

中国石油塔里木油田公司（以下简称塔里木油田）特色的安全培训的核心就是依据岗位技能与培训需求矩阵制订培训计划，整合并开发培训资源，落实矩阵式安全培训，然后根据不同培训方式及时考核评估，逐步形成评估、培训的持续改进机制。

一、总体思路

（1）以转变观念为导向，以“有感领导”带动“全员参与”，营造浓厚的HSE培训氛围。

（2）以提高技能为导向，以矩阵式培训为核心，实施分层次、有针对性的培训策略。

（3）健全组织机构，完善标准制度，建立培训师体系，整合培训资源，形成完善的HSE培训机制。

（4）拓展培训理念，创新培训方式，建立HSE培训课件库，切实提高培训质量。

（5）通过全员能力评估，检验前期各类业务培训的效果和掌握程度，并把评估结果作为个人安全培训计划制订的主要依据，形成评估、培训的持续改进机制。

二、要素内涵和执行要点

（一）营造全员参与HSE培训的氛围

以有感领导为载体，管理层带头，引导各级领导走上讲台，带动全员参与。有感领导是魂，全员参与是根，没有有感领导，安全培训不可能破茧而出，没有全员参与，安全培训不可能枝繁叶茂。只有有感领导才能带动全员参与，而全员参与又会促进有感领导进一步强化，形成相互促进的良性循环。一旦全员参与氛围形成，必将促进全员安全责任意识和安全能力的提升，促进安全执行力的进一步强化，促进自主管理氛围的形成。

建立安全培训师体系与配套激励机制，使更多的员工走上讲台，形成全员参与的氛围。向为HSE培训工作作出贡献的员工颁发安全文化贡献奖。

（二）实施分层次、有针对性的 HSE 培训策略

（1）各单位均依据岗位职责，结合考核评估，并采取直线领导与下属沟通的方式，明确每个岗位的培训内容，分层次建立岗位 HSE 技能与培训需求矩阵，因岗、按需施教。

（2）培训计划的制订。企业一线员工、中层领导、高层领导三种人的技能需求各有侧重。塔里木油田的安全矩阵培训模式覆盖到塔里木油田所有员工，上至油田领导，下到普通员工，凡涉及生产安全的岗位均应按照安全矩阵模式进行安全培训，总原则是在全油田建立合理的安全能力架构，保证各岗位人员满足安全管理和生产的要求。

塔里木油田根据岗位编制岗位培训需求矩阵，并结合上岗人的评估结果和上岗人的职业发展规划制订出个人的培训计划，按需施教。制订培训计划有利于培训理念由“干什么，学什么”到“缺什么、补什么”再到“会什么，干什么”的转变，降低岗位安全风险，促进安全生产。制订培训计划还有利于培训资源的整合，提高安全培训的针对性和有效性；更有利于油田利用技能矩阵显示、监督、控制各下属事业单位的各级管理者培养员工的情况。对于个人来说，个人培训需求矩阵能够清晰地、量化地描述不同岗位成员对知识技能的具体需求，从而很快显示出个人的发展计划。

（3）实施各级培训。

①管理层的培训。以“转变观念”为突破口，实施以“安全文化理念”为侧重点，以“有感领导”为切入点的培训策略。采取由杜邦专家一对一辅导的形式，制订个人安全行动计划，现场实践安全观察与沟通，亲自进行安全经验分享，定期进行安全文化理念的重复性培训。

②中层领导的培训。实施以“提高安全管理技能”为突破口，以“安全文化理念”为关键，以“安全管理标准和方法”为重点的培训策略。定期开展安全文化理念和安全管理技能培训，建立“有感领导”逐级辅导的机制，将安全能力评估纳入人员变更管理。

③员工的培训。以“提高操作技能”为核心，全面推行矩阵式培训。建立岗位技能培训需求矩阵，重点强化操作技能培训，切实解决培训的针对性问题。建立四种能力评估系统，完善培训评估机制。

④承包商的培训。以提高“风险识别和控制能力”为核心，对承包商实施分类管理的培训策略。长期运行和检维修承包商与甲方培训要求一致。临时承包商实施入场前三级安全培训。钻试修承包商结合业务特点实施培训管理：对井队实施准入前的安全培训，评估不合格，不办理安全资质。严格管理井队井控、硫化氢、特种作业等取证培训。引导承包商开展矩阵式培训，立足承包商自身，强化操作技能培训。

（三）建立 HSE 培训资源保障机制，形成良性循环

1. 建立健全 HSE 培训组织机构，统筹管理

有关组织和部门职责：系统安全分委会负责油田 HSE 培训工作整体推动，定期研究、解决 HSE 培训存在的问题。人事处负责油田 HSE 培训工作的具体组织和实施，并落实培训资源。质量安全环保处对 HSE 培训工作提供技术支持；组织油田级的安全培训标准课件的编制和维护；对各单位安全培训的实施情况进行指导和审核等。教培中心具体负责油田 HSE 培训计划的组织和实施；组织特殊工种从业人员的培训、取证与复审工作等。

2. 建立健全 HSE 培训规章制度，夯实培训工作基础

《员工能力评估、培训管理程序》从 HSE 政策上明确了 HSE 培训的重要性。《员工教育培训管理办法》确立了油田教育培训各方职责、组织实施及持续改进的机制。《安全培训管理标准》确定了实施 HSE 培训的科学方法——矩阵式培训。《内部兼职培训师管理办法》和《安全培训师、工艺安全分析师管理标准》以制度的形式建立内部培训师选拔、聘用和评估机制。

3. 立足于自身，培养内部安全培训师，形成长效机制

建立内部安全培训师选拔和评估机制，安全培训师实施站队级、厂部级、油田公司级三级管理。将取得安全培训师资质作为聘用安全管理人员的必要条件。制订激励政策，吸引更多的员工走上讲台。开展多期安全培训师培训技巧培训，培训人员达 650 多人次。开展油田内部培训师授课竞赛活动。

4. 成立安全文化工作站，培养自己的专家

安全文化工作站为副处级单位，挂靠质量安全环保处，主要职能是研究油田安全文化发展方向，制订安全文化推进计划，参与制订安全文化相关标准，辅导基层安全文化推进，组织安全管理现状审核。其管理采用流动管理的模式：固定编制 4 人，其他人员定期从基层抽调，先进行系统的培训，再通过参与安全文化建设的各项工作达到掌握标准、熟练工具的目的，为基层培养安全文化骨干。

5. 依托外部资源，“请进来，走出去”

走出去培训：与有实力的科研院所和实验室合作，理论联系实际，采用现场观摩、实验等形式，增强培训效果。

请进来培训：与世界知名企业合作，依托他们的优势和培训资源，请进来为塔里木油田进行培训。

（四）多角度渗透，全方位辐射安全文化培训

1. 人事部门将安全文化培训纳入各类专项培训

目前人事处组织的新分大学生入厂培训、科级干部培训班、班组长培训班、井控培训班等专项培训班中均增设安全文化培训课程。通过培训，培养参与者安全观念的转变，同时也提高了参与者的安全技能；同时充分调动了直线组织参与安全文化建设的积极性，也发挥了直线组织在安全文化建设中的重要职能。

2. 大力开展各类专项培训

通过举办各类专项培训，引导员工在工作和生活中养成良好的安全习惯，提高安全技能。塔里木油田举办多期事故/事件调查、工艺安全分析方法、办公室安全、防御性驾驶、居家安全、消防知识等专项培训，培训人员 1000 余人次。

（五）拓展培训理念

以安全观察与沟通、工艺安全分析、工作安全分析、事故调查方法等管理工具的熟练掌握和应用为载体，持续提高员工的风险识别和控制能力。通过领导亲自或指导下属进行安全观察与沟通，培养良好的工作习惯。通过预审核、正式审核、组织现场沟通和交流会等形式

与基层交流安全文化建设存在的问题，提升对标准的理解。利用新改扩建项目设计阶段的工艺安全分析，组织用户员工参与和学习，提高工艺危害的识别能力。全面推行工作安全分析，提升操作员工的风险识别能力。

（六）切实提高培训质量，提升培训效果

1. 建立 HSE 培训课件库，资源共享

针对不同的培训内容，开发相应的培训课件，建立培训课件库，目前油田共编制公司级 HSE 培训课件 40 余个。发布 HSE 标准的同时，组织编制并发布培训课件，便于基层开展培训。采用幻灯片、漫画、视频等方式，丰富课件样式，便于员工消化和理解。鼓励员工自主开发培训课件，开展征集基层安全培训课件活动及建议，目前共收集培训课件和建议 550 多个。

2. 鼓励基层创新培训方式和强化培训效果的评估

以实际应用为目的、结合自身人员素质状况、充分发挥员工的积极性和创造性。对参与培训的员工进行评估（考核），评估其理解和掌握情况；对培训师进行评估，评估其培训技巧及培训效果；不断探索培训评估的方法，完善培训评估系统。

（七）逐步形成评估、培训的持续改进机制

全体员工和操作运行检维修的长期承包商员工每年逐一进行能力评估，评估人找出被评估人 3 项最强项和 3 项最弱项，针对弱项制订出个性化的培训计划予以提高，形成评估、培训的持续改进机制。运用全员的安全能力评估结果，制订和落实个性化培训辅导计划。此外，将评估工作运用于人员变更管理和岗位晋升。

三、存在的问题和对策

（一）存在的问题

基层内部安全培训师资源明显不足，素质有待提高。基层内部安全培训师目前大多为安全管理人员，生产管理人员和操作员工较少，很难满足现有的培训需求；内部培训师专业素质、培训能力还有很大提升空间，制约了培训质量的提升。临时承包商培训仍是短板，临时承包商（尤其是土建类承包商）人员流动性大、不易控制，且人员素质普遍较低，培训的覆盖率及培训效果难以保证；油田施工地点大都远离城镇，地处戈壁、荒漠，受工期、资金的限制，培训考核和能力评估的有效性难以保证。

（二）对策

（1）持续推动矩阵式培训，强化操作技能培训。

（2）加大激励措施，不断壮大内部安全培训师队伍；鼓励并创造条件使内部安全培训师多承担培训任务，以教促练，不断提升安全培训师的整体素质。

（3）不断摸索和实践，总结经验，在全员能力评估的基础上逐步建立一套符合生产实际且行之有效的 HSE 培训评估系统。

（4）继续强化承包商 HSE 培训，加大对临时承包商三级安全培训的监管力度，大力推行工作安全分析，提高承包商员工识别危害和防范风险的能力。

提高规程法制意识　严格按章操作

塔里木油田

与企业其他安全管理规章、程序一样，所有的操作与检维修规程是企业内部“法定”文件，是企业规范员工工艺操作、检维修操作，控制人、机界面风险，保障安全操作的文件化依据。企业安全法制文化建设的核心内涵就是操作与检维修规程的建设、维护的动态过程的持续激发与全体员工在该过程中采用所谓“规定动作”的铁一般工艺纪律的培育与锻造。

操作与检维修规程通过标准化操作管理途径来消除导致事故的人的因素而达到预防事故的目的，因此操作与检维修规程的开发、执行与维护始终强调全体员工的参与、自律与奉献。操作与检维修规程开发、执行、维护的过程就是安全法制文化建设的过程。

一、操作规程标准及意义

操作与检维修规程是工艺安全与行为安全管理的共同兼有的一个重要因素，它要求现场生产部门编制书面的操作与检维修规程，通过标准化的管理与操作程序为安全作业提供保障。为达到上述目的，运行良好的操作与检维修规程系统至少应具有以下特点：

（1）操作与检维修规程系统覆盖所有的工艺与维修操作过程的风险。

（2）操作与检维修规程系统标准化，明确定义正确的操作实践，规定准确的参数范围，规范员工的操作。员工选择的空间越大，表示规程本身的质量越低，法制文化水平越低。

（3）员工在开发、执行、维护规程系统的过程中，广泛参与度达 100%。

（4）所有规程均处于良好的动态维护之中。

（5）操作与检维修规程系统的开发是一个预先设计和主动管理的过程。

就具体的操作与检维修规程应至少涵盖下述内容：

（1）操作步骤至少包括：首次开车；正常操作；正常停车（包括工艺装置停运或部分停运操作规程，制定工艺装置停运封存或拆除方案等）；大修完成后开车或者紧急停车后重新开车；纠正或防止偏离正常工况。纠正或防止偏离正常工况的步骤为：①非正常操作（主要指工艺装置临时停车或部分单元检修造成操作条件变化时，应编制临时操作规程），②紧急停车（说明在什么情况下需要紧急停车，并指定合格的操作人员负责紧急停车工作，确保安全、及时地实现紧急停车），③应急操作（包括超出 SOC 的调整措施，超出 SOL 的连锁说明和控制措施，ESD 的启动条件和动作后的后续操作等）。

（2）操作范围：正常工况下的操作条件；偏离正常工况的操作条件及后果。

（3）安全和健康相关的注意事项：工艺系统使用或储存的化学品的物性与危害；防止暴露的必要措施，包括工程控制、管理手段和个人防护设备；发生身体接触或暴露后的对策；原料质量控制和危险化学品的储存量控制；任何特殊的或特有的危害。

（4）安全系统及其功能。描述操作过程中可能产生的危害及相关控制措施，应对仪表的控制包括警报和连锁的设定值进行阐述，并规定各工序的标准运行条件和安全极限值；同时，制定关键步骤操作确认卡，内容包括启动前检查、启动步骤、运行检查和停车步骤。

完整准确的书面操作与检维修规程是安全、高效操作工艺系统的指令性文件。一方面它确保所有操作人员按照经实践验证为准确，并经过批准的统一标准来完成所有操作；另一方面，开发、维护操作与检维修规程的过程中，通过对工艺过程仔细的分析，加深员工对工艺系统危害与风险特征的认识和理解，使操作与检维修规程更加科学、合理、符合实际、可操作性强。有效的操作与检维修规程的执行，不仅有利于实现安全生产，还可以减少不必要的停车，从而提高产品质量、提高效率、降低成本。

操作规程是员工实施操作的指令性文件，也是岗位员工实施安全操作的工具，是员工直接管理的对象之一。因此，员工必须对其有效性、针对性和可操作性进行定期复核，并及时修订完善，使其始终处于动态维护与有效监管的状态之中。优秀的操作与检维修规程应及时反映工艺安全信息的任何变动，融入岗位操作成功经验与最佳实践，其核心价值就是科学指导与实用适用。

操作与检维修规程是书面的操作指令，正确使用操作与检维修规程有助于实现预期的操作意图，防止发生非正常工况，使工艺系统在设计要求的状态下稳定运行。总之，编制操作与检维修规程的必要性是显而易见的，具有以下重要意义：

（1）保证工艺操作的安全。

如果说生产过程中，上级主管或经理可能出现错误，在实际操作时，还有机会由操作人员发现，并有根据操作程序或他们的判断进行修正的机会。那么缺乏正确、有效的操作与检维修规程，操作人员就无法判断上级发出的指令正确与否，一旦出错，就立即成为“现实”的错误，因为操作人员是操作过程的最后把关者和实施者。

正确、有效的操作与检维修规程有助于排除操作人员“凭臆测工作”。它还包括必要的对操作人员的提醒和警示，帮助操作人员了解操作时可能面临的危害和采用正确的操作方法，从而减少人因因素带来的事故。

（2）提高经济效益。

工艺安全事故可能造成人员伤害或招致重大经济损失。正确、有效的操作程序可以为所有操作人员提供统一的指令，有助于提高操作效率，实现新装置的顺利投产、减少运行时的故障率及避免不必要的停车，降低单位产品的成本。

（3）确保产品品质。

根据操作与检维修规程进行操作，有助于将工艺系统稳定在预设的操作状态或范围内，可以减少不必要的停车和重新开车的次数，是装置处于稳定的运行状态，从而避免产品的品质波动，减少生产不合格产品的机会。

（4）积累生产经验。

编写、复核、批准书面的操作程序过程，需要充分分析、研究工艺系统出现非正常工况时的情形与对策，这个过程可以帮助相关人员系统思考如何安全、有效地操作工艺装置和设施，加深对工艺过程危害与风险的认知与理解。

日益积累的生产经验与最佳实践和历次工程的事故教训都会以适当的方式反映在操作与

检维修规程中，故操作与检维修规程也是积累生产经验的一种载体，有助于持续改进生产实践，同时又是培训新聘操作人员和员工复训的重要资料。

（5）明确生产人员的分工与职责。

开发、使用和维护操作与检维修规程是团队内部安全职责再定义、再重申、再学习、再确认的过程，有利于单位或组织内部各类员工的分工与职责范围进一步明确与主动延伸。

二、推行方法

操作与检维修规程是企业安全管理文件构架的重要组成部分，是安全法制文化的主要载体，对规程的严格执行力也是通过管理控制人员因素的主要手段，在安全法制文化建设中占有非常重要的地位。但是这样的重要性并不是自动地被管理层与员工所认同。

中国石油塔里木油田公司（以下简称塔里木油田）推行安全文化建设以前，部分单位工艺设备操作与维护过于依赖操作员工的经验。相当多的操作与检维修规程偏原则或脱离生产实际，可操作性差。由于规程权威性、指令性相对弱，相当一段时期里，员工视规程可有可无，不按操作与检维修规程操作渐渐成为了一种习惯。这对安全法制文化建设是极大的挑战。塔里木油田推行安全文化建设以来，已初步探索出一些卓有成效的途径与方法，使员工积极参与正确、有效的操作与检维修规程开发、维护并认真执行，使企业自身安全法制文化有较大地提升。

（一）剖析违章操作原因，认识操作与检维修规程管理重要意义

塔里木油田在推行本要素的初期首先解决的事项是重新审视管理层与员工对于操作与检维修规程的认知。分享曾经发生过的事件、事故案例经验教训，尤其让涉案当事人现身说法起到了良好的作用。2011 年 5 月 5 日，塔里木油田矿区物业服务中心某单位承包商气焊工完成钢板切割任务后，在收拾作业现场、拆除氧气瓶减压阀时突然发生了氧气瓶物理爆炸事件，幸好未伤及员工。原因之一就是没有操作规程规范该操作。作为优先整改项，矿区事业部设备管理部门立即组织开发气瓶管理与操作规程。此案例揭示了仅凭经验而不是正确的操作规程进行操作多会导致事故发生。这样的经验分享没有太多的理论，没有空泛的说教，但受到员工的极大欢迎，不少员工参与事故事件经验教训分享后有感而发：操作与检维修规程是引导我们实现安全操作的指路牌，而不是限制我们的“紧箍咒”，我们需要它。

塔里木油田在推行该要素之前，操作员工对待操作与检维修规程的态度是：有，坚决执行，没有就“任我独行”，造成很多的检维修操作“无章可循”，员工也没有认识到“无章可循”的严重后果。操作与检维修规程没有完善，员工在进行操作过程中也“百花齐放”。例如，2007 年 7 月某天下午，塔里木油田某项目部石化保运班人员王某、马某、吕某 3 人使用钢钎对催化装置熔硫釜出口管线进行疏通过程中，由于硫黄太硬，三人轮流打榔头，王某打榔头时，由吕某负责扶正小钢管，马某进行监护，结果榔头打在了小钢管的侧部，然后榔头反弹，砸到了扶小钢管的吕某眉骨部位，造成眉骨部位皮肤开裂的损工事件。在事件调查中发现，针对熔硫釜出口管线频繁堵塞的情况，没有制定合理疏通作业方案与规章制度，用钢钎清堵存在较大的风险。这是一起典型的没有健全合理的检维修规程导致的伤害事件。

此次事件发生后，塔里木油田开始在油田开展冲击关于操作与检维修规程方面的错误观念，通过全员参与、沟通、教育与培训等方式，逐步建立健全各类操作与检维修规程系统，

引入了新的法制化管理理念。通过数据统计分析，发现操作规程基础好的单位与重视操作与检维修规程的单位进步是长足的，效果也是明显的。

例如，2008 年 8 月某日上午 12:00，由塔西南新海公司油建项目部安排人员到原管子站配合物质供应部卸车。卸车过程中 12:30 分，为保持吊物平稳，单某（管工）手扶吊物，吊车吊物碰撞地面垫管造成垫管滚动，垫管挤压其左腿，造成人员伤害事件的发生。在事件调查中发现：员工对此规定并不知晓，吊装规程中明文规定的吊物必须使用牵引绳，不允许人员扶碰吊物这一规定。这是一起典型的员工不知晓，未按操作规程操作的人员伤害事件。

（二）梳理原有规程，比对寻找差距，确定改进目标

管理层与员工关于操作与检维修规程开发、执行、维护重要意义的认知产生改变之后，塔里木油田适时地开展对原有的操作与检维修规程的梳理。公司采取的做法是：各二级单位提供人、物、时间等资源，对本单位操作与检维修规程进行梳理，油田安全文化工作站负责协调，推广最佳实践分享、交流与现场验证、跟踪。各单位操作与检维修规程梳理是了解自身现状的过程，然后以覆盖风险与针对风险特点为基准找出差距，制定目标，并有计划地稳步实施。

由于关键设备所涉及的风险大，因此塔里木油田将关键设备的操作与检维修规程的梳理列为第一优先列。

（三）操作与检维修规程的开发与维护

塔里木油田汲取以往“闭门造车”的教训，即由所谓“秀才”编写规程，结果与实际脱节，没有发挥规程应有的作用的负面实践。而是充分发挥集体的作用，挖掘团队的智慧和经验，让一线员工直接参与操作与检维修规程的开发。

各单位均成立了操作规程及检维修规程管理小组，成员包括经验丰富的工程师、岗位操作人员、属地主管等，同时制定规程的维护联络人，负责规程的日常维护与更新的协调，即通过日常的员工反馈意见的收集、定期评估、及时改进和完善操作规程及检维修规程。

一线岗位操作人员为操作规程及检维修规程带来了鲜活的经验，不仅提高了规程品质，也强化了这些规程的现场执行力。例如，塔里木油田某发现单位 2009 年 10 月在编制燃气轮机操作规程时，由于仪表风系统操作员工缺席讨论，将仪表风系统压力编写失误，操作规程下发至操作人员时，岗位员工及时发现这一小失误，在执行规程时按照原有规程执行，将编写中的小失误反馈给新规程编写小组，避免了一起可能发生的事故。经过本次未遂事件之后，编写小组每次讨论都将相关岗位员工邀请到编写讨论现场，既将员工丰富的工作经历奉献给编写小组，又增强了操作与检维修规程的正确性和科学性。同时，操作与检维修规程的开发与维护的实践也培养、提升了一线操作员工对于预防事故职责的主人翁认同感及对于操作与检维修规程的主人翁归属感。

操作与检维修规程的验证：操作与检维修规程编制完成后，为确保操作与检维修规程的准确性并满足生产过程控制风险的需要，塔里木油田在实施操作与检维修规程前对其进行验证。验证的方法通常由属地领导组织生产、维修、技术和安全等相关专业人员一起对操作与检维修规程进行讨论，提出挑战，必要时按规程要求实施现场模拟操作。使得所开发的操作

与检维修规程真正成为员工实际操作的指令。例如：塔里木油田将电力行业的“唱票确认制”引入到关键操作过程中，每次关键操作之前先进行模拟演练，再以唱票的形式步步确认，确保操作规程的操作准确性得以准确地实施，同时每次操作结束后进行总结提炼，对规程进行持续改进。

（四）操作与检维修规程的培训、执行、跟踪与复核

本要素推进以来，塔里木油田对员工进行相关操作或检维修规程的培训，确认理解一致。通过实际操作验证员工对规程的理解是塔里木油田推进该要素的又一大特点。对员工进行操作规程培训活动有两个方面：一是操作与检维修规程内容的理解，旨在使操作人员熟知其负责执行的操作与检维修规程具体内容，清楚操作与检维修规程中各类技术参数设定的意义。作为对员工理解的验证，属地主管实施实时跟踪规程的执行，及时发现或预测可能出现的偏差，及时整改，保证操作与检维修规程的正确执行。二是培养操作人员的安全执行意识，使操作与检维修人员熟知超出安全操作限制后可能产生的危害及对其自身安全的影响，使员工自觉执行规程，增大所有操作与检维修规程的执行刚性。

为确保操作与检维修规程始终得到严格的执行与持续改进，还定期对操作与检维修规程的有效性、针对性、可操作性进行检查审核，称为工作循环检查（JCC）。

操作与检维修规程管理制度本身就是一个程序文件，满足程序文件的基本要求。塔里木油田按照 PDCA 管理模式，定期对操作规程的有效性、针对性、可操作性采用工作循环检查（JCC）的方法检查和审核其可操作性和使用情况，根据检查结果更新操作规程，并及时对员工开展变更后的规程培训，使操作人员使用最新有效的操作与检维修规程。

（五）操作与检维修规程的管理

塔里木油田通过本要素的实施，推进了包括各类规程在内的安全管理文件的管理规范化。所有操作岗位随时更换操作与检维修规程的最新版本，方便随时查阅和使用。

属地主管对各类操作与检维修规程开展每年一次的定期复核，实施操作与检维修规程的动态维护。

探索和推行基层HSE培训新模式 有效提高操作员工安全环保素质

吉林油田

按照中国石油天然气集团公司（以下简称集团公司）安全环保与节能部的要求，中国石油吉林油田公司（以下简称吉林油田）从2009年开始选择新民采油厂作为试点单位，持续开展了“油气田企业基层HSE培训机制项目”研究。为此，吉林油田成立了主管领导挂帅的HSE培训新模式研究项目组。利用两年多时间，上百次深入基层座谈研讨，综合考虑岗位风险管理、员工操作技能和受控管理流程等要素，探索形成了以落实基层领导直线培训责任为重点，以开发应用基层岗位HSE培训矩阵为载体，分岗位、小范围、短课时、多形式的基层HSE培训新模式。针对这个项目，之前我公司在不同场合作过汇报，期间集团公司安全环保与节能部领导多次给予现场指导，一些兄弟单位多次来我公司沟通交流，促进了该项工作认识的不断深化和推进工作的进一步深入。通过探索和推行HSE培训新模式，在实践中取得了较好效果，归纳起来主要是实现了“六个转变”、解决了“六个问题”。

一、由宏观编制培训计划向开发应用培训矩阵转变，解决了培训需求盲目性的问题

以往针对基层HSE培训，普遍采取编制HSE培训计划的方法来指导培训工作，效果不好。为此，引入培训矩阵这一工具，将其作为加强基层HSE培训的基础性工作，贴近生产、贴近岗位、贴近实际，梳理岗位管理单元目录，确定操作项目需求清单，把岗位所需操作能力与培训要求列入同一表格，直观体现了每个岗位每项培训的具体标准。

培训矩阵的主要内容：纵向上规定了四大类项目，其中通用安全知识包括安全常识、反违章禁令、危害因素辨识、本专业典型事故案例等子项目，基本操作技能包括设备操作、工具使用、应急处置等子项目，生产受控管理流程包括作业许可、变更管理、承包商监管等子项目，HSE知识、方法与工具包括HSE权利义务、目视化管理、工艺危害分析等子项目。横向上规定了五大类要求，根据培训子项目的不同，培训课时设定为10分钟、20分钟、40分钟和60分钟，培训效果设定为了解、掌握和指导他人，培训周期设定为1~3年，培训方式设定为课堂、操作、研讨、自学、告知，培训师资设定为直线领导或培训师。培训矩阵的主要特点：一是因岗建阵。为符合单一岗位基本需求、满足基本规定动作要求，针对每个岗位涉及的操作项目、使用的设备工具、潜在的HSE风险，分岗位建立HSE培训矩阵，既包括辨识和控制风险的基本技能，又包括意识、理念等潜在能力的需求。二是精细量化。把采油、集输、修井3个专业、17个工种细化为54个操作岗位，主要工作任务量化为398个操

作项目，做到了一个操作岗位对应一个培训矩阵、一个操作项目对应一个培训内容、一个培训内容对应一个培训课件。三是简明实用。培训组织者能够准确掌握哪类岗位、什么时间、以何种方式培训和应该培训的内容，被培训者能够清楚知道什么时间参加培训、应该接受哪些培训和具备哪类技能，增强了培训的可操作性，提高了培训工作的效率。

二、由安全管理人员组织培训向直线领导组织培训转变，解决了基层 HSE 培训责任不明的问题

以往基层 HSE 培训由各级安全管理人员组织，现在由人事部门和培训部门组织，安全部门负责咨询和支持，把培训管理的主体责任落实到二级单位，培训实施的主体责任落实到基层站队和班组，实现了 HSE 培训责任归位。坚持“一把手抓、抓一把手”，各级直线管理者带头践行有感领导、直线责任，参加工艺危害分析、安全观察与沟通等活动，基层站队长负责培训和评估班组长，班组长负责培训和评估操作员工，形成了一级培训一级、一级评估一级的工作机制，推动了基层 HSE 培训工作有效开展。

基层 HSE 培训新模式之所以能够在新民采油厂落到实处、取得成效，重要一条就是厂长重视、亲自抓、带头践行有感领导，人事、安全等部门按责任范围认真履行直线管理责任，基层站队长认真履行直线领导责任，班组长认真履行属地管理责任。

三、由评估员工操作技能合格向评估员工单项操作达标转变，解决了员工能力评估不准的问题

以往评估员工包括理论考试和操作考试两个部分，总分数达到 60 分即为综合技能合格，不能准确反映出员工单项操作的能力。现在全部推行以评代考，对照培训矩阵的操作项目清单，以现场实际操作为主，逐一评估员工单项操作是否达标，消除了岗位操作风险控制盲点。按照会规范操作、会风险辨识、会应急处置的评估标准，采取自我对标评、日常观察评、座谈研讨评、现场考核评等多种方式，全方位评估员工单项操作能力，评估结果只有达标和不达标两种，并录入个人《HSE 能力证书》，作为上岗操作的主要依据。坚持评估期满必评、新转岗必评、严重违章必评、从事新的工作前必评，一个岗位一评估，一项操作一评估，员工评估达标前禁止顶岗操作，做到了“学什么、干什么”、“会什么、干什么”。

项目研究之初，新民采油厂评估员工能力合格率为 99%，改进评估方法后，评估员工单项操作能力达标为 61%，较为真实地反映了员工的实际能力。通过细化能力评估，按能力需求实施 HSE 培训，既检验了基层员工 HSE 能力，同时又进一步解决了以往培训范围过宽、内容过多和无效、重复培训等问题，得到了绝大多数基层员工的认可。

四、由大课堂培训向个性化培训转变，解决了培训针对性不强的问题

以往 HSE 培训大课堂、大教材、大笔记，现在培训小范围、单课件，培训不留笔记留痕迹，消除了员工对学习的抵触情绪。坚持因需施教、因岗施教、因人施教，根据培训项目和对象，分类分期办小班，一次培训只针对一种岗位，每班人数不超过 30 人，实现了培训个性化“配餐”。以基层员工为主体开发 HSE 培训课件，立足于常规操作和经常接触的工

作，“干什么、讲什么”，把操作经验、技改成果和“绝活”融入其中，力求精炼实用、形象生动、通俗易懂，员工易于接受。

为保证个性化培训得以有效落实，还要求基层站队长和班组长必须具备HSE培训师能力，针对当前部分基层直线领导能力相对不足的实际，建立了HSE培训选聘制度，每个基层站队选聘2～3名专职培训师。并且鼓励人人成为HSE培训师，负责授课和开发培训课件，同时成立课件审核领导小组，严把课件质量关，提高了培训师授课内容的准确性。

五、由单一说教式培训向灵活互动式培训转变，解决了员工学习氛围不浓的问题

坚持以实际操作为主、课堂讲授为辅，不局限培训时间和地点，不要求学习与本岗位无关的内容，不搞纯专业理论授课，改变了传统的“填鸭”培训方式，激发了员工参加培训的热情。利用班前会、工余时间灵活开展培训，按照“安全提示、经验分享、内容介绍、互动授课、问题解答、授课总结”六步法，采取多媒体可视化培训形式，保证1/3的时间用于员工提出问题或参与讨论，每次培训时间不超过1小时。定期组织“送技能下班组”活动，培训师面对面授课、一对一示范，把“讲”和“练”结合起来，解决了员工想干不会干、会干不规范、能干不安全的问题。

与此同时，采取正向激励政策，充分调动员工学习的主动性和积极性。以往对综合技能不合格的员工偏重处罚，使员工“被迫”学习，员工宁可站着干活、也不愿坐下来学习。现在更注重激励员工参加培训，对培训矩阵内容一次性评估全部达标的班组、课堂上表现优秀的学员、承担授课任务的员工、自行开发培训课件的员工分别给予奖励和加分。同时，经培训并评估达标的操作项目，一个培训周期内不重复培训。

六、由技能培训与HSE培训双轨并行向融合并轨转变，解决了技能操作与风险控制脱节的问题

以往技能培训偏重提高操作技能和熟练程度，HSE培训偏重识别和控制岗位风险，两者结合不够紧密，增加了基层员工负担，造成了培训资源浪费。现在实行两者从授课、操作到考核、评估的全方位整合，把技能培训作为基层岗位HSE培训的基本内容，把HSE操作能力作为员工上岗的最低标准，实现了技能培训与HSE培训一体化运行。

通过技能培训与HSE培训融合并轨，优化了培训资源配置，使岗位员工同时学到了HSE知识和本岗位操作技能，不仅减轻了基层员工的负担，而且极大增强了员工的安全操作能力，达到了一次培训同时提高操作技能和安全素质的目的。

新民采油厂现有在岗员工2000人，近两年来共举办基层HSE培训班640期，培训7623人次，主体站队全面推行了基层HSE培训新模式，安全环保形势始终保持稳定，轻伤以上事故为零。

目前，吉林油田正在全面推开基层HSE培训新模式，着手向各级管理层面HSE培训拓展，并将在下步工作中不断完善、丰富和发展培训模式，为深化全员培训工作提供有力载体。

履行职责　提高素质
努力做一名合格的 HSE 培训师

吉林油田新民采油厂

我是新民采油厂采油六队一名普通的采油工，曾连续五年被中国石油吉林油田公司（以下简称吉林油田公司）评为操作骨干，并于2008年取得吉林油田公司采油工种技术大赛银牌。2009年，中国石油天然气集团公司和吉林油田公司选定我厂作为基层HSE培训机制项目研究试点单位。在项目实施过程中，需要在基层选拔兼职HSE培训师。当时，我想担当兼职培训师，因为可以通过自己的努力向同事传递知识，让他们安全快乐地工作、健康幸福地生活，在教会别人的同时也提高了自己的能力，真是帮助别人快乐自己；同时作为公司级操作骨干，有责任也有义务帮助身边同事提高业务素质，况且厂里还给了优厚的待遇，自身的价值可以得到充分的体现。于是我就主动报名参加了厂里首批培训师选拔。经队推荐、厂选拔和培训后，我光荣地成为一名兼职HSE培训师，同时肩上也增加了一份沉甸甸的责任。从事HSE培训师工作后，我牢固树立责任意识，认真调查了解员工的培训需求，精心做好每个课件，反复摸索易于同事接受的授课方法，全身心地投入到这项工作之中。通过培训师的努力实践，我队员工的学习氛围更加浓厚，安全意识和安全技能得到明显提升，自身的综合素质也得到了锻炼和提高。回顾自己成长为一名HSE培训师的艰辛历程，虽然饱尝了其中的辛酸苦辣，但也收获了一份成功与快乐。下面，我谈谈从事HSE培训师工作的几点感受。

一、只有具有强烈的责任意识才能成为一名合格的 HSE 培训师

基层HSE培训机制研究项目，是针对HSE培训工作进行的一次重要的探索，作为试点单位参与项目研究的一名基层员工，我既觉得无比光荣又深感责任重大。所以，在培训工作中我始终把同事的安全当做自己的责任，无论从了解培训需求、开发课件，还是实施有针对性的培训方面，都不敢有丝毫的疏忽大意。有一次，在队里进行安全培训时，39号井组班长因班组发生管线漏失，没听完课就匆忙地赶回了井组。当时我想，授课的内容是关于抽油机操作方面的，他每天都和抽油机打交道，这节课的内容他必须得学。所以，当天中午，我就利用午饭时间走到39号井组，给他重新进行了培训，心里才踏实了。另外，为了提高课件质量，每次课件完成后，我都找厂安全部门给我审阅把关，记忆最清楚的是，第一次做完抽油机更换皮带操作规程的课件后，我拿到厂安全科，经过一遍一遍的校对和修改，反复做了5次才合格。虽然每一个课件的制作，都耗费了大量的时间和精力，但是，只要能确保传授给同事的知识是正确的，只要能看到同事标准操作，我付出得再多也是值得的。

二、只有不断提升自身的综合素质才能成为一名合格的 HSE 培训师

掌握丰富的安全知识是做好培训师工作的基础。俗话说“予人一杯水，己需一桶水”。为把这份工作做到精致，我利用一切可以利用的时间翻阅文件、查找资料，尽可能多地汲取相关知识。我还经常把单位图书室里的安全书籍拿到家里，反复研读；同时，无论遇到什么困难，都不会放弃任何一个学习提高的机会。记得有一次单位组织培训师去大连进行一个星期的安全课程学习，不巧的是那几天孩子得了重感冒，在我要走的时候，孩子用滚烫的小手拉着我说：“妈妈，你能不能不走，在家陪陪我”，看着孩子期待、可怜的眼神，我真的犹豫了。但是，眼下我的能力距培训师要求还有一定差距，我怎么能错过这么好的一个学习机会呢。想到这里，我强忍着辛酸，带着牵挂和内疚，登上了去大连的火车……

从事 HSE 培训师工作一年多来，我翻阅安全书籍几十本，书写笔记三万余字。知识的不断积累，为我提供了做好培训工作的力量源泉，同时也增强了我做好这项工作的信心。

三、只有不断增强自己的创新和实践能力才能成为一名合格的 HSE 培训师

由于以往的培训非常多，而且授课方法单一，授课内容针对性不强，导致了员工对培训工作有厌烦、抵触情绪。起初，这样的不良情绪在我的课堂上也时有发生，部分员工在我上课的时候打瞌睡、溜号、不认真听讲，看到他们这么不珍惜我的劳动果实，我感到非常委屈和难过，我和队里的另一个培训师甚至为此哭过。但是难过归难过、委屈归委屈，若想他们彻底改掉这种坏习惯，还得从自身找原因，是不是我的授课方法太古板呢？还是培训方式太单一呢？我左思右想，后来换位思考一下，如果我每天也听硬生生的灌输式课程，会不会也心不在焉呢？想到这里，我心情豁然开朗了，“我要变换一种培训方式！”所以，我尝试采取深入班组“小课堂”式授课，“你想学什么我就给你讲什么，你什么时候想学，我就什么时给你讲。”记得有一次，我去 40 号井组开展“小课堂”培训，培训的时候我们采取互动的形式，先是由井组资料员把测气操作过程进行演示，然后让井组的所有员工查找每个步骤的风险点，最后我结合课件内容对各个操作步骤进行分析讲解。采取这种灵活机动的培训方式，不仅使授课的形式更加多样，而且也激发了大家的学习兴趣。授课结束后，我刚要起身离开，班长叫住我说：“小郭，这种培训方式很好，培训的知识也正是我们想要的，希望你以后常来我们班讲课，谢谢你。”在他说“谢谢”的一刹那，我的眼泪已经无法控制。我的努力没有白费，用汗水和智慧换来了同事的认同，这样的快乐，才是最大的快乐。在我队主体专业基层培训取得良好效果后，我们按照厂项目组的要求准备对中转站集输专业进行培训。可是，我和队里另一个培训师都是从事采油专业的，对中转站集输专业不熟悉，怎么办呢？面对挑战，我没有退缩，利用工作闲暇时间和节假日跑到中转站实习集输专业。精细摸索每一条流程控制，精心实践每一台设备操作，在近 1 个多月的时间里，放弃了所有的节假日，同中转站站长一起研究培训课件制作，他给我讲解集输专业的操作规程和要领，我帮他对操作规程中的风险点进行标注。在课件完成后，不但具备了独立顶岗的能力，而且还对岗位工作提出了很多合理化建议。中转站站长对我说：“小郭现在不但是名副其实的采油专家，而且完全可以争当集输操作骨干了。”就是这样，通过不懈的努力，自己开发了十几个课件，其中既有采油专业的，也有其他专业的，队里的同志都把我称为复合型培训师。

四、只有拥有精益求精的工作态度才能成为一名合格的 HSE 培训师

从一名普通的采油员工转变为一名 HSE 培训师，是一个自我提高、自我完善的过程。然而，对我来说，更多的则是对自己的挑战。由于平时接触电脑较少，而培训师工作则要求必须要懂 Powerpoint、懂 Excel、懂 Word。不怕各位领导见笑，起初，我连这个软件名字都没有听说过，何谈应用呢？就这样，我像一张白纸一样，进行了电脑知识学习，问同事，找书籍，从电脑入门开始，一点一点地学习，一点一点地提高。记得一天夜里做培训课件时，不会将用 Word 制作好的流程图插入 Powerpoint，在多次尝试都失败的情况下，我打电话叫醒已经进入梦乡的同事，在她的指导下，我终于学会了这个操作。就这样，我边学边干，而且迷上了幻灯片制作，因为只有好的幻灯片同事们才能喜欢看、愿意学。所以每次做课件我都不厌其烦、反复推敲，甚至连课件文字颜色、标注的图形样式及每个图片的播放效果都进行琢磨。现在，我不仅可以快速地制作幻灯片，而且学会超级链接，在安全经验分享环节上向大家播放安全警示视频，收到了大家的广泛欢迎。在从事培训师工作之前，我从没讲过课，表达能力和课堂驾驭能力欠缺，站在讲台前感到非常紧张和羞涩。为了讲好每一堂课，我经常让队里的另一名培训师或家人做听众，帮我提意见。不论多忙多累，正式上课之前，都要进行试讲，力求给同事一个生动、直观、鲜活的培训课堂；除此之外，在课件制作内容上也力求精准和严谨。记得有一次做抽油机碰泵的课件，我就多次找队领导和各井组井长进行沟通，并且和他们一起现场操作，身体力行地感受每一个操作环节的难易程度，之后再确定课件内容的详略。

近两年来，通过不断学习和努力，独立制作专业课件 13 个，参与制作专业课件 10 个，授课达到 65 课时，培训 1122 人次，培训范围覆盖全队所有采油班组及部分附属班组，全队所有采油岗位员工熟练掌握 52 项采油操作技能，其他附属班组掌握了劳动保护等 6 项安全培训知识。

虽然这些工作付出了大量精力和汗水，但使我不断成熟起来，工作也得到了领导和同事的认可，作为一名 HSE 培训师，我感到无比欣慰和自豪。

总之，HSE 培训工作已与我的内心相融合，与同事们的安全生产行为相融合。工作需要，责任使然！作为一名基层 HSE 培训师，平时工作虽然很劳累，但收获要远远大于付出，因为我收获了自身能力的提高，收获了同事朋友的安全，更收获了工作中超越自我的成功和快乐。

（郭春彦）

提高安全意识　抓好教育培训

兰州石化乙烯厂

兰州石化乙烯厂60万吨/年乙烯改扩建工程历时长，施工现场点多面广，属立体交叉、高密度、多工种联合作业，易发生机械碰伤、触电、高空坠落、物体打击及坍塌等事故，因此做好各类外来施工人员的安全意识教育十分重要。

一、坚持不懈地抓好外来施工人员入厂安全教育

60万吨/年乙烯改扩建工程自开工建设以来，每天都有上百名外来人员进入施工现场。这些人员来自四面八方，文化素质、安全意识和安全技能差距较大，尤其是外来农民工文化素质相对较低，入厂安全教育只有通俗易通，才能使他们便于学习、理解和掌握。在教育过程中，尽量用图片代替文字说明来加深印象，同时插入历年中国石油兰州石化公司在基本建设项目中发生的典型事故案例照片。对于典型作业如脚手架搭设、起重吊装、焊接、防护用品佩戴、高处作业、动土作业等，在每一张幻灯片上排放正确施工作业与错误施工作业两张图片，使大家一目了然，收到了显著的教育效果。

二、结合施工作业需求，适时开展各类专业培训

在施工过程中，结合工程建设现状和施工作业需求，本着缺什么补什么的原则，相继举办了起重工、电工、作业监护人、安全监督员等专项安全教育培训班。培训班邀请施工单位的起重专家、电气专家进行授课，使每个人体会到自己的责任心与作业人员的生命是息息相关的。对安全监督员重点加强责任意识教育，强调安全监督员应争做“十心人”，即对企业的“感恩心”、对员工的“热心”、对本职工作的“责任心”、处理违章的“狠心”、治理隐患的“决心”、技能培训的“恒心”、安全教育的“耐心”、赶超一流的“雄心”、学习提高的“进取心”、施工现场安全监督的“善心”，大大增强了安全监督员的责任意识。

三、开展安全演讲下工地、进现场活动

针对项目建设施工任务重，参战人员集中、点多面广、交叉作业多等因素给安全施工带来的挑战，在施工单位中推行“停止作业卡”，开展了安全演讲下工地、进现场活动。以“热爱生活、珍爱生命、关爱健康”为主题开展了安全演讲活动，通过鲜活的案例，质朴的语言宣讲安全工作的重要性，宣讲“安全是对父母最大的回报、安全是家庭幸福的基石”等安全理念；宣讲停止作业卡赋予每一位员工拒绝违章指挥的权力和制止违章作业的义务，当员工碰到违章指挥、发现违章作业时，可随手拿出停止作业卡，拒绝违章指挥、制止违章作业。通过演讲及停止作业制度的执行，使员工从中学到了知识，提高了安全意识，增强了

法制观念及自我保护意识。

四、开辟 HSE 曝光台，取长补短促安全

抓住每个人都有自尊心、爱面子的特点，在醒目的地方开辟了 HSE 曝光台，充分利用照相机等宣传工具，拍摄现场规范施工和违章行为的图片，张贴在曝光台上。并利用每周一次早调会，播放“现场安全图片展”，督促各级领导对安全工作的重视。在日常安全监督管理中，采取教育和处罚并举的办法，规范进入厂区人员的各种行为，对轻微违章给予温馨提示，纠正其不安全行为，对典型违章进行严厉处罚并及时通报，促使其杜绝违章行为，并教育了他人。

五、经常开展应急预案演练，不断提高员工应急本领

根据基本建设中可能发生高处坠落、物体打击、触电、坍塌、机械碰伤、火灾、车辆伤害等事故特点，分门别类地、有针对性地制定了事故应急预案，并经常性地组织施工人员进行培训、演练，通过演练不断发现问题，不断完善、充实应急预案，从而达到了发生紧急情况能有条不紊地应对、处理的目的。

加强基层培训　提高员工素质

长城钻探录井公司

中国石油长城钻探工程公司录井公司（以下简称录井公司）自2009年开展HSE体系推进工作以来，认真消化吸收中国石油天然气集团公司（以下简称集团公司）HSE体系建设的先进理念，按照长城钻探公司“33335”HSE管理工作思路要求，结合录井公司实际，采取强有力举措，积极推进基层培训工作，取得了丰硕的成果，提升了员工队伍综合素质，为企业可持续发展提供了有力保障。

一、加大投入，为培训的专业化管理提供保障

为加强培训工作的组织领导，录井公司专门成立了独立的培训中心，使培训工作得到了归口管理。

按照规范化、专业化、标准化培训工作要求，在长城钻探的大力支持下，录井公司投资610万元建设了2500平方米的教学楼和现代化的培训教学设施设备，培训基地建有各类教室8个，可同时容纳200余人培训，并可实施远程网络教学。

3年来，录井公司加大培训经费投入，累计达537万元，其中HSE培训费用304万元，占56.6%，保障了培训工作的有效开展。

二、建立培训师队伍，把课堂搬到录井现场

推进工作开展以来，录井公司着重抓HSE培训师队伍建设，举办HSE培训师培训班14期，培训公司级培训师22人，基层队级培训师128名，实现HSE培训师当好咨询师、培训师、监督员、指导员、协调员、宣传员“六个角色”转换。

录井公司制定、实施《HSE培训师管理办法》，鼓励HSE培训师积极主动工作，自我加压，自我提升培训技能。目前，公司级HSE培训师具备了独立编写多媒体课件、独立承担生产教学任务，独立组织咨询辅导的能力，由培训中心负责，分期安排HSE培训师承担教学课程。基层队HSE培训师也做到了熟知HSE管理体系标准和杜邦安全文化理念，熟练掌握JSA、STOP、挂牌上锁等管理工具，能独立辅导岗位员工。

录井公司积极发挥HSE培训师的作用，把课堂搬到了现场。培训师深入基层队组织辅导，对于队伍较集中的油区，几支队伍组织在一起开设现场教、学共同、横向交流的现场小课堂，收到良好效果。例如：在长庆油田乌审旗施工作业有六七支录井队，施工作业相对集中，公司培训师与基层队培训师在现场开设课堂，对60余名岗位员工进行了集中培训，讲的、学的、练的都是现场应知应会的HSE知识和技能操作，使培训的根扎在现场，在提高HSE意识和业务能力上使员工真正受益，降低了管理风险。

三、研发网络培训系统，搭建远程教育平台

录井公司有 370 余支队伍 2800 多名员工在国内的 8 个油区、国外 14 个国家施工作业，点多、面广、高度分散，开展教育培训工作难度大。为此，2009 年公司研发并投入使用了“网络培训系统”、“QHSE 管理系统”。培训系统开发了测试练习、正式考试、补考考试、抽考考试、沟通对话、专家解读、考试信息栏查看、各类统计分析问题互换交流等功能，按照专业基础理论、HSE、井控技能以及相关知识等模块，建立了网上培训资源库，组织技术人员对员工工作过程中提出的技术难题等进行网上答疑。同时规定每名岗位员工每月都要参加一次网上培训考试，并严格讲评，把考试成绩与岗位绩效考核挂钩，有奖有罚。网上远程培训考核系统的建立，不仅有效地解决了工学矛盾，通过严格考核，也对员工日常学习发挥了有效的督促作用。从统计分析效果看，开展远程网络教育使培训效率提高了 10 倍。2009 年至 2011 年 3 月 20 日为止，累计组织岗位员工网上培训 18590 人次，填写 STOP 卡 9068 人次。开展远程网络教育 3 年来，给予现场表现优秀的基层队及岗位员工安全奖励 21.54 万元，处罚 202 人次，极大增强了员工参与远程网络学习的积极性。

四、创新培训管理模式，强化直线责任落实

录井公司的队伍特点是点多、面广、高度分散，这也就决定了培训工作的艰巨性。通过认真分析培训工作形势，认识到“落实培训直线责任，实施培训矩阵”尤为重要。落实培训直线责任，就是把培训的责任，落实到部门、项目部、基层队的各个节点上，坚持“谁的业务谁培训、谁的人谁培训”的原则，每个层级都清晰业务范围、行政职责管理内的直线培训责任。公司共梳理完成了 11 个机关部室、17 个基层单位及基层录井队的直线培训责任，做到 HSE 培训的直线责任层层清晰。

明确各级培训责任主体后，录井公司针对 7 类不同培训对象建立完成了 11 个培训模块。分级建立了培训矩阵后，各级培训主体有的放矢地组织培训，2009 年至 2011 年 4 月，公司机关培训 23 期 1200 人次、基层培训 210 期 5000 余人次，基层队以网上培训、月度安全学习、每周一练等方式坚持了岗位练兵，都收到了良好效果。

录井公司落实直线责任、实施培训矩阵，坚持培训与生产的有机结合，坚持培训效果评价与现场督察相结合，坚持培训、对员工业务技能真实评价与薪酬相结合，对各层级培训责任主体，实行了培训工作绩效考核，与季度兑现奖挂钩，同奖同罚，促进了培训有针对性和实效性地开展。

五、辅导与进站相结合，“回炉再造”促升级

录井公司组织了导师巡回辅导组和导师带徒培训站，结合生产实际，对员工进行 HSE 技术指导。通过师徒结对子的形式，建立严格的导师带徒责任制，确定帮教对象，明确培养目标，落实奖罚制度，大力提升员工素质。导师带徒进站培训是录井公司特色的培训方式，筛选了 22 个导师带徒培训站，聘任爱岗敬业、业务能力强的技术员担任导师。

推进工作以来，有 649 名新入厂员工、172 名新提职的录井队长、平时表现差受到处分的待岗自培训员工 50 人，到导师带徒站进站培训。进站前不同层次的员工，出站时，提高

的不仅是业务能力，更是“传帮带”精神的发扬光大。气测项目部 L10351 队是导师带徒的样板队，队长王海江以杜邦理念言传身教，坚持安全从习惯做起、习惯从点滴做起培养徒弟，让每名进站员工都养成了安全生产的好习惯。

“回炉再造”升级培训是强化员工素质提升的有效办法。为解决现场岗位员工意识和素质能力低水平、长期徘徊得不到提高的痼疾，为使岗位员工素质达到国际国内市场开发生产作业需要，录井公司坚持“安全是聘用的必要条件”的原则，对所有员工一律实行“回炉再造”升级培训，强化岗位员工安全意识能力素质的提高。由培训中心负责逐批组织一线岗位员工返厂回基地培训，使岗位员工从生产实践所积累的安全认识，再通过回炉培训进一步提升强化，其中内部培训着重强化员工提高 HSE 能力。国际雇员的外部培训注重培养员工符合安全所需的能力资质需求，采取国内外一体化培训“回炉再造”，使国内员工素质得到提升，也使外籍员工对企业有了归属感和认同感。开展 HSE 体系推进工作以来，累计外部培训员工 1200 余人次，相继在安全责任人、安全监督、审核员、HSE 培训师、井控、防控、HSE 能力等十余项取得资质，满足了各层次员工岗位技能的需求。

六、制定接轨国际水准的 SOP，前瞻性规范培训流程

为使培训适应录井公司国际国内施工点多面广战线长的实际，给国内外员工提供标准化直观培训教材，实施培训工作标准化、流程化。2010 年，录井公司组织了 SOP 制定。SOP 是标准作业流程，将各种生产作业制作成标准化的课件，使培训更直观化、可操作性更强。SOP 的制定，是瞄准国际前沿，以技术创新为引导的前瞻性工作。公司成立了 SOP 领导组、制作组、专家审核组，制定了中长期 SOP 开发计划。投资 24 万元，将 2 个 SOP 和 6 个传感器的操作流程制作成 3D 动画片，使枯燥的文字描述被形象直观的动漫演示替代，使培训教学更加形象化、直观化，通过实践检验取得了显著的效果。目前，已制定 20 个 SOP，其中 19 个已经通过局级审核。2011 年将在继续加强 SOP 开发的同时，研制员工技能培训 3D 教学片，将专业培训和 HSE 技能指导形象的演示出来，实现录井作业全流程、全要素的仿真可视化教学，提高培训教学效果和质量。

七、以技能竞赛为载体，激发员工学习积极性

录井公司每两年组织一次岗位技能大赛，竞赛涵盖主业生产、安全技能、辅助生产 6 个工种、9 项技能，经过初赛、复赛，最后 150 余名职工参加决赛。每次技能竞赛，公司都拿出 20 余万元给予获胜选手高额物质奖励，对竞赛状元还给予晋级、职称评聘优惠奖励。岗位技能竞赛涉及参赛面广、参与员工多、奖励丰厚，深受岗位员工欢迎。在举办的岗位技能竞赛中，安全技能列为专项，包涵了危害辨识、隐患排查、工作前安全分析、安全观察与沟通、正压呼吸器佩戴、灭火器操作等实际操作项目，对提高员工安全意识、增强安全技能有着很强的促进作用。通过岗位技能竞赛平台，充分调动了员工学习业务的积极性，不断提升了技能素质。

以上做法，是录井公司在 HSE 体系推进过程中，通过不断学习新理念、开展创新工作取得的经验。加强基层培训提高员工素质，是企业发展的长期课题，公司将继续深入探索和实践，为企业发展提供更加有力的人力资源保障。

着力领导干部素质提高
将安全作为聘任的重要条件

渤海钻探

近年来，中国石油渤海钻探工程公司（以下简称公司）深入贯彻落实中国石油天然气集团公司（以下简称集团公司）体系建设的总体工作部署，积极推进“有感领导、直线责任和属地管理”的落实，以及新工具、新方法的运用，积极探索安全环保管理的新途径，确立了“着力领导干部素质提高，将安全作为聘任的重要条件”的安全环保工作新举措，将提升领导干部的素质和管控能力作为核心任务来抓，收到了比较好的成效。

一、实行科队级干部任职前挂职锻炼

基层是生产的最前沿，是事故的主要发生地，而科队级干部是基层的直接管理者和指挥员，他们的素质和管控能力决定着基层的管理水平和表现水平以及事故防范能力的高低。为此，公司将安全管理的重心向基层转移，向提高科队级干部素质延伸，实行了科队级干部任职前到安全部门挂职锻炼的举措。

为确保挂职工作有序开展，按照“直线管理”责任，公司人事处制定了《科队级干部挂职锻炼管理办法》、《关于新提拔任用的管理干部到安全环保部门进行挂职实习的指导意见》等规章制度，具体明确了挂职对象、挂职条件、主要任务、考核奖惩等内容，为此项工作的开展提供了制度保障。

为确保挂职任务圆满完成，各单位人事部门在每次科队级干部调整的同时，提出挂职锻炼计划，由安全部门安排挂职人员重点完成三个方面的任务：一是学习安全管理规章制度、先进的管理理念以及方式和方法；二是学习本单位各种作业、设备的操作规程；三是参与安全部门至少5个作业现场的检查审核，进一步提升管理干部的安全素质和管理能力。

为确保挂职工作取得成效，各单位安全与人事部门共同建立考核档案，并在挂职结束后进行综合考评，凡达不到要求的，将延长挂职时间，直到考核通过后方能上岗。每年，公司人事处、质量安全环保处进行专项督查，并与参加挂职的人员进行座谈，及时督促和改进工作方法。三年来，共安排挂职锻炼干部356人，其中，科职干部128人、基层干部228人。

二、实行副处级领导干部竞聘前考试

副处级干部是公司各单位、各处室负责专业路管理的中坚力量，直接担负着专业路的管理工作，承担着专业路的安全管理责任。为此，公司将“直线责任”的关口前置，实行副处级领导干部竞聘前考试制度。

公司在组织公开竞聘副处职领导岗位前，由人事处与质量安全环保处提前策划考试内容，并对所有竞聘人员进行安全闭卷考试，凡未达到80分以上的，不得参加竞聘。2011年4月，在国际工程分公司组织开展了副处职岗位竞聘活动，对参与竞聘的4名人员进行了闭卷考试，考试成绩均在90分以上，收到了非常好的效果。

这一举措的有效实施，大幅度提升了参加人员对安全环保工作的重视程度，促进了学习掌握安全知识的主动性和积极性，同时，也在全公司范围内引起了各级人员对安全环保工作的广泛关注。

三、实行新提拔的正处职领导干部任职后评估

正处级干部是各单位、各处室的主要领导人员，对安全环保工作承担着主要责任。他们对安全环保工作的重视程度、管控能力和工作方法，直接决定着本单位、本处室的安全环保管理水平。为此，公司突出强化了正处级领导干部素质的提高，实行了对新提拔的正处级干部进行考核评估和“一对一”培训举措。

在新提拔的正处职领导干部任职后，由人事处与质量安全环保处及时组织对其进行安全知识评估考核，并结合国家有关法律要求、集团公司规定、公司制度文件以及该单位的生产特点，实行“一对一”培训，使其牢记自身的安全环保职责，理解有关法律法规、管理制度要求，掌握开展工作的方式方法。

2011年3月，公司对第四钻井分公司副经理进行了安全评估考核，并利用半天的时间进行了“一对一”培训，使其进一步明确了责任、增强了信心、掌握了方法，为更好地开展安全环保工作奠定了基础。

四、实行领导干部任职期间考试考核

为持续提高各级领导干部的安全环保管理素质，调动对安全环保知识学习的积极性和主动性，督促落实自身职责，并接受广大干部员工的监督，公司定期开展处级领导干部安全知识考试。每年年中、年底，公司利用领导干部大会时机分两次组织对所有处级领导干部的闭卷考试，并将考试成绩按照职务分类、按照分数排名，挂到网站主页进行公布，让每个员工都能看到领导干部的考试成绩。各单位每半年对科职干部及基层队长进行一次全面考试，各级检查人员到现场检查时都对基层队长、工程技术员和安全监督进行考试，所有考试结果都及时公开、公布，有效调动了“学制度、学规程、提素质、增能力”的积极性。

定期开展领导干部履职情况督查。每年底，由纪检监察处、质量安全环保处、人事处（组织部）、工程技术处联合成立督查组，对两级机关处、科职干部履职情况以及制度体系、重点工作在分管业务范围的落实情况进行督查。每次督查结束后，及时组织该单位科职以上人员召开讲评会，对每位领导干部履职中存在的问题进行通报，有效调动了领导干部主动落实责任的积极性。

实行领导干部安全业绩建档管理。由人事处统一对处级领导干部建立安全业绩档案，其中包括历次考试成绩、督查报告、安全述职评价等，以此作为今后聘任干部的重要依据，作为年度HSE先进评比的重要内容，得到了各单位领导干部和相关部门的高度重视。

五、取得的主要效果及体会

通过实施“着力领导干部素质提高，将安全作为聘任的重要条件”新举措，公司牢牢抓住了安全环保工作的“牛鼻子”，充分发挥了各级领导干部的核心作用，有力地推动了公司安全环保工作的有效开展。

一是各级领导干部更加关注和重视安全。通过实施“将安全作为领导干部聘任的重要条件”这一有效的做法，不仅从源头上把住领导干部安全素质关口，而且使各级领导干部更加认识到安全工作的重要性以及与自身发展的关联性，从而更加关注安全、重视安全、主动学习和落实安全。

二是各级领导干部安全业务素质整体提升。通过实施考试成绩公布和到安全部门挂职锻炼的措施，激发了各级领导干部学习的热情，积极主动学习国家有关安全法律法规、规章制度、体系推进知识及重点工作要求，公司领导干部安全业务素质得到了整体提升。

三是各级领导干部安全管理能力显著增强。通过抓领导干部素质的提升，提高了各级领导干部的管控能力，知道如何管安全、如何抓安全，工作方法越来越多，工作举措越来越实，工作力度越来越大，管理成效越来越明显。

四是各级领导干部安全观念得到有效转变。通过抓领导干部综合素质的提升和履职情况督查，“管工作必须管安全”理念更加深入人心，把做好本专业路安全环保工作作为部门义不容辞的责任来对待。尤其是在日常管理中，各级领导干部更加理解、支持和参与安全部门的工作，安全第一、自觉履职、齐抓共管的“大安全”氛围逐步形成。

转变理念　强化培训
实现全员 HSE 能力和意识的持续提升

东方物探

多年来，中国石油东方地球物理勘探有限公司（以下简称东方物探或公司）一直将 HSE 培训工作作为保持 HSE 管理体系有效运行、提升 HSE 管理水平、提高基层管理人员 HSE 技能的重要手段。公司每年投入大量的资源认真组织开展各类 HSE 培训工作。近年来，在 HSE 管理体系推进和提升的工作中，公司转变 HSE 培训理念，逐步完善 HSE 培训机制，积极探索 HSE 培训的有效作法，力争将 HSE 培训工作做得更能符合工作实际，不断提高培训工作的有效性。

一、转变培训理念是提高培训工作的核心

一直以来，在传统的培训工作中，设置培训项目时往往由培训组织部门直接确定培训的有关内容，培训者时常站在讲授的角度，对一些 HSE 管理理念和业务知识采取灌输的方式进行。员工则站在被动培训的角度，不能干预培训内容、培训时间和培训频次，造成学员学习不主动、理解慢、掌握不牢、培训效果不理想的情况。近年来，通过公司多年的培训实践，逐渐转变了对培训人员的授课角度，开始从被培训员工的角度出发，形成了东方地球物理公司新的 HSE 培训理念："我就不信我教不会你，我就不相信你不珍惜自己的生命"。各级领导干部亲自授课，自上而下地体现出有感领导，以安全是核心价值观为原则，从员工自身的实际角度出发，突出了 HSE 管理的全员性，激发了全员学习 HSE 知识的主动性，从而形成全体员工爱学、愿学 HSE 管理知识和专业技术的良好局面。

二、建立培训体系是规范培训工作的前提

20 世纪 90 年代，在与国际石油公司进行野外物探项目合作的工作中，东方物探开始通过国际石油业界的各种协会、甲方或第三方现场监督接触国际物探作业通行的先进培训模式。为此，逐步模仿建立了 HSE 培训矩阵，并按照矩阵建立相应的培训模块，形成了东方物探 HSE 培训体系的框架，确保培训工作有的放矢，并成为对管理层和基层组织开展 HSE 培训工作的依据。2006 年，公司以企业标准的形式发布了《健康、安全与环境教育培训管理规定》，主要规范了各级管理层 14 个管理岗位的 HSE 培训矩阵，野外地震队 51 个岗位的 HSE 培训矩阵，以及 7 种特殊施工条件下员工培训的矩阵。2010 年，通过吸取近年来公司体系推进的先进理念，重新修订发布了《HSE 培训管理实施方案（试行）》，方案中规范了不同层次人员的培训内容和培训频次，HSE 培训包括上岗取证培训、出工前集训、在岗培

训等内容。规范了培训考核、培训记录的存档等内容。方案中提出了属地主管是属地培训管理的责任人，负责本属地人员 HSE 培训工作的落实，将培训的直线责任人在基层的属地管理中得到“落地”。经过多年的努力，东方物探逐步形成了具有物探特色的 HSE 培训体系。

三、持续强化培训是全员深入理解 HSE 理念的基础

2009—2010 年，按照中国石油天然气集团公司和工程技术分公司的统一部署，东方物探实施了 HSE 管理体系推进工作。在两年的体系推进工作中，各层级单位共组织了各类培训 3447 班次，培训 145479 人次。公司重点实施了分片培训，各二级单位根据员工岗位类别重点组织了分类培训。其中公司层组织培训 72 班次，培训副处级以上领导 277 人次、科级人员 813 人次、基层领导 660 人次、专职人员 722 人次、员工 505 人次，共计 2977 人次；公司二级单位组织培训 3375 班次，培训副处级以上领导 771 人次、科级人员 5637 人次、基层领导 5078 人次、专职人员 2270 人次、员工 128746 人次，共计 142502 人次。

通过持续强化培训，各层级管理人员和基层员工及时转变了 HSE 管理理念，确立了“安全是公司核心价值观”、“以人为本、安全第一”、“管工作必须管安全”、“一切事故都是可以防范的”等理念，有效掌握了公司体系推进的各个方案，为在全公司全面落实好 HSE 管理体系推进试点工作任务提供了有力的支持。

四、改变培训方式是提高培训质量的手段

为了落实好 HSE 培训工作，保障培训工作的高质量，东方物探采用了分层级、多方式的培训方式。通过分层级培训转变管理理念，通过多方式培训保障培训质量，通过多形式确保培训效果。按照各层级的岗位需求，公司改变过去“填鸭式”、“上大课”的培训方法，实行“办小班”、“互动式”的培训模式，分层级开展了 HSE 培训，切实保证培训取得预期的效果。

（1）为了强化各单位领导班子、HSE 管理委员会成员和直线管理者的培训，采取举办培训班、理论考核、网络答题等方式，进行针对性培训，学习体系推进知识和 HSE 管理技能，提高各级领导干部的 HSE 知识和安全管理水平，强化责任意识和价值理念，真正使管理者成为安全环保工作的行家，真正成为组织放心、群众信任的 HSE 工作保护神；

（2）对班组长和关键岗位强化了以班组安全管理、工序风险识别、现场应急处理和安全行为观察等为主要内容的培训；

（3）对一般员工加强了操作技能、岗位风险识别和自我保护能力的培训；

（4）对特殊工种加强专业培训，确保特种作业人员 100% 持证上岗；

（5）对专职安全管理和监督人员加强了“建章立制、探索规律，技术支持、提供指导，体系审核、过程监督，削减风险、持续改进”方面能力的培训。

通过开展分层次的 HSE 培训，明确了培训的内容和重点，提升了各级领导干部的 HSE 意识，也使员工的操作技能显著提高，确保了各项重点任务各层级全面落实。

为了确保培训的质量和效果，公司采取多种方式开展了 HSE 培训。在两年的 HSE 管理体系推进工作中，结合 HSE 管理体系推进三个阶段的主要推进内容，将各阶段的推进方案制作成统一的培训课件（第一阶段 5 个，第二阶段 10 个，第三阶段 8 +5 个），经过课件制

作人试讲，推进小组确认后，组织 HSE 培训师在全公司范围内开展体系推进的培训工作。培训结束后，各单位按照方案实施一段时间，公司组成督导小组对各单位作业现场的各阶段推进方案实施情况进行阶段督导，对与方案不一致的情况进行纠偏，对在基层不能全部理解的有关方案进行再培训，确保各方案在基层实施的符合性和有效性。最后，公司对培训和督导工作进行全面的阶段性回访，对各管理方案和方案课件中需要拓展的工作以及存在的实际问题进行确认和收集，提交公司进行修订，不断沉淀好的做法和保持持续改进。

五、建设师资队伍是实现培训工作常态化的重要要求

近年来，东方物探非常关注培训工作的常态化问题，确认应该将培训的基本单元落实到基层属地，由基层属地责任人组织落实。同时，为了解决好“重复上一年级”问题，公司积极关注和解决知识更新，努力建设专职师资队伍、基层领导及班组长培训队伍，逐步实现培训工作的常态化。在国内 HSE 管理中，公司两年来分三批培养了 152 名体系推进方案培训师，统一调配使用。努力建设 HSE 培训的“123 工程”（用两年时间，在公司培养 100 名优秀培训师，在 HSE 管理和监督人员中培养 200 名优秀 HSE 专业人员，在基层培养 300 名优秀班组长），建立了“123 工程”的培训计划、考核标准和跟踪考核机制，确保培训师能力的持续提高和作用的发挥。国际业务也按照公司总体思路，制订计划，开展相应的 HSE 培训工作。

按照“以人为本、按需培训、学以致用、层级推进”的原则，东方物探不断强化班组长和关键岗位人员的培训，学习班组安全管理、工序风险识别、现场应急处置和行为安全观察等知识和技能；努力抓好了基层岗位 HSE 培训，凡是要求员工执行的程序、操作规程，都进行了专项培训，使员工正确理解并执行；班组培训将矩阵培训和班前培训相结合，确保培训工作的常态化、规范化。

六、完善培训课件是确保培训效果的保障

为了确保 HSE 培训工作的质量，各培训师在实施培训工作时，所传授的内容都保持一致性，公司修订了各层级管理人员、操作人员及野外特殊作业环境下的培训矩阵，规定了常规 HSE 培训的内容。采取“统一组织、统一标准、统一口径、统一做法”的模式，公司分主业和辅业单位分别制修订了与体系推进工作相配套的 HSE 培训课件 174 个，公司各二级单位制定修订 1031 个，通过不断完善 HSE 培训课件，持续增强培训的针对性和适用性。同时，相关单位和部门还加强了对 HSE 管理制度、标准、规范的培训，不断完善培训课件。组织对新出台的制度、标准、规范进行了现场培训和宣贯，确保各单位正确理解和准确执行。

但是，通过对 HSE 培训工作的系统分析，公司目前还存在一些不能适应 HSE 管理工作快速发展需要的问题：各级直线管理者还未成为 HSE 培训的实施主体；部分兼职培训师对 HSE 培训课件中相关知识掌握还不足；专职 HSE 管理人员和重要生产骨干的安全业务能力还较低；全员培训，特别是分包商员工和季节性用工的培训质量还需进一步提高。

责 任 落 实

坚持标准　严格监督
确保钻井生产安全平稳运行

大庆油田大庆钻探钻井三公司

大庆钻探工程公司钻井三公司（以下简称钻井三公司）HSE 监督站现有监督人员 83 人，其中，站长 1 人，书记 1 人，副站长 3 人，办公室人员 8 人，巡回监督 15 人，驻队监督 55 人，主要负责钻井三公司所属 47 支钻井队施工现场的 HSE 监督工作。在工作中，HSE 监督站坚持“制度创新、工作创新”的理念，不断吸取兄弟单位先进监督工作经验，初步形成了一套运行规范而且行之有效的监督工作机制，为维护公司生产安全大局作出了应有的贡献。曾获得大庆钻探工程公司“优秀 HSE 监督站”荣誉称号。

一、发挥政策性支持优势，为顺利开展监督工作铺平道路

拥有良好的监督工作环境，领导因素是关键，公司内部的政策性支持最重要。钻井三公司监督站成立之初，公司主要领导和主管领导对监督工作给予了高度重视，对监督站提出的工作要求采取了相应的举措，给以政策性支持。

一是领导重视。为了树立 HSE 监督站的权威，钻井三公司领导授权监督站自行制定钻井三公司钻井施工现场 HSE 监督检查标准与考核规定、钻井三公司钻井施工现场规范化管理的 HSE 星级钻井队考核评比办法，由监督站独立行使不符合项查改的处罚权和月度钻井队 HSE 管理的考核评比奖惩权。同时，在监督站开展各项监督工作时，钻井三公司领导层主动削减和消除妨碍监督管理的因素，使监督站切实成为支撑公司 HSE 管理体系运行的关键性组织部门。

二是提高待遇。钻井三公司鉴于监督员工作十分辛苦，监督员每天都生活在“安全与生产”的矛盾焦点上，工作压力和精神压力过大，且责任重大，为生产安全付出的劳动不同于其他岗位人员，经过有关部门的评价和计算，为了平衡监督员的劳动付出，钻井三公司提高了驻队监督员的薪酬待遇，让驻队监督员享受科级干部的奖金，从而在某种程度上提高了监督员的地位，极大地激发了监督员的工作热情和敢于负责的精神。

三是加强保障。为了便于驻队监督员倒班驻井，并减少驻队监督员在倒班途中所消耗的时间，经监督站申请为驻队监督员配备了接送上下班的专车。此外，为方便并保证驻队监督员在钻井现场工作期间得到良好的休息，还在井场为驻队监督员配置了单独的房屋，以此激励监督员以更加饱满的热情、良好的工作状态投入到坚持标准、严查隐患的工作中，努力做好 HSE 监督工作。钻井三公司为监督站创造的诸多便于工作开展的必要条件和充分条件，为监督工作的顺利开展铺平了道路。

二、克服工作中的难点，为创新监督工作环境提供有力支撑

监督工作效率的高低与公司内部相关部门对监督站反馈信息所做出的反映，以及钻井队对现场不符合项查改响应程度有着直接关系。能否顺利解决纠结于监督站与其他部门间的沟通难点和责任划分，就成为了考验监督站自主创新监督管理工作的试金石。一直以来，钻井三公司监督站着力于克服工作中的难点，为监督工作顺利前行打开通道。

一是着力迎接监督工作所面临的生产形势的挑战。当前，部分钻井队为了提高生产指标而抢甩钻具、抢固井、抢钻机搬迁、抢开钻的势头较为迅猛，个别钻井队违反钻井工程技术和生产安全管理规定违章作业，这种带有普遍性的盲目追求生产进度的做法在开展的“打造高效示范队”的活动中表现尤为突出。由于施工作业人员长期疲劳作业，导致钻井施工现场 HSE 管理水平下降，安全隐患得不到及时治理，使监督工作处于被动位置。鉴于此，监督站通过公司明确提出“以违章为代价所创的生产高指标不给予任何奖励”的明文规定，使业已存在的忽视安全而盲目追求生产进度的做法基本得到遏制。

二是着力迎接监督工作所面临的监管错位缺位的挑战。由于驻队监督的存在，一些钻井队干部，有意削弱自身的安全管理职能，认为安全工作是监督员的事情。这种想法和做法违背了“管生产必须管安全，谁主管谁负责”的安全生产原则，把监督和管理混为一谈，给现场监督工作带来了一定的难度。钻井三公司监督站结合实际，加强宣贯“管理是第一位，监督是第二位”的理念，坚持监管分开的原则，坚决抵制和纠正以监代管的思想倾向。一方面，监督站要求监督员把现场检查中发现的问题，一律落实给钻井队干部，监督井队管理者落实整改不符合项，绝不代行管理；另一方面，对于安全管理主体责任不落实的，或安全工作要求落实不下去的钻井队，所提出的为其配备驻队监督以改善安全管理现状的要求，监督站都给予拒绝，理由是安全管理主体责任不落实是安全管理责任主体自身要解决的问题，监督员驻不驻该队对其帮助不大。通过严格执行制度标准，促使管理者自觉地强化自身的管理职能，同时为提高监督工作的效率赢得了主动，使得监管分开的原则得到了很好的落实。

三是着力迎接监督工作所面临的监督工作效率不高的挑战。监督工作效率不高，源于安全管理工作的效率不高。由于钻井生产节奏快，钻机搬迁频繁，钻机配件等器材料领取不及时，以及依据现有的“现场监督处罚规定”所执行的处罚力度不大等原因，造成安全管理的不符合项发生率高，或由于井队对一般性不符合项的自查整改工作重视程度不够，造成了不符合项重复发生率高。对于这些问题，钻井三公司监督站主要采取两种做法。首先，奉行“检查即复查”的原则，巡回监督每一次上井检查，都要翻阅近期内开具给井队的不符合整改通知单，对于再次出现的一般性不符合项，按规定给予相应的处罚，警示井队要减少不符合项的重复发生；其次，抓问题成堆的钻井队，对日常监督检查发生不符合项多的队，采取即时性复查的做法，于次日对其进行复查，对未及时整改的不符合项按规定进行处罚。从而，使钻井施工现场的不符合项发生率与重复发生率有所下降。

三、坚持监督工作标准，严格开展施工现场 HSE 监督工作

在以往的工作中，钻井三公司监督站将“坚持标准、严格监督”始终贯穿于 HSE 监督工作，周密部署各项监督检查工作，结合钻井生产实际，较好地协调处理了安全与生产的关

系，为钻井三公司安全生产提供了基础保障。

一是坚持监督员工作标准，严格监督员工作业绩考核。为进一步督促监督员业务水平不断提升，钻井三公司监督站把坚持监督工作标准、人员业绩考核放在了人员管理首位。制定了“监督员行为规范”十二条，要求监督员在工作中，要文明服务，秉公办事，积极树立监督员的良好形象。还公开了投诉电话，接受基层井队的监督，促使监督员规范自己的言行举止。同时，为了以管理手段和经济手段促进监督员的工作，实现安全监督责任和权利的统一，钻井三公司监督站突出业绩考核，严格落实监督员责任。制定实施了钻井三公司监督员考核奖惩制度和钻井三公司监督员分级管理方案，通过引导树立正确的个人价值观念，从精神和物质需要两个方面促进监督员加强学习，履行职责，努力提高工作的积极性。此外，在钻井三公司监督员奖惩制度中增设了“钻井队因违章被处罚，驻队监督员领受该处罚金额30%的罚款”以及“发现巡回监督员漏检严重不符合项或未对驻队监督员与钻井队实施严格考核的，按照处罚井队金额的50%处罚巡回监督员”的条款，通过承担连带责任，加大了内部管理的力度。

二是坚持施工现场安全管理标准，严格HSE监督检查。为保证职工人身安全和公司安全生产平稳运行，钻井三公司监督站从施工现场“物的不安全状态”和“人的不安全行为”入手，积极开展钻井施工现场风险辨识和风险控制等工作，监督贯彻落实“安全第一，预防为主”的方针。监督站要求监督员严格监督检查钻井队设备安装标准执行情况，将钻机设备的安装与使用作为安全监督工作中的一个重点。驻队监督员充分利用班前会认真落实作业许可制度，强化班组人员的安全思想意识，规范安全操作行为，努力做到安全“关口”前移，把好开工前安全检查关；坚持“标准达不到不开钻，隐患不整改不施工”的原则，严格落实整改销项制度，对于当日查出的问题跟踪验证，对于当场不能整改的非重大安全隐患与井队共同制定并落实相关的安全控制措施，做到对风险实施有效的预防控制；在重要施工环节上，认真执行旁站监督，驻队监督员不仅要用眼睛观察，还要用大脑思考，辨识和分析危害因素，力求对作业中可能发生的复杂情况提前做出预判，及时制止裹带风险的作业和人的不安全行为。通过监督站进一步加大对安全操作规程执行情况的监督检查力度，狠抓违章操作，有效促进了钻井施工现场标准化、规范化水平的提升。

三是坚持执行监督考核规定，严格钻井队安全管理工作的考核、评比与奖惩。监督站以大庆钻探工程公司钻井施工现场HSE管理考核标准作为依据，本着敢于负责、敢于碰硬的态度，通过加大对员工“三违行为”、设备设施存在的严重不符合和重复发生的轻微不符合项的处罚力度，做到“处罚”有理有据，促使井队认真执行操作规程，并对设备设施存在的问题由被动整改变为主动查排销项。在对待严重违章事件上，监督站比照事故处理标准进行处理，直接追究责任人的责任并对违章钻井队进行严厉处罚。同时，为了推进钻井施工现场HSE管理水平的提高，经公司审核批准，监督站组织实施了“钻井队星级管理”，并制定了钻井三公司HSE星级钻井队评比实施办法，根据每月监督检查情况，依据钻井三公司钻井施工现场HSE管理考核规定中相应的扣分规定，对各钻井队实施月度千分制考核，根据考核结果对钻井队实施月度奖惩兑现。仅2010年，由监督站发放的奖金额度达到了50万元，激发了各钻井队主动查隐患、保安全、争星级的工作热情，在公司范围内形成了安全监督工作齐抓共管的良好局面。

钻井三公司 HSE 监督站，无论是在人员业绩考核管理上、现场隐患排查整治上、星级钻井队评比工作中，还是在管理机制创新上，始终坚持公平、公正、公开的原则，认真落实和执行上级文件精神及各项规章制度，扎实开展 HSE 监督管理工作，强化提高监督队伍综合素质，不断提高钻井队主动安全的思想意识，有效地推动了钻井三公司施工现场 HSE 管理水平不断提升。

强化监督职能　促进管理改进
持续提升 HSE 管理水平

大庆油田天然气分公司

大庆油田天然气分公司（以下简称天然气分公司）成立于 1973 年，集天然气集输、伴生气处理、原油稳定、储运销售、维修检测以及天然气长输管道管理于一体。具有年处理油田伴生气 20 亿米^3、稳定原油 3340 万吨、生产轻烃 85 万吨的生产能力。承担着为大庆油田公司、大庆石化公司、大庆炼化公司，以及大庆、哈尔滨、齐齐哈尔 3 个城市近 160 万个民商用户提供原料和燃料的任务。

天然气分公司管理的重点区域不仅有城市密集的居民区和繁华商业区，还有自然保护区和环境敏感区，安全环保管理的重要性显得更加突出。几年来，通过建立健全 HSE 监督体系，天然气分公司在“如何用 HSE 监督来促进 HSE 管理”这一课题上进行了一些探索和尝试，取得了一些效果。

一、HSE 监督工作概况

从 2006 年起，逐步建立了分公司、大队、站队三级 HSE 监督机构，形成了全天候、全过程、全覆盖的三级监督网络，并以“异体化”监督为原则健全了 HSE 监督体系。

天然气分公司作为油田公司“监管分离”试点单位，设置了分公司安全总监、安全副总监，成立了 HSE 监督站。在大队、站队分别设置了大队 HSE 监督组、站队 HSE 监督员。

在构建“异体化”HSE 监督体系过程中，安全环保管理部门定位为体系运行的职能部门，主要负责修订完善规章制度、宣贯培训干部员工、检查考评工作质量等职能；HSE 监督站定位为体系运行的审核机构，进行异体监督，将体系的审核日常化、深入化，主要负责监督规章制度执行、检查干部员工素质、结合管理要求和工作实际开展专项监督、提出 HSE 管理改进建议和意见等。

通过构建“异体化”HSE 监督体系，天然气分公司进一步完善了监督与管理的工作职责，建立了监督与管理接口的工作程序，形成了监督和管理有力互补的模式，提高了 HSE 管理水平。

二、HSE 监督工作流程

（一）编制务实、有针对的监督计划

监督计划的形成主要有三种途径：

一是日常监督检查。按《天然气分公司 HSE 监督管理实施细则》，分公司 HSE 监督站、

大队 HSE 监督组、站队 HSE 监督员结合本单位实际编制监督计划。

二是管理部门监督需求。分公司安全、环保、生产各管理部门结合各专业工作实际，提出监督需求，由各级监督机构按监督需求编制监督计划。

三是专项监督检查。针对日常管理发现的突出问题和共性问题定期开展专项监督。几年来，公司先后对火炬放空系统、轻烃管网系统、食堂燃料气系统、生产生活用电、例会例检制度执行等方面进行了专项监督检查，通过全面开展专项监督，逐步实现了隐患统筹规划整改。以 2010 年为例，形成了专项监督报告 12 份，发现问题 1008 项，已全部整改完毕。

由于各部门、各单位都能结合实际开展监督，监督的目的性和针对性得到了较大提高，确保了监督工作的规范开展。

（二）开展深入、细致的监督检查

开展监督检查时，注重转变监督观念、统一监督标准、拓宽监督范围。

在监督观念上，监督工作由检查考核向诊断评估转变，从发现一个点的问题到发现一条线的问题，监督深度明显加大；监督对象由注重监督执行层向注重监督管理层转变，从就事论事整改问题到追根溯源加强管理，用监督帮助提高 HSE 管理水平。

在监督标准上，组织专业人员以国家法规、标准、集团公司和油田公司规章制度等为依据，编制了 7 类共 58 个检查表。将检查内容进行量化、细化，确保每项工作都有检查表，检查有依据、有标准；确保检查标准简洁、实用，检查结果客观、准确。

在监督范围上，HSE 监督站偏重对生产装置重点部位和施工重要环节进行监督，大队、站队监督员对所辖区域进行全天候、全过程、全覆盖监督检查，确保监督面不留死角。

2010 年设置站队 HSE 监督员后，充分发挥站队 HSE 监督员熟悉装置、熟悉人员、熟悉安全风险的优势，加大查处违章作业力度，全年累计完成 1814 次日常安全监督，对 279 个施工现场监督 994 人次，纠正和制止违章行为 492 人次，下发检查问题/整改隐患通知单 659 份，发现并整改问题和隐患 2985 个。

（三）组织科学、全面的问题分析

为了准确地分析、查找问题隐患的根源，落实风险削减责任，公司在实践中探索总结了“点面综合分析法”，即将“原因分析明确到点”、将“原因责任关联到面”。

1. 原因分析明确到点

将产生问题的最根源点确认为三类：

一是人：主要是操作的人、监督的人、管理的人等直接或间接导致问题的各类人员。二是物：主要是设备、设施、仪器仪表、记录台账等直接体现问题所在的物。三是法：主要是规章制度、管理办法等。对发现的所有隐患比照事故进行“直接原因”、“间接原因”分析，在直接和间接原因上明确到存在问题的物、直接导致问题发生的操作人、监管不到位导致问题发生的管理人、制度不健全导致问题频发的法。

例如，检查发现“部分工艺管线标识不全”，不能将问题原因只归结到标识不全，不能将整改措施只落实到配齐标识。

第一种情况：

直接原因：管线标识破损丢失。

间接原因：员工巡检不到位；管理人员检查不到位。

整改措施：按规范配齐管线标识，对干部、员工的检查内容、检查频次、检查周期进行规范，量化工作内容和标准。

第二种情况：

直接原因：管线标识未按规范配置。

间接原因：原设计未按规范配置；设计审核人员检查不到位。

整改措施：按规范配齐管线标识，对本单位管辖范围内的图纸或方案审核人员的审核内容、审核标准进行修订。

通过原因分析具体到点，将问题隐患进行了深层次分析，也明晰了问题隐患整改的关键环节。

2. 原因责任关联到面

在对问题分析后，对每个问题隐患确认其所属专业（工艺、设备、电器、仪表、计量、安全、环保等专业）、所属类别（操作、管理、设施）和所属层面（分公司、大队、站队），并就问题的严重程度赋予权重系数，然后对这些数据进行数学统计分析，找出在不同层面、专业上存在的主要问题，找出问题产生的主要原因和工作的薄弱点，即哪些制度执行力差或需要完善；哪些人员执行力差或需要规范上岗标准；哪些设施不适用现场或日常维护不到位；问题主要集中在哪些层面。再有针对性地制定措施，防止问题重复出现。这一方法改变了以往“就事论事”、“发现问题改完就完”的做法，使天然气分公司各级、各专业能够清醒地认识到存在的主要问题并明确下一步的工作重点。

（四）严抓量化、责任到人的管理改进

一是落实具体的管理改进措施。结合问题隐患的分析结果，将每个问题的改进措施都具体落实到哪个人的安全意识或安全素质、哪台设备设施的主体构件或安全附件、哪条制度的要求或工作流程上，明确对人、设备、制度的管理改进标准、要求和完成时间。从而对每个问题都能进行全面管理改进。

二是落实具体的管理改进责任。修订了检查问题/整改隐患通知单的格式，增加了属地管理和直线责任的相关内容。对每个问题，落实属地整改负责人、明确直线整改负责人；对产生问题较多的“点”，也就是具有代表性的共性问题，依据其所属层面和相关直线责任，由分公司安全生产委员会责成主管部门负责，明确相关部门协调配合，从人员培训、资金投入、制度修订等多方面齐抓共管，从而形成杜绝问题的长效机制。

（五）进行及时、有比较的监督评价

定期对问题整改情况进行跟踪监督评价，对不同时期、不同部门层面上的管理情况进行比较监督评价。

一是对整改效果进行跟踪评价。在相关单位、部门完成问题整改后，将检查问题/整改隐患通知单或整改报告反馈至 HSE 监督部门，由监督部门对其整改情况进行跟踪监督，对整改问题所涉及的人员意识素质、设备运行状态、制度执行效果等的整改前后情况进行对比和验证，形成跟踪监督报告，评价管理改进效果。

二是对安全环保形势进行比较评价。针对分公司连续两个季度的管理情况、上一年同一

时段的管理情况进行比较评价，根据监督的分析和对比结果，向分公司安全生产委员会提交 HSE 监督报告；针对基层单位的管理情况进行比较排名评价，依据监督分析结果，找出不同单位存在的主要问题，对各单位的管理情况进行排名，为领导决策提供监督依据。

三、HSE 监督工作取得的成效

通过构建“异体化”HSE 监督体系，主要取得了以下三个方面的成效。

（一）保障了长周期安全平稳运行

近年来，按照大庆油田“天然气业务快速发展”的总体部署，天然气分公司提出了“轻烃上产 110 万、天然气集输 40 亿”的上产目标，加快实施了“油气初加工和天然气集输业务走出大庆、走出黑龙江”的走出去战略。随着分公司生产规模逐渐扩大，生产战线不断拉长，内部管理难度越来越高，政治责任、社会责任和经济责任越来越大。HSE 监督工作为分公司快速发展提供了有力保障，通过构建“异体化”HSE 监督体系，分公司“安全是一切工作的生命线”和“生命至高无上，责任重于泰山”的理念深入人心，HSE 监督工作水平不断改进和提高，至 2010 年，连续 17 年荣膺大庆油田“安全生产、文明生产”金牌单位。

（二）转变了干部员工的安全认识

HSE 管理和 HSE 监督是确保企业安全文明生产的两项重要职能。过去，这两项职能都设置在对口主管的安全生产管理部门（即指挥系统），虽然能够实现对基层单位（即执行系统）的有效管理和监督，但是安全生产管理部门难免存在“自己刀削不了自己把”的监督不到位现象。通过实施“监管分离”、构建“异体化”监督，对安全生产管理部门和基层单位进行模拟第三方监督，各部门、各级干部员工都高度重视监督部门发现的问题和提出的管理改进建议，认识到监督工作能够发现管理死角和问题，帮助提高管理水平，转变了以往“监督就是挑毛病”的抵触认识。同时，通过加大监督深度，还协助梳理了管理责任，使得“谁主管谁负责”、“管工作必须管安全”得到了贯彻落实，“直线责任”、“属地管理”得到了理解和执行，转变了以往“HSE 工作是安全环保部门的工作”、“安全环保事故都是安全环保部门的责任”等观念，提高了主动抓好 HSE 工作的积极性。

（三）形成了监管互补的有效机制

HSE 管理体系要求企业自我控制、自我监督、自我完善。管理部门受限于人员数量少、专业工作多等因素的制约，无法实现对基层实际执行情况的及时、客观掌握，更多体现 HSE 管理“自我控制”的职能；通过实施 HSE 监督，可以对各级制度执行情况、各级制度的适用情况等进行连续、客观、对比的监督，更多体现 HSE 管理“自我监督”的职能。监督是对管理职能的补充和完善，监管的互补既提高了企业检查和纠正能力，又为如何提高管理水平提供了科学依据，同时还能客观反映企业 HSE 管理现状，从而帮助企业主动实现“自我完善”，实现 HSE 管理体系的持续改进。

四、几点认识

几年来，天然气分公司大力推进 HSE 监督体系建设，并将其作为分公司“十二五”期间的一项重点工作，对 HSE 监督工作有以下几点认识：

一是 HSE 监督不能仅监督基层执行系统，还必须监督机关指挥系统，真正做到监督的全面和到位。

二是 HSE 监督不能仅发现问题，还必须建立解决问题的工作流程和工作职责，督促管理层查找问题根本原因，解决重复性问题、管理性问题。

三是 HSE 监督人员不能仅由安全环保专业人员组成，还需要增加一批涵盖工艺、设备、电气、仪表、施工等专业的懂技术、懂现场、懂管理的专业监督人员，这样才能全面提高安全、生产监督质量。

以 HSE 分委会为载体　深入落实直线责任

辽河油田

按照中国石油天然气集团公司建立 HSE 分委会的要求，借鉴杜邦公司和 HSE 管理体系推进试点单位经验，认真对比中国石油辽河油田公司（以下简称油田公司）和杜邦公司在安全文化发展阶段、生产经营性质、组织机构管理模式、运营机制等各方面的异同，充分结合公司实际，为进一步强化 HSE 管理体系持续有效运行，解决因直线责任得不到有效落实而制约 HSE 管理体系推进的瓶颈问题，努力实现由“全员参与”向“全员负责”的转变。2009 年年底，油田公司按统一、简明、有效、可操作的原则，建立并运行“两级”HSE 分委会机制，初见成效。

一、强化领导，建立 HSE 分委会组织机构

按照“专业管理与系统管理相结合，HSE 管理与业务管理相融合，专职管理与全员管理相配合”的原则，以实现“直线网络控制”为出发点，落实“谁管工作，谁管安全”，强化直线领导，建立了公司（局）、厂（处）两级 HSE 分委会。

油田公司根据领导班子人员构成及分工情况，在公司 HSE 委员会直线领导下，成立了开发系统、经营系统、矿区服务系统、油田建设系统、装备制造系统、勘探系统、辅助生产系统、党群系统、工程技术系统、财务资产系统等 10 个 HSE 分委会。HSE 分委会主任由油田公司分管副职领导担任，HSE 分委会内部设立副主任、分委会办公室。HSE 分委会副主任、成员及办公室成员由 HSE 分委会主任根据业务分工进行确定，由 HSE 分委会主任主管的业务系统内职能管理部门主要领导和相关二级单位系统主管领导组成。油田公司二级单位参照油田公司模式，结合本单位实际情况分别建立了 HSE 分委会组织机构，共计 268 个。

通过“两级”HSE 分委会的建立，公司初步形成了较为完善的责任体系，“谁管工作、谁管安全”不再是简单口号，而是以运行 HSE 分委会的机制得到进一步落实。

二、明确职责，落实 HSE 分委会直线责任

油田公司以“强化 HSE 管理过程风险控制”为核心，进一步明确了分委会及其办公室通用职责，分委会结合系统业务特点进行了细化，完善了直线责任体系。

HSE 分委会主要负责落实健康、安全与环境法律、法规和集团公司、油田公司 HSE 规章制度，制定年度 HSE 工作计划并组织实施；落实油田公司 HSE 委员会决议，组织系统负责项目的实施；组织系统内的危害辨识与风险评价工作，制定风险削减和控制措施并实施；组织开展工艺安全分析、工作循环分析，对关键环节实施监控；组织系统内隐患排查，对排查出的隐患建立隐患台账，制定整改措施和监控措施，确保安全，本系统不能解决的隐患和

问题及时上报油田公司HSE委员会；组织建立健全系统内HSE制度、标准，全面覆盖系统内的生产经营活动；组织系统内HSE专项检查，参加油田公司HSE体系管理内部审核；每季度向油田公司HSE委员会报告工作情况。HSE分委会办公室负责与HSE委员会的沟通、联络，组织HSE分委会拟定会议议题，协调、督促HSE分委会所属部门的HSE管理工作及会议决议落实情况，掌握HSE动态，通报HSE信息，遇重大问题，及时向HSE分委会主任汇报。

通过职责的明确，确定了HSE分委会的工作重点，解决了“干什么”的问题，“谁组织谁负责、谁管理谁负责、谁执行谁负责”的责任意识初步树立。

三、完善制度，确保HSE分委会有效运行

为了使HSE分委会的工作有序开展，油田公司完善了HSE分委会的例会制度、汇报及检查制度、分委会办公室主任例会制度和HSE分委会激励约束机制。通过HSE分委会主任亲自参与HSE活动，进一步带动了各专业系统HSE管理上水平。

油田公司HSE委员会主任（公司总经理）与各系统分委会主任签订HSE责任书，HSE分委会主任与分委会成员（所属各部门主要负责人）签订HSE责任书，充分考虑各分委会系统和职能管理部门内的HSE风险，明确结果性指标、过程性指标及考核奖惩方式方法。

HSE分委会每季度召开一次会议，会议由分委会主任主持，研究部署系统内安全环保工作，解决系统内存在的安全环保问题；HSE分委会主任每季度参加油田公司HSE委员会，并向HSE委员会报告本系统安全环保工作情况及存在的问题，每季度组织“安全生产大讨论、全员风险大排查”，并带队对系统内活动开展情况进行检查。

HSE委员会办公室每月组织HSE分委会办公室成员召开工作例会，传达部署安全环保工作要求，了解掌握HSE分委会工作动态，并对分委会工作提供咨询、指导。

HSE委员会主任（公司总经理）在每季度HSE委员会上点评各分委会工作。HSE分委会工作开展情况纳入油田公司HSE审核之中，审核结果与HSE风险抵押金和评先挂钩。

通过制度的不断完善和实施，在解决了“干什么”问题的基础上，解决了“如何干”的问题。通过HSE分委会主任亲自汇报和组织检查，有效提升了有感领导理念的践行力；通过指标和激励约束机制的建立，有效地促进了HSE分委会工作的开展。

四、强化运行，显现HSE分委会工作成效

油田公司通过建立实施HSE分委会运行机制，初步扭转了“安全部门唱独角戏”的局面，各分委会能够针对系统风险，积极、创新地开展工作。

HSE分委会在油田公司组织开展“安全生产大讨论、全员风险大排查”活动、梳理清查施工规范和技术标准、开展现场安全检查等方面发挥了积极的作用。各HSE分委会主任能够亲自带队到各单位进行现场检查，针对检查出的问题隐患，认真制定落实整改方案和防范措施，收到较好效果。

一是强化源头风险控制。开发系统分委会严格执行钻井地质设计审查分责审查制，按照6个方面23项内容组织多人分专业进行审查，严格按照HSE体系标准对可能出现的安全环保问题作出必要的提示和预测。勘探系统分委会在40个探井钻井项目开工前，认真组织钻

井地质、工程设计人员向钻井、钻井液等施工单位和地质、工程监督进行设计交底。财务资产系统分委会对技术改造或革新的资产设备进行重新评估，建立健全资产设备改造基础档案资料。

二是完善 HSE 制度标准。经营系统分委会按照规章制度管理规定，严格制度立项、上报、审查程序，统一组织征求意见，召开协调会议。截至目前，共审查通过 33 项 HSE 规章制度。工程技术系统分委会组织清查梳理规范和技术标准 725 项，对缺失、过时的规范标准提出了具体修订意见。

三是强化隐患排查和治理。生产辅助系统分委会认真组织两级日常监督检查，针对各时期生产特点，分级制定监督工作计划，做到月月有侧重，周周有重点，两级监督共监督检查生产经营场所及动态作业现场 27129 个（次），发现整改隐患和问题 16067 个。矿区服务、油田建设、装备制造系统分委会主任亲自到大连保税油库恢复建设工程现场进行检查指导；认真组织开展专项安全检查，开展监督检查 296 次，查处违章及隐患 614 项；优先安排隐患治理资金，重点解决矿区职工居住区水、电、气、暖 4 大配套系统和小区公建 5 个方面存在的 72 项安全环保隐患问题。工程技术系统分委会对排查上报的 697 口隐患严重的“三高”油气井和处于敏感区域内的井，根据隐患的严重程度，编制了分类治理方案并组织实施。党群系统分委会组织排查大型会议和活动中的综合安全风险、办公场所消防问题和日常工作生活中交通安全问题等各类隐患 97 项，并制定落实控制措施。

加强重点环节管理。工程技术系统分委会加大对安全环保技术的研发，用科技力量解决含硫化氢伴生气危害大、SAGD 双管注汽井作业井控安全、含油污泥无害化排放等安全环保难题，最大限度地降低安全环保事件的发生。生产辅助系统分委会在抗洪复产期间加大工作力度，生产运行等部门加强汛期安全管理，及时发布天气预警信息，制定重点防汛单位撤离及复产预案，确保汛期安全生产。经营系统分委会加强多种企业安全管理，在 22 个 A、B 类企业中选取 4 家单位开展 HSE 体系管理试点单位。

通过 HSE 分委会工作开展，使各级领导干部对 HSE 责任意识有了进一步提高，HSE 体系管理更具有针对性，各项规章制度和标准得到了进一步完善，“被动认同”逐步向“主动工作”转变。

五、客观分析，明确下一步改进方向

油田公司 HSE 分委会运行模式建立实施一年多以来，虽然在推进有感领导、落实直线责任等方面取得了一定的成绩，但在很多方面还存在不足，亟需改进。

一是 HSE 分委会成员 HSE 理念、意识、HSE 知识和工作方法还需通过大量的理念宣贯和培训进一步提升。

二是 HSE 分委会成员工作还需 HSE 委员会办公室、HSE 分委会办公室“两级办公室”的协调、督促，工作主动性还需加强。

针对以上问题，油田公司将以集团公司重点指导为契机，在 HSE 管理体系推进工作中，分系统开展 HSE 理念宣贯、HSE 知识培训，并在工作中不断探索，逐步完善 HSE 分委会运行机制；在理念宣贯和知识培训的基础上，将进一步完善激励约束机制，组织第三方审核，充分调动 HSE 分委会成员的工作积极性。

安全文化始于有感领导

塔里木油田

企业领导的安全意识是否到位、责任是否落实，以及亲自参与安全管理的程度，是决定企业安全文化发展成效（高低）的关键，可以说，一个企业的安全管理水平取决于其领导展示安全愿望的行动。不管个人愿意与否，企业领导就是企业内的公众人物，其言行就是员工参照和模仿的标准，因此，他对安全是真重视、还是表里不一的“重视”、甚至是完全不重视，都会被员工耳闻目睹和领悟，并且对员工的安全观念和行为习惯产生不可替代的影响，从而影响企业的安全管理氛围和绩效。

尽管对企业领导在引导安全管理方向的重要作用有共识，但在企业安全管理实际中，这种作用发挥得并不理想。原因有两个方面：一是缺少抓手或者方法不当，即便企业领导有强烈的抓好安全工作的意愿，但是由于缺少把这种意愿有效传递到基层员工的方法，而没有产生更好更强烈的示范、影响和带动效果；二是不敢去抓、很难抓。

中国石油塔里木油田公司（以下简称油田公司）在安全文化建设之初，就意识到这个问题，并引入有感领导的概念，将有感领导作为安全文化的第一要素加以推进。经过几年实践，油田公司总结出践行有感领导的一套有效推进方法，在全油田掀起了展示有感领导、引领全员参与的实践氛围，使有感领导成为自始至终贯穿油田安全文化建设的核心推动力和根本保障。

一、有感领导的定义和作用

所谓有感领导，就是指有安全感召力和安全领导力的领导。即通过自己的言行向员工传递企业和领导者本人对安全的信念、决心和热情，并产生感召力、感染力，激发员工参与安全管理的积极性，同时，还应具备驾驭本单位安全管理的领导能力。其中包括了解本单位的安全管理状况，及时研究解决问题；掌握一些安全技能（如做安全观察与沟通的技巧、事故调查的技能以及安全标准的执行要点和关键环节等）；有主动意愿并能够亲自参与安全实践，不断更新了解安全知识和安全管理的状况；有清晰的管理思路，始终把握安全管理发展的方向并作出正确的决策。

（一）大力倡导有感领导的重要意义和作用

（1）做好有感领导是各级领导履行安全职责的具体体现。作为企业领导，日常事务千头万绪，不需要也不可能做到凡安全事务都事必躬亲，而是要掌握安全管理的方法和技巧，因此认真研究和展示好有感领导，发挥出引领全员参与的效果，依靠团队的智慧和力量共同实现安全管理的目标，是各级领导实施管理安全的主要方式，也是对自己负责、对员工负责、对企业负责的必然选择。

（2）做好有感领导是企业领导管理素质的体现。安全管理是一项系统工程，涉及管理、生产组织、资源整合、工艺技术等诸多方面，因此，安全管理不仅是安全工作本身，它反映了管理者的基本素质，或者说在做好安全管理的同时，管理者的综合素质也在不断提升。只有管理好安全，才有可能管理好其他业务，反之，如果对安全这项首要职责不能够重视和有效履行，则说明责任心和能力有问题，不可能管理好其他业务。

（3）做好有感领导才能推动全员参与。各级领导的一言一行，对员工的影响不言而喻，安全文化在某种程度上讲就是领导的文化。很多时候，领导强调安全往往停留在口头上，“了解安全工作主要靠听汇报，重视安全工作主要靠会上强调，抓安全工作主要靠向上级打报告”的现象比较普遍。在领导决策过程中，安全工作经常让位于成本控制、企业效益和工作进度，不能正确处理好安全和生产、进度、效益的关系。员工从领导的言行中看不到安全第一的原则，员工上行下效也就在所难免。只有通过各级领导在安全方面真正做到以身作则，才能产生好的示范作用，才能带动员工自觉遵守各项安全标准，创造遵章守纪和全员参与的氛围，从而推动安全文化氛围的形成。

（4）有感领导是提高驾驭安全管理能力的唯一途径。很多领导担心自己不是安全专家，缺乏专业知识，即便有意愿以身作则、亲自参与安全管理，但是确实无从下手。这种担心其实是多余的，对于实践有感领导，技能、技巧不是关键，关键是有没有放下架子、沉下身子的心态，真正能够深入基层，与员工沟通交流，解决基层的安全问题，向员工和安全人员学习安全知识。实践有感领导的过程本身就是在展示有感领导，就是增进对单位安全管理了解的过程，就是学习和提高的过程，就是了解安全管理标准、掌握安全管理工具、提高驾驭安全管理能力的过程。除此之外不可能有其他途径。

（二）有感领导的责任

承担安全责任，通过安全过程管理，对安全结果负责；建立安全组织，明确安全管理责任并落实到属地主管。提供安全所需人、财、物资源；将安全纳入日常管理，在资源配置、绩效考核、培训、承包商管理等方面优先考虑安全问题；创造全员参与的安全（HSE）文化氛围。

二、推动有感领导形成氛围的方法

推动有感领导形成氛围，是一个循序渐进的过程，应当从“让员工能够听到领导在各种场合强调安全，看到领导亲身实践安全，感受到领导从关心员工健康的角度重视安全”入手。做到让员工“听到”对安全工作的重视，在当前形势下不难。而做到让员工“看到”对安全工作的重视，则要有具体行动，在这方面一些领导的表现差异就显现出来了，主观能动性不强和驾驭安全管理的技能不足是造成差异的关键，需要依靠不断强调责任意识和加强培训引导逐步改变。而对于“感受到”，需要各级领导随时随地表现出对安全的关注，并形成本能和习惯，要从关心员工角度出发并且归结于此，切忌留有“重视安全是出于业绩考核和个人前途的考量”的痕迹。

（一）有感领导开始于安全承诺

展示有感领导，不提倡低调而是鼓励高调但不刻意，因为其目的一是要展示给员工看，因此注定有感领导的行动一定是公众场合的行动；二是通过有感领导要坚定员工的信心、激发其参与热情，不高调不足以达此目的。尽管安全文化形态存在于企业发展的各个阶段之中，如果不是人为地去建设推动先进的文化，落后的文化就会滋生蔓延。长期的演变也能够发展到一个高级形态，但这将是一个十分漫长的过程。安全文化也可以通过主动的、强力的推进而加快进程的演变，当选择这种方式时，企业领导必须确信自己已经充分认识到过程中的艰辛和需要付出的努力方可开始。

（二）必要的宣贯培训辅导

观念意识的转变不是与生俱来的。针对性的培训必不可少，领导也不例外，尤其是初期的观念理念培训。油田公司开展了大量全员性的安全文化理念宣贯培训，确保安全核心价值深入人心。最先由杜邦顾问对高、中层领导进行安全文化理念观念培训4000余人次，举办安全文化建设骨干培训班8000余人次。在推进初期如何说服领导，启动参加安全观念的培训，具有决定性的作用。在此过程中企业安全人员自己要理解安全文化的理念，同时要善于做领导的工作，要有执著的精神。

（三）制定并落实个人安全行动计划

承诺是安全文化的开始，工作的开展和落实需要具体的行动计划。油田公司在安全文化推进过程中强调各级领导个人行动计划的制定和践行，以落实个人安全行动计划为主线，积极引导和鼓励各级领导参与安全文化的实践活动。

油田公司总经理亲自给油田科级以上领导干部和承包商员工进行安全文化培训，带动油田各级领导积极践行个人行动计划。表1是油田公司某单位领导亲自制定的个人安全行动计划。从表中可以看出，所管辖单位内进行公示和宣讲，将该年度作为一个主管领导的各项安全业务囊括其中，既明确了单位本年度的安全管理方向，也给该单位其他主要领导提出了具体要求，带动了其余领导个人安全行动计划的编制与落实，从而系统、全面规划了本单位年度安全工作计划和努力方向。

表1 个人安全行动计划

个人安全行动计划			
序 号	行动内容	目 的	频 次
1	参加油田公司各项HSE会议、活动	了解油田公司安全文化建设动态，及时上报技术部安全文化建设方面取得的成绩，反映存在的问题	适时
2	主持召开技术部HSE例会	分析技术部安全生产形势，协调解决各单位在安全生产上存在的问题	1次/季
3	主持技术部HSE管理评审	及时发现和解决一年来HSE管理体系运行过程中存在的问题，促使单位的安全业绩得到持续提升	1次/年
4	开展行为安全审核	通过审核了解员工的安全价值理念及当前状态，实现与员工的全方位无障碍沟通，通过自身实践引导全体员工安全意识的提升、转变	1次/月
5	定期到基层单位参加HSE会议，同基层员工分享自己的安全经验	与基层员工用心交流，让员工随时感受到自己对安全的重视，使安全文化建设继续向团队管理阶段迈进	2次/年

续表

个人安全行动计划			
序号	行动内容	目的	频次
6	定期听取 HSE 管理者代表和 HSE 管理办公室的工作汇报	及时了解 HSE 管理体系运行和安全文化建设存在的困难，并提供足够的资源保障	适时
7	和管辖的下属单位负责人一对一讨论安全问题	体现个人对安全价值的看法，统一安全管理理念	1 人/月
8	参与应急演练	通过参与应急演练，发现应急管理的成绩与缺陷，持续改善应急管理	适时
9	参与事故、事件调查及处理	体现对安全的重视，确认事故调查的顺利进行，督促整改措施和行动的及时落实	适时
10	参加油田、技术部举办的 HSE 知识培训	体现对安全知识学习的重视，进一步展示有感领导	1～2 次/年
11	参加安全标准、制度的识别、解读、细化	有效识别各类标准、制度的适应性、针对性，依照生产实际对标准制度进行分解细化，使标准制度更好地指导安全、生产	随时
12	进行安全知识授课	以实际行动引导全员学安全、讲安全，重视安全，积极鼓励员工成为安全培训师	1 次/年
13	个人承诺的履行	以身作则、带头实践，展示安全工作从自身开始这一理念	随时
14	在“安全生产大家谈”栏目中发表安全方面的署名文章	及时向全体员工展现自己的安全理念，以及对安全工作的积极态度	1 篇/年
15	及时奖励对 HSE 工作有贡献的员工，为安全文化推进提供充足的资金支持	鼓励员工参与安全工作的积极性，为全员参与氛围的形成提供强有力的资源保障	随时

（四）建立有感领导的评估和持续改进机制

油田公司建立了有感领导自评和员工调查问卷评估机制，每年审核时，对各单位有感领导进行自评情况的审核和由员工进行调查问卷，将结果纳入审核成绩。测评主要体现在以下几个方面：

（1）意识是否到位；

（2）是否将安全（HSE）文化理念融入其他业务管理系统；

（3）是否明确了安全管理职责，是否还在安排安全人员管安全；

（4）对相关标准的学习够不够，是否亲自培训员工；

（5）审核质量如何，是为了应付任务还是主动，是否有效沟通；

（6）是否主持安全会议；

（7）是否关注安全问题审核结果，是否制定整改计划；

（8）是否给予人、财、物的支持。

对培养有感领导有几个关键认识，一是有感领导必须始于主要领导，要自上而下推动，员工是无法培育有感领导氛围的，而作为安全人员，应当发挥积极的推动作用，善于做好领导的观念转变和动员工作。二是有感领导是对企业各级领导层的统一要求，仅仅主要领导做到还不够，必须通过主要领导的带动和压力传递，让其他分管领导都行动起来，形成不可逆转的有感领导氛围。三是做有感领导必须要付诸行动，不能停留在表面和口头上，要循序渐进地设计一些领导的个人行动计划。四是必须建立一套有感领导的评估考核机制，定期在员工中开展对领导层展示有感领导效果的评价（员工的感受是评判有感领导的唯一标准），并将评价结果与领导的业绩考核挂钩，表现好的及时激励，表现差的加以鞭策，通过实行由员工主导的公开公正和可量化的评估考核，促进有感领导起步并逐渐发展形成氛围。五是积极鼓励各级领导和员工互动氛围的形成，互相监督、互相带动，形成长期推动力，同时，在与员工的互动过程中，使各级领导逐渐认识到践行有感领导是一种责任、义务而且是非常有意义的一件事情，促进其由被动变为主动，由主动形成习惯。当做安全的有感领导成为各级领导的习惯时，自然就解决了领导的安全技能问题，也达到了“让员工感受到领导重视安全”的效果。六是实践有感领导其实没有固定模式，确实是方式多样，因人而异。只要充分认识到有感领导的意义和重要作用，从“听到、看到和感受到”的角度去体会和实践，总能找到适合自己的展示有感领导的最佳方法。

安全是责任　更是受益终生的事业

塔里木油田

我是1999年中国石油天然气股份有限公司上市的时候，由生产系统转入安全系统工作的。当时正是在塔里木油气勘探大上的关键时期，天然气的勘探场面越来越大，又整合了塔西南的炼油化工业务，安全风险陡然增大。自己虽然在开发生产单位从事过多年管理工作，但是对安全管理的认知程度还比较肤浅，因此当组织上突然安排我到安全处长这个新的岗位，感觉到压力很大。压力就是动力，我只有以加倍的努力和优异的工作业绩才能回报组织的信任。

之后的几年里，我在学习和实践过程中不断提升着自己的管理素质、丰富自己的安全管理知识，并且和同事们一起，不断摸索和实践安全（HSE）管理的新思路、新方法，推动油田安全管理一年一个台阶并取得积极成果。从2000—2004年连续五年未发生重大以上安全事故。但是，2005年中国石油塔里木油田公司（以下简称油田）第一年向西气东输管道供气，就发生了克拉中央处理厂闪爆事故，尽管最后的事故结论不是操作问题导致的，但是，造成了很大的政治和社会影响，自己也深深感到作为安全管理干部的巨大责任和压力，痛定思痛之后，自己总结我们的安全管理还不科学、不系统、不完善。要在前几年HSE管理的基础上，引进国际先进的安全管理理念和方法，使油田的安全管理更加科学，才能够适应油田快速发展的需要。于是，我用半年时间在思索和广泛调研之后向油田主要领导提出建议，应尽快与国际上安全文化做得好的杜邦公司合作，引进杜邦先进的安全管理理念和方法，结合我们自己的HSE管理实践，开展安全文化建设。在油田领导的果断决策下，在总部领导和主管部门的积极支持下，经过近五年的安全（HSE）文化建设实践，现在油田安全管理发生了质的变化，自己作为策划和推动者之一，全过程地参与了安全（HSE）文化建设工作，尽管这个过程很辛苦，工作量异常得大。但是，自己还是感觉到很欣慰、很有成就感。回顾这几年安全文化的实践，有以下几点感受：

一是作为安全人员，对安全工作的热情决定了所从事安全工作的影响力。企业安全管理面临的难题很多，而推进安全（HSE）文化，是对传统观念和习惯的巨大冲击，所以初期来自各方面的消极、抵触情绪很大。安全（HSE）文化建设初期，在推进有感领导、属地管理、落实直线责任的过程中，当时有很多人不理解，也有一些只强调各种客观，不抓落实的消极抵触情绪，其中有各级领导也有基层员工。作为曾经的生产系统直线领导，我很理解他们，但是必须要做工作转变这些观念。我们的解决之道就是用自己的热心、耐心、恒心加诚心去做各方面的转变工作。对领导，我就常找他汇报工作、谈想法、谈体会、陪同现场辅导，一次不行下次再来；对于职能处室，讲大局意识，讲工作衔接配合，少揽工作成绩，协商落实安全直线组织责任；对于基层员工，采用培训辅导、搭建参与平台和耐心沟通指导相结合的方法。我和我们安全系统这个团队，经常到生产一线基层与员工进行平等互动的沟通交流，释疑解惑、解决实际问题、鼓舞激励斗志，让员工感觉到安全文化建设是对员工有利的事。

始终坚信做好安全工作，实现自主管理是必由之路，达到团队管理是最高目标，安全不是靠监督出来的，必须使每一个领导和员工自己想明白、做明白才能够真正实现安全生产。我始终把这种信念传递给我的同行和各级领导及员工。我和周总、安总以及油田其他一些领导也经常与安全系统的人员进行类似的交流，要求安全人员自己不能没有信心或者流露出畏难情绪，相反要始终保持超强的责任心和工作热情，要有“明知山有虎、偏向虎山行”的迎难而上的精神，在安全工作领域发挥出感召力和影响力，去说服员工接受新的安全理念，去感染、影响和带动大家向着正确的方向努力。

在这种理想信念和工作激情的影响下，油田安全工作逐渐得到了各级领导和广大员工的认可，安全系统的地位和影响力与日俱增，安全（HSE）文化建设也得到广泛的理解、认同、支持和参与，氛围变得越来越好。在与承包商员工交流时多次听到这样的反映，他们说服务过很多甲方，但是很少看到像塔里木油田的甲方安全人员这样耐心地进行培训和沟通的。我想，承包商员工的这种感受，一定会影响到他们对油田安全管理的理解认同和他们自身的安全行为，他们所接触的只是油田安全管理队伍中的一员，但是，他们所说的事代表着油田安全管理队伍整体的工作状态。所以油田安全（HSE）文化能取得一点成绩，如果说安全人员在其中发挥了重要作用的话，那我认为，应当归功于一批对安全事业执著、敬业、务实又富有创新精神的安全人员，他们的贡献居功至伟。

二是安全人员应当不断加强学习，以适应角色职能的逐渐转变。油田的安全文化建设本身就是一个摸索实践的过程，没有经验借鉴也没有现成的专家。几年来，自己一直虚心地向杜邦老师学习、向基层员工学习、向兄弟单位学习，遇到问题不断研究解决。为了培育更多的安全（HSE）骨干，我向领导建议组建了油田安全文化工作站，自己和杜邦老师、油田的培训师手把手地带他们，因为他们都是从基层岗位抽调的生产、技术和管理人员，有较丰富的基层工作经验，经过一年左右的培训锻炼，他们需要再回到基层去实践运用，并且迅速发挥出引领带动作用。几年来我们自己的工作站已经培训出骨干近百名，已经有十几人被聘任到了基层管理岗位，成为了油田安全文化建设的专家。

我自己经常带着工作站的学员去基层实践和学习，在一次带队组织吊装作业标准专项审核时，邀请了一位来自基层的操作员工参加，别看他不太善于表达也很朴实，但是一到吊装作业现场他能就着现场把吊车存在的隐患和吊装作业过程中的违章查个清清楚楚，从中我不仅学到了知识也深受他那种钻研业务精神的感染。在基层我们经常被这样的员工感动，他们有认真负责的工作态度，他们有参与安全管理的热情，他们发挥聪明才智解决实际问题有很多创新，他们开展安全活动富有创意搞得有声有色。不仅如此，我们还经常从基层和员工的沟通中发现制度和管理上的缺失，这些来自基层的经验和智慧，帮助我们提高能力、改进管理。所以我们提出，随着安全（HSE）文化推进，安全人员要逐渐从执行角色过渡到咨询、指导和专业支持的角色，要成为领导的安全顾问和员工的安全教练，这对安全人员的能力提出了更高的要求。我们的知识和能力从哪里来？就是要从生产实践的过程和基层员工身上获取。

三是注重系统的工艺安全管理，全面提升油田的本质安全程度。工艺安全是本质安全的基础，也是安全文化建设的重点。从一开始自己就与杜邦专家就油田勘探开发、工程、炼化等业务的工艺安全管理进行了探索，在充分吸取以前工艺管理经验和事故教训的基础上，逐步制定完善了各项业务的工艺安全标准。自己向主要领导建议应从工艺安全管理组织、人员、工艺信息等基础工作入手逐步强化工艺安全管理。油田从 2006 年对所有新建项目全面开展 HAZOP 分析，把好工程设计阶段的安全关。又在基础单位成立了工艺安全室，在油田成立了油气工程研究院，全面负责钻、试、修井和采油气的工艺安全管理工作，同时负责培训油田各专业的工艺安全分析师，到基层实地开展工艺安全审核，帮助基层解决工艺安全管理存在的具体问题。通过几年的努力，油田的工艺安全管理从无到有，从不系统到逐步完善，使油田整体工艺安全管理得到了快速提升，一些生产装置已经由一年一修，改为两年一修，在取得良好的经济效益的同时，油田的本质安全程度得到了保障。

四是安全人员应当与时俱进，注重工作方法的创新。安全管理本身就是方法论和实践论，在实践过程中不断改进工作方法和管理手段。HSE 体系建设的关键在领导，油田的历任主要领导对安全（HSE）文化建设都高度重视，亲自领导。自己作为专职安全管理者，与高层领导始终保持每月至少一次的专题讨论，就安全（HSE）文化建设存在的问题进行研究，自己提出建议和意见，领导拍板决策，使油田的安全（HSE）文化始终朝着正确的方向发展。这几年的一个重要感受就是，安全（HSE）文化需要领导的亲自领导和重视，领导也需要专业安全管理者高度的责任心、事业心和正确的建议和实施方案，做好领导的参谋是专业安全管理者的责任和义务。

全员参与是安全文化建设的基础。说实在话，在开展安全（HSE）文化初期的时候，安全人员往往和部分员工是对立的，一些员工还是有“安全是为安全人员、为领导干的”的误解，这是与安全文化旨在培育自我约束、自我管理氛围的宗旨是相违背的。另一方面，基层员工作为操作者其实最了解安全风险和隐患在哪里，如果看见就躲，那我们可能就失去了改进安全管理的机会。因此，在后面的安全（HSE）文化建设实践中，运用沟通辅导帮助的手段，与员工打成一片成为可以交心的朋友，越来越受到受员工的欢迎。现在我们的安全团队主要做两件事，一是制定标准、宣贯辅导好标准的执行，每一项标准的出台都反复征求意见，或者是让基层起草，标准制度下发执行都预留了宣贯准备时间，充分保证员工在理解的基础上执行；二是以审核沟通代替检查，并不断针对出现的问题改进审核方式，使以审核促进理解、促进提高的目的性更强，效果更突出。至于安全标准制度的实施过程，明确责任主体、事故事件的调查等都已经是各单位、各级直线领导和属地主管在负责了，安全人员只是提供咨询、培训和指导。

每年开展安全管理现状审核评估定级，是在安全文化建设之初就向领导建议开展的一项常态化的工作，旨在抓好安全管理的过程控制，通过安全管理现状审核评估定级，逐步改变领导和员工的安全观念，提升安全意识，发现基层安全管理的偏差，固化好的安全习惯。通过连续几年的安全管理现状审核评估定级工作，使各级领导和员工对风险控制的效果关注越来越多，逐渐引导基层把重点放在对安全理念标准的理解和执行落实的效果上，不仅使 HSE 体系更靠实，而且深入的沟通还使我们透过违章和隐患这些表面现象发现了更多深层次管理的缺失，使体系的持续改进机制运作得更好。这种审核方式受到了领导和员工的普遍欢迎，认为这是务实的做法，是在确保实施效果的同时又在为基层着想，因此基层对审核定级工作的态度越来越开放，很多单位主动要求审核辅导。我和我的同行们现在最大的工作量就是到基层进行辅导。安全（HSE）文化建设帮助我们建立了系统的安全（HSE）管理思维，提升了安全队伍整体的管理素质，同时也使油田的安全业绩逐年提升。

开展安全建设的几年来我感觉到，安全工作确实不好干，安全人员也不好当，但是安全工作是一项企业受益、个人受益、家庭受益的高尚事业，安全人员是一个值得尊重、值得奉献终身的崇尚职业。这是我的感受，也是塔里木所有安全人员现在的感受。我想，我们拥有这样的一支队伍，是我们最宝贵的财富，有这样的队伍，我们一定能够做好 HSE 体系推进工作。

（孟国维）

落实直线责任和属地管理
强化全员安全责任意识

塔里木油田

安全文化理念中，有感领导和全员参与是两个关键推进动力。而如何确保安全责任的真正落实，还需要具体的工作方法。中国石油塔里木油田公司（以下简称塔里木油田）将直线领导、直线组织、属地管理作为落实安全责任的三个具体抓手。直线领导安全责任的落实及考核，强调安全是管理者的责任，各级管理者必须对业务范围内的安全负责；直线组织安全职责履行及考核，强调职能部门是全过程安全管理的重要环节，各级机关必须承担业务范围内的安全责任；属地管理强调基层是安全工作的出发点和落脚点，基层员工必须以确保自身及属地内人员的安全为己任。直线领导、直线组织、属地管理三个要素涵盖了企业的全体员工，既是一个完备的网络，又是一个有机的整体，将安全职责落实到每一项业务的各个环节，落实到企业的每一名员工，形成人人抓安全，人人负责安全的局面，通过全过程安全责任的落实，实现安全的全过程受控管理。

一、直线领导的安全责任落实及考核

（一）要素解读

1. 直线领导及其安全责任的落实

塔里木油田安全要素中“直线领导”即指各业务分管领导。如总经理、事业部经理、作业区经理，他们是各自单位人事、经营或者其他业务的分管领导；副总经理、事业部副经理、作业区副经理，他们是各自单位生产、物资或者其他业务的分管领导；油田公司总工程师、事业部总工程师、作业区总工程师，他们是各自单位工程项目、设计审查或其他业务的分管领导……值得注意的是，各单位的一把手，当他作为主管领导时承担属地主管的职责，只有当他分管本单位的具体业务时才能视其为直线领导。

“直线领导安全责任的落实及考核”就是将安全责任与分管业务一同赋予分管领导，体现在岗位职责中，并建立考核机制，确保安全责任得到落实。直线领导承担安全责任，不是狭隘地指承担安全事故的责任，而是指承担业务范围内工作的危害辨识、风险评估、风险控制责任，将安全标准、管理制度、行为规范等要求落实到业务范围内工作的各个环节中。

2. 落实直线领导安全责任的必要性

直线领导承担安全责任是安全管理责任的理性与科学回归。是各级管理者对业务范围的健康安全环境负责的具体体现，是对“谁主管，谁负责”这一管理原则的科学理解，也是对管理者业务能力的明确要求。由于对“谁主管，谁负责”的曲解，在以往的管理实践中没有将安全职责赋予直线领导，而是赋予了“主管安全”的安全人员，导致安全与生产、安全与经营两张皮的现象，甚至出现安全管理人员与生产、经营管理人员对立的情况，这源于将安全与业务剥离的错误理解。安全不是一项额外的业务，它是生产、经营等每一项业务的重要组成部分，是每一项业务开展的前提，它本身和每一项业务息息相关。不能将安全与业务分离管理，更不能将其与业务对立。

（二）推进方法

1. 落实直线领导的安全责任，首先梳理安全责任

落实责任，必须首先明确责任。塔里木油田根据直线领导的业务范围，首先明确了各级直线领导的安全责任。如某事业部领导班子分工如下表述：副经理负责事业部生产组织、物资管理，分管生产办公室、物资办公室；总工程师负责事业部工程项目管理，分管地面工程部。从分工中可以梳理出副经理的业务范围为生产组织、物资管理，总工程师的业务范围为工程项目管理。

根据业务职责找到对应的安全职责，这是梳理直线领导安全职责的关键。如塔里木油田规定了工程项目全生命周期各阶段 PHA 的要求，负责工程项目的总工程师负有工程项目的工作职责，根据油田的安全标准、管理制度、行为规范等要求，总工程师对应的职责就有组织详细的工艺安全分析，审核最终工艺安全报告等。

值得注意的是，业务职责与安全职责需充分结合，并清晰列入岗位说明书。同时企业的各级一把手在分工时要认真梳理，既要防止出现业务空白，导致部分责任无人承担，也要防止业务交叉，导致推诿扯皮。

2. 明确安全责任，确定直线领导的安全知识及技能要求

塔里木油田明确直线领导负有包括提供资源、签发安全工作许可、事故调查、审批变更、亲自参加安全活动等职责。这就要求直线领导要熟悉与业务相关的安全标准、管理制度、行为规范，要了解标准制度的目的和原则，防止执行僵化；要指导标准制度在业务中的执行，将要求落实到具体的行动；要能辅导下属正确理解标准和制度；能够结合业务实际落实、完善、提升标准，这是安全知识技能要求的基础。

直线领导要清楚分管业务的安全风险和控制措施，这是安全知识技能的核心。直线领导承担安全责任的目的不是简单地承担事故责任，而是要承担识别风险、控制风险的责任。根据定期或环境变化实施的危害辨识与风险评价，明确当前风险控制措施的适用性，及时采取措施，实现预警安全，将风险控制在许可阈值之下。

直线领导要清楚分管业务的安全管理现状及其改进方向。要亲自参加管理现状评估，清楚存在的问题，制定改进的措施。根据实地走动管理获得的第一手资料与上款风险的认知，主动实施持续改进，实现前瞻性安全管理。

3. 建立科学合理的考核沟通机制，确保安全责任落实

塔里木油田通过开展以下几项活动来确保直线领导安全责任的落实：

（1）建立安全述职机制。直线领导每半年要向上级领导汇报安全管理情况。有的单位还要在职代会上做安全述职，由职工评议安全履职情况。

（2）建立量化考核机制。直线领导的业绩要与分管的业务和分管的部门业绩挂钩。在

塔里木油田，有的单位规定，业绩奖金的50%作为安全奖金，直线领导安全奖金的高低取决于分管业务和分管部门审核定级的结果。以此建立并维护绩效考核、激励机制，提高承担安全管理责任的自觉性与主人翁态度。

（3）建立定期沟通机制。建立上下沟通机制，对上要汇报安全现状，提出需要上级协调解决的问题；对下要定期沟通安全表现，要培训下属改进安全管理。要对下属进行安全综合能力评估，通过辅导、培训，提高其承担安全管理责任的能力。

4. 根据业务变化，及时调整完善安全责任

根据快速发展的业务和授权的变化，塔里木油田适时更新 RACI 表，完善安全管理责任，并根据变更及认识的变化，确定是否引入了新的风险，重新开始新的岗位职责分化和落实考核周期。

（三）问题及对策

1. 认为安全责任应该由安全人员承担

问题：片面理解“谁主管、谁负责”，既然有管安全的领导，安全上的事情就该由管安全的领导负责。

对策：对于这种情况，需要加强培训，可以通过一个事故事件分析入手，找出事故事件发生的根本原因，进而指出控制因素需要的资源。这些资源基本都是直线领导控制的，因而直线领导要对安全负责。

2. 认为承担安全责任就是对事故负责

问题：认为直线领导对安全负责就是出了事故后承担责任。

对策：关口前移，变结果管理为过程管理。以危害识别、风险评估、风险控制为抓手，开发实用的工具和方法，变承担安全事故的责任为抓具体的控制风险的事情。

3. 不知道该如何落实安全职责

问题：知道要事前预防，但不知道该从何入手。

对策：按照如下步骤，业务授权——RACI 表确定工作职责——查找每一项工作对应的安全标准、制度和行为规范——确定具体的安全职责——学习掌握相应的安全知识技能——履行安全职责——持续改进。

二、直线组织的安全职责履行及考核

（一）要素解读

1. 直线组织及其安全职责履行和考核

塔里木油田安全要素中的“直线组织”即指组织中的职能部门，这是针对塔里木油田的组织结构提出具有塔里木特色的要素。塔里木油田的直线组织特指油田公司机关各处室，如人事处、生产运行处、勘探开发部、质量安全环保处等；事业部机关科室，如生产办、物资办、装备科、地面工程部等；作业区机关各科室，如调度室、工艺安全室、工程技术室等。

“直线组织的安全职责履行及考核”是指各职能部门要承担与其所管理的业务相关的安全责任，并建立考核机制，确保安全职责得到落实。直线组织履行安全职责不是由直线组织

来承担安全事故的责任，而是履行与直线组织相关的业务环节的风险识别和控制措施，强调的是“过程控制”。如承包商安全管理，这些业务分为六个环节，其中四个环节涉及直线组织。资质认定分别由企管法规处和质量安全环保处负责，合同准备和招议标、合同签订由企管法规处和二级单位的经营科负责，培训、现场管理由组织单位或属地单位负责。如果承包商由于资质不符导致能力不济或 HSE 资源无法保证，而由组织单位或属地单位承担安全职责显然是不合理的，而且也是无法有效保障的。再如质量保证，设计选型由规划计划处和二级单位地面工程部负责，采购和监造由物资采办部门负责，安装验收由基建工程处负责，最终的运行维护由属地单位负责。如果一台设备选型不当或制造质量有隐患而导致无法正常运行，要求属地单位保证其正常运行显然无法实现。

2. 直线组织安全职责履行及考核的必要性

安全是每个员工的责任，管业务的同时必须管安全。塔里木油田业务涵盖勘探开发、炼油化工、后勤保障等环节，业务链长。单一的直线式组织结构不能满足要求，因而实行直线职能式结构。

在塔里木油田，职能部门承担了部分重要的执行职能，理应承担相应的安全职责。如制定并维护标准、承包商选择、工艺安全分析组织、物资设备采购等。为使职能部门的安全管理责任得到充分的发挥，特设立直线组织安全职责履行及考核要素。塔里木油田直线组织的安全职责强调的是“为整个组织负责”，各机关职能部门通过制定和维护控制标准与管理程序，向下做到咨询、辅导、支持、审核，实现过程控制，向上应建立问题反馈机制，及时将不能处理解决的问题向直线领导反馈。

组织即人。落实直线组织的安全职责，必须将组织的职责分解到组织内的每一个人。考核直线组织安全职责的履行，也必须考核到每一个人。组织的领导作为单位的代表，不仅要对本单位员工的安全负责，还要为员工履行组织安全职责的过程和结果负责。

（二）推进方法

推进直线组织履行安全职责，需要明确各职能部门的安全职责，将职责细分到组织内的每一位员工，评估职能部门员工的履职能力，建立职责落实考核机制，根据业务变化或机构调整及时更新职责。

1. 明确各职能部门的安全职责，做到职责归位

塔里木油田运用 RACI 表工具，根据各直线组织的业务范围梳理出相应的安全职责。由委员会组织讨论，确保各直线组织对安全职责的理解一致，防止推诿扯皮。并以文件和职责描述形式明确各直线组织的安全职责，做到具有可操作性，便于考核，无管理盲点。并要求直线组织的负责人清楚本部门承担的安全职责，运用 RACI 表将部门的安全职责分解到部门员工。

2. 明确直线组织员工的安全知识和技能要求

塔里木油田开展广泛的安全能力评估，确保直线组织员工要掌握与业务相关的标准、制度、行为规范，能指导下级直线组织工作；根据职责分工和部门员工的个人能力评估结果，建立各职能部门的岗位技能与培训需求矩阵，制订培训计划，并严格落实，持续提高部门员工的安全管理能力。要求直线组织及时分析业务领域影响安全管理的问题，制订并落实相应

的措施；对下级直线组织反映的问题进行及时处理和结果反馈；采取多种形式促进机关与基层的互动，保持信息的及时沟通。

3. 建立考核沟通机制

塔里木油田从两个层面对直线组织进行考核。一是对组织本身的考核，将直线组织纳入安全管理现状审核，依据上级或第三方审核评估结果，及时纠正直线组织在履行安全职责过程中的偏差；二是组织内对员工的考核，根据岗位职责内容，细化考核细则，并严格兑现。

（三）问题及对策

1. 安全职责不清，或者存在职责空白

问题：不知道该承担什么职责。

对策：按照权责对等的原则，根据 RACI 表梳理职责，每一项工作只能有一个 A，将有 A 的职责确定为该直线组织的职责。由委员会组织讨论，确保每一个直线组织都认同，防止出现推诿扯皮。

2. 直线组织的安全履行难以考核

问题：指标不科学，同级和上级的考核难以执行。目前，事业部和作业区级的直线组织已经纳入定级审核的范围，但油田公司机关等直线组织还没有纳入审核定级。

对策：引入第三方审核，制定量化的、可操作性强的考核指标。参照二级单位审核定级清单，适时将油田公司机关纳入审核定级的范围，将结果作为兑现业绩奖金的依据之一。

三、安全属地管理的落实及考核

（一）要素解读

1. 安全属地管理

属地，即工作管辖范围，可以是工作区域、管理的实物资产和具体的工作任务（项目），也可以是授予的权利和责任范围。其特点是有明确的范围界限、具体的管理对象、清晰的标准和要求。在塔里木油田，属地包括作业区、处理站、车间、泵房等区域；装置、机泵、采油气树、车辆、办公桌、电脑等资产；办公室、办公室区域等职能；高风险作业、新装置投产等具体工作任务。

属地主管，即属地的直接管理者。在塔里木油田，属地主管包括油田公司总经理、事业部经理、作业区经理、站队长、班组长、基层员工等，他们管辖着具体的区域、资产和工作任务，是区域安全生产的第一责任人。还包括职能部门工作人员，他们是办公室、办公用品的属地主管。

属地管理，即对属地内的管理对象按标准和要求进行组织、协调、管理和控制。

安全属地管理，就是通过属地划分和安全职责的追踪考核，将安全职责落实到各个具体的岗位，应用一定的工具、方法，消除、削减、控制属地内的安全风险，确保自身和其属地区域的人员（包括承包商员工和访客）安全。

2. 为什么要实施安全属地管理

安全属地管理是安全文化建设的出发点。一切依靠人是安全文化建设的手段，推动安全文化建设的核心是领导承诺和全员参与，离开了人，安全文化建设就无从开始。安全属地管理通过属地划分和职责落实，将安全落实到每一个人和每一件事，营造安全管理全员负责的氛围和构架，消除安全管理和责任的“盲点”，实现安全管理内容无缺陷，安全管理职责无缺陷。

安全属地管理是安全文化建设的落脚点。一切为了人是安全文化建设的目的，体现对人的尊重首先是对人生命和健康的尊重。安全属地管理要求每一位经理、站队长、班组长都确保自身及其属地内其他人员（包括承包商和访客）的安全，这是对安全核心价值最好的体现。

安全属地管理是落实直线组织安全职责的载体。属地具备将物、人的行为、管理行为时空化的特点，为直线组织安全职责的落实提供具体的载体，任何要素和标准的落实归根结底都是在属地内完成的，安全属地管理作为一种安全意识形态贯彻整个安全管理系统的所有要素。

（二）推进措施

1. 清晰的属地划分是落实属地安全责任的前提

塔里木油田在安全文化推进初期就认真分析研究作业流程，根据作业流程的特点进行属地划分，即按照区域、职能和风险的不同，精确划分属地，确保无管理空白。梳理属地内的主要工作，按照 RACI 表要求，将每一项工作分配给具体的岗位。属地划分宜由大到小逐级进行，最终要将具体的事和物落实到具体的人。如作业区是作业区经理的属地、作业区内的处理厂是处理站站长的属地，处理站内的某一台设备是操作员工的属地。

2. 权责对等是属地安全责任落实的关键

权利是保证责任落实的工具，如果不能赋予属地主管相应的权利，不仅将严重挫伤属地主管管理的积极性，属地的安全也无法得到保证。

运用 RACI 表工具，由大到小确定各级属地主管的岗位职责，形成正式的岗位描述表，作为人事考核的依据。依据岗位职责理清要履行的安全职责，重点是查阅相关的标准、制度、规范，安全管理人员要为职责梳理提供支持和咨询。依据安全职责明确属地主管的权利，如入场管理、施工管理、作业票审批等。每一位属地主管都清楚自己的权责。管理层应对属地管理权得到尊重的程度进行调研，制定持续改进措施。

3. 能岗匹配

能岗匹配是落实属地安全职责的基础，把不合格的人员放在岗位上是管理的失职和对员工的谋杀。所有属地管理的职责最终都必须落实到岗位，由岗位人员去执行，不能将属地管理与日常管理分离。

依据岗位描述制定中的属地管理职责制定岗位技能与培训需求矩阵，根据矩阵组织能力评估，根据评估结果制订培训计划，结合个人培训计划制定本单位的培训计划，依据单位培训计划组织培训资源，培训结束后要及时再评估，确保履行岗位职责所需的技能达到要求。要形成评估—培训—再评估—再培训的机制，不仅要保证新员工的能力提升，还要防止老员工的能力下降。制定技能与培训需求矩阵要有前瞻性，要提前储备企业发展需要的技能和人员，要提高员工适应变化的能力。要对关键人员实施变更管理，确保那些在工艺区域工作的操作人员、维护和技术人员能够保持经验和知识的最低水平。

4. 考核沟通

没有考核的责任等于没有责任。只有进行考核才能衡量属地管理责、权、利的合理性，推进管理能力和水平的持续提升。考核的目的是促进属地主管改善安全管理，要重过程、轻结果，重沟通、轻检查。不能将属地管理职责与事故责任追究画等号，所有事故责任的追究应依据事故调查分析的结果。

塔里木油田制定属地管理职责考评的方法及可量化指标，将属地管理职责考评纳入员工业绩考核。各属地制定月度、季度、年度考核指标，并将考核结果及时公布，做到公平、公正、公开，发挥正向激励作用。制定属地管理落实状况的审核清单，并实施审核，依据第一方、第二方及第三方审核评估结果，及时纠正属地管理存在的偏差。要开展经常性的安全观察与沟通，定期与员工沟通其安全表现，让员工清楚自己的安全表现及其改进方向。

5. 动态管理

如果总是以以往的方式做事，那往往将得到和过去一样的结果。不断地变化是唯一不变的真理，管理的要诀是适应变化而不是防止变化。

当机构调整、流程变化时，要重新划分属地；当工作内容或工作环境发生变化时，要更新 RACI 表和岗位职责；当人员发生变更时，要及时组织评估和培训，确保新人适应新岗位的要求；要根据岗位作息时间特点，对属地主管实行动态管理，确保安全属地管理受控；要了解法律法规、标准制度的变化，及时更新管理制度和操作规程；要根据日常观察与沟通和审核定级发现的问题，不断改进和完善，建立自我修复机制，推进管理的持续提升。

6. 属地管理的主要内容

保证自身及在其所管辖区域内的工作人员、承包商、访客的安全；组织开展有效的危害识别和风险管理，实现无责任生产事故运行；通过行为安全审核、工作安全分析等方法，实现安全生产；对所管辖区域发生的事故和事件进行分析和经验分享；对在所管辖区域内作业的承包商进行培训、监管、审核、评估；属地主管能对在其属地区域内的作业人员的行为给予主动干预。

其中，作业区经理需要通过填写和确认承包商工作表现评估考核表，完成对承包商的总体工作安全表现评估。

站队长需要审核签署安全工作许可证和特种作业许可证，确保管辖区域的各种非常规工作按照油田相关安全标准进行；组织实施对承包商员工的入场培训、考核，确保承包商员工了解作业区域内的危害和安全规定；通过填写和确认承包商工作表现评估考核表，完成对承包商日常工作安全表现的评估；通过制定落实下属岗位人员的培训和发展计划，确保员工的知识技能水平能够满足工作需要。

员工需要通过安全审核、工作许可证安全措施的复查等对承包商进行监督管理，确保安全措施和安全管理规定的落实；对管辖区域的工艺设备进行巡检，发现异常情况，及时进行应对处理并报告高一级主管。

（三）问题及对策

1. 属地划分不清楚，有多个属地主管

问题：同一区域同时有多个作业者，如处理厂既有运行单位，也有维护单位。同一台设备有多个操作者，既有工艺工程师，也有设备工程师、仪表工程师。

对策：按照谁使用、谁负责的原则，处理厂为运行人员的属地，维护人员以承包商身份出现，当在处理厂维护维修装置和设备时，必须要征得运行人员的同意，办理相关手续。设备在线运行或维修时，运行人员为属地主管，但当维护人员将故障设备移出处理厂，运到维修车间修理时，维护人员为属地主管。

2. 属地内进行的操作超出属地主管的职责描述

问题：属地内进行的临时操作已超出属地主管的职责描述，如油气井维修。

对策：实行属地临时移交。油气井正常生产时，生产单位人员承担属地主管，但当油气井故障需要维修时，生产单位要划定维修区域，实施上锁挂签测试，办理正式的属地临时移交手续，将油气井移交给修井单位。

3. 属地主管的权利得不到尊重

问题：直线领导或上一级属地主管认为属地主管是自己的下属，不应该听他的。

对策：加强培训，引导直线领导和上级属地主管转变观念，适应角色转变。就像中国共产党的管理，总书记管理全党，但任何一位党的领导都要编入支部，在支部里他也只是一名普通党员，接受支部书记的领导。

4. 属地主管业务过于繁杂

问题：基础属地主管承担过多的工作，尤其是站队长，导致工作开展受阻，或者被迫流于形式。

对策：根据风险大小将部分工作授权给下属。但是授权不授责，属地主管在授权时，一定要确认被授权人有能力履行职责，还要定期检查，确认被授权人按照授权的要求开展工作，一旦发生偏移，必须立即终止授权。

推进机构在培育安全文化中的作用

塔里木油田

中国石油塔里木油田公司（以下简称塔里木油田）从2006年开始与杜邦合作，在经历了理念植入、策划实施、持续推进几个阶段之后，初步建立了塔里木特色的安全文化体系，探索实践了推进体系建设的工具和方法，锻炼培养了HSE管理队伍，提升了HSE体系整体运行质量，为持续深化HSE体系建设积累了经验。在这个过程中，各级HSE体系推进机构付出了辛苦和努力，发挥了重要作用，同时也实现了队伍整体素质和工作作风的转变和提升。

一、认真分析形势现状，把握HSE发展的关键转折

回顾塔里木油田HSE体系的发展之路，公司质量安全环保处在几个重要的时间节点上审时度势、抓住了机会、掌握了主动。一个时间节点是在1997年中国石油天然气集团公司引进HSE体系之初，积极主动申请开展试点，于2000年率先建立HSE体系，扭转了事故多发的趋势，实现了油田健康、安全、环境管理由粗放无序到体系管理的转变。第二个时间节点是2006年，在认真分析2005年克拉2事故和塔中823井喷事故的教训后，我们认为HSE体系运行的效果没有充分发挥，主要还是因为过分依赖严格监管而缺乏自觉执行的基础，还没有形成长效机制因此需要持续深化。而安全文化重在培育员工自我约束、自我管理的意识和素养，能够对症下药解决问题，是对HSE体系管理的有益补充，可以作为持续深化HSE体系的努力方向。同时也客观分析了塔里木油田建设安全文化所具备的优势：一是经过多年的HSE体系建设，员工对健康安全有了思想认识上的基础；二是员工队伍年轻文化程度高，容易接受新生事物，受传统习惯的束缚较少；三是组织结构简单，员工总量、基层单位及施工队伍总量少，容易整体推进。最重要的是，在集团公司党组的长期关怀培养下，油田历届领导班子对履行好央企三大责任有强烈的使命感，始终将HSE工作作为转变油田发展方式的重要抓手，对HSE工作一贯重视并始终致力于改善。因此，尽管我们预料到在安全文化建设过程中将会遇到观念变革、习惯更迭带来的巨大冲击，但是仍然坚决地踏上了安全文化建设之路。现在看这一决策是正确的，但在当时做出这样的决策确实需要勇气和魄力。第三个时间节点是2010年，通过引进消化吸收杜邦安全理念和管理工具，并且摸索和实践了三年之后，我们认识到必须结合企情、国情，发展自己的特色，保证能够传承方能形成文化。于是总结提炼了安全文化的3大系统27个要素，开始走上建设塔里木特色安全文化建设之路。正是基于对各个阶段HSE管理现状、形势、任务的清晰分析和准确把握，集中了安全管理人员的智慧，才使得我们在HSE发展的关键时刻做出了正确的抉择。

二、精心策划，稳步实施，实现有策略的推进

在塔里木油田的安全文化建设过程中，推进机构始终是重要的策划者和推动者，针对安全文化发展的不同阶段，精心策划和实施了针对性的推进策略，确保了稳步实施。一是提出了安全文化建设就是“转变安全观念、培养安全习惯、提高安全能力”的过程，并将这一指导思想贯彻始终，把握住了推进的总体方向。二是在初期开展了自上而下大规模的理念植入培训和宣传造势活动，起到了立竿见影的效果，为安全文化建设营造了良好的开局氛围。尽管转变观念的形式载体以及活动还有很多，但前期的大规模宣传造势对提振信心决心的效果极为显著。三是优先推出并严格执行高危作业标准以及上锁挂签和安全工作许可制度，不仅有效杜绝了重大事故的发生，而且在员工中产生震动，为后续各项措施的推进落实创造了稳定的环境。四是始终将有感领导作为增强推进力的抓手，提出了“让员工听到领导强调安全、看到领导实践安全、感受到领导真正重视安全”的实践准则，以制定落实个人安全行动计划为主线，坚持先易后难、循序渐进、注重实效的原则，从亲自主持安全会议、带头做安全经验分享、遵守劳保穿戴规定、乘车系安全带、开展行为安全审核等简单易行的事情做起，逐渐推进各级领导能够亲自汇报安全工作、亲自进行安全培训、亲自组织调查事故以及逐级督导下属的安全职责履行，在不断深入实践的过程中促进践行有感领导成为习惯。实践也表明，通过推进有感领导，逐渐形成了“动车效应”，即不仅车头有动力，而且作为员工的每一节车厢都产生了动力，相互推动，使安全文化建设这辆动车组前进的速度越来越快。五是注重先进理念和管理工具的普及推广，以实际行动落实过程管理的理念。比如，制定鼓励政策并且采取措施，切实促进主动报告事故事件氛围的形成，同时普及安全经验分享活动，从中汲取经验教训，努力让事故隐患消除在萌芽状态；通过落实直线责任、属地管理，强化全员责任意识，使遵章守纪成为习惯，减少了违章操作风险；建立岗位技能矩阵，开展有针对性的安全培训，提高全员的安全技能，使员工有能力做到安全；落实工作安全分析和工艺安全分析制度，锻炼员工的风险识别和控制能力；普及行为安全审核，让每一个人都成为义务安全员，及时发现和消除各类违章和隐患，等等。通过这些管理手段，推进安全管理的关口前移、重心下移，保障了过程风险的受控。六是一方面注重员工责任意识的培养，另一方面将安全管理绩效和单位的考核挂钩，开展了针对基层单位的审核定级；将员工的安全表现与绩效工资以及个人发展等切身利益挂钩，建立了全员安全绩效考核体系，开展了安全履职能力评估等。正负激励并举加大力度，确保了激励约束机制发挥作用。七是始终以风险控制为核心强化本质安全能力。在风险的源头控制方面，重点推广 HAZOP 分析，保证设计质量。在装置运行过程中，全面落实工艺安全十个要素的管理要求。在作业过程风险受控方面，推广工作安全分析，严格作业许可制度，实施安全目视化和上锁挂签，使作业安全环境得到大幅改善。八是致力于健全完善持续改进机制。推进机构每年组织一次逐个站队的审核定级，检查标准制度的理解和执行落实情况，同时边审核边辅导。审核由第三方机构进行，保证公平性；每年针对现状和推进工作的重点适当调整审核清单，在审核前进行反复培训和模拟，对审核方式大幅改进，引领基层关注标准制度理解执行的效果、关注风险控制、关注闭环管理，而不是文件资料记录，确保审核重点突出、审核方式得到广泛认可，实现持续改进的目的。

三、不断加强自身素质建设，提高服务基层水平

安全文化的根基是落实直线责任、属地管理和实现职责归位，在这个大背景下，各级HSE 推进机构面临管理手段和方式的转变，以及由执行主体到服务咨询和监督角色的转换。但这不意味着对安全人员的素质要求可以降低，而是恰恰相反，要求安全人员必须具备参谋策划、释疑解惑和传授技能的能力。在塔里木的安全文化建设实践中，从以下几个方面加强了推进机构的能力建设，并切实推进职能转换和服务水平的提高。一是抓住两头放中间，即安全人员负责组织制定安全标准制度和宣贯，负责标准制度执行落实情况的审核和考核，而将标准制度的执行主体落实到各级直线领导和属地主管，始终贯彻直线负责、属地管理的原则。二是促进管理手段的创新，逐渐以审核辅导代替监督检查，以引导鼓励和正向激励代替单纯的处罚，提高与基层和员工的沟通能力，把工作重点放在如何发现管理缺陷和如何改进上而不仅仅是放在考核上。三是做好辅导推进和服务基层工作，开展了大量针对安全人员的管理技能提升培训，要求各级安全人员吃透掌握安全理念标准，深入基层进行走动式培训辅导，帮助和启发基层解决实际问题，坚定基层对安全文化建设的决心和信心，让安全人员成为受基层欢迎的人。四是做到了解现状、思路清晰，不断提高参谋策划水平。各级推进机构都会定期统计分析安全数据、通报情况、提出建议，以供领导层决策下一步工作方向，如通报个人安全行动计划完成情况、开展有感领导问卷调查和现状调查、进行事故原因统计分析、通报审核发现分布情况等，时刻把握住安全文化建设的优势和短板领域，实现推进策略的步步有的放矢。五是谋划长远，积极培养安全文化建设骨干。成立了安全文化工作站，为油田和基层轮训安全文化建设骨干，并逐渐过渡到以培养基层直线领导和生产技术骨干为主，为安全文化长期战略的实施储备人才。六是形成了安全队伍的更新退出机制。通过对生产、安全关键岗位人员进行培训、评估和优胜劣汰，吸引优秀人才进入安全管理队伍，保持安全人员提升自身素质的压力，以促进安全人员更好地履行职责。

全面覆盖　划分属地　落实责任

西南油气田重庆天然气净化总厂

中国石油西南油气田公司重庆天然气净化总厂（以下简称净化总厂）总部位于重庆市长寿区，下辖8个分厂，主要从事含硫天然气净化处理工作，同时还担负着为中国石油在哈萨克斯坦、土库曼斯坦阿姆河右岸天然气处理厂提供人才和技术支撑的任务。其下属长寿分厂位于长寿区渡舟镇，设计天然气净化量每天400万米^3，由工艺装置、辅助生产装置、公用工程三大部分组成，具有易燃易爆、高温高压、有毒有害等安全风险。长寿分厂于1998年3月投料生产，已连续安全生产4300余天。

净化总厂针对8个分厂地域分布高度分散的特点，为确保安全责任层层落实，使岗位员工做到“我的岗位我负责”，将属地管理作为HSE管理体系推进的重要工具方法，并选择长寿分厂（以下简称分厂）进行试点实施。借此机会，以下主要介绍长寿分厂（以下简称分厂）推行属地管理的主要做法。

一、落实属地管理，明确属地职责

（一）属地的划分

针对净化装置工艺复杂、设备种类繁多、专业工种存在交叉作业等特点，总厂HSE管理体系推进领导小组多次组织分厂、工段和班组员工讨论，集思广益，采取征求意见、召开座谈会、与员工沟通交流等形式，反复讨论研究、多次修改实施方案，经过3个多月的认识、实践、再认识、再实践，形成了天然气净化专业“四个原则”、“三个层次”、“三种方式”的“433”属地划分与管理模式。

四个原则：一是保证每位员工都有自己的属地；二是实现所有区域都有属地主管；三是确保每台设备、每次作业都有属地主管；四是确保每个时段都有属地主管。

三个层次：即分厂级、工段级、岗位级三个层次。一是长寿分厂整体为一个属地，属地主管为分厂主要领导；二是工段、办公室所管辖区域为各自属地，属地主管为工段长和办公室负责人；三是工段或办公室将管辖区域划分为多块属地，并将属地落实到每个员工，实现全面覆盖。

三种方式：一是按工作区域进行划分，主要针对基层员工，各单位将本单位的管辖区域分片区落实具体责任人，如净化工段就是按工作区域划分；二是按资产（设备/管线）划分，主要针对直接作业（使用）人员，各单位将本单位的管辖设备、设施、管线、仪表等落实到具体的责任人，如维修工段就是按资产划分；三是按职能权限划分，主要针对各级管理人员，如办公室人员就是按业务管理范围划分。

最初划分属地，落实属地职责，部分员工不理解，甚至一些班组长也不理解，比如，净化工段生产二班锅炉房副班长是一名老同志，他认为工作干得好好的，何必要划分属地，增加班组管理矛盾，当时持有这种观点的员工还不少。为此，净化总厂把转变观念、使广大干部员工正确认识实施属地管理的意义放在首位，通过培训和召集员工代表座谈、沟通、辩论等方式，明确属地管理的作用。对最基层员工，将“家”的观点引入属地，属地就好比自己的家，每个人对自己属地的关注和管理就应像关心自己的家一样，这是工作的职责。对工段长、班组长这样的基层管理者，实施属地管理可以减轻他们的安全压力，以前没人干的活，总是落到他们自己头上，实施属地管理后，每个人都有自己的属地，自己的属地自己负责，管理人员的压力自然减轻不少。通过大力宣贯属地管理理念，使干部、员工对属地管理实现了从不适应、不接受、存在排斥心理，到逐步接受、执行，再到主动开展属地管理的转变。

天然气净化装置工艺复杂，涉及多个专业。比如，脱硫单元有大量的动静设备、连接管线、仪器仪表、电气线路。在正常生产过程中，仅靠某一个人无法对该区域内实施全面有效的管理，同时采用单一的按工作区域方式划分属地，又不能解决不同专业工种工作交叉的问题。为此，将按工作区域划分和按资产（设备/管线）划分相结合，将净化装置按工作区域划分给净化工段，净化员工对属地有巡检，监督的职责；同时，又将净化装置内的动设备、仪表、电气按资产划分为维修工段的属地，维修员工对属地设备设施有维护、保养的职责。

天然气净化装置，按计划定期要进行大检修。检修期间，不但有设备、仪表、电气等专业检修作业队伍进入现场，平时从事生产操作的操作员工也要承担检修项目，参与检修。多年来，在净化装置大修中，逐步形成了“三个界面、两个过程、一个闭环”的管理模式，即“正常生产—检修—正常生产”三个界面，“正常生产到检修、检修后恢复生产”两个过程，“全过程受控管理”的一个闭环。因此，正常生产期间的属地管理划分方式，已不能完全满足检修期间的属地管理需要。同时，去年分厂回收装置适应性改造工程，是按项目管理的独立施工工程，施工作业期间，分厂主体装置正常生产，净化工段无法对改造工程施工区域内的属地进行管理。针对这些特殊时段，结合实际，对装置按计划检修施工、技术改造期间的属地进行了详细划分，不同的承包商，如参检单位、施工单位都有不同的属地范围。

对于厂区外的配套公用设施，如高压电线、供水管网、通信线路、放空火炬，由于管理界面模糊，是管理的薄弱环节，这次也对其进行了属地划分，确保属地划分不留盲区死角。

通过以上属地划分，把分厂作为一个“家”共划分属地 77 个：其中分厂级属地 1 个、工段及办公室属地 7 个、基层员工个人属地 69 个。其中员工属地包括 33 个区域，如装置区、中控室、综合楼、配电室、停车场、食堂、巡检区域、作业区域以及设备设施、工器具、办公用品等，对每个属地依据岗位细划落实到每位员工。

（二）落实属地管理职责

1. 明确属地职责，建立属地管理卡

属地划分完成后，为了让属地主管知道如何管理属地，在自己的属地内自己该干什么，承担什么责任，履行什么义务，通过广泛征求意见，与员工座谈，反复研究、讨论，多次修改，最终明确了四个主要方面的属地职责：一是负责本属地人员（包括自己、同事、承包商员工和访客）的安全；二是负责本属地设备设施的完好；三是负责本属地作业过程的安全；四是负责本属地工作环境的整洁。据此，结合每个属地的实际，细化了属地职责，在分厂建立了属地管理卡77个、设备管理卡42个。为推动职责归位，把岗位职责和属地职责融为一体，做到事事有人管、人人有专责，管理过程不空位、不越位、不错位。

2. 开展属地管理能力培训

为提高员工属地管理能力，更好地履行属地职责，采用集中培训、分级培训、“请进来、走出去”培训等多种方式开展了大规模培训，并利用标语、宣传卡片、板报、橱窗、网络以及主题签名等载体广泛宣传。一是通过属地划分、属地职责培训，让员工完全清楚自己的属地区域，以及应履行哪些属地管理职责；二是通过岗位技术培训，提高员工技术素质和操作技能，保证安全；三是坚持全员参与风险识别，每年修订危险源及环境因素清单，让每位员工自己识别身边的危害因素，紧急情况下能正确应对；四是开展工作循环分析，让员工亲自参与，既验证了操作规程、岗位操作卡的符合性，又对员工进行了操作规程的培训。

3. 属地管理目视化

对划分出的属地，按照区域、人员、设备、工器具四个方面进行目视化管理。特别是区域目视化中，将属地管理卡、设备管理卡等“按岗划区，挂牌明示”，注明属地区域名称、负责的设备设施、属地主管及职责，悬挂在各属地区域的显眼位置，使员工一目了然，更加清楚自己岗位所管辖的范围和职责。通过目视化，使各属地场地干净整洁、工具箱标牌清晰、各类工具摆放有序，促进了安全管理更加简捷有效。

4. 赋予员工属地管理的权利

按照中国石油西南油气田公司要求，大力实施停止作业（STOP）卡和事故隐患报告奖励制度，切实赋予员工属地管理的权利。对分厂所有员工和参与分厂施工作业的承包商，经培训合格后，颁发西南油气田公司总经理亲自签发的“停止作业（STOP）卡”，由公司总经理授予员工对本属地范围内不安全行为和不安全作业实施停止作业的权利，并对发现人员给予奖励。同时，对报告非本岗位或本岗位非本人责任不落实的事故隐患，按照分级管理原则进行奖励。2011年3月，一辆外来硫黄运输车辆进厂，停在硫黄库房区域等待上货，这辆车有点轻微漏油，硫黄成型区域属地主管段鸿发现后，立即出示“停止作业（STOP）卡”，要求驾驶员将车辆开出厂去，修好后才允许进来。2011年以来，分厂已使用停止作业卡纠正了1520多起“低老坏”现象，控制了340余个安全隐患。

5. 领导干部带头履行属地职责

分厂领导班子认真践行有感领导，带头履行属地职责，班子成员每天至少2次到生产现场进行巡检，重点检查员工属地履职情况、装置生产状况和员工思想动态。装置检维修等施工作业期间，净化总厂、分厂、车间相应领导干部必须到现场。分厂设置了“领导干部巡检牌”，对每天上班的厂领导挂牌公示，未上班的要备注说明，主动接受员工监督，员工有权对未按规定巡检或未到现场的领导进行举报，建立了领导干部和员工履行属地职责的互相督促和约束机制。

（三）属地管理的考核

为了将属地管理进一步落到实处，配套出台了《属地管理实施细则》，按照“我的属地我负责”的原则，坚持每个月以属地为单元进行监督检查，检查结果以书面形式告知属地主管，督促其整改，并对整改情况进行追溯，坚持奖优罚劣、奖勤罚懒、精神鼓励和物质奖励相结合的方式，激励员工认真落实属地责任，抓好属地管理，不断提高属地主管的执行力。

二、实施属地管理取得的主要成效

安全意识持续提升。全员的安全意识明显加强，属地管理的思路更加清晰，属地主管从以往的被管理者转变为管理者。通过强化属地管理，员工改变了原有工作懒散、被动的工作作风，增强了安全管理的主动性，逐步树立“属地是我家、我的家我管理我负责”的理念，敢说敢做、敢纠正违章的员工增多了，不安全行为的员工减少了，2010 年以来分厂“三违”行为同比下降 33%，“全员负责”的安全氛围正在逐步形成。

责任压力层层传递。属地管理有效地解决了责任压力在传递过程中层层衰减的问题，以往员工会认为很多工作是班组长的事，遇到问题就把责任推诿到别人，置身事外。实施属地管理后，为每名员工分配了管辖的属地，并配套以严格的考核，有效促进了员工自觉履行属地职责。

属地职责更加明确。实施属地管理，使员工更加明确了职责，对“我的属地我负责”的认知度空前高涨，员工主动整理场地、保持设备设施卫生、保持整洁美观的积极性得到了极大提高，职责落实有力促进了现场作业的逐步规范，对进入属地的人员自觉进行全程监护，营造了“事事有人管、人人有事做”的氛围。

风险控制能力不断提高。属地主管通过主动参与岗位风险识别与评价、安全观察与沟通、安全经验分享和“轮值安全员”等活动，对隐患识别和风险控制的责任落实更加明确。通过主动对辖区进行巡检，施工作业现场、装置设备设施、工器具的日常管理变得可控、受控，使属地岗位更加安全。开展属地管理以来，工厂“一人一岗、一罐一塔、一管一阀”均处于受控状态，每一块“属地”的安全保障了生产装置安、稳、长、满、优运行。

切实落实直线责任
严格高风险作业许可管理

西南油气田

HSE 管理体系推进工作三大系统建设包括：制度标准系统、培训系统、绩效考核系统，其中制度标准系统以建立 HSE 管理标准规范、明确各级各部门 HSE 管理职责、实现责任归位为重点，成为体系推进工作的重中之重。

从中国石油天然气集团公司（以下简称集团公司）和中国石油西南油气田公司（以下简称公司）近年发生的事故看，大部分事故都是发生在危险作业、高风险作业过程中，主要原因是危害识别和风险控制措施不到位。由于 HSE 管理体系的核心是危害因素识别及风险控制，因此公司在体系推进中强化高风险作业管理，并和 HSE 制度标准系统建设紧密结合，建立完善高风险作业许可管理制度，按照“管工作必须管安全”的原则，将高风险作业的各项管理要求落实在制度里，明确在职责中，确保各级 HSE 职责归位，并通过抓落实直线责任确保高风险作业受控。

一年多来，通过完善制度标准系统，落实了职责归位；通过细化 HSE 职责，突出了管工作必须管安全的具体要求；以落实作业许可管理制度为重点，通过制度规范了行为；通过强力培训，转变观念，公司员工特别是各级领导干部的观念有了明显转变，机关部门“管工作管安全”、基层员工“我的属地我负责，你的安全我有责”等安全文化氛围日渐浓厚，推动了领导干部对 HSE 工作由重视向重实转变、职能部门由被动参与向主动负责转变、基层员工由岗位操作者向属地管理者转变。

一、开展高风险作业清理，强化风险受控管理

公司业务处室对分管范围内的高风险作业和危险作业进行了清理，组织各二级单位清理排查出风险作业 150 项，编制下发《风险作业管理目录》，涉及采油气工艺、天然气集输、工程技术、炼化净化、土建工程、工艺安装、钢结构制造安装、电气工程、通信工程、防腐与保温共 10 个专业，并实行分级审批管理。其中 A 类 23 项：公司管理审批；B 类 59 项：二级单位管理审批；C 类 68 项：三级单位管理审批（表 1）。

表 1　风险作业的分级及分布

审批分级	钻井	试油	采油气工艺	油气集输	地面建设	销售	设备管理	炼化	天然气净化	电气工程	其他	合计
A 类	2	1	8	4	3	—	—	1	1	1	2	23
B 类	1	1	10	18	7	2	5	2	3	3	7	59
C 类	—	—	1	22	—	10	4	3	14	4	10	68

按照落实直线责任的要求，公司开发部组织完成了采油工艺油气井修井作业、酸化（压裂）施工作业、放喷测试作业、连续油管井下作业等几项主要高风险作业的工艺安全分析，下发工艺安全分析表，基本涵盖了现有采油气工艺措施作业的主要工作，通过具体工作和精细管理，力求把每项工艺安全风险降到最低。对 19 项天然气净化风险作业，利用 JSA 工具进行了集中分析，并下发天然气净化专业风险作业项目工作前安全分析模板。

为确保油气田地面工程建设风险作业过程安全受控，地面建设部制定下发了《西南油气田分公司油气田地面工程建设风险作业安全管理实施细则（试行）》，明确了地面建设工程风险作业目录、分级管理和风险控制要求。

各处（部）室对《风险作业管理目录》实行动态管理，对生产作业过程中出现的新的风险作业，按照“专业系统、作业名称、作业内容、详细风险、主要危害、审批部门、审批权限、相关制度”等八个方面的内容进行分析评估，并及时对《风险作业管理目录》进行补充完善。

二、完善制度标准，落实直线责任，实现职责归位

公司落实直线责任工作紧紧围绕体系推进三大系统建设，将完善制度标准系统作为落实直线责任的前提工作。自公司开展体系推进工作以来，对所有生产作业制度、管理流程、操作规程进行了清理，查找流程缺漏、职责重叠、内容交叉等问题。根据清理结果和集团公司制度框架，制定了公司的 HSE 制度框架和制度建设计划。

图 1　HSE 制度框架

公司在进行制度建设过程中，对照集团公司 HSE 制度标准，运用、融合了先进的 HSE 管理理念、方法，并按照业务归口、直线管理原则以及落实谁主管工作谁管安全要求，分别由业务归口管理部门牵头制定和修订了各自业务范围内的管理制度，并将各级各部门履行直线责任的具体要求、各级各部门在高风险作业管理过程中的职责和要求在制度中予以明确。公司的 HSE 制度框架包括三部分（图 1）：管理手册，是 HSE 管理体系的纲领性文件，规定了 HSE 的方针目标和职责；64 个程序文件，由 16 个管理部门归口管理；476 个作业文件，由 27 个管理部门归口管理。

三、细化 HSE 管理职责，明确管工作必须管安全的具体要求

HSE 管理职责是岗位职责的补充、细化和延伸，是落实管工作必须管安全的具体要求。公司将细化完善 HSE 职责作为制度标准系统建设的重要任务，将推进 HSE 先进管理的工具、方法和理念融入其中，分层、分级对 HSE 管理职责进行了细化和完善，保证了“管工作必须管安全”的要求落到实处。

公司首先完成了对 HSE 委员会以及下设的 8 个专业委员会、公司领导和机关处室 HSE 管理职责的调整，明确落实直线责任的具体要求。为避免各部门在修订完善 HSE 管理职责时出现推诿、故意回避本部门应该承担的职责等现象，在修订过程中由体系推进项目组与各处室一起修订，修订时主要根据各处室业务职责和落实管工作必须管安全的要求，修订后的 HSE 职责落实了部门的 9 项职责，经公司 HSE 管理委员会审议通过后颁布实施。新颁布的职责突出：

（1）负责分管业务范围内的 HSE 管理工作。

（2）负责本部门业务范围内的 HSE 管理规章制度、技术标准和操作规程的制定执行和监督检查。

（3）负责本部门业务范围内的工艺安全和行为安全管理工作。

（4）负责本部门业务范围内的健康、安全、环境风险管理。

（5）负责本部门业务范围内的设备设施完整性管理、承包商 HSE 监督管理。

（6）负责本部门岗位 HSE 管理职责描述与绩效考核。

（7）负责本部门业务范围内应急管理工作。

各二级单位参照公司发布的 HSE 职责和修订做法分别对各自的专业委员会、单位领导和机关部室的 HSE 职责进行修订。

为了实现全员落实 HSE 职责，对于基层单位按照推行属地管理的要求，提升基层员工的安全执行力，将 HSE 职责和属地管理职责进行有机融合。自体系推进以来，公司在 324 个生产现场推行了属地管理，以开展属地培训、制定属地职责、划分属地区域、开展属地目视化和属地职责履职的监督考核为重点，将 HSE 管理职责有效地落实到了基层岗位。初步实现了从 HSE 管理的“参与者”转变为 HSE 管理的“责任人”；从“岗位操作者”转变为“属地管理者”；从“全员参与”转变为“全员负责”，在生产经营和各项工作中主动履行 HSE 管理的主体责任。

通过 HSE 职责修订完善和细化，进一步理顺管理职责，明确了各级领导和各职能部门对分管业务范围的 HSE 直线责任、安全部门的 HSE 综合管理责任、监督部门的 HSE 监督责任，构建起“谁管工作，谁管安全”的直线管理责任体系（图 2）。

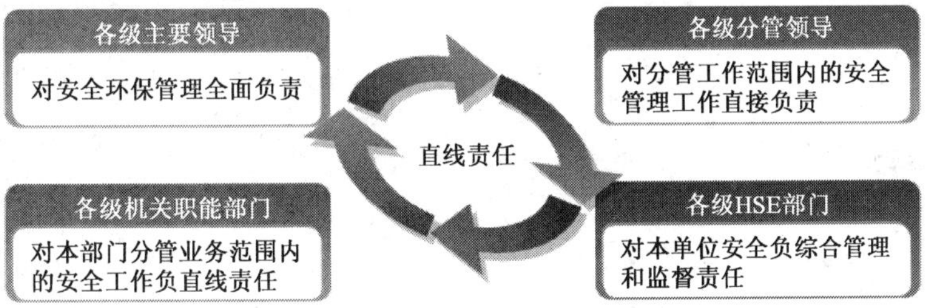

图 2　直线管理责任体系

四、采取切实措施，严格责任制落实和考核，确保风险作业受控

由于公司将风险作业的各项管理要求在职责、制度中予以了明确，如规定凡纳入公司《风险作业管理目录》和《危险作业管理目录》的作业项目，均要实行作业许可管理。所有

风险危险作业必须按照规定开展工作前安全分析，各单位、各处（部）室必须强化风险作业全过程监督管理，确保许可管理的各项措施得到有效落实。对生产作业过程中出现的新的风险作业，要及时进行分析评估，并纳入风险作业管理目录。HSE 监督中心要开展作业许可专项检查，检查情况在生产会上定期通报，各单位、各处（部）室也应将作业许可管理作为监督检查的重点内容，监督检查结果作为各级组织 HSE 业绩考核的依据。因此在体系推进过程中，改变了以往主要通过抓现场来抓风险作业管理的做法，通过既抓现场又抓部门职责落实来强化风险管理，并收到了比较好的效果。

双向述职促交流　上下合力保安全
——探索践行“有感领导”新途径

西南油气田重庆气矿

自2010年初以来，重庆气矿作为中国石油西南油气田公司推进HSE管理体系建设首批试点单位之一，根据公司的总体安排和部署，始终坚持HSE体系推进工作与日常管理、生产受控、基层建设相融合，积极探索践行“有感领导”新途径，创新推出了领导干部安全生产“双向述职”新模式，有效畅通了信息渠道、密切了干群关系、增强了工作合力并促进了安全生产。

一、坚持“向上述职”，全面掌控“下情”

重庆气矿所辖川东气田地跨川渝24个县（区市），勘探开发面积达2.87万平方公里，管理的400多个场站和4000多公里管线点多、面广、线长，安全与生产的风险和压力随着发展的加快而不断增加。然而，如何才能全面掌握一线安全生产实情、实现受控管理？长期以来，重庆气矿将坚持开展领导干部安全生产述职作为其主要途径之一，为全面掌握一线安全生产实情提供了一个良好的平台。在述职制度上，气矿每年持续修订完善《重庆气矿安全生产述职实施细则》，先后制定下发了《安全生产述职报告分类模板》、《安全生产述职分类实施表》、《安全生产述职报告审核关系表》和《安全生产述职问题整改回执单》，切实理顺和规范安全生产述职的程序和内容，要求各级领导干部在每季度末按时、逐级提交安全生产述职报告。在述职内容上，重点向上级直线领导汇报本单位、本岗位安全生产工作开展情况，取得的典型经验和先进做法，针对安全生产工作提出有关建议意见和改进措施；在述职考核上，气矿发布了《安全生产述职评比细则》，分别明确了“一票否决”项和日常考核评比项目及对应权重，并将其纳入各级领导过程考核和年度HSE绩效考核范畴。仅以今年一季度为例，气矿共收到各级安全生产述职报告334份，副股级以上干部按时提交率为100%，共反映问题和隐患7571个，提出建议措施632条，及时整改率达到了100%。

二、创新“向下述职”，及时传递“上情”

在持续推进HSE管理体系建设的过程中，重庆气矿坚持开展体系运行质量评估工作，评估发现以往的安全生产述职工作，在一定程度上容易存在“对上不对下”、“有反映无反馈”等缺陷，可能致使一些安全环保隐患或问题得不到及时解决的“短板”问题出现。针对这一实际，重庆气矿着力在如何有效践行“有感领导”和“直线责任”上功夫，对安全生产述职制度进行了改革和创新。2011年4月，几经酝酿后制定出台了以副股级以上干部为主体的安全生产“双向述职”制度，将述职渠道由“单向”改为“双向”，以及时传递“上情”和全面掌握“下情”。

新制度较以往不同的是，要求副股级以上干部在坚持开展“向上述职”的基础上，定期和不定期地向直线下级通报本人践行“有感领导”和落实“直线责任”所开展的具体工作和主要成效。在述职形式上，主要采取“书面”与“口头”、“集中”与“分散”相结合的方式开展：“书面述职”，即定期将各级领导干部的安全生产述职报告进行上网公示和纸质文件印发直线下级；“集中述职”，即利用召开各类会议和举办专业培训等时机，由各级领导干部向广大员工进行安全生产述职；“口头述职”与“分散述职”，则主要利用“安全联系检查”、安全生产“三进三同”活动为载体，由各级领导干部与一线员工在生产现场进行“面对面”述职并听取员工意见。在述职内容上，由各级领导干部向广大员工通报本单位安全生产目标、指标完成情况，本单位、岗位《HSE 责任书》、《HSE 管理体系推进计划》、《个人安全行动计划》的落实情况，广泛听取员工关于安全生产的建议和意见，共同研究探讨持续推进 HSE 管理体系建设的好点子、好做法和好措施。自 4 月中旬以来，气矿各级领导干部通过积极开展“向下述职”，共收集到一线员工关于安全生产的建议或意见 853 条，其中有 58 条得到了气矿的采纳和实施，及时消除安全隐患 64 个。

新制度推行两个多月以来的实践证明，此举切实深化和丰富了领导干部践行“有感领导”的内涵，赢得了广大一线员工的普遍赞誉，其成效初步显现，安全工作的影响力明显增强，有效调动了广大员工的积极性和主动性，让员工感知到安全生产的重要性，感受到领导做好安全的示范性，感悟到自身做好安全的必要性。安全工作的示范力明显增强，有效促进了领导干部认真践行“有感领导”和落实“直线责任”，切实带动岗位员工更好地开展“属地管理”。安全工作的执行力明显增强，有效形成了上下齐抓安全工作的合力，建立起良好的相互沟通、监督和反馈机制，实现了安全生产述职的闭环管理，有助于持续提升基层的 HSE 管理水平。

兼职安全员筑起安全施工的首道屏障

大庆石化化建公司

为了提高安全施工的即时性和全程性，增强安全管理的预防和控制能力，减少并杜绝违章情况出现，中国石油大庆石化公司化建公司（以下简称化建公司）采取了兼职安全员进行过程管理的方式，以此筑起现场安全的首道屏障。

一、方式介绍

对于现场施工的每个作业小组，赋予小组长兼职安全员职责，即检查并落实现场作业安全措施，随时监督作业范围内操作人员的行为，及时提醒并纠正违章现象，确保安全管理全程受控。同时，兼职安全员也具有相应的权力和利益，即对作业范围内操作人员的管理权和考核权，对违章行为的制止权，对安全措施的检查确认权。另外，增加奖金系数0.1，对发现隐患并避免事故发生的人员给予嘉奖。

对兼职安全员的选用，主要考察“三关”。首先是思想关，要具有责任心，对工作严细认真、勤勤恳恳；其次是业务关，不仅要精通自身工种技术，而且要掌握安全技术和常识、规范，具有辨别违章的能力；第三就是管理关，适当了解管理学知识，敢于管理，善于管理，针对小组成员的实际情况，采取相应的管理技巧和沟通方式解决问题。

对兼职安全员的日常管理，主要抓好培训教育关和沟通交流关。通过培训教育，进一步提高其思想认识程度和业务管理水平，确保思想到位、业务到位和管理到位；通过沟通交流，进一步了解其思想动态和管理难题，及时掌握，及时解决，增强工作的积极性和处理问题的能力。

通过兼职安全员的任用，确保作业风险和作业行为可以全程受控，从而起到坚强屏障的作用。

二、应用效果

在卧龙管带安装施工期间，化建公司采用了兼职安全员的方式，取得了较好的效果，得到了大庆石化公司安全管理部门的认可。

一是现场安全防护措施到位并随时有人管理。包括设置生命线、踩踏板和上下梯子，高处动火作业使用接火盆，配备消防器材和灭火工具，临时电缆绝缘防护，吊车作业支腿和警戒，确保安全生产工作时刻受控。

二是人员违章行为大大减少。通过兼职安全员的提醒、监督和管理，使作业人员的安全防范意识得以增强，违章行为得到及时制止，员工出现不安全行为的概率大大降低。

三是最基层管理人员的素质进一步增强。作为兼职安全员的小组长，是最基层的管理者，通过其思想水平、管理能力和安全业务知识的丰富，带动了公司整体安全管理水平的提高，为减少违章和杜绝违章增加了筹码、积蓄了能量。

通过兼职安全员管理模式的实践，为现场安全施工筑起了首道屏障，发挥了明显作用，公司将继续探索现场安全管理的新方式，为安全发展助力。

开展“值日安全员”活动　提高全员安全意识

大庆石化化工二厂

中国石油大庆石化公司化工二厂是安全生产难度较大、风险较高的生产厂之一，多年来的生产实践表明搞好安全生产，人是关键，人最重要，要想实现安全生产，必须建立一支想安全、会安全、能安全的高素质员工队伍。为了切实把员工组织动员起来，使全厂的每一名员工都能主动参与到企业安全生产管理全过程，厂“安康杯”竞赛组委会经深入基层，广泛调研，于2004年10月份全面推行了“值日安全员”活动，在班组设立“值日安全员”角色，让员工轮流担当安全员。通过角色互换，达到了“全员参与、全员教育、全员提高、全员安全”的目的，真正实现了员工从“要我安全”到“我要安全”的转变，推动了全厂安全工作的深入开展。

一、主要做法

（一）建立工作程序

“值日安全员”活动，就是除班委会成员外，让班组的每一名员工轮流担任值日安全员。其职责是既要做好本职工作，又要协助班长抓好班组的安全管理和监督检查。其工作程序是：

（1）提前了解情况。按轮流表确定的当值员工，在当班之日需提前到岗，对装置进行全面检查，接受上一班工作情况交底并查阅相关安全记录，向车间管理人员了解本班次安全工作的重点，并归纳出本班次安全工作的内容。

（2）接班布置工作。在接班会上，“值日安全员”要站在班委会成员队列中，与班组员工面对面，对本班安全工作进行安排布置，讲清本班安全工作重点，强调工作注意事项。

（3）班中走动管理。工作中，“值日安全员”要定时对装置进行全面巡检，对重点防范部位进行督察，及时发现隐患并纠正违章现象，解决不了的情况及时向班长或车间管理人员汇报。

（4）班后总结讲评。在交班会上，对本班次的安全工作进行讲评，发现不足。之后，由班长和车间领导对“值日安全员”的工作进行评价。

（二）规范考核管理

自2005年以来，在取得一定活动经验的基础上，进一步采取规范措施，把“值日安全员”活动不断引向深入。

一是统一制作下发“值日安全员”袖标，印制了《值日安全员日志》并规范了日志的记录和管理。

二是将“值日安全员”活动纳入全厂经济责任制考核体系，进一步明确了值日安全员的职责和义务。

三是定期对班组“值日安全员”进行培训，组织开展“安全生产技能运动会”、“我当值日安全员的一天”经验交流和《值日安全员日志》展评等活动，使“值日安全员”的工作方法、工作经验、自身素质不断得到加强和提高。

二、取得的效果

班组“值日安全员”活动在我厂开展 6 年多来，其在保障安全生产、营造安全氛围、提高员工安全素质等方面的作用和效果越来越明显，对我厂的安全生产工作起到了积极的促进作用。

（一）换位思考，促进了员工对安全工作的重视

开展“值日安全员”活动，让一线员工“客串”一下管理岗位，赋予他们管理者的职能，通过“亲自实践”和“换位思考”，使他们真正体会到了管理工作的不易，消除了误解和摩擦，端正了工作态度，促使员工做任何工作、干任何事情都把安全放在首位。过去常常是领导要求怎么做，员工就怎么做，员工就像观众席上的听众，被动参与。让员工担任值日安全员、从事管理角色后，怎样抓安全、怎样消除事故隐患，需要他们自己去动脑筋想办法，角色的转换使他们对安全工作的重要性有了更深刻的理解。据统计，活动开展以来，全厂共有 44300 多人次担任过值日安全员。

（二）角色变化，增强了员工监督安全的责任意识

过去，员工监督制止管辖区域内的违章行为，被监督人常常恶语相加，一般需要通知车间管理人员，由管理人员出面制止。尤其在生产车间与“三修”车间人员之间，时有摩擦和矛盾发生。开展“值日安全员”活动，员工都担当过这种角色后，对“值日安全员”的工作深有体会和理解。因此，无论谁作为被管理的对象，都能够主动接受批评、自觉服从。同时，员工在行使“值日安全员”职权时，都有一种神圣感和责任感，他们觉得抓安全工作名正言顺，也就敢抓敢管，责任心和主动性明显增强。一次，在丁辛醇车间检修现场，正在检查工作的公司领导因着装有不规范的地方，车间当值安全员当场指出并要求改正。自 2004 年以来，全厂班组值日安全员共纠正各种违章行为 647 人次，做预防安全的事 435 件，提出安全管理“金点子”356 个，有 223 人（次）被评为优秀值日安全员。

（三）广泛参与，发挥了员工对企业安全生产的保障作用

“值日安全员”活动作为我厂安全管理“三级检查制”、“员工多岗联动不间断巡检”等特色管理方法和其他日常安全生产管理手段的有益补充，因其群众性和广泛性的特点，大量安全生产隐患被及时发现排除，成为保障我厂安全生产的一道可靠防线。2004 年 12 月 15 日，丁辛醇车间值日安全员吕某在巡检时听到碳洗塔有气体泄漏的声音，他立即拿来一氧化碳分析仪，测得碳洗塔阀门处有大量有毒的合成气漏出，扒开保温发现阀体破裂，由于处理及时，避免了一起火灾爆炸事故。自活动开展以来，全厂值日安全员共发现或避免一般性事故隐患 341 起，排除重大事故险情 20 多次，有力地保证了生产安全，有 81 人次被评为避免事故之星。《工人日报》曾于 2007 年报道了我们的经验和做法。

三、几点体会

由于紧紧围绕安全生产，坚持以“班组值日安全员”活动为载体，积极组织和发动全厂广大员工，掀起全员安全生产的总动员，把“班组值日安全员”活动搭建成一个提高员工素质的平台、一个保障安全生产的平台，从而使全员参与、全员教育、全员提高、全员安全真正成为全体员工的共同行动。

（1）“值日安全员”活动，有助于引导员工自觉钻研与自己岗位相关的工艺流程、操作远程和安全规程。员工担任值日安全员，需要做好整个班组的安全监督管理，过去只熟悉本岗位的生产工艺、操作规程和安全规程已经满足不了现在的工作要求，促使其必须向学习掌握其他岗位的知识延伸，实现从“一岗精”向“多岗能”方向转变，不断提高自身的综合素质。

（2）“值日安全员”活动，有助于员工自觉遵守安全纪律，实现从“要我安全”到“我要安全”的转变。过去抓安全，往往是领导层一个劲地往员工头脑里灌输安全意识、制定安全制度、提出安全要求。然而，这些安全意识、制度和要求却很少能真正有效地变为员工的自觉行动。这种员工被动参与的结果，导致企业的安全生产往往处于被动局面。究其原因，是企业在安全工作中没有找到一个让员工更能接受的好方法。开展“值日安全员”活动，让每位员工轮流当“值日安全员”，通过切身体会，使员工真正意识到安全工作的重要性，对安全工作有了更深刻的理解，会收到事半功倍的效果。

（3）“值日安全员”活动，有助于群众性安全生产监督检查作用的充分发挥。相信群众、依靠群众共同搞好安全生产，作为值日安全员活动的宗旨，有效激活了员工安全意识的原动力和安全生产的执行力。

（4）“值日安全员”活动，有助于从企业的最基层开始，形成一个安全责任共负、安全风险共担、安全成果共享的安全工作局面。“值日安全员”活动，作为我厂在安全生产中组织群众、发动群众的有效形式和载体，把安全部门的定期安全检查转变为群众性的时时刻刻的自我约束，把安全工作真正扎根于基层、扎根于群众，把无形的工作转化成为有形的成果，使我们真正找到了开启安全生产的“金钥匙”——一线员工在参与企业管理过程中找到了责任感和成就感，而管理者则从认真负责的员工身上，找到了实现安全生产的信心。

践行有感领导　强化直线责任
稳步推进 HSE 体系建设

宁夏石化

中国石油宁夏石化公司（以下简称宁夏石化公司）把有感领导作为体系建设最直接、最根本的推动力。公司领导从关心人的生命角度出发，带领全员参与，在保证资源的前提下，通过带头履行安全职责，模范遵守安全规定，以自己的言行展现对安全的重视。让员工真正看到、听到和感到领导在关心员工安全，在高标准地践行安全，进而影响和带动全体员工自觉执行安全规章制度，在宁夏石化形成了良好的安全管理氛围。

一、转变观念是培养有感领导和落实直线责任的基础

安全管理关键在于领导的重视和直接负责。领导的安全理念不转变，HSE 体系建设就容易穿新鞋走老路。在 HSE 管理改进初期，宁夏石化首先组织公司领导及各级直线领导进行先进安全管理理念的宣贯，使各级领导牢固树立“一切事故都是可以预防和避免的”、“各级管理层对各自的安全直接负责”、“各级主管必须进行安全检查”等理念。几年来坚持对公司领导及各直线领导进行每周一题的安全培训，仅 2011 年就先后组织中高层领导培训 23 期，1500 余人次参加培训；同时，各级领导主动利用班子会、安全工作座谈会等形式互相进行学习交流，统一思想，达成安全管理改进的共识。通过持续宣贯培训，转变了领导安全管理理念、提高了领导安全技能，为体系推进营造良好文化氛围，为各级领导落实安全责任奠定了良好的基础。

二、完善制度是践行有感领导和落实直线责任的前提

为深入贯彻有感领导和直线责任，落实各级领导的安全管理职责，公司修订完善了《领导承诺与有感领导管理程序》、《领导干部个人安全行动计划管理办法》、《属地管理实施办法》等程序和制度，并根据管理处室的职能，采用 RACI 表的方法将 HSE 职责进行明确和分工，理顺了各部门的管理流程，如宣传部门负责安全宣传工作，企管部门牵头组织开展安全规章制度的完善工作。通过制度的完善，为一级对一级负责，为安全管理责任落实到各级直线提供了制度保障。

三、领导带头是推动全员参与、齐抓共管的关键

领导干部的安全感召力和安全领导力培养是推动全员参与的关键。让员工听到领导强调安全、看到领导实践安全、感受到领导重视安全，以各级领导的有感行动，带动全员积极参

与。安全管理关键在于领导的重视和直接负责，最高领导者要时刻牢记安全理念，树立坚定的信心和决心。

一是抓好“七个带头”。即带头制定落实个人行动计划，带头学习宣贯 HSE 制度和理念，带头开展安全经验分享，带头接受安全教育，带头参加安全活动，带头讲授安全课程，带头进行安全观察与沟通，带头识别危害控制风险。

二是强化一把手的示范作用。一把手的认识程度决定 HSE 体系推进的深度。一把手率先垂范，亲历亲为，可以影响和转变员工在安全管理过程中的行为表现。公司总经理把安全工作放在主抓工作的首位，亲自培训，亲自参与安全观察与沟通，亲自组织 HSE 委员会的运作，逢会讲安全，事事论安全，在安全政策制定、安全投入保障、安全管理资源整合上发挥重要作用。

三是强化有感责任落实。每年度分层次进行领导干部安全述职，从领导到员工逐级签订 HSE 责任书，履行 HSE 个人承诺。将 HSE 管理要求直接融入到企业生产经营各项流程，形成了“管工作必须管安全”的责任流程和理念。正是公司领导率先垂范作表率，直线领导垂直负责强推行，职能部门不打折扣抓落实，使得安全管理的压力层层传递，形成巨大的管理改进推动力。

四是领导承诺带动全员主动参与个人承诺。各级领导通过不择不扣履行 HSE 职责，带动全体员工制定并签署个人 HSE 承诺。通过将 HSE 责任书的签订与岗位安全责任制等有效结合，确保员工对自己的安全行为负责，同时也时刻提醒员工以安全的行为做事，养成安全的习惯，引导员工形成正确的安全价值观。

四、明确职责、落实责任是安全管理职责归位的关键

针对上下级各职能部门之间的多头管理阻碍了直线管理的问题，对各级职能部门的 HSE 管理进行职责归位。公司坚持从领导层面、管理层面、操作层面狠抓责任落实，将 HSE 管理要求直接融入企业生产经营各项流程，把安全责任、安全压力细分到各个管理层级和岗位，在企业内部建立起了一级抓一级、一级对一级负责、分层次管理、层层抓落实的安全生产责任体系，完成了从全员参与到全员责任的转化，形成了“我要安全”的良好氛围。

明确单位属地、岗位属地、检修属地的划分和职责梳理，属地责任的落实，有力地促进了现场作业的逐步规范，控制了作业过程中可能出现的风险，实现“我的属地我负责，我的安全我来管”的全员责任体系。

生产部门积极组织开展在役装置基准工艺危害分析（PHA）、500 万吨炼油新建项目的 PHA 和启用前安全审查（PSSR）工作，先后组织工作循环检查（JCA）、操作规程（OP）要素的专项辅导和审核。各部门直线领导负责下属员工培训需求矩阵的识别和维护，培训下属是管理者和主管的日常工作和基本职责，结合岗位职责和员工的培训需求，为员工量身定做岗位技能与培训需求矩阵和员工个人培训需求计划。通过统一培训教材、规范培训流程、评估培训效果等方式方法来提高培训的针对性和有效性，确保上岗操作的员工都是合格的。

机动设备部门有效开展机械完整性和质量保证（MIQA）工作。结合集团公司设备管理规范，下发《机械完整性指南》和《质量保证手册》，加强设备的变更管理和预防性检维修

工作，并把专项审核作为常态化的工作，每月开展一个主题审核，对起重机械、压力容器、厂内生产专用机动车辆、安全阀、转动设备等进行排查，持续跟踪问题的整改，消除隐患。通过实施 MIQA，对设备生命周期进行全过程的质量控制，保障了设备本质安全。直线组织安全职责的有效落实推动了 HSE 体系建设向纵深发展。

五、强化 HSE 绩效管理是落实有感领导和直线责任的根本保障

HSE 绩效管理不是简单、孤立地通过把考核与员工的薪酬福利捆绑在一起去追究相关责任，而是激励全员参与安全管理和有效落实有感领导和直线责任的根本保障。科学的绩效体系与 HSE 体系同步执行、长期坚持，才能从根本上转变旧的习惯，变成员工的自觉行动。将安全管理作为重要组成部分，引入绩效体系中，并借助科学的指标设定，保证具体化操作。

一是明确绩效指标。坚决杜绝大而化小、小而化了的模糊描述，力求细分到最小、最具体的过程标准，通过安全观察与沟通完成率、无故缺席委员会会议、没有开展安全经验分享等领导干部经济责任考核细则，对领导干部进一步严格约束，促进有感领导的更好落实，发挥干部的表率作用。

二是采用多种方式激励。每年公司总经理都与各分管副总经理、各部门领导分别签订业绩合同和《安全环保目标责任书》，将个人安全行动计划、行为安全审核等有感方式全部形成制度纳入业绩考核，直线领导对其下属的 HSE 绩效负有责任。

三是严格兑现。公司每年组织两次 HSE 管理提升审核，对各级领导的 HSE 职责履行情况及安全环保目标、个人行动计划完成情况等指标进行硬兑现，对安全业绩完成不好的领导进行谈话。

践行有感领导　培育安全文化

中油燃料油

中油燃料油股份有限公司（以下简称燃料油公司）是一家集资源进口、生产加工、仓储中转、系统内炼油小产品统销、沥青产品研发为一体的实体型企业，是中国石油所属的从事沥青燃料油生产销售业务的专业化公司。燃料油公司下设4厂5库6个大区销售公司1个办事处和1家参股炼油企业。公司年原油进口量千万吨以上，年加工能力1150万吨，仓储能力550万吨，具备年中转各类油品2000万吨以上的能力。6家区域销售公司负责公司所属炼厂及中国石油系统内23家炼厂炼油小产品统销，销售网络覆盖全国。

一、落实有感领导是建立企业安全文化的前提条件

作为一个“点多、线长、面广”且生产经营类型多元化的企业，燃料油公司始终将建立安全管理长效机制作为确保公司各项生产经营管理工作稳健、高效开展的首要任务和必要条件。长效机制的建立其核心就在于形成一种习惯、进而上升为一种文化、一种精神。而一个企业要形成安全文化，也是与公司主要管理者的意识行为、管理理念密切相关的。如果说意识决定行为，行为反应态度，那么有感领导正是企业管理者安全意识与行为的集中表现，是企业构建安全文化的前提条件。

燃料油公司从总经理到基层管理者都非常注重有感领导的落实，通过以身作则的良好个人安全行为，使员工时刻感知到安全生产的重要性，感受到领导做好安全的示范性，感悟到自身做好安全的必要性。

二、一把手带头，推行有感领导

安全是天字号工程，是政治，是大局，是一把手工程。如果说抓好安全工作，关键在领导重视，那么推行有感领导，关键就在一把手带头践行。因为重视安全环保工作不能仅停留在口号上，更重要的是付诸于实实在在的行动上和扎扎实实的工作中。

燃料油公司在践行有感领导方面始终坚持一把手带头的原则。公司总经理率先开展安全观察与沟通、率先进行安全经验分享、率先制定实施个人安全行动计划，以示范作用引领公司各级管理人员真正树立安全是第一责任、是核心价值的理念。通过一把手始终如一，言行一致地重视、支持和参与，目前公司安全环保制度不断完善，HSE管理界面清晰，流程顺畅，HSE责任明确。通过建立量化评价体系，严格考核兑现，HSE绩效得到持续改进，这些成绩的取得都与公司和各单位一把手有效践行有感领导密不可分。

三、践行有感领导重在实际行动

2011年，燃料油公司被中国石油天然气集团公司确定为HSE管理体系推进重点指导企

业。借此有利契机，公司以全面提升 HSE 管理水平为目标，在培育公司特色 HSE 文化、提高全员 HSE 意识和能力上狠下功夫，并将践行有感领导作为年度体系推进九项重点工作任务之首。在 HSE 管理体系推进启动会上，公司总经理发布了《致全体员工的一封信》，号召全体干部员工充分认识到 HSE 管理工作的战略性、长期性和艰巨性，从我做起，从现在做起，持续关注环境，聚焦安全。突出抓好“人、物、防”三个要素，严把“进、储、产、调、销”五大环节安全关，持续“转变观念、培养习惯、提升能力”，将 HSE 管理体系工作做严、做细、做实。为了使有感领导的落实更具有操作性，公司坚持如下具体可行的做法。

（一）自上而下坚持开展安全经验分享活动

公司开展安全经验分享活动方式灵活，无论在各种会议、培训班等集体活动前还是在现场安全检查、工作交接班过程中都可以通过口述、多媒体、图片等形式进行安全经验分享。每个人都可以结合自己亲身经历或看到、听到的有关安全、环境、健康方面的经验做法或事故、事件、不安全行为、不安全状态等拿出来与大家一起分享。公司安全经验分享工作从点滴做起，贵在坚持，时时警惕，注重营造一个“关注安全、注重分享”的良好氛围。

为了将安全经验分享活动长期开展下去，形成习惯，公司制定了明确的计划安排。从 2011 年 3 月份开始，在公司的生产经营周例会上，公司总经理、党委书记和其他班子成员率先进行安全经验分享，机关处室、直属单位负责人结合业务职能开展安全经验分享。现在，安全经验分享已经成为公司生产经营周例会的第一项重要内容。目前公司自上而下，在各种生产会、班前会、安全会上进行安全经验分享已经渐成习惯。从公司、各二级单位，再到车间、班组已经广泛开展。

（二）两级领导带头制定实施个人安全行动计划

过去，很多管理者都习惯了被动接受安全管理，对有感领导、直线责任、属地管理等 HSE 理念认识不清，认为安全管理就是安全部门的事情，安全职责存在无法落实到位的现象。在这种情况下，公司领导率先制定并严格实施《个人安全行动计划》，逐步传递“管工作必须管安全”的理念。

通过《个人安全行动计划》的制定，不仅让各级管理人员各司其职各负其责，彻底解决了直线责任、属地管理的落实问题，并且有效带动了全员参与安全管理的积极性，为各项 HSE 管理制度的执行奠定了基础。

公司还加强了绩效考核，要求所有《个人安全行动计划》完成率必须达到 100%，并将其列入公司 2011 年度《安全环保责任书》的重要责任指标进行考核，未完成的将扣减责任人业绩分值 10 分。

（三）在干部联系点活动中引入安全观察与沟通

燃料油公司始终坚持落实领导干部安全环保联系点制度。2011 年 3 月重新修订了领导干部联系点工作要求，严格规定公司领导干部至少每半年到联系点工作一次，各二级单位管理人员至少每月到联系点活动一次。

在活动中，燃料油公司要求领导干部按照安全观察与沟通的“六步法”与员工进行互动。听取员工反映 HSE 诉求，及时协调解决存在的问题；跟踪风险作业票签署过程；对作业现场进行检查；督查隐患整改情况；带头宣讲安全环保理念；开展安全经验分享。通过以上做法，切实让员工“听到”领导强调安全，“看到”领导实践安全，“感受到”领导重视安全。进而影响和带动全体员工自觉执行安全规章制度，形成良好的安全文化氛围。

（四）公司领导带队进行安全检查

每年燃料油公司都组织安全生产综合检查，由领导亲自带队，范围覆盖公司所有厂库和销售公司。在今年销售公司组织的春季安全生产检查中，由公司领导班子成员分别带队，组成五个检查组进行检查。为了确保检查到位，在检查前，还组织编制了涵盖 9 大类、160 项内容的专项检查表。在检查期间，公司领导以身作则，深入作业现场和操作岗位进行检查，以实际行动传达公司对安全生产工作的关注与重视。

要实现一个企业的安全生产，一年两年靠运气、三年五年靠管理、长治久安必须靠文化。而践行“有感领导”对公司安全文化的建立有着举足轻重的作用。

经过一年来的努力，燃料油公司在践行“有感领导”培育自身安全文化的工作取得了一定成效。主要体现在“转变观念、养成习惯、提高能力、总结创新”四个方面。

一是全员对安全环保新理念接受力强，观念转变快。在“有感领导”带动下，员工对“安全源于质量、源于设计、源于责任”，“一切事故都可以避免”等先进安全理念的理解、接纳、认同能力提高较快，各级各岗主动参与安全管理的意识不断增强，逐渐形成了全员参与的安全文化氛围。

二是各级领导的安全领导意识、能力得到提升。越来越多的管理人员在参与“有感领导”的实践过程中，加深了对安全重要性的认知，由过去的被动接受管理向主动参与管理转变，观念和意识的转变使各级直线责任的归位和到位水到渠成。

三是习惯性违章行为明显减少。安全习惯的养成不是一朝一夕的事情，但只要持之以恒、不断强化引导，还是可以收到春风化雨的效果。通过经验共享、事故警示等点滴积累，长期坚持，员工的一些不安全行为逐步得到纠正，良好的安全习惯开始养成。

四是公司在安全文化建设过程中总结出了一套践行“有感领导”的有效方法和实践经验，并且有所创新，有所突破，做到了理念与工作实践相结合达到和谐统一，逐步探索出有沥青燃料油专业公司特色的安全文化建设之路。

构建全员责任体系　落实安全环保责任

长城钻探

建立和落实HSE责任体系，是实现HSE管理体系不断完善、持续改进的基石。中国石油长城钻探工程公司（以下简称公司）以责任落实为切入点，以“转变观念、养成习惯、提高能力”为目标，按照“33335”HSE体系建设思路，努力构建以领导责任、直线责任和属地责任为框架的责任体系，HSE工作取得了良好的业绩。

一、分析传统责任现状，明确责任体系建设方向

在体系推进工作之初，通过大量的访谈，深入一线调研，审核考核、管理评审，杜邦顾问一对一的沟通交流，对以往的领导责任、部门责任、岗位责任进行了认真分析，发现问题，理清思路，明确改进方向。

（一）有感领导未体现

在传统的安全管理中，习惯于用工作分工将安全管理的担子压在分管生产、安全的副职领导身上，其他领导大都缺乏做好安全工作的自觉性。领导安全活动重形式、轻实效；对安全管理提出要求多、身体力行少。安全要成为企业的核心价值，融入企业生产经营的各个环节中，必须建立分工明确、责任明晰的领导责任，有感领导的体现必须以责任落实为前提。

（二）直线责任未归位

安全部门仍然是HSE的主体部门，包办代替所有HSE工作，业务部门还是安全管理的旁观者、参与者，直线部门没有真正承担起HSE管理职责。各业务部门未主动开展HSE工作，更谈不上对下级部门、单位HSE工作的指导。虽然也提出过党政工团齐抓共管，但缺乏机制保证、责任保障，很多要求还停留在口号上、原则上，直线责任没有形成上下一致的统一认识和行动。落实直线责任首先要做好部门职责的归位。

（三）属地责任未延伸

以往构建的安全文化形成了许多行之有效的责任方法，岗位责任基本明确，但员工只是岗位“操作者”，被动落实安全责任，全员积极参与意识淡薄，主动性不够，没有分配属地责任，没有成为实质意义上的属地“管理者”。工作管辖范围局限在本岗位，没有划分明确的范围界限。指明具体的管理对象，建立清晰的标准和规范是实现现场高标准亟待解决的问题。

（四）绩效考核缺实效

在以往的考核中，对责任的落实跟踪少，重结果、轻过程，过程性指标少、强调文件和记录多。考核方法单一，缺乏责任落实的长效机制，经常是考核前临时抱佛脚，未养成良好的工作习惯。抓HSE工作和日常生产经营工作还未融为一体，当作额外任务，被动执行安

全规章制度，履行 HSE 责任还不是自觉行为，需要以科学的绩效管理为驱动力来落实责任。

通过对以往 HSE 责任的分析，理清了工作思路，构建了以领导责任、直线职能责任和属地主体责任为框架的 HSE 责任体系，以科学有效的绩效考核为驱动，使体系管理从强制走向自觉，并逐步形成企业文化。

二、全面构建责任体系，实现绩效有效驱动

充分消化、吸收、引入体系推进以来的新观念、新方法和新工具，将其作为责任体系构建的重要内容，在执行主要领导全面负责、副职领导分管负责、安全总监监督落实的基础上，实现绩效考核有效驱动，初步形成了以领导责任、直线职能责任和属地主体责任为框架的 HSE 责任体系。

（一）践行有感领导，落实领导责任

公司总经理、党委书记分别对 HSE 理念和文化进行了宣讲，副总师以上领导带头、机关职能部门领导积极进行安全经验分享。公司对总经理助理以上领导划分了属地责任单位，各级领导按照安全职责定期到属地责任单位开展“四个一”活动，即进行一次安全观察与沟通、观摩一次基层单位的教育培训、参加一次基层工作前的安全分析、跟踪一次作业许可证的签发。2010 年，各级领导共进行“四个一”活动 709 人次，亲自参与 HSE 管理，起到了模范带头作用。通过公司领导率先垂范，有感领导处处体现，形成上下联动、整体推进的良好氛围，为公司构建责任体系，落实全员责任奠定了坚实的基础。

（二）推行直线管理，落实直线职能责任

公司将落实《HSE 管理原则》与直线责任有机结合，对各职能部门的 HSE 职责、部门领导分工进行了重新界定、梳理和完善，落实系统 HSE 直线责任。公司与机关部门和各单位签订了《HSE 目标责任书》，将管理目标和责任逐级分解和落实，实施了《HSE 风险抵押金评价激励办法》，增强了各级领导做好 HSE 工作的责任感。工程技术部、装备部等相关职能部门牵头，编制了《防井喷失控和井喷着火安全重点风险防控方案》等 16 项重点风险防控方案，有效地控制了作业和设备的高风险。党委办公室组织机关干部深入基层开展同吃、同住、同劳动、共同解决问题的“四同时”活动，重点解决安全生产问题。通过推行直线管理，实现责任归位，“谁管工作，谁管安全”，职能部门直线责任进一步深化。

（三）实施属地管理，落实主体责任

一是全面实施属地管理，明确属地主体责任。延伸属地管理内涵，按照“属地管理”原则明确相关方的管理责任。明确甲乙方管理责任，对承包商按照“五关”进行管理，统一执行公司的 HSE 标准，甲方承担 HSE 管理责任。明确协作方管理责任，对外提供多专业工程技术服务时，其他专业公司与钻井公司签订合同，明确各方责任，在钻井现场由钻井队统一管理，各专业“子属地”遵从钻井“母属地”。明确主辅方管理责任，国内二级单位与境外项目部签订托管协议，以项目部为责任主体进行管理，国内单位负责装备、技术、人员的支持，“辅方”遵从“主方”管理。通过强化属地责任落实，实现了施工现场管理高标准。

二是深化属地风险管理，责任意识深入人心。以属地风险控制为重点，开展了为期两年

的全员风险辨识活动，增强了现场员工参与属地管理的主动意识。不断深化和丰富属地管理内容，提出了“确认、告知、跟踪、提示”的“八字”管理法，被集团公司列为属地管理范本。将执行《反违章禁令》与属地主体责任紧密结合，员工在属地管理中识别违反禁令行为，并通过“违章积分台账”和“曝光台”对违章行为进行曝光，增强了反违章的意识和能力，做到“我的区域我负责，我在属地您放心”。以井筒技术服务为中心，建立了一整套专业化、一体化、多语言目视化模板，有效提示作业风险，现场目视化管理逐步规范。工作前安全分析、作业许可和挂牌锁定等有效做法在现场逐步开展。同时，认真做好危害识别与风险评价，坚持预防为主，制定防范措施，属地管理责任意识深入人心。

（四）创新绩效考核模式，巩固全员责任落实

坚持以绩效考核审核为手段，以“HSE 否定、肯定、提升”为抓手，开展 HSE 绩效考核工作，巩固责任体系建设成果。

一是开展考核和审核，激励管理责任落实。2010 年，公司结合年度 HSE 工作计划，围绕年度工作计划的落实、个人安全行动计划的制定与跟踪、“四个一”活动、领导责任、直线责任、属地责任落实等方面，开展了季度 HSE 绩效考核和两次 HSE 体系评估审核，对机关职能部门、各单位分类别进行打分排名、评选先进，共计拿出 1622 万元用于对 HSE 管理先进单位、先进集体和先进个人的奖励，激励和促进管理责任落实。其中按照《HSE 风险抵押金评价激励办法》，对落实直线责任的处级以上干部奖励 390 万元，极大激励了全体员工的 HSE 责任意识。各单位开展了形式多样的绩效考核，钻井一公司实施了“百日安全晋级”、井下作业公司实施了“月兑现，年升级”全员绩效考核的全新机制，提升了绩效管理水平。

二是先否定、后肯定、再提升，强化基层责任落实。以“否定、肯定、提升”工作方法深化绩效管理，严肃责任追究，激励先进队伍，提升 HSE 管理水平，巩固已取得的成果。出台了相关规定，对钻修井队和非钻修井基层单位的否定、肯定、提升管理提出了具体要求。2010 年，对管理混乱，同样问题多次重复出现的 4 支钻修井队进行了解散处理，并对责任人实行了责任追究。对于排名末位和一票否决的非钻修基层单位，要求立即进行停产整顿，经 HSE 主管部门验收合格后，方可重新开工。积极开展“HSE 金、银、铜牌队”和“HSE 星级班组”创建活动，2010 年，评选 HSE 金牌队 12 个，HSE 银牌队 20 个，HSE 铜牌队 30 个，HSE 星级班组 100 个，并对先进队伍实行正激励。选树泰国项目 GW80 队和钻井一公司 32806 钻井队为公司“HSE 管理标杆队”，各奖励 10 万元，发挥示范作用，使其他基层队工作有目标、学习有榜样、现场有标准，提升了全体员工的责任意识和履职能力。

经过两年多的努力，公司构建责任体系，落实全员责任工作初见成效。主要体现在：

一是观念得到转变，有感领导进一步深化。通过责任体系构建、绩效管理推动，有感领导体现在各项日常管理工作之中，安全正在成为公司的核心价值，“效益至上，安全为天”的理念深入人心。

二是习惯开始养成，直线责任进一步深化。安全观察与沟通、个人安全行动计划、安全经验分享、工作前安全分析等新方法、新工具的使用基本养成习惯。从安全部门单打一变成多个部门的齐抓共管，从把安全工作视为额外的任务，变成自觉行为。

三是能力逐步提高，属地管理进一步深化。在“确认、告知、跟踪、提示”八字管理

法的基础上，公司以风险管理为核心，以风险辨识作为切入点，深化属地管理，落实控制措施，完善标准作业程序（SOP），建立了以公司级 HSE 培训师和二级单位培训师为骨干力量的培训师队伍，员工的 HSE 能力得到提高，属地管理进一步深化。

三、推行“三分之一工作法”，深化责任体系建设

2011 年，公司将岗位责任制与“有感领导、属地管理、直线责任”的安全文化，同“否定、肯定、再提升”一切从零开始的安全管理理念有机结合，全面推行“三分之一工作法”，进一步深化责任体系建设。

（一）全面推行“三分之一工作法”，做到责任全覆盖

一是思考安全责任。各级管理者用三分之一的时间，全面思考公司所处安全管理阶段的特点、规律和存在的主要问题，分析安全生产形势和存在的风险，琢磨出有效的解决方法，确保安全生产无事故。二是突出安全责任。用三分之一的精力抓安全制度与责任的落实。及时发现存在的问题和风险，充分利用会议、研讨，以及深入基层调研的机会，找出解决问题、消减风险的办法。三是深化安全责任。将干部员工三分之一的薪酬纳入 HSE 业绩量化考核。逐年增大 HSE 业绩量化考核占员工薪酬的比例，实现所有干部员工的工资增量全部来自 HSE 绩效考核。四是安全责任全覆盖。进一步明确各单位、各项目、各专业主管与分管领导的责任、属地与直线的责任，做到所有单位、专业、工种、领导之间横向与纵向全覆盖，确保不出现安全责任空白区。

（二）巩固推进成果，融合深化理念方法

一是开展与杜邦公司为期三年的专项合作。重点在绩效管理与审核、HSE 培训、应急响应、生产场所风险管理等几个方面深化开展体系推进工作，巩固推进成果，建立以持续改进为目的的 HSE 管理长效机制、以责任落实和绩效驱动为特征的核心驱动力机制。二是加强基层，防控重点，落实有效管理制度。结合风险辨识活动和重点风险防控方案，重点在分管业务、关键岗位、设备设施、工艺工序、操作规程、工作环境等方面寻找短板，提高风险控制能力。加强基层属地风险管控，完善标准作业程序（SOP），员工操作有标准，明确规定动作，杜绝自选动作，强化执行落实。对公司现行规章制度进行一次全面审核、修订和完善，使各项制度在基层得到有效落实。

责任重于泰山，使命任重道远。长城钻探将坚定不移地按照集团公司的总体部署，结合公司实际，创新工作思路，深化责任落实，强化绩效驱动，为实现集团公司 HSE 奋斗目标作出应有的贡献！

细化落实“三分之一工作法”促进安全工作持续有效改进

长城钻探井下作业公司

中国石油长城钻探工程公司（以下简称公司）体系推进工作总结暨2010年度HSE、质量管理工作会议上，对全面深化体系推进工作提出了明确要求，总经理提出“每一名管理者都要用三分之一的时间来思考、量化安全生产工作；用三分之一的精力抓HSE制度与责任的落实；拿出三分之一的薪酬与HSE业绩挂钩”的“三分之一工作法”。井下作业公司（以下简称公司）结合实际，开拓思路，精心组织，制定了《井下作业公司“三分之一工作法”实施细则》，紧密围绕“思考安全”、“安全责任”、“安全绩效”三方面工作，明确工作目标、方法措施，建立了覆盖全员、直线落实、责任归位、业绩挂钩的“三分之一工作法”联动机制，实现了绩效驱动。

一、全面“思考安全”，明确思考方法和改进目标

通过量化考核，使安全成为公司的核心价值，每名管理者抽出三分之一的时间思考、分析和琢磨安全生产工作，思考公司所处安全管理阶段的特点、规律和存在的主要问题，分析安全生产形势和存在的风险，琢磨有效的解决方式，在思想上始终保持清醒的头脑，做到“越思考越清醒、越分析越害怕、越琢磨越有道”，实现从隐性到显性的转变，改善HSE管理的内外部环境和条件，形成新的管理合力。

安全生产工作存在阶段性、复杂性、长期性和反复性，“三分之一工作法”是公司正确把握阶段特点提出的绩效考核强有力措施，更加有利于有感领导、直线责任、属地管理的深入落实。公司领导班子多次召开落实“三分之一工作法”的专题研讨会，集思广益谈体会、群策群力订措施，制定了符合公司实际的“三分之一工作法”实施细则。

一是明确“每一名管理者都要用三分之一的时间来思考、量化安全生产工作”的思考方法。公司各级管理人员要用“大安全”的理念去思考HSE管理工作，以落实本岗位职责为基础，本着“干什么思考什么”的原则来思考当前存在的问题、思考解决问题的方法、思考本部门和本系统长远发展的规划。结合各级管理人员的实际工作，机关科室、项目部、基层井队三级管理者共提出了60条工作思考改进目标。

二是落实“用三分之一的精力抓HSE制度与责任的落实”的工作内容。认真梳理公司管理层HSE管理工作流程，明确落实主管部门以及相关部门HSE职责，深入剖析现行制度的有效性、可操作性和基层的执行力。组织人事科深入思考如何用HSE管理绩效来进行员工评价和选用。质量安全环保科细化、思考如何完善HSE管理全员、全过程量化考核，实

现责任归位、风险可控、事故为零。

三是建立“拿出三分之一的薪酬与HSE业绩挂钩”的考核分配机制。公司将奖金考核分为结果性指标、过程性指标、双向指标三类。将结果性指标考核奖与过程性指标考核奖的奖金额度与HSE绩效100%挂钩，实行不达标不得奖；将季度奖、年终奖、科级干部兑现奖等一次性奖金作为双向考核指标奖，奖金额度与HSE绩效的30%挂钩，实行不达标不得奖、依据扣分数额逐级下浮奖金额度的考核机制。

二、落实“安全责任”，量化各部门管理目标

公司要求每一名管理者抽出三分之一的精力抓HSE制度与责任落实。各级管理者要着力提升自身的HSE素质，在开会、研讨和深入基层调研过程中，发现存在的安全问题和风险，找出解决问题、消减风险的办法，与现场操作人员共同研讨、合理处置。制定HSE职责落实计划，突出HSE责任落实，做到三结合，将岗位责任制、“有感领导、直线责任、属地管理”的安全文化同“否定、肯定、再提升”有机结合，量化管理目标，加大考核力度，从而强化有感领导、直线责任、属地管理的深入落实。

一是结合常态化工作，推行“三分之一工作法”。各级管理者和HSE专职管理人员，围绕“安全责任”，确定了HSE风险识别与控制、HSE管理活动、HSE绩效与评聘等5大项管理任务，根据管理任务对应细化了40小项的具体管理内容和35小项的具体管理职责，构建了机关科室HSE职责归位、全员责任落实的HSE线性责任网络。生产调度室负责“一井一策”措施在基层队执行落实情况的跟踪考核，党群工作科负责机关干部下井队“四同时”的跟踪考核制度。

二是建立有效载体，推行“三分之一工作法”。公司以机关干部下基层开展“四同时”活动、机关科室承包基层队开展“四个一”活动为主要推行载体。机关干部到责任基层队“同吃、同住、同劳动、共同研究解决问题”，开展安全观察与沟通活动；将赴基层队检查指导工作常态化，做好上情下达，使基层队贯彻落实各项HSE管理制度；协助基层队建立健全HSE体系、井控、工程质量、设备“三定”、营地建设、劳动考勤、劳动定额、奖金分配等制度，督促基层队按月度考核兑现；指导基层队提高现场管理水平，达到“安全示范队”标准。2010年1至4月，公司机关共有200多人次住井，近50人次在重点井、复杂井、关键工序井上盯防住井，49人次参加机关科室承包基层队活动，收集“四个一”（各级领导每季度进行一次安全观察与沟通，观摩一次基层单位的教育培训，参加一次基层工作前的安全分析，跟踪一次作业许可证的签发）活动反馈单共196张，收到了较好的效果，有力保障了生产的顺利进行，有效杜绝了各类事故的发生。

三是以分配制度为切入点，推行“三分之一工作法”。在严格监管阶段，将HSE管理绩效与员工收入分配挂钩是落实全员责任的有效手段。因此，公司以收入分配制度为切入点，把推行“三分之一工作法”考核与基层建设考核、HSE管理绩效考核等各项管理考核融为一体，以各项管理考核为基础考核依据，通过“三分之一工作法”的实施，各种考核得到了有效的规范。

三、实施“安全绩效”，奖金分配与 HSE 业绩挂钩

从 2011 年开始，公司将员工的奖金与 HSE 业绩考核挂钩，并逐步增加所占比例。真正做到 HSE 业绩与每一名员工的薪酬息息相关，事关每个人的根本利益，充分调动全员参与 HSE 管理的积极性。

一是加强观念转变引导。在牢固树立“十种观念”教育的基础上，开展了让员工“转变观念、养成习惯、提高能力”、“提高 HSE 管理绩效，是员工收入的重要来源”、“安全生产为了谁”等观念教育。引导换位思考，通过为员工计算薪酬收入账，替员工计算一个否决项出现带来的个人经济损失，一起事故对员工的个人伤害。强化宣贯，深入每个基层单位进行利害关系宣讲，切实提高了员工对管理考核的认识和重视程度，切身体会到个人利益由自身掌握，实现“要我安全”向“我要安全”的观念转变。通过观念转变引导，基层建设考核较差的队伍和员工，积极响应，转变观念，强化自身素质，争当先进队和标杆队。

二是严格执行层级考核。公司各科室依据“基层队考核标准”每月对基层队开展基层建设考核和 HSE 绩效考核排名。920 分以上为标杆队，870 分以上为先进队，800 分以上为达标队，800 分以下为不达标队。月底召开考核确认会，核定考核结果，实施公示；公司领导坚持组织召开月度 HSE 绩效考核确认会，同时对分管专业副职领导进行当月安全绩效考核，检查其直线责任执行落实情况。公司、项目部、基层队分别成立 HSE 绩效管理考核领导小组，各科室承包基层小队对项目部、基层队实行层层直线考核，定期召开月 HSE 绩效考核确认会，按时总结兑现。2011 年 1 至 4 月，公司共通过考核动用否决项，否决 238 人次，其中公司级 95 人次、项目部级 66 人次、基层队级 77 人次；考核扣分 822 人次，其中公司级 78 人次、项目部级 149 人次、基层队级 595 人次。

三是强化绩效考核驱动。公司建立了员工 HSE 管理绩效档案，实行扣分制，员工违章扣分达到 10 分，就安排进行脱产培训，培训合格的同时需做出书面保证后再行上岗。HSE 绩效考核指标作为年度评优、评先的一票否决项，HSE 绩效考核结果作为基层员工岗位晋级劣汰的评价标准。连续三个月在基层建设考核中排名末位的基层队正职，进行末位淘汰。实行基层队长竞争上岗机制，公开竞聘，替换排名靠后的基层队长。开展月度基层队优秀队长、优秀指导员评比活动，并予以奖励。将 HSE 绩效作为员工聘用的条件，更作为保证员工创 HSE 业绩、增加收入的保障，实现全员关心安全，全员重视 HSE 绩效，促进了员工参与安全管理的积极性。

安全生产是企业的“天字号工程”。安全生产工作只有起点没有终点，只有不足没有满足。公司今后继续将保障广大员工的生命安全作为第一要务，认真贯彻“三分之一工作法”，落实集团公司和长城钻探的各项工作部署，在实践中不断总结完善，持续提升 HSE 管理水平，为公司的长远发展奠定坚实的基础。

安全环保责任书个性化
领导述职常态化

川庆钻探

为强化领导干部认真履行安全环保职责，2008 年，中国石油川庆钻探工程公司（以下简称川庆钻探）总经理率先提出有感领导“七个带头”，使有感领导从抽象的概念变成七个方面的要求。2011 年，川庆钻探在总结前期工作经验的基础上，制定印发了《有感领导实施指南》，进一步细化有感领导“七个带头”的内涵、实施要求、方法工具和考核测评等内容。其中，安全环保责任书个性化和领导干部 HSE 述职常态化，已成为各级领导主动履行 HSE 职责的两大推手。

一、HSE 责任书个性化

编制必须个性化。领导的 HSE 责任书必须由本人编写，必须结合分管业务、岗位职责、重点工作编写，分管业务不同、岗位职责不同、重点工作不同，责任书的内容也不相同。严禁照抄照搬，避免千篇一律。

指标必须分解。下级的否决性指标、结果性指标，必须是上级指标的合理分解，上级指标要通过下级指标的达标作为保障。杜绝指标不分解、上下级指标相同、所有的下级指标达标还不能保证上级指标达标等现象。

完善编制流程。各级领导编写责任书后，交由直线领导审核，确保责任书内容与其分管业务、岗位职责、重点工作相符，使责任书成为领导履行职责的年度行动指南和考核依据，成为践行有感领导的有效工具。

改变签订方式。主要领导为发约人，副职领导为受约人，安全联系单位和分管部门领导为履约人，将联系单位和分管部门的 HSE 绩效与公司领导在形式上关联，在考核上连带，在兑现上相关。

扩展签订范围。从领导干部延伸到员工，层层签订责任书，建立自上而下、覆盖全员的责任体系，做到“千斤重担大家挑，人人肩上有指标”。

二、领导 HSE 述职常态化

在思想上重视。川庆钻探把安全放到与履职、廉洁同等重要的地位，要求领导进行述职时，必须包含 HSE 方面的内容。

在制度上明确。川庆钻探在《有感领导实施指南》中，明确各级领导每半年必须向直线领导进行一次书面 HSE 述职，在每年 6 月底和 12 月底之前，结合分管业务、岗位职责、

HSE 责任书和个人安全行动计划，对本人 HSE 履职情况进行述职，将 HSE 述职要求通过制度进行固化和规范，使之成为一项例行工作。

在考核上严格。将领导 HSE 述职要求列入领导 HSE 责任书的过程性指标，进行定期考核；将 HSE 履职测评列入领导干部年度测评表，让 HSE 成为员工考核测评领导的重要内容之一，每年进行 HSE 履职测评。通过严格考核，推动了领导 HSE 述职按时进行。

在执行中落实。各级领导每半年在向直线领导述职的同时，坚持进行 HSE 履职情况述职；各级领导对下级进行检查考核时，同时检查考核 HSE 工作开展情况。川庆钻探 2011 年度工作会上，公司党政主要领导和七名副职，向全体职工代表“述职、述廉、述安全”，揭开了领导 HSE 述职常态化的新篇章。

通过各级领导对 HSE 责任书的编写和 HSE 述职，使有感领导得到进一步彰显，HSE 责任得到进一步落实。

风险管理

传承“三老四严”作风
筑牢基层安全生产基石

大庆油田第一采油厂

中国石油大庆油田第一采油厂中四采油队（以下简称中四采油队）是“三老四严”优良传统的发源地，组建于1960年10月，现有员工80人，管理油水井278口、计量间15座、转油站2座。建队以来，累计生产原油840万吨、天然气33726万米^3，先后被原石油工业部授予“高度觉悟、严细成风”、“团结的核心、战斗的堡垒”、“五好红旗单位标兵”称号，荣获原中国石油天然气总公司金牌采油队“三连冠”，中国石油天然气集团公司（以下简称集团公司）“先进党组织”、大庆油田“功勋集体”、“先进采油队”等称号，被集团公司命名为“企业精神教育基地”。截至2011年6月30日，已经连续实现安全生产18518天。

一、传承“三老四严”，培育安全文化，做到全员重安全

安全文化作为企业文化的组成部分，对员工的思想和行为具有潜移默化的影响。多年来，中四采油队注重发挥“三老四严”这一传统文化优势，积极开展群众性安全文化创建活动，推动安全文化进班子、进班组、进家庭，强化了员工的安全意识，实现了由“要我安全”向“我要安全”转变。

安全文化进班子，强化思想引导。重视安全工作，关键在干部。中四采油队组织队班子认真学习安全工作的法律法规、管理制度、工作部署和领导讲话精神，引导干部充分认清讲安全就是讲政治、讲大局，抓安全就是抓产量、抓效益，保安全就是保稳产、保稳定，增强了做好安全工作的自觉性。围绕加强安全文化建设，深入开展安全理念征集和安全警语评选活动，确立了中四采油队“三老四严，细节完美”的安全理念。采取学习、宣传、展示等形式，让员工熟知熟记、入脑入心；利用队务会、宣传栏、信息桥、小队网站等载体，向员工宣传安全知识、安全法规；举办安全知识竞赛、演讲比赛、征文、故事会、安全签名等活动，让员工在参与活动中受到教育和启发；建立员工信息档案，根据每个员工的家庭、健康、性格和特长等情况，有针对性地配置岗位、安排工作，解除员工后顾之忧，营造和谐劳动关系；搭建短信提醒平台，适时对员工进行安全提示、安全祝福，营造关爱员工安全与健康的良好文化氛围。

安全文化进班组，强化环境营造。把班组作为安全文化建设的重要阵地，结合“五型”班组创建活动，采取“四个一”的方式，积极建设班组安全文化环境。“一栏”，就是在班组设立“岗位安全承诺栏”，每名员工根据自己岗位特点，做出“精心操作每一秒，安全施

工每一天”、“我的设备无隐患，我的岗位无风险”等安全承诺。“一板”，就是设立“安全风险提示板”，针对天气变化、施工作业、重要操作和临时工作，提示员工要注意的安全问题。“一示”，就是在泵房、计量间、维修工房等工作场所悬挂安全警句、张贴安全漫画，员工自己动手在手套、安全帽、安全带上等防护品上制作“安全从头开始”等内容的安全警语，进行安全警示。“一讲”，就是坚持班组安全讲话制度，做到班前讲安全，思想添根弦；班中讲安全，操作无风险；班后讲安全，警钟鸣不断。营造了浓厚的安全文化氛围，让员工每天耳濡目染，增强安全意识。

安全文化进家庭，强化亲情感召。安全既关系企业，又关系员工家庭。将安全文化延伸到每一个员工家庭，积极构建企业、员工、家庭三方联动的安全文化格局。设立“安全亲情展示板”，将每名员工与家人的合影、亲人的安全寄语挂在醒目位置，员工每天上班，首先看到的是家人期盼的目光和关爱的话语。在每个生产岗位，都设有“安全，家人的期盼；平安，永远的祝福”等警示标语。在《四队纪实》月报上开辟安全动态专栏，以图文并茂的形式刊登员工安全生产先进事迹、典型案例和家人的安全祝福。定期将员工家人请到单位，参观基层建设和生产岗位，召开同心恳谈会，通报安全工作情况，征求员工家人的意见，赢得了他们的理解和支持。员工在浓浓的亲情感召下，“为自己负责，让家人放心”成为自觉行为。

二、传承“三老四严”，提升安全技能，做到全员会安全

实现安全生产，员工的安全技能是根本。实践中，中四采油队坚持把“三老四严”的优良作风落实到安全培训中，本着老老实实的态度，大力加强安全培训和演练，提升了员工的安全技能，实现了“我要安全”向“我会安全”的发展。

培训内容求实，注重针对性。把培训内容划分为四个层次，分阶段、有步骤地开展培训：以岗位操作技能为根本，针对不同生产岗位、不同技能水平的员工，依据岗位应知应会，确定不同的培训内容，通过理论学习提素质，通过现场培训提能力，努力使员工做到百问不倒，百做不误；以设备性能、工艺流程、操作规程为基础，充分利用厂培训基地进行模拟培训，使员工达到设备构造一清二楚，工艺流程心中有数，操作规程熟练掌握；以法律法规、管理制度、工作标准为重点，组织员工反复学习，达到熟知理解、自觉遵守；以风险识别、事故处理为关键，加强预案演练，切实增强应急反应和处理突发事件的能力。2010 年 5 月 12 日，129 排注水干线腐蚀穿孔，我们立即启动应急预案，仅用 15 分钟就关闭了相距较远的 5 处切断阀门，用 30 分钟处理完穿孔，及时恢复了生产。

培训方法求活，注重多样性。在队部建立了培训室，在各岗位设立了练兵台，坚持每周三下午技术学习制度不动摇。设立“四个课堂”：（1）“固定课堂”：由技术员、技师为员工授课；（2）“流动课堂”：把学习场所搬到井场上、泵房里；（3）“互动课堂”：新员工与老员工、技校生与大学生、徒弟与师傅结成帮教对子；（4）“交流课堂”：交流安全金点子、安全合理化建议和安全技术革新成果。开展“三项活动”：（1）开展“五个一”岗位练兵活动，每日一题、每周一课、每月一考、每季一赛、每年一评；（2）开展安全经验分享活动，组织员工认真学习上级下发的安全事故案例，开展座谈讨论，把别人的事故当作教训来吸取，时刻绷紧安全这根弦；（3）开展“违章纠错”活动，让员工自己当“演员”，拍摄

违章操作视频，组织员工从中查找不安全行为，加深了对标准操作的认识和记忆。通过灵活多样的培训形式，增强了培训的趣味性和吸引力，在全队形成了“学、练、赛”的热潮。

培训效果求好，注重实效性。为保证培训取得实效，中四采油队坚持理论知识不达标不放过、操作细节不掌握不放过、风险点源不清楚不放过、应急预案不熟练不放过，定期对员工进行考试、考核，使员工达到“五懂五会”，即懂设备、会保养，懂规程、会操作，懂流程、会控制，懂故障、会排除，懂安全、会预防。青年女工李文英学习有钻劲、工作有拼劲、作风有严劲，获得了全国石油系统青工技术比赛第二名，被授予技术能手称号，成为全国最年青的工人技师。全队员工年培训率和技能鉴定通过率均达 100%，82% 的员工达到高级工水平，共培养工人技师 13 名、厂级以上技术能手 46 名，为安全生产提供了可靠的技术支持和能力保障。

三、传承“三老四严”，夯实安全基础，做到全员管安全

安全为大家，安全靠大家。工作中，中四采油队继承发扬“三老四严”优良传统，以严细认真的作风抓安全，全员参与，全过程管理，全方位控制，保证了各项工作高标准、严要求、真落实，实现了“我会安全”向“我能安全”的升华。

严肃目标分解，人人承担责任。安全无小事，责任大于天。按照全员参与、分解目标、落实责任、共筑安全的思路，将 8 项安全指标细化为 18 个小项，分解到各个班组，队与班组签订《安全生产责任状》，与员工签订《安全生产合同书》，做到人人肩上有指标，千斤重担大家挑。本着“谁主管、谁负责”的原则，建立干部员工“一岗双责”制度，明确了队长、副队长、班长、岗位员工的安全责任；实行干部“系统管理全责制”，每个干部对本系统的安全工作全面负责，进一步落实了安全管理责任。形成了全员齐抓共管、责任共担的安全工作格局。

严明制度执行，事事讲求规范。通过建立“两单一本”，保证日常安全工作的落实。“两单”即建立《安全工作纪实单》，细化安排每天的安全工作内容，落实安全注意事项，进行工作质量回访；建立《安全监督检查单》，班组每天做好班前检查、班中巡查、班后复查，小队每周进行一次全面检查，跟踪安全工作动态，确保安全工作不走过场。“一本”即建立《安全隐患整改记录本》，每天以班组为单位汇报出现的安全隐患问题，由主管安全的副队长记录并协调解决，对不落实的问题追究责任，使隐患问题得到及时解决，有效控制了生产现场的安全风险。维修班在中 305 转油站污油回收工艺改造时，动火前安全监督员严格落实“三查”预防措施，当场查出污油管线露出地面部分有砂眼，在隐患排除后，才动火施工，避免了事故发生。

严格标准管理，处处创造精品。我队管辖区位于城市中心，井站分布在交通要道两侧、居民小区之内，安全责任重大，容不得半点闪失。为了确保安全，我队以创建标准化示范岗为载体，开展“我的岗位保安全、我的岗位创精品”活动，把井站打造成城市一道靓丽的风景线。推行“安全操作后退五步法”，熟练操作规程，辨识作业风险，熟知周边环境，考虑相互配合，明确控制措施，养成动手之前先动脑，操作之前先思考的好习惯。深入贯彻落实集团公司《反违章禁令》，建立“违章曝光台”，制定隐患举报奖励制度，鼓励员工像寻宝一样查找安全隐患，对发现安全隐患、举报违章行为的员工进行奖励，调动员工参与安全

管理的积极性；对“三违”行为严肃处理，宁听骂声，不听哭声，实现了不伤害自己、不伤害他人、不被他人伤害、不让他人受到伤害的“四不伤害”。全队 9 个班组全部通过厂标准化班组验收，15 名员工被评为厂标准化先进个人。

安全工作只有起点，没有终点。今后，中四采油队将继续坚持弘扬大庆精神、铁人精神和“三老四严”优良传统，扎实工作，精细管理，不断推进安全管理上水平，筑牢企业安全发展的基石，为大庆油田永续辉煌，为集团公司建设综合性国际能源公司，做出基层单位应有的贡献。

立足风险防控　实施程序管理
全面提升泵站系统安全管理能力

大庆油田第三采油厂

油田泵站系统涉及油、水、电、气安全，属高温高压、易燃易爆场所，风险相对较高。几年来，中国石油大庆油田第三采油厂（以下简称采油厂）紧密结合泵站系统的行业特点，以高效、务实地推进HSE管理体系为契机，以控制各类事故风险和不断提高HSE绩效为目标，以人为本、超前预防，大力推进班组风险管理，按照“统一、规范、简明、可操作”的原则，自下而上、以点带面、全员参与进行危害因素辨识和风险评估，持续完善各项风险控制措施。同时以此为基础，在泵站系统全面推广安全程序化管理模式，有效控制了安全风险，为实现大庆油田安全生产、文明生产金牌“八连冠”提供了坚实保障。

一、深入查找安全风险点源，全面开展危害辨识和风险评估活动

2010年，采油厂与专业咨询公司合作，以全面提高岗位员工安全素质、控制和规避各类风险为目标，开展了全员、全过程、全方位的危害因素辨识和风险评估工作，收到了较好效果。

（一）全员参与辨识活动

2010年初，采油厂在北十三联合站试点启动了危害因素辨识与风险评估工作。采油厂、试点单位都成立了相应的领导小组和工作小组，以班组为单位，系统开展了危害因素辨识工作。在活动开展过程中，厂、矿、队各级主要领导亲自挂帅，靠前指挥，多次深入基层现场调研访谈；主管领导率先垂范，亲自部署，当好培训员、指导员；其他领导认真履行直线职责，带头参与，宣传发动。咨询专家耐心指导，亲自示范，提供技术支持。每名岗位员工都结合本岗位工作和发生在身边的事故案例，运用头脑风暴法，从人的不安全行为、物的不安全状态、可能造成职业病和中毒的劳动环境和条件、安全管理中存在的缺陷等各方面，在全站范围内进行危害因素辨识，认真填写《岗位员工危害因素识别调查表》和《异常条件下作业活动风险调查表》，涵盖了全站所有设备设施和操作过程。在专家的指导下，通过工作小组反复培训、交流、讨论，采用工作前安全分析（JSA）方法，最终划分作业活动150个，明确作业步骤1096个识别、确定生产和操作方面的危害因素1102条，设备方面的危害因素1096条。

（二）系统评估危害风险

基层班组在专家的指导下，针对识别出的危害因素，依据经验法进行初步评价。在班组初步评价的基础上，又组织基层专业骨干、厂、矿、队工作组成员，进行了LEC评价法培

训，经过逐级评价，最终评价出高风险因素 1 个、较高风险因素 15 个、一般风险因素 463 个、低风险因素 1724 个，并针对每一个危害因素都制定了风险控制措施。评价结果显示，从伤害方式上看，联合站较高以上风险主要集中在火灾爆炸、高处坠落等方面；从作业活动和设备设施上看，联合站较高以上风险主要集中在许可作业、脱水转油作业、罐区作业等方面。该结果为联合站在日常管理中的风险控制重点进行了明确。

通过危害因素辨识与风险评估工作，实现了从设备到操作过程安全风险的全面预防，从根本上消除了事故发生的根源，进一步规范了班组和岗位员工的 HSE 职责，实现了安全工作的全员管理、全过程控制。全体岗位员工在全程分析、讨论中，熟练地掌握了作业过程中可能造成的伤害和损失、应采取的规避措施和应急处置方法，安全技能水平得到了全面提升，切实达到了知安全风险、懂规避措施的目的，潜移默化中实现了全员安全意识从“要我安全”到“我要安全，我会安全”的自主提升。

二、紧密结合生产管理实践，建立完善风险控制措施

风险管理是 HSE 体系管理的核心。采油厂依据危害因素辨识与风险评估结果，对现有的规章制度、“两书一表一卡”等体系文件进行系统的梳理完善，健全完善风险控制体系，强化现场执行应用，增强风险管控能力。

（一）评审现有风险控制措施

通过危害因素辨识发现，原来制定的“两书一表一卡”、操作规程等还不能完全控制本次评估出的所有风险。其中，繁复陈杂内容需要清理整合，操作规程、现场管理制度等与风险管理相脱节的情况需要进一步完善，各种不能覆盖作业操作全部细节的石油天然气行业标准、企业标准需要进一步与生产实践相衔接。传统管理机制与 HSE 体系科学管理方法尚需进一步融合。

（二）制定完善风险控制措施

通过风险等级及现有控制措施的评审，建立风险分级机制，实行厂、矿、队、班组分级风险控制。将评审结果作为风险控制策划的主要依据和输入，并将辨识评价结果与管理方案、隐患治理立项、运行控制、HSE 教育培训、HSE 监督检查、应急管理等紧密结合，为 HSE 管理决策提供依据，实现 HSE 的科学管理。

（1）对评价出的高风险，优先考虑制定相应的管理方案。列入厂、矿、队、班组（岗位）检查的重点内容；岗位上结合目视化管理，做好风险提示；岗位员工经过专门的 HSE 培训，并考核合格，取得相应的上岗资质和操作资质；制订应急预案等。

（2）对评价出的较高风险，采取无费/低费措施进行风险削减。对照修订完善各类运行控制文件，如操作规程、“两书一表一卡”、设计方案中的 HSE 专篇等；规定明确的控制措施；开展岗位专项 HSE 培训考核；列入矿、队、班组定期检查项目，岗位进行风险提示等。

（3）对评价出的一般风险，视情况考虑在相应的运行控制文件中制定相应的风险控制措施。岗位上采取风险提示的方式对员工进行教育；根据实际情况确定管理和检查方式。

（4）对评价出的低风险，视情况维持管理现状。

根据以上原则，共增补和修订《回收水池改造》等管理方案 10 项；制订、修订《班组

联合检查制度》等管理制度13项，建立了《联合站HSE制度汇编》；补充、完善《原油储罐投运》等岗位操作规程36个、《管线解冻操作》等操作卡13个、《来气阀组间安全检查》等HSE现场检查表11个、《回收水池污水泄漏》等应急处置方案3个，风险防控体系更加健全完善。

三、探索推广程序化管理模式，切实保证风险有效受控

生产现场的绝大多数事故和隐患，都是由人的不安全行为引起的。从某种程度上讲，只要人的不安全行为彻底控制了，发生事故的可能性就基本没有了。因此，采油厂着眼操作行为控制，在联合站系统试点探索推行了以强化生产全过程风险控制能力为核心的安全程序化管理模式。本着全过程受控的思想，运用程序手段，依据HSE体系、安全操作规程，结合岗位管理实际，对生产岗位的安全指令、操作行为和应急处置、风险预警等进行程序设定，规范和约束干部员工，更有效地履行岗位责任制，增强生产全过程安全风险控制能力。

（一）建立程序化管理模式

安全程序化管理模式主要包括六大程序：

（1）操作指令下达程序。从指令内容、责任划分、执行条件、风险提示四方面设定操作指令下达程序。约束队干部安排具体操作时，想全想细安全风险和防范措施，并按程序要求将安全职责传递给操作人和监护人，避免操作指令下达的随意性。

（2）岗位操作程序。针对岗位操作实际，从风险提示、应急处置、检查和准备、操作步骤、关联告知、文本记录六个方面，对不同岗位的不同操作进行程序设定。界定操作步骤、清晰标准规范、告知操作风险，对于操作过程中需要注意的操作步骤、设备参数，强调“关键操作点”的控制，强调“必须”动作，强调不可减的行为和步骤，强调风险预想和规避措施，确保操作安全。

（3）巡回检查程序。结合岗位巡回检查具体内容，以巡回线路为程序链，以检查点为程序步骤的节点进行程序设定。界定巡回检查点项，明确每个点项的具体检查内容，清晰每个异常的纠偏方法和风险规避措施，达到“轨道”式巡回、“闭环”式检查，保证巡回检查质量。

（4）岗位交接班程序。依据交接班制度，从未完操作事项、设备参数控制及运行维护三个方面对交接班进行程序设定，界定交接程序步骤、明确每个步骤的具体交接内容、清晰交接标准，强调必须执行的交接行为，避免未完操作事宜、控制参数、各类文件等方面交接不清的情况，保证生产班次安全交接。

（5）应急处置程序。依据《第三采油厂突发事件应急预案》要求，结合岗位生产实际，针对站内生产事故、自然灾害、公共卫生、社会安全四类事故编制应急处置程序，提升员工的事故应急反应能力。

（6）安全预警程序。依据岗位识别的风险，围绕设备缺陷、隐患或安全事故点，从问题属性、原因分析、责任追究、规避教育等4个方面设立程序节点，明确预警要素、预警方式、受效群体等具体内容。实现安全预警机制化，使安全管理从关注结果，转向注重过程，进而增强生产全过程控制能力。

交接班程序、巡回检查程序和岗位操作程序防控员工在日常生产管理和操作过程中的安

全风险，是对岗位责任制的具体落实；应急处置程序和安全预警程序指导员工在生产异常情况下规避安全风险、正确应急操作，体现了安全文化以人为本的理念；操作指令下达程序约束干部指挥行为，指导员工控制操作风险，员工愿意接受。

（二）建立程序化管理规范

在完善安全程序化管理模式过程中，以北十三联合站为试点，本着“简洁、实用、规范”的原则，在岗位原管理文本的基础上，经过整合、归并、废止，结合 HSE 体系要求和岗位实际，建立了一套标准程序化管理规范。共包括操作指令下达程序 41 个、关键岗位操作程序 41 个、巡回检查程序 8 个、岗位交接班程序 8 个、应急处置程序 41 个、安全预警程序 177 个。目前岗位应用的程序化管理规范更加符合生产实际，深受基层岗位员工好评。

（三）程序化管理在现场风险控制中得到较好实践

实现全员风险防控和安全生产的首要前提，就是要不折不扣地落实岗位责任制。实施安全程序化管理，正是对岗位责任制的继承和创新，能够约束和引导干部、员工做到有章可循、有章会循、有章必循，“三违”行为明显减少，生产过程安全风险控制能力明显增强。

（1）提高了干部员工的责任意识，干部员工规避风险、发现问题、分析问题、处理问题的能力明显增强。自实施程序化以来，通过加密巡检，避免了两起脱水加热炉因腐蚀泄漏导致的火灾事故；通过及时发现生产参数异常，避免两起原油外输管线栽阀盗油损失；通过采取正确的应急操作，妥善处置了电气设备因元件老化过热着火、注水电机温升异常突发事件，避免了事故发生，为油田挽回了巨大的经济损失。涌现出了一大批以油田公司杰出员工尚红霞为代表的“执行程序不走样，按章操作保安全”的岗位操作精英和技术骨干，岗位人才基础更加牢靠。

（2）安全程序化管理模式较好地体现了 HSE 体系要求，是安全风险控制能力较强、推行文本较简约的安全管理方法，班组安全管理基础工作更加夯实，干部员工愿意接受、易于掌握，具有较强的适用性。

（3）安全程序化管理思想也适用于油田生产管理的其他领域。2011 年，在泵站系统全面推广安全程序化管理的基础上，在作业队、电工队、采油维修班组进行了试点推行，较好地解决了移动场所作业中干部监管行为和员工操作行为受控能力不强的问题，增强了作业维修全过程的风险防控能力，保证了作业施工现场的标准、安全、有序。

四、强化培训、监管和考核，确保各项措施刚性执行

执行力是各项安全规章制度得以正确实施的关键。因此，几年来采油厂始终注重采取有效手段，抓好规章制度、操作规程等在现场的执行力度。

（1）注重员工素质培训，提高员工综合技能。通过技术骨干现场示范、师徒帮教、班组工余时间组织自学、“每日一题、每周一课、每月一考”等方式，狠抓员工技能培训，不断提高岗位员工岗位操作技能，确保员工能够熟悉本岗位危害因素、风险等级、控制措施及现场应急处置措施，既依法履行本单位的告知责任，又使员工掌握本岗位危害因素及控制措施，实现各岗位的风险控制。在程序化推广初期，采油厂从培训入手，从管理层和操作层两个层面，先期选拔兼职培训师 24 人，深入到全厂所有泵站进行程序化相关知识巡讲，确保

了安全程序化管理模式在全厂泵站系统的全面顺利推广。

（2）坚持过程监管，确保各项规定有效落实。班组、队、矿、厂不断加大监督检查力度，分别组织开展日、周、月度、季度检查和抽查，确保岗位员工严格按章操作。在施工操作中，严格要求各岗位必须熟悉掌握工序操作规程、可能存在的风险，岗位员工清楚自己应该干什么、怎么干、干到什么标准。在同一岗位，不管谁来操作，什么时间操作，都要按一个程序标准完成，只有规定动作，没有自选动作。特别是对非常规作业、高危作业、特殊工序作业、新工艺作业等，必须进行工作前安全分析，采取有效措施后方可执行。同时，基层站队每月都组织召开安全分析会，分析管理中存在的问题、排查隐患并制定预防措施、通报事件情况、分享班组本月发现的各类“三违”行为，杜绝同类事件的重复发生，在班组内部实现“别人亡羊我补牢”，将风险管理贯穿到了生产经营活动的全过程。

（3）严格绩效考核，推动全员 HSE 职责落实。制定 HSE 绩效考核办法，将班组 HSE 绩效表现与班组成员月度奖金分配、年终业绩奖兑现、评优选模、个人成长等严格挂钩，有效地发挥了绩效考核的激励约束机制。

通过以上措施，干部、员工的执行力大大增强，工作行为更加规范，班组的基础管理工作更加扎实，风险防控体系更加牢固，安全管理能力全面提升。

借助HSE信息平台　科学监控HSE隐患

大庆油田井下作业分公司

中国石油大庆油田井下作业分公司（以下简称井下作业分公司）是集修井、压裂、特种作业等施工服务于一体的大型专业化公司，现有员工6700人，各类施工设备4667台（套）。队伍遍布油田所有区域，点多、面广、流动性强，施工类型复杂，涵盖机械伤害、物体打击等17种危害类别，特种设备多，HSE监管难度大。

井下作业分公司HSE监察室每年现场监察3000井次以上，通过应用中国石油HSE信息系统，对现场监察获取的隐患信息进行汇总整理、深入分析、广泛分享，不断破解制约安全生产的各类问题，监管水平稳步提高。

一、排查隐患，汇总数据，提高隐患监控效率

（一）整理数据，隐患管理由定性向定量转变

为了确保录入HSE信息系统的隐患资料具有典型性、指导性，HSE监察室每日对获取的大量HSE隐患资料进行汇总、分析、筛选。对情节较轻、危害较小的隐患责成当即整改，对重大隐患和倾向性问题开具《HSE隐患整改通知单》，制定整改措施，规定整改期限。现场检查结束后，将经过筛选后的代表性、典型性问题录入HSE信息系统中。另外，对基层自查发现的重大隐患、安全例会、专业办公会进行的安全经验分享案例，未遂事件也作为HSE信息系统的重要数据来源。这样，各类隐患及时汇集到HSE信息系统中，为分析总结奠定了坚实的基础。

（二）分析数据，监控方式由感性向理性转变

通过HSE信息系统，按照“人的不安全行为、物的不安全状态、管理缺陷、环境缺陷”四大要素进行分类，透过隐患的表象找出内在规律，进而找出哪些要素、哪些队伍、哪些问题是本单位的薄弱环节，为及时调整监管重点指明了方向。例如，2010年9月，公司发现员工的不安全行为数量大幅上升，分析后得知是新入厂子女工、大学生安全意识薄弱、操作技能差所致，通过及时预警，加强“师带徒”培训力度，加大对该群体的监管力度，情况迅速得以好转。

（三）统计数据，信息管理由粗放型向精细型转变

以前，HSE监察资料全部记录到文本上，由专门人员手工整理，费时费力，数据统计精确度差。2008年年终总结时，2名工作人员统计HSE问题用了3个工作日，而应用HSE信息系统后，从输入指令到汇总结果，1名工作人员只用不到2个小时的时间，极大地节省了时间，提高了工作效率，信息准确度更高。

二、强化跟踪，优化流程，提高隐患治理效果

（一）优化业务流程，现场隐患实行闭环管理

隐患问题录入 HSE 信息系统并不是最终目的，重要的是对隐患进行跟踪整改。对录入 HSE 信息系统的隐患。首先由小队按照《HSE 隐患整改通知单》中制定的措施，在规定期限内逐项整改，小队跟班干部签字确认。然后由大队安全管理人员进行初次验收并将验收结果录入 HSE 信息系统。最后，HSE 监察室根据 HSE 信息系统中的整改结果派专人复查核实，符合要求的在 HSE 信息系统内进行闭环确认。这样就实现了现场监察、发现隐患、及时整改、消除确认的闭环管理。

（二）优化立项流程，重大隐患开展专项治理

对于规定时间内无法关闭的重大隐患和涉及设备、工程、物资等部门的棘手问题，HSE 监察室进行汇总后上报井下作业分公司。井下作业分公司主管领导通过 HSE 信息系统了解隐患详情，查看哪些流程存在问题，根据不同问题类型，召开隐患治理专项办公会，进行隐患治理立项，多部门联手解决。隐患消除后，返回 HSE 信息系统进行消项。2010 年，井下作业分公司通过这种方式解决了老化设备防碰天车失灵、液压钳挡板缺失、低洼井地锚桩安装难度大等十多项棘手问题，为安全管理工作清除了障碍。

（三）优化沟通流程，隐患整改通报督办

按照各级管理人员赋予不同权限，井下作业分公司管理层和各基层大队主要领导可以通过 HSE 信息系统了解本单位存在的问题，通过横向、纵向对比，找准本单位在井下作业分公司 HSE 工作中所处的位置。HSE 监察室每月利用 HSE 信息系统对问题进行汇总，对整体安全态势进行分析，发布 HSE 监察通报，一方面上报井下作业分公司决策层，通过领导参阅，提升了直线管理责任的履职效率，另一方面下发至基层小队，限时督办，提高隐患整改时效。

三、拓展应用，分享数据，促进监管水平持续提升

（一）利用信息资源，提升监管素质

HSE 信息系统中有大量新发布的行业标准、管理理论、HSE 交流材料及最新 HSE 动态，如事故应急预案编制与管理、“冰山理论”、“多米诺骨牌理论”等，为各级监管人员和基层干部更新 HSE 业务知识提供了方便。同时 HSE 监察室充分利用这些信息资源，深入学习，广泛吸纳，制作成培训课件，对监管人员和基层干部进行培训，提高其监管素质和风险识别能力。2011 年生产之初，举办了井下作业分公司 HSE 培训班，培训监管人员和一线干部 426 人次，收到了良好效果。

（二）借助典型事例，扩大分享功效

借助 HSE 信息系统中井下作业分公司内部和外部的典型隐患案例、图片，深挖隐患产生的根源，需要吸取的教训，指导实际工作的预防措施，制成图文并茂的分享专题。在井下作业分公司室外大屏幕上开辟了“隐患曝光台”，定期发布分享专题，使普通员工在未登陆 HSE 信息系统的情况下，通过视觉冲击，获得隐患信息分享，并从中获得启示。

（三）细化统计汇总，实现预报预警

为了拓展 HSE 信息系统的数据应用，利用该系统强大的分析汇总功能，将隐患数据筛选出来，再利用 HSE 监察室内部管理软件，参照国际通用的故障模式及影响分析（FMEA）方法，按照隐患危害程度和发生概率进行分值量化，最后以单井次扣分量为纵坐标，以时间为横坐标，制作成“安全生产态势图”。在一定程度上，能够直观反映井下作业分公司安全管理的发展态势，为领导决策提供依据，做到超前预报、及时预警。

（四）延伸数据作用，实现科学考评

利用 HSE 信息系统，将各基层队在一段时间内（年、季度、月份）的隐患数据定期汇总分析，按照隐患数量、危害程度、隐患发生率、闭环整改率对井下作业分公司基层队进行综合排名，年终评选出本年度“HSE 标准化基层队”、“标准化班组”，按照一定比例，对排名靠前的队伍、班组进行表彰奖励，对安全管理水平低的基层队严加考核。通过树立典型和奖优惩劣，推动井下作业分公司 HSE 管理水平整体提升。

坚持机制创新　推行监管分离
努力构建适应油田加快发展的“大监督”格局

长庆油田

近年来，中国石油长庆油田公司（以下简称长庆油田）实现了持续、快速发展，2010年油气当量突破3500万吨，2011年将跨越4000万吨大关。在增储上产的进程中，长庆油田全面推行市场化运作，始终坚持“环保优先、安全第一、质量至上、以人为本”的理念，不断加大安全环保工作力度，逐步探索并建立完善了适应长庆油田加快发展的安全环保监管机制，为快速发展提供了强有力的保障。本文分两个部分进行叙述。

一、安全环保工作面临的主要困难

（一）生产、工作区域高度分散，管理难度极大

长庆油田勘探面积37万平方公里，南北长1100公里，东西宽500多公里，生产区域25万平方公里。50多个生产、服务单位分布在陕、甘、宁、蒙、晋五省（区）的15个地（市）61个县（旗）。生产、工作区域高度分散，管理难度极大。

（二）生产、建设任务繁重，安全生产压力巨大

4年来，平均每年增长原油产量200万吨以上、天然气产量30亿米^{3}以上；钻井8000多口、进尺近2000万米；试油气井6000多口、10000多层（次）；井下作业近50000井次；建设各类场、站近百座。生产建设任务十分繁重，安全生产压力巨大。

（三）市场化、社会化队伍众多，监管难度很大

近年来，油田有800多部钻机、500多套试油（气）机组、600多部修井机组，加上地面建设和测录井等施工队伍，共有3000多支市场队伍、30多万人参加油田生产建设（见图1）。

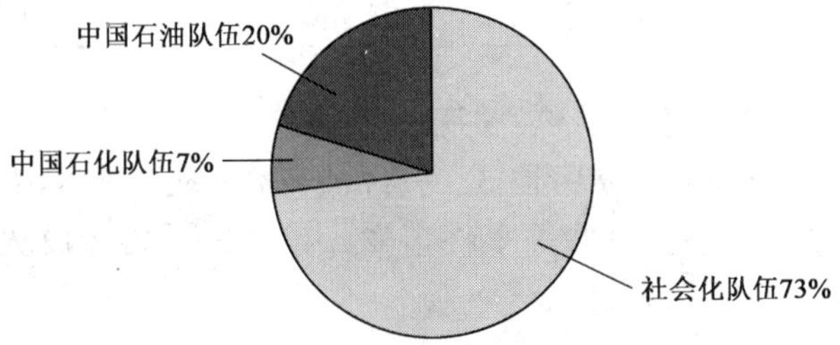

图1　市场队伍结构图

市场化、社会化施工队伍人员素质参差不齐，安全管理基础相对薄弱，安全监管难度大。

（四）各类井（站）、特种设备快速增长，安全风险增大

长庆油田各类井（站）及特种设备见表 1 和表 2。

表 1　长庆油田油、气、水井统计表　单位：口

油井生产井	天然气生产井	注水井	总　计
30968	4379	9781	45128

表 2　长庆油田场站（库）及特种设备统计表

三级及以上原油集输站库（座）	天然气集气站（座）	天然气净化（处理）厂（座）	锅炉（台）	压力容器（台）	起重机械（台）	加热炉（台）	厂内机动车辆（台）	压力管道（公里）
72	147	10	203	5538	404	837	427	21180

（五）车辆多、道路差，交通安全风险大

油区山大沟深，弯道多、坡度大，道路条件很差，交通风险大。车辆、道路统计见表 3 和表 4。

表 3　长庆油田生产车辆统计表　单位：辆

内部车	外雇车	大客车	中客车	小客车	客货车	工程车	货车	罐车	特种车	其他	总计
3411	7831	140	144	3910	2401	385	1597	1330	830	505	11242

表 4　长庆油田油区道路统计表　单位：公里

土路面	砂石路面	沥青路面	道路总长
20387	3581	1724	25692

（六）自然条件恶劣，生态十分脆弱

长庆油田主要生产区域自然环境极差，并多处于环境敏感、生态脆弱区，安全环保责任大。长庆油田环境敏感区见表 5。

表 5　长庆油田环境敏感区域统计表

主要河流（条）	水库（座）	饮用水水源保护区（个）	自然保护区（个）	林场（个）
42	16	10	6	1

（七）外部治安环境复杂，增大安全环保风险

绝大部分油田位于老区及边远贫穷地区，受经济利益驱动，油区治安形势恶劣。打眼盗油、哄抢原油、非法侵占油井及打井等事件多发、频发，极易造成火灾爆炸和环境污染事故。

（八）转岗和新上岗员工大量增加，安全生产基础比较薄弱

2008 年重组以来，转岗员工和新上岗员工大量增加，新增员工 8750 人，转岗 20000 人

（见图2），其安全基本知识、应知应会知识等亟待提升。

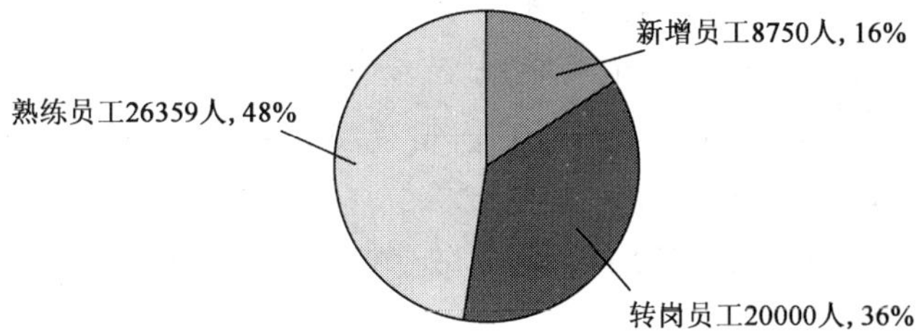

图2 操作员工结构图（操作员工总数：55109 人）

（九）地质情况复杂，风险识别难度加大

风险一：长庆油田总体上是“三低”（低渗、低压、低丰度）油田，但随着超前注水的实施，地层原始压力发生变化，局部也会出现高压、高产，井控风险加大。

风险二：随着长8、长10等新层系的开发，高气油比（大于100 米^3/吨）区域增多，油井伴生气量大，极易引发井喷及火灾爆炸事故。

风险三：部分生产区块硫化氢、一氧化碳等有毒有害气体含量较高，极易造成中毒事故。

（十）油气并举，气田下古施工风险大，安全要求高

长庆油田属油气并举，下古气藏埋藏深，在4000 米以上，气区 H_2S 含量高（几千 ~ 几万 ppm），安全要求高，施工风险大。

面对以上困难和挑战，长庆油田持续加大安全环保管理力度，积极构建专业化安全环保监督队伍，逐步探索并建立了“监管分离”的运行机制和安全生产“大监督”的格局，收到了良好效果。

二、加强安全环保监管的主要做法

按照“管业务必须管安全”的原则和“监管分离、异体监督”的工作思路，从2006 年开始，针对“内部油气生产和承包商监管”两大业务的特点，分别建立了“油气生产、钻井工程、地面建设、井下作业”四大安全环保监督模块，形成了完善的安全环保“大监督”格局（见图3）。

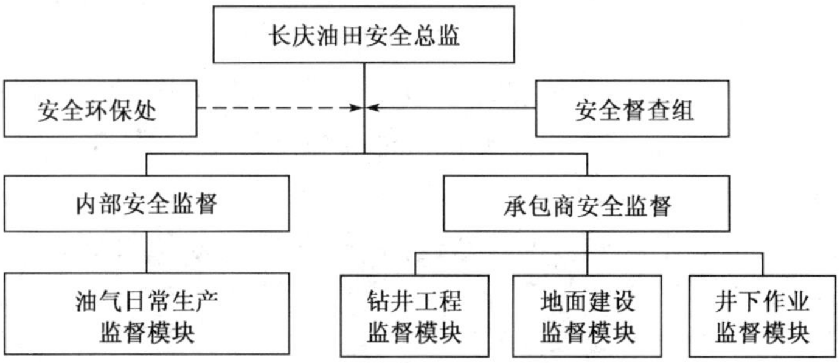

图3 长庆油田安全环保大监督格局体系图

目前，公司共有 3000 多名专职监督人员（不包括兼职人员），每年支付各类监督管理费用超过 5 亿元。“四大模块”的监督管理运行情况如下。

（一）内部安全监督——油气日常生产安全监管

2006 年以前，各二级单位既有安全管理人员，又有安全监督人员，是自己管理、自己监督，监管没有分离。其运行结果是：各二级单位往往是重生产、轻安全，对存在的隐患、问题一般都采取睁只眼闭只眼的态度；监督不敢严格执法，有问题看领导眼色办；公司也不能准确掌握基层单位的真实情况，得到的信息往往都是经过二级单位过滤后上报的，无法采取针对性措施。

2006 年以后，为了落实好“属地管理原则”，加强监管力度，公司对各二级单位的监督力量进行了整合，将原隶属各采油、采气单位的监督全部从各二级单位分离出来，新组建成立了油田公司安全环保监督部。

安全环保监督部是公司的直属二级单位，业务直接向公司总经理和安全总监负责，代表公司派驻各生产单位进行安全环保监督，与各二级单位实现了监、管分离。生产单位是“管理者”，安全环保监督部是“监督者”。

安全环保监督部（见图 4）内设 1 个正处级的督查组，下设 12 个副处级的监督站，全部派驻到各二级生产单位。现有人员 320 人，其中正处级 3 人，副处级 18 人，科级 95 人。监督费用由公司直接下达给监督部，2010 年发生费用近 8000 万元。

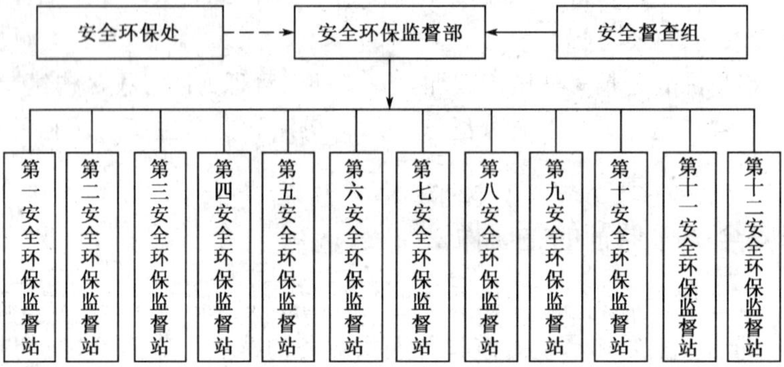

图 4　安全环保监督部机构设置图

按照就近监督的原则，各监督站实行分区域监督，对二级以上油气站库采取驻点监督，对重点施工作业实行现场跟踪监督，对日产生产进行巡视监督。

与此同时，为了加强各二级单位自身的安全环保管理工作，更好地落实好“属地管理”，对安全风险等级高的甲、乙类生产单位全部新增配备了主管安全副总工程师。目前公司共配备了 31 名安全副总工程师。

油气生产实现监管分离后，现场监督职责到位，监督力度明显加大，安全监管成效显著。

（二）承包商监督——钻井工程安全监管

1998 年重组改制以后，油田公司所有的钻井作业、试油压裂（以后简称钻井工程）全面推行市场化运作。为了加强承包商的安全管理，公司及时成立了工程技术管理部，配备了5名处级干部，50多名专业管理人员。

2006年以前，钻井工程安全监督的运行模式是：由各产能建设项目组自行聘请监督。虽然各监督公司也是独立第三方监督，行政关系不隶属项目组，但因为其与项目组有经济合同关系，在进行监督的过程中经常受制于项目组，对发现的问题不能如实向上反映，甚至存在包庇、袒护的现象，影响了安全和质量。

2006年以后，为了更好地发挥现场监督的作用，使其有职有权，敢抓敢管，公司对钻井工程安全监督模式进行了调整。在工程技术管理部（见图5）成立了监督管理科，同时将监督费用（2010年发生费用3亿元左右）直接下达给工程技术管理部，由工程技术管理部直接聘请监督并与之签订合同，然后再派驻到各产能建设项目组进行监督。

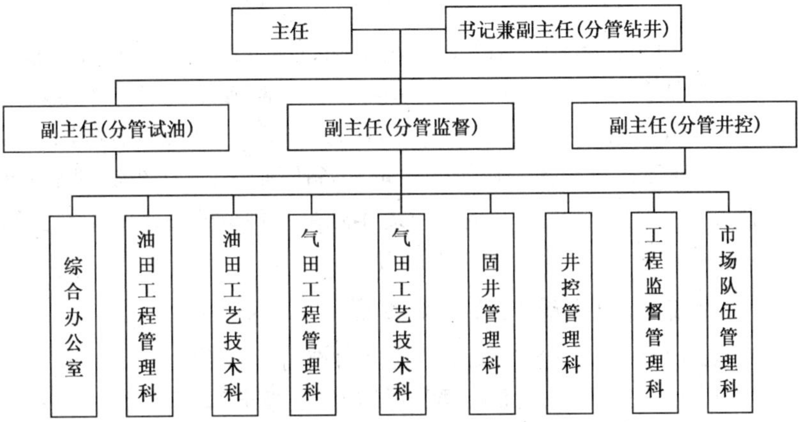

图5　工程技术管理部组织机构图

钻井工程安全监督直属工程技术管理部管理，代表公司驻项目组进行监督，与建设项目组实现了监、管分离，现场监督完全没有了后顾之忧，达到了独立监督的目的。

此外，为了便于管理、提升素质，将公司原有的工程监督处与瑞星石油工程技术服务公司、北京迪奥沃尔、华北四达公司等各社会监督公司进行了整合，由工程监督处统一管理和监督（见图6）。

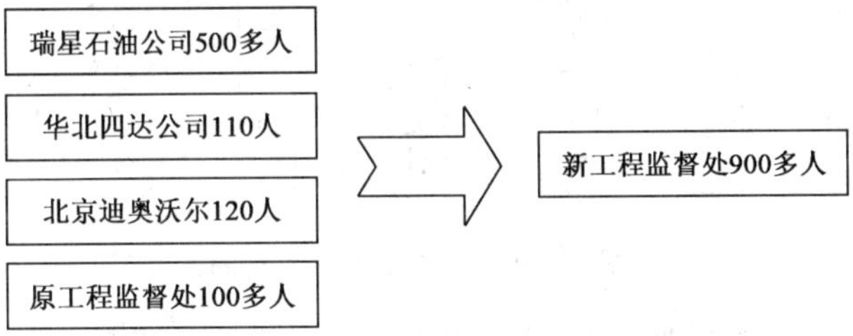

图6　工程监督处整合示意图

与此同时，针对市场化队伍多、安全基础相对薄弱的实际，为了加强监督工作，充分发挥中国石油的整体优势和专业优势，公司还及时支持川庆钻探和长城钻探新组建成立了川庆监督公司、长城监督公司，专门为长庆油田提供监督服务（见图7）。

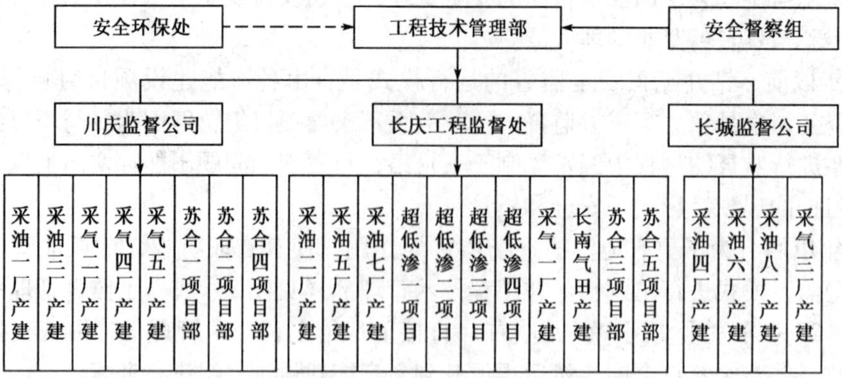

图 7　长庆油田公司钻井工程监督结构示意图

目前，在长庆油田负责监督的三家公司都是中国石油天然气集团公司内部单位，现有各类监督 1500 多人，其中长庆工程监督处 900 多名、川庆监督公司 300 多名、长城监督公司 200 多名。油田钻井、试油监督人员和施工队伍的数量配备比例已由原来的 1∶3 提高到了 1∶2；气田钻井、试气监督人员和施工队伍的数量配备比例已由 1∶2 提高到了 1∶1。

由于加强了监管，承包商队伍的安全隐患逐年减少，现场管理水平不断提高，较好地推动了施工队伍由“数量型”向“质量型”的转变。

（三）承包商监督——地面建设安全监管

1998 年重组改制以后，油田公司地面建设全面推行市场化运作，为了加强安全管理，公司也相应成立了基建工程部（见图 8），配备了 6 名处级干部、30 多名专业管理人员。

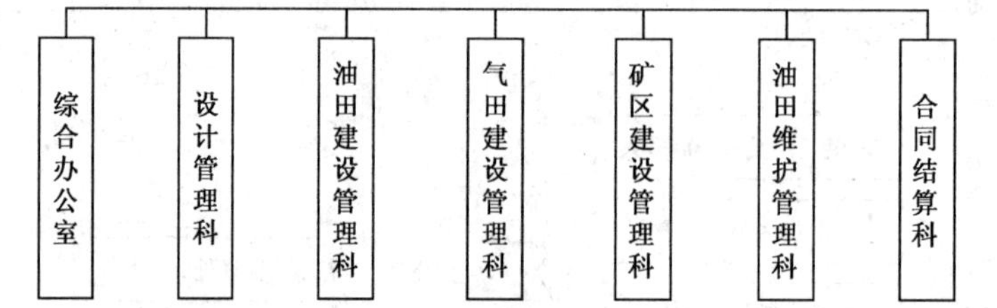

图 8　基建工程部组织机构图

2003 年以前，地面建设的监督运行模式是：由各产能建设项目组自行聘请监督。2003 年公司对地面建设的监督模式进行了调整：在基建工程部成立了油、气田建设管理科负责监理管理工作，同时将监督费用直接下达给基建工程部，由基建工程部直接聘请监督，然后再派驻到各产能建设项目组进行监督。但当时地面建设工程监督仅对工程质量、工期控制进行监理，安全监督职能缺失。

2006 年，依据国家相关法律法规（《关于落实建设工程安全生产监理责任的若干意见》、《中国石油油气田地面建设工程监理管理指导意见》），公司及时明确了监理单位的安全监管职责，各监理单位完善了安全监管组织机构，落实了安全监管人员，制定了统一的安全管理制度和安全检查内容。

为了便于监理业务实现专业化管理，2009 年，公司又将内部 2 个监理单位（长庆工程建设监理有限公司、长庆科技监理公司）进行了整合，组建成立了新的长庆工程建设监理有限公司（简称长庆监理公司），是油田建设监理工作的主要依托力量，共有员工 500 多人。

长庆监理公司下设 5 个工程监理经理部，每年根据现场建设情况组建 30 多个监理部，派驻各施工现场进行监理（见表 6）。

表 6　长庆监理公司各监理部监理区域分布表

监　理　部	监理区域分布范围
第一工程监理经理部	采气二厂、采气三厂、采气四厂、采气五厂、苏里格合作区块产建及维护技改等工程监理
第二工程监理经理部	采油二厂、采油七厂、超低渗透油藏第一项目部、超低渗透油藏第二项目部、超低渗透油藏第四项目部、庆城物业服务处产建及维护技改等工程监理
第三工程监理经理部	采油四厂、采气一厂、长南气田开发项目部、靖边物业服务处、采油一厂、第一输油处、河庄坪综合服务处产建及维护技改等工程监理
第四工程监理经理部	采油五厂、采油六厂、第三输油处、采油三处、定边基地、采油三厂、采油八厂、第二输油处等单位工程建设及维护技改工程监理
第五工程监理经理部	西安矿区及西安周边未央湖、高陵、咸阳、礼泉、庆阳、银川、延安、靖边等矿区的房屋建筑及外围业绩工程项目监理

此外，对工程技术含量高，施工安全风险大的“天然气处理厂增压站、注气试验站、石油商业储备库”等工程，还引进了监理经验丰富、专业化程度高的两支专业监理队伍，确保了高风险的单项工程全过程安全受控。

长庆油田现有各类地面监理人员 500 多人（见图 9），每年支付监理费用超过 7000 万元。

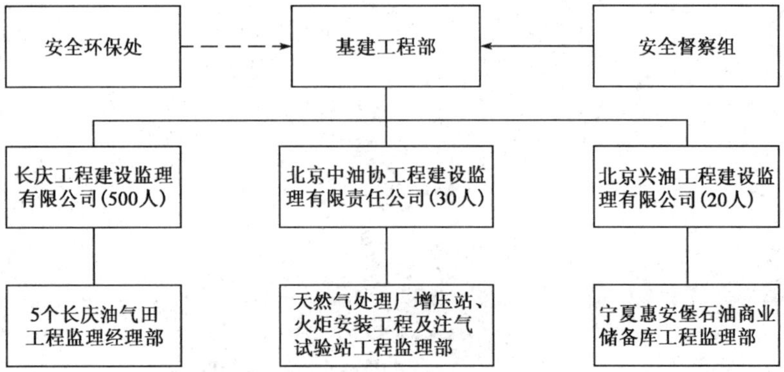

图 9　地面建设安全监督机构示意图

（四）承包商监督——井下作业安全监管

2008 年，长庆油田实施了持续重组，三个采油技术服务处整体划转油田公司托管。根据油田加快发展的形势和未上市企业整体扭亏的客观实际，油田公司审时度势，将三个采油服务单位全部整体转型至从事超低渗透油田开发，仅保留了一些大修及措施作业队伍，井下作业全部依托市场化来运作。

加强信息动态管理　确保作业风险受控

长庆油田第二采油厂

长庆油田公司第二采油厂（以下简称采油厂）处于黄河流域中游，地形复杂。全厂正常生产油水井4400余口，各类站库139座，拉油点294个，依地形地势而建，呈发散式布局，点多、面广、线长。油区道路状况差，每天生产组织用车520多台，交通管理难度大。各类机泵4475台（套），每日设备设施检维修等作业100多起，高危作业和非常规作业繁多。

为了有效控制交通安全风险、高危作业和检维修作业过程中的风险，采油厂从各项非常规作业的计划源头抓起，实时掌握作业信息和实施动态，提前计划，超前组织，有效控制了日常生产组织过程中的动态风险。

一、风险分析及管理思路

采油厂平时巡井、管线巡护以及生产运输基本都在油区进行，油区道路多为钻前道路，梁峁、沟壑、桥梁众多，周边人员居住密集，当地农用车、摩托车等共同行驶，环境复杂，交通安全管理风险大。

作业现场多处于油气生产区域，存在易燃易爆介质泄漏的风险，一旦发生火灾或爆炸事故，危害程度巨大。同时，作业过程涉及岗位多、工种多，参与人员多；使用的设备设施类型多，作业过程中的配合协调要求高，作业过程机械伤害、高处坠落、触电等风险较大。

在采油厂，抽油机、输油泵是基本设备设施，数量多，检维修作业工作量大。员工接触人数多、接触频率高，不可确定因素多，相应的作业过程风险增大。

针对以上风险，采油厂确立了一系列风险控制思路。加强沟通和信息共享，各级管理、监督部门及时掌握全厂车辆运行。全面分析，明确重点，各级监管人员对非常规作业分类分析，明确监管重点。监督检查，及时纠正，各级监管人员根据监管重点开展针对性监督检查，及时发现作业过程中存在的问题，纠正违章行为，削减作业隐患，确保作业过程安全运行。及时分析，综合治理，通过一个阶段作业量的分析，判断作业次数频繁的生产区域或生产系统，进行综合治理和改造，达到减少作业频次降低风险的目的。严格考核，持续改进，对监督检查发现的典型问题和好的做法，及时进行通报和共享，互相交流，提高管理水平。

二、主要做法

（一）强化源头管理，作业信息受控

针对车辆调派和非常规作业管理，采油厂实行作业计划信息提前上报，采油作业区及集输大队等单位根据阶段工作计划及重点，收集落实当天的作业进度，梳理第二天的作业计

划。每天下午 16 时前将第二天的车辆调派任务、非常规作业计划上报厂部，厂部及时了解和掌握非常规作业信息和行车计划信息。

对当天发生的计划外生产组织用车和临时性非常规作业任务，随时发生，随时上报登记。通过作业信息的收集、上报，督促基层单位加强非常规作业和车辆调派的预见性管理，为有效开展、落实工作前安全分析，制定安全防范措施奠定了管理基础，减少了日常作业的随意性和盲目性。

（二）实施资源共享，作业动态受控

非常规作业信息、行车计划信息收集汇总后，厂部生产运行科、井下作业科、井下作业监督站、质量安全环保科、消防大队以及第二安全环保监督站等单位人员进行信息共享，各级管理人员和 HSE 监督人员清楚掌握全厂次日的车辆调派和作业动态，根据信息确定主要作业内容、作业单位和设备设施，从而明确作业过程管理、监督重点，业务部门有针对性地落实专业监督，减少了各项作业监督的随意性和盲目性。

（三）明确管理责任，作业过程受控

一是车辆调派执行《行车任务计划书》。通过明确车辆具体任务、行车路线、天气状况和司驾人员等要素，综合评价风险等级，确定行车过程的风险控制及措施。车辆行驶前，驾驶员及乘车负责人确认签字，对车辆行驶过程进行监督。

二是非常规作业严格执行作业许可管理制度。根据具体作业内容进行工作前安全分析，制定作业方案，明确安全培训内容和防范措施，作业申请人、作业批准人及作业相关人员现场检查确认各项安全措施落实到位后签发作业许可证，监护人员全程监护实施。

三是设备设施的检维修作业执行岗位标准作业程序和作业派工单。由作业派工单位负责人签发检维修作业派工单，明确作业内容、作业过程所执行的具体岗位标准作业程序或操作卡，明确作业负责人、作业现场监护人及安全防范措施落实人，开展作业前安全分析，对作业现场环境及作业条件、安全防范措施进行明确。

通过作业前的风险分析和过程责任的落实，作业过程动态风险得到有效控制，减少了安全防范措施制定时的随意性和盲目性。

（四）坚持监督考核，管理环节受控

一是针对车辆调派计划的落实，厂部及各采油作业区等单位成立了 GPS 监控岗，按照行车计划对运行车辆进行实时监控；结合路查路检，对超速、超员、超任务区域行驶等现象及时监控和防范，对发现的违章及时查纠。

二是对重点的高危作业、检维修作业，厂部安全环保督查组、消防大队防火员、派驻专职安全环保监督等进行现场督查，对作业内容、风险识别分析、安全防范措施、作业许可制度的执行和落实等现场安全管理情况进行不定期、不定点监督检查，规范现场安全管理。

三是对现场监督检查发现的好做法、典型问题和普遍现象进行综合分析，在月度安全环保形势分析会上进行分享，典型问题进行通报，对照检查，举一反三，全面整改。

四是开展月度对标考核，进行月度综合考核排名。针对检查发现的典型问题进行分析，促进各单位之间互相学习和交流，寻找差距和不足，达到持续改进、提高作业现场安全管理水平。

三、取得的效果

一是作业计划性加强，避免了无序作业。各项作业有计划，强化了作业的源头管理，工作前安全分析准备充分，作业过程监护、监督责任落实到位；减少了临时性工作任务，有效地避免了准备不足、风险识别不全面作业带来的隐患。

二是作业过程动态风险得到了有效控制。乘车人及作业现场负责人、监护人职责的明确和落实，使作业过程协调、配合和监护到位，各项措施、制度得到有效执行，从而使作业过程动态风险得到了有效控制。

三是加强了生产过程的风险管理。（1）通过各项作业动态的掌握和实时监控落实，提高了各单位日常工作组织调控能力，加强了管理基础；（2）通过阶段性工作分析，掌握作业计划落实及临时性工作发生率，查找临时性工作经常发生的区域及范围；（3）通过高危作业发生频次，确定作业主要发生的生产系统及范围，系统分析存在的主要问题及隐患，制定综合治理方案，系统进行改造、维修和完善，巩固安全生产基础。

自2009年开始实施作业信息动态受控管理以来，加强了作业计划管理、作业过程环节风险识别和控制、针对性的监督检查和对标考核等工作，降低了三违现象，HSE管理体系得到了持续改进。在今后的工作中，还需结合作业许可等管理制度，进一步加强综合分析，对非常规作业集中的生产场所或设备设施制定完善的综合治理措施，提高本质安全管理基础，从源头上控制和减少非常规作业，从而达到生产过程全面受控、降低风险、安全生产的目的。

开展安全观察与沟通　实现行为安全受控

塔里木油田

安全观察与沟通的实践是“以人为本”安全管理哲学与行为管理工具的有效结合。敏锐的观察能够发现员工操作、工作条件、作业环境等方面当中存在的偏差和异常，平等互动的沟通能够取得员工更安全操作的承诺，有利于培养安全的行为习惯。

一、安全观察与沟通的本质内涵

安全观察与沟通是通过对作业或管理过程的观察，发现在员工行为、工作条件、作业环境等方面的安全或者不安全的现象，通过有效的沟通，及时予以肯定或者纠正的一种有效的现场安全管理方式。行为安全观察与沟通是体现“人本安全”管理理念，展现有感领导，培育安全文化氛围，推动安全文化建设进程的有效方式，也是将传统的“单向—命令”、“粗放—感觉”、“事后—被动”的安全管理转变到“双向—互动”的安全管理，是以数据驱动科学的“精细化”管理，是预测型、前瞻式安全管理的有效工具。

安全管理经验表明，再好的行为如不及时首肯、鼓励也不会持久，坏的行为不及时纠正则会蔓延；工作场所本身永远不会绝对安全，工作场所里人们的行为决定了事故是否发生。关注物的状态重要，关注人的行为更加重要，而安全行为决定于安全观念和意识。安全观察与沟通从关注物的状态向关注人的行为转变，从以单纯的“手电筒”方式的检查问题、挑毛病，向更加注重表扬肯定转变。管理者透过表现在员工身上的问题，以“照镜子”的方式查找并纠正自己管理（系统）上的偏差和不足转变，从被动、定期完成检查任务向主动随时随地“走动式”的宣传“人本安全”理念、提升员工安全素养转变。通过这种方式的转变，让员工感觉到管理层在真心关心员工的安全，在与员工共同创造安全的工作场所，从而转变安全观念、提高安全意识、规范安全行为、固化安全习惯。

基于这样的经验，安全业绩的持续改善，必须建立在管理层及组织内所有人员落实频繁地参与安全观察与沟通的基础上。只有通过各级领导将安全观察与沟通变成日常化的管理活动，并带动组织内所有人员参与，才能改变安全管理氛围，营造安全健康的工作环境，并不断激励员工工作热情，提升员工的满意度。真正实现前瞻式、预防性的安全管理，真正体现对人的关心、对生命的关爱的企业核心价值。

二、安全观察与沟通的推进方法

中国石油塔里木油田公司（以下简称塔里木油田）将各级管理层落实安全观察与沟通作为转变安全观念、提升安全技能、养成安全习惯、营造安全文化氛围、实现过程与源头管理，形成安全生产常态化的最基本也是最有效的工具和方法。

（一）开展全面的方法培训，全面启动安全观察与沟通

在安全文化推进之初，就由杜邦咨询顾问开展了覆盖各级领导的安全观察与沟通方法的培训，旨在让各级领导充分认识观察与沟通的意义和掌握基本方法，并下发了各级领导行为安全观察与沟通标准，对观察与沟通的频次、具体做法等提出了明确要求。为了达到观察与沟通目的，有效的沟通一般有以下几个步骤：

（1）观察，决定采取行动，安全地制止不安全行为；

（2）肯定该员工作业方式中安全的部分；

（3）讨论不安全行为，包括后果和更安全的工作方式；

（4）取得员工安全工作的承诺；

（5）讨论其他安全问题，听取员工的建议；

（6）感谢员工。

塔里木油田在安全文化建设初期，就在站队级以上领导中全面启动了观察与沟通的活动，对各级领导必须完成的基本数量和质量提出了严格要求，将安全观察与沟通作为推动安全文化的重要形式。要求各级领导不仅将安全观察与沟通作为基本职责，而且要求每位领导必须提升自身和下属的沟通技能，做好领导示范作用。

（二）转变观念，提升技能，熟练应用，养成习惯

光有理论，不经过实践的训练，还不足以做好安全观察与沟通。数据显示，安全文化推进初期安全观察与沟通质量明显不高，表现出现场检查审核时问题多而领导每次观察到的问题少、偏重于发现物的问题、与员工沟通交流不够等现象。这其中有观察与沟通技巧的问题，但更多的却是中国传统的上下级指示、汇报式的安全管理模式的问题。这种理念的转变和习惯的改变，对各级领导来说是很大的挑战。

针对这种情况，塔里木油田在初期方法培训的基础上，开展了杜邦顾问对处级以上领导的一对一观察与沟通技巧辅导，并制定了各级领导对下属一对一的辅导计划，旨在加速理念的转化，提升观察与沟通技巧，强化“走动式”管理方式的落实，推动安全管理方式的转变。以往领导到现场多有较多陪同人员，员工往往没有机会直接与领导沟通，领导见到员工也总会有更高的要求，员工没有信心见领导。现在领导到现场，一般都会主动单独找员工，与员工一起进行一次巡检或作业。领导不再是要求，而是向员工请教学习。员工不再没有信心，反而可以跟领导讨论，甚至提意见，还会得到领导的肯定、关心和感谢。

塔里木油田推进行为安全观察与沟通的经验表明，六步法并非机械的六个步骤，根据现场情况，以拍拍肩膀、竖竖大拇指等更加轻松、随意性的表扬、鼓励和感谢方式，真正体现关爱及人性化的管理，达到拉近员工与领导之间的距离，逐步规范工作行为，形成良好的工作习惯，营造良好的全员参与的工作氛围才是关键。例如，在炎热的夏季，一位主管进行的一次观察与沟通中，发现一名承包商员工进行锤击作业时没有戴防护眼镜和手套。经过沟通，承包商员工带起了眼镜和手套，主管没有顾忌夏日的炎热，现场转了一圈后，第二次来到该承包商员工面前，发现他仍没有戴眼镜和手套。主管没有批评，而是又一次耐心地进行了沟通。第二天，主管又来到承包商员工面前，承包商员工虽仍然没有戴，但他已经有意识

主动戴上了。主管向他竖起了大拇指，没说一句话，而承包商员工却主动向主管承诺以后一定戴好。而一位站队负责人到现场观察过程中，对承包商员工没有正确佩戴安全带的行为未及时纠正，当现场属地主管再来纠正时，承包商员工有些不以为然，还差点与属地主管发生争执，因为站队领导都没管，属地员工也不应该管。安全观察与沟通中需要各级领导保持高度的安全敏感性，领导的最低标准可能是员工的最高标准。

通过实践，每位领导都深切知道安全管理没有捷径，已经习惯于不断肯定和鼓励好习惯，持续纠正坏习惯。在持续观察与沟通中，员工行为习惯逐渐改变，自觉意识明显增强，领导也从中体会到学习提升和沟通释放的乐趣。观察与沟通方式的应用，使领导的观念在变，员工的行为在变，领导和员工的关系在变。安全文化就在员工行为习惯这样一点一滴的改变中形成着。由于各级一把手的示范和影响，安全观察与沟通在油田全面推行，各级领导都能熟练应用沟通技巧，完成率由初期的 79% 提升到目前的 134%（处级以上领导）和 267%（科级以上领导）。

（三）数据统计分析，分享共享经验

塔里木油田开发了生产现场和办公室行为安全观察与沟通卡，分别规范了行为安全管理及作业和办公环境方面高度概括出来的六个方面观察的内容，并根据现场实践和安全文化推进中出现的问题，对安全观察与沟通的内容进行了不断完善，陆续将属地责任等内容加入并固化到观察与沟通卡，引导观察与沟通的深入开展和作用的持续发挥。

塔里木油田还开发了安全观察与沟通软件系统，对观察与沟通的数据进行统计分析。随着观察数据的积累，目前油田已形成了初步的安全观察与沟通数据库。通过观察数据的统计和趋势分析，已经可以查找管理上的薄弱环节，进行前瞻式的安全管理。比如从数据统计可以清晰地发现，每年的夏季为检修高峰期，由于时间紧任务急等客观原因，往往造成不安全行为频发，这一时段各级领导进行观察与沟通的次数明显增多，显示他们已经把安全管理的重心下移，真正开始落实预防为主的管理理念和承诺。

塔里木油田的推进实践中，发现各级管理层初期对安全观察与沟通对改进安全管理、培育安全文化的重要性和必要性的认识存在差异。这对全面推进该要素是个挑战。现在油田正计划由统计完成观察与沟通的数量向搜集优秀的观察与沟通个案，建立安全观察与沟通最佳实践信息的平台转变。例如，一位领导在审核时发现承包商员工没有戴手套进行尖厉的废弃物残片清理作业，领导没有跟员工强调单位的规章制度，而是紧握承包商工头布满割痕和老茧的手，深情地关怀到“我们的双手都需要保护，你的孩子也不希望你用这样的手去抚摸他的脸。”没有太多言语，但承包商员工被深深感动了，因为除了父母还没有谁这么深情地握过他的手。于是这名承包商工头要求他的伙伴一起带起了手套。这个例子生动地展示了真心沟通的力量，成了观察与沟通的典范。

没有人愿意受伤，没有人不想安全，从内心真心关爱最能深切感动人，这对做好安全观察与沟通最为重要。这种鲜活的经验就像是营养的雨露，使得各级领导开展安全观察与沟通的质量和意愿明显提升。实际上，如果说塔里木油田安全文化取得些许成绩，各级管理层亲自参与观察与沟通的实践功不可没。安全观察与沟通正在“使安全变成习惯，使习惯更加安全”。

三、问题及对策

问题1：各级领导在实施过程中将遇到新老观念的碰撞和挑战。

对策：通过辅导，让各级领导充分认识安全观察与沟通的推广，关系到文化理念的碰撞，不会发生立竿见影的变化。根据金字塔理论，做好安全观察与沟通是最有效的提前预防管理方式。通过尊重式的沟通，而不是理论的灌输和强制执行，通过沟通辅导和导向性的活动，让各级领导接受理念，并将观察与沟通变成习惯。

问题2：观察与沟通急于求成，过早要求员工开展的现象。

对策：在推行安全观察与沟通后，现场、习惯和观念都发生了很好的变化，有些领导急于求成，认为全员负责可以启动了，要求员工开始开展观察与沟通。通过两年的实践，认为员工开展该活动偏差较大，经过分析，认为实现全员自主甚至团队的安全管理文化，是改变思想、创建全新“以人为本”先进文化的过程。这个过程必然经历有感领导的引领和带动，各级管理者亲自实施的频度和质量，决定着员工观念的转变和文化改进的进程。只有领导做好，才能潜移默化地带动影响员工参与，而不是追求形式，也不能急于求成。

以人为核心　实施关键人员变更管理

塔里木油田

现代企业安全生产管理理论认为人为因素是造成事故发生的主要因素之一，而那些掌握丰富的专业知识、拥有娴熟的岗位生产管理和专业技术经验的人员对企业生产安全具有重要作用，往往这些人员的变动、离职、空缺将会对安全生产造成影响，如果接替人员不能达到岗位安全需要则会带来重大的安全隐患。

目前很多企业在人员的调动、调配上采用一体管理和宽松的流动机制，对安全生产具有重要影响的关键岗位与一般岗位从未区别对待，没有认识到关键岗位人员所具备的专业知识和专业技能对安全生产所起到的主导作用，忽略了因这些专业知识、技能和岗位经验流失所产生的风险。例如，某站维修班长参与了该站过去几年某大型设备的检维修工作，清楚该设备维修过程中一些细微的维修偏差、材料性能和维修技巧等等。该名班长调离后，新任班长对维修技巧、维修偏差及材料性能不清楚，仍旧按照其原单位维修方法进行维修，结果不仅不能保证设备的运行质量，还会导致一系列的严重后果。

一、关键人员变更管理的意义

人员的变更本身就是一种风险，而那些进行工艺装置设备管理、操作与维修的关键人员的随意变更是事故发生的根源之一。因此引入“关键人员变更”要素针对的正是控制因这类人员变更可能导致的人员技能或胜任能力偏差而引起的风险，预先采取针对性的控制措施，确保变更人员满足保证关键岗位安全生产所需的专业知识和技能的最低要求，有效地控制人员变更带来的风险。

更为关键的是关键岗位人员变更过程的实施，真正将安全引入企业人力资源管理，引导全体员工安全理念的变化，才会促进企业安全核心价值的培育。

二、关键人员变更管理的实践

对工艺安全关键人员变更管理是确保生产单位安全运行的重要手段，可以有效控制变更带来的安全风险。中国石油塔里木油田公司（以下简称塔里木油田）适时地引入了“关键岗位人员变更”，明确生产安全关键岗位人员变更坚持“安全是聘用的必要条件”，变更过程“一切安全隐患必须受控”和“谁主管、谁负责”的属地管理原则。其目的正是针对这些人员具备的特性，在这些人员变动后，关键岗位仍能保持工艺安全运行的相关知识、技能和经验的最低要求，保证工艺设备装置安全运行。“关键岗位人员变更”是个全新的概念，是整个塔里木油田安全文化体系中的一个创新点和难点。

塔里木油田首先明确了人员变更管理的基本要点：

（1）人员流动是企业发展中不可避免的现象，一定程度的人员流动对企业的健康发展有利，因此企业必须重视关键岗位后备人员的培养和储备，确保发生关键人员变更时能够有合格接替人员而不至于造成重大安全隐患。

（2）制定关键岗位入职人员的安全评估标准，在入职人员不能独立履职前应制定临时的安全措施，如限制履职范围、由上级或同级人员代行部分职责等，确保变更风险控制在可接受范围内。

（3）涉及变更的关键岗位人员在变更过程中，直线领导对关键岗位补充接替情况进行审核，包括离职人员的日常工作交接情况、顶岗或接替人员岗位职责的交接情况、对履职新岗位所需掌握的知识和技能等。

（4）直线领导对关键岗位变更负有管理责任，发生变更时直线领导负责对新入职人员进行安全培训和评估，确保新入职人员尽快满足岗位安全需要。

（5）关键岗位人员变更管理不仅仅涉及业主单位，也包含相关的长期服务承包商和一些关键临时承包商。长期承包商关键岗位人员由属地单位与承包商共同识别，建立关键岗位清单和安全评估标准。临时承包商由经营管理部门在经济合同中体现该要素的具体要求和理念，由属地单位负责监督执行。

（一）制定关键岗位管理制度和标准

塔里木油田针对安全生产关键人员变更，由人事部门牵头制定并发布了《工艺安全关键人员变更标准》、《工艺安全关键岗位清单及人员变更管理范例》和《生产安全关键岗位人员变更管理规定》，对关键岗位人员的入职、离职和工作交接有明确的要求，建立了培训和考核制度，规范关键人员的变更管理。

首先明确油田关键岗位标准。塔里木油田确定的生产安全关键岗位主要包括以下三种：

（1）生产、技术、安全关键领导岗位。

各二级单位行政正职、常务副职、分管生产、安全的行政副职、安全总监和勘探开发生产、工程技术、炼油化工类单位分管技术的行政副职、总工程师。

油田公司两级机关勘探开发、生产、安全、设计（包括钻完井、采油气工艺、地面工艺设计等）、工艺设备、工程技术、基建等业务主管部门领导（含副职）及内设相关机构的正副职，包括：油田公司机关勘探开发、生产运行、设计管理、安全管理、工艺设备、工程技术、基建管理等对应职能部门的处长、副处长（主任、副主任），各二级单位机关生产、安全、设计、工艺设备、采油气、钻完井、井下作业、测录井、基建管理等对应部门的主任、副主任（科长、副科长）。

二级单位下设的油气生产、油气储运、炼油化工、电力工程、动力工程、产品制造等基层部门的行政正职、生产（设备）副职、安全监督、总工程师。

从事油气处理、采油气、油气储运、炼油化工、仪表自动化、工程技术服务、水电技术服务、产品制造等基层站队正副职及三级机关设置的工艺、设备、安全、生产管理等部门的正副职。

（2）与安全生产直接相关的一般岗位。

油田公司两级机关专职安全管理岗位。

两级机关参与现场应急指挥、应急处置的生产值班、应急管理岗位。

各基层单位（部门）设置的采油气、钻试修井、测录井、井下作业、工艺、设备、自动化、电气等专业技术岗位。

安全风险较高或需要持证作业的油气处理装置运行、压力容器操作、司炉、变电运行、压缩机运行、机泵运行、起重装卸机械操作等工艺设备操作运行及特种作业岗位。

（3）其他生产安全关键岗位。

被授权签发作业许可证资格的岗位和其他应纳入生产安全关键岗位管理的岗位。

在此基础上，由各生产单位针对各自业务特点和风险，对各生产岗位进行全面的风险识别和安全评估，确定各自的关键岗位和关键人员。然后针对岗位性质和风险不同，以及单位本身的实际情况，制定满足这些岗位安全平稳运行的最低要求。岗位最低要求应该包含满足岗位安全生产所需的基础知识、专业知识、技能等级、身体和学历条件，包含对岗位工作内容了解到何种程度，对工作流程了解到何种程度，对岗位工作相关人员的熟悉程度等内容。确定的关键岗位和变更标准在油田备案。

（二）变更管理实施

根据塔里木油田制定的标准，不同关键岗位人员变更，由各级人力资源部门组织各级安全管理部门对变更人员进行变更过程的评估。

1. 评估程序

提拔到正处级生产安全关键岗位的，对于初始提名人选，由油田公司总经理直接或委托质量安全环保处对其进行评估，评估结果与提名人选的其他情况一并提交油田公司党政联席会议讨论。

竞聘科级和副处级生产安全关键岗位的，在组织公开竞聘前，按照干部管理权限由组织竞聘的人事（综合）部门委托安全管理部门组织对报名人选进行安全能力评估。评估不合格的，不得参加竞聘。

交流任职到生产安全关键岗位的，初始交流人选上会前，按照干部管理权限由组织交流的人事（综合）部门委托安全管理部门对人选进行安全能力评估。评估不合格的，组织培训合格后方可进行交流。

一般生产安全关键岗位公开招聘的，组织公开竞聘前，由岗位的直线领导直接或委托安全管理部门对报名人员进行安全能力评估。评估不合格的，不得参加竞聘。

跨二级单位调动到生产安全关键岗位的，拟接收单位直线领导应直接或委托安全管理部门对拟调入人员进行安全能力评估。评估不合格的，不得允许调入。

二级单位内部岗位调整的，由岗位的直线领导直接或委托安全管理部门对拟入职人员进行安全能力评估。评估不合格的，终止岗位调整或经培训合格后再行调整。

2. 关键岗位人员离职的交接管理

人事部门负责生产安全关键岗位人员离职的程序控制，其中离开塔里木油田的，由人事处（党委组织部）负责，塔里木油田内部调动（交流）的，由调出单位人事（综合）部门负责。

（1）科级及以上生产安全关键岗位人员离职的，必须向顶岗接替人员进行岗位职责交接，交班人根据岗位职责和主要工作内容制定好交接计划及交接记录表，交接双方根据交接计划逐项交接，交接完毕后双方签字认可并经直线领导审核合格后，按照管理权限报各级人事（综合）部门备案，交接内容包括但不限于：岗位业务工作及安全职责，分管业务或区域的安全现状、存在的安全隐患及相应控制措施，其他重大安全事项。

（2）一般生产安全关键岗位员工离职的，岗位直线领导须对岗位的补充接替情况进行审核，需要工作交接的，由岗位直线领导组织交接，并将补充接替情况、工作交接情况以书面形式报本单位人事（综合）部门备案，作为离职审批的主要依据。

（3）员工辞职的，需提前一个月提出书面辞职申请，期间所在单位（部门）组织工作交接，直线领导书面确认工作交接完毕后，方可正常办理离职手续。

（三）替岗人员培养

各单位（部门）应对各生产安全关键岗位所要求的最低任职资格、技能熟练程度和满足岗位需求的最低人数进行定义，建立各生产安全关键岗位人员替岗及职务代理清单，并尽早培养替岗及职务代理人员具备上岗资质。当生产安全关键岗位人员发生变更时，直接上级应采取有效措施保证安全生产，包括但不仅限于：指定后备人员或直接管理人员顶岗，安排合格员工合理加班，从其他岗位调配合格人员。

1. 替岗管理主要内容

建立关键岗位正常要求的知识和技能培训矩阵，明确岗位能力评估标准，利用培训矩阵和能力评估标准对岗位人员进行能力评估，评估岗位员工技能水平，选拔一批安全意识到位、技术能力出众的员工作为关键岗位的后备人员，着力培养。

根据后备人员的特质，结合关键岗位工作的难易程度以及关键岗位的最低要求，制定有针对性的培训计划，培训内容更贴近于关键岗位实际工作内容，加快后备人员的成长。

2. 替岗责任

直线领导对关键人员变更的过渡交接必须进行管理和监督。在过渡交接期间，变更人员的安全表现、知识水平和操作技能都将纳入考核内容，这样既避免了一些宝贵工作经验的流失，又有利于单位经验的积累和文化的传承。

3. 替岗风险控制

关键人员考核合格上岗后，由于其经验和技能与前任有一定差距，应根据人员和单位的实际情况，对该人员实施适当的监管和责权限制，循序渐进，给予成长的空间，以防止因经验不足、技能不熟练等原因造成的安全事件或事故。

为了有效控制关键人员变更带来的风险，各生产单位高度重视知识管理，有意识将关键岗位人员生产运行中产生的技术方案、管理或操作技巧以及有益经验进行收集、整理和汇编，有条件时进行制度化、标准化和图文化，做好变更岗位后备人员培训培养，通过知识管理和充分准备降低变更带来的安全风险。由于人员变更或多或少都会带来安全风险，为了保证整个生产秩序，各生产单位应注重团队建设和关键人员稳定工作，增强组织凝聚力，注重关心爱护关键人员，提高关键人员的组织归属感。

三、推进中存在的问题及对策

问题1：关键岗位人员出现快速流失，后续接替人员数量和能力不足。

对策：出现此种情况一般表明企业组织管理或人力资源管理出现问题，第一应该周期性地对各生产单位关键岗位配置情况进行评估，及时补充后备人员。第二严格人员变更管理防止大数量快速流失现象发生。第三将关键岗位人员稳定机制和后备接替人员培养机制作为企业重要机制来建设，各单位主要领导应该重点关注。

问题 2：承包商关键岗位人员变更管理困难，制约手段少，变更风险大。

对策：大多数承包商存在人员精干、组织简单、学历层次差距大、关键岗位人员后备人员不足的特点，因此在选择承包商和签订合同时应充分评估关键人员变更给业主带来的风险，明确合同约束条款。另外，有意识培养壮大关键承包商，稳定市场进而稳定队伍，给予承包商关键岗位人员发展空间。再者，业主属地单位应营造尊重承包商的氛围，融洽双方关系，培养承包商关键人员的忠诚度，同时承包商内部也应加强管理采取措施稳定队伍。

大力开展 HAZOP 分析
努力提高工艺安全水平

西南油气田

中国石油西南油气田公司（以下简称西南油气田公司或公司）主要从事川渝地区天然气勘探开发生产，区域内人口稠密，地形、地貌复杂，生产的天然气中大多含有硫化氢，安全生产风险较大。因此通过开展危险与可操作性分析（HAZOP），提高工艺安全水平，对确保生产装置本质安全，保证油气田安全平稳开发具有十分重要的意义。

一、领导重视，HAZOP 分析工作起步较早

2000 年，公司领导就专门安排科研单位持续跟踪国外先进的安全评价和控制技术。2004 年根据调研，公司选择在罗家寨天然气净化厂开展 HAZOP 分析，作为提高工艺安全水平的突破口。公司派出由技术主管部门、生产单位一线管理人员、设计人员组成的工作组赴荷兰与 Jacobs 公司共同开展了为期一个月的罗家寨天然气净化厂 HAZOP 分析。除 HAZOP 分析的主席、秘书等关键分析人员由外方资深专家担任外，我方的工艺、仪表、设备等专业人员也都参加了分析工作，通过分析提出改进建议 132 项。随后公司又同挪威 Scandpower 公司合作，共同开展了罗家寨内部集输工程 HAZOP 分析，提出分析建议 73 项。2004—2010 年，公司又先后同 Scandpower 公司、DNV 公司开展了龙岗气田试采工程、阿姆河天然气公司第二天然气处理厂及油气外输设施、土库曼麦捷让气田产能建设集输系统、相国寺储气库等项目的 HAZOP 分析工作。对这些项目的 HAZOP 分析中提出的改进建议，公司领导每次都专门组织相关部门、基层单位、设计单位、评价单位逐项讨论并消项。例如，龙岗气田试采工程 HAZOP 分析提出改进建议 213 项，公司领导两次组织专门会议，利用 5 天时间对所有问题进行了讨论，采纳了其中的 142 项建议，部分采纳了 20 项，其余 51 项由设计单位予以澄清；相国寺储气库项目 HAZOP 分析提出分析改进建议 132 项全部采纳。

二、凭借自身技术实力，开展 HAZOP 分析试点

通过向国外公司的学习和借鉴，公司认为 HAZOP 分析适合在具有流程性特征的复杂工艺装置上应用。应用于新建装置可以确保新建装置的本质安全，应用于在役装置，对在役装置的大修、改造具有指导意义。在全公司范围内推广运用 HAZOP 分析可以提高工艺安全水平，因此公司制定了立足自身技术实力，独立开展 HAZOP 分析的工作目标。

一是公司利用与国外公司合作的契机，有意识地组织公司天然气研究院、安全环保与技术监督研究院的技术人员参加到 HAZOP 分析工作中，通过同外方专家一起工作，锻炼了自

己的队伍，培养了公司22人的HAZOP分析骨干队伍和37人的专家队伍，涵盖了工艺、设备、电气、仪表、自控、安全管理等各个专业。

二是开展HAZOP分析评价师培训，为HAZOP分析的全面开展做好人才储备。HAZOP分析对参加评价的人员要求较高，从已开展的工作情况来看，除应具备专业知识外，还应有实际的生产经验。因此公司在HAZOP分析试点阶段，开展了一系列的培训工作。

公司派出天然气研究院、安全环保与技术监督研究院有丰富设计经验和安全评价经验的同志“走出去”，赴荷兰、挪威、海南、安徽、上海、河北等地参加国家、中国石油天然气集团公司（以下简称集团公司）以及国际知名评价机构如Scandpower、DNV等组织的HAZOP分析培训。13人已获得HAZOP Leader培训合格证书。

公司还邀请Scandpower、DNV以及国内知名培训机构的专家对技术骨干开展HAZOP分析培训。例如，2011年3月公司邀请Scandpower公司专家在成都对公司8个主要生产单位的工程技术人员、安全管理人员、规划计划人员以及天然气研究院、安全环保与技术监督研究院的80余人进行了培训。

同时，公司还开展基层单位工程技术人员的大规模培训。2011年4月，公司结合已开展的黄龙004－X1井站生产装置HAZOP分析实例，对基层单位60名骨干进行了培训。6月，中国石油天然气股份有限公司（以下简称股份公司）勘探与生产分公司组织开展HAZOP分析培训班，公司除安排22名同志参加培训外，还派出公司安全环保研究院的专家授课。同时，西南油气田公司是集团公司HSE体系推进试点单位，2011年的HSE体系推进计划中已要求各单位自行开展工艺危害分析方法的培训工作，HAZOP分析就是其中一项重要内容。从目前各单位的HSE体系推进情况看，HAZOP分析培训已经全面展开。通过培训工作的开展，不仅锻炼和培养了HAZOP分析骨干人员，也使员工在生产工作中养成了自觉、主动使用工艺危害分析的方法处理现场问题的习惯。

三是积极开展课题研究，为HAZOP分析的全面开展做好技术储备。2009年公司承担了股份公司课题《HAZOP分析在天然气净化长的应用研究》（项目编号：2009D1502－06），2010年12月该课题完成并通过验收。通过HAZOP分析在天然气净化厂中的应用研究，形成了一套适用于天然气净化厂的HAZOP分析技术方法。特别是引入了SIL方法、水合物堵塞预测和低温低应力工况判断等方法，在HAZOP分析的基础上实现了半定量化分析。2011年公司又承担了股份公司课题《天然气处理装置（净化装置）HAZOP分析指南》，拟建立一套适用于天然气净化厂的HAZOP分析方法指南，建立适合西南油气田公司典型工艺装置的HAZOP分析数据库，提高分析的质量和效率，最终实现工艺装置的标准化设计。

四是开展定量风险计算（QRA）技术研究，做好HAZOP分析的配套技术储备。HAZOP分析是一种定性的评价，为做好HAZOP分析的功能扩充，公司组织开展了川渝油气田QRA技术研究，旨在对风险进行定量评定，为关键装置的HAZOP分析开展提供评价支撑。目前，QRA技术已经在相国寺储气库项目中得到应用，并为相国寺HAZOP分析提供了判断依据。

五是开展在役装置HAZOP分析试点工作。2010年，公司选择了两套净化装置、一套轻烃处理装置、一套脱水装置、一套增压装置和一套单井集输场站五种不同类型在役装置进行HAZOP分析试点工作。分别由公司安全环保与技术监督研究院和天然气研究院牵头实施，通过试点 HAZOP 分析查找设备设施的本质缺陷，提出改进建议 157 条，其中采纳了 153 条，跟踪核实了 4 条，为隐患整改计划的制订提供了科学依据。

三、制定工作计划，全面开展 HAZOP 分析工作

一是制定制度，使 HAZOP 分析工作常态化。2011 年在公司第一次 HSE 管理委员会上，公司总经理明确要求必须把 HAZOP 分析工作制度化。公司组织安全、规划计划、开发、炼化、造价、财务等部门，按照集团公司下发的《危险与可操作性分析工作管理规定》要求，根据公司实际情况反复研究讨论后，以西南司质［2011］35 号文下发了 HAZOP 分析实施细则。明确了新、改、扩建天然气净化厂、天然气处理厂、炼油化工装置，其他四级及以上石油天然气站场，以及业务主管部门确定的其他具有流程工艺特征且工艺复杂的装置必须开展 HAZOP 分析。对在役装置 HAZOP 分析，明确了以五年为一个周期，在公司每年例行的安全现状评价中组织开展。同时，对各阶段的牵头部门予以了明确。

二是落实费用渠道，保证 HAZOP 分析工作有序开展。公司造价部组织专人，对各种类型的场站 HAZOP 分析工作量进行了统计和核实，编制了新、改、扩建装置和在役装置 HAZOP 分析收费标准，并以西南司造价［2011］85 号发布实施，使公司 HAZOP 分析工作在经费上得到了保证。

三是制定完善了公司“十二五”在役装置 HAZOP 分析工作计划。2010 年末，公司组织开展了在役装置 HAZOP 分析调研，在调研的基础上组织各生产单位讨论并编制了“十二五”在役装置 HAZOP 分析工作计划大表，安排了 162 套在役装置优先开展 HAZOP 分析。其中 2011 年安排的 22 套在役装置的 HAZOP 分析已经开始实施。

西南油气田公司 HAZOP 分析工作起步较早，在实际应用过程中已取得一定的成效。公司将在集团公司的领导下，继续抓好新、改、扩建项目和在役装置的 HAZOP 分析，确保生产系统的本质安全。

一是要继续抓好 HAZOP 分析人员的培训工作，培养分析人员实战经验，为 HSE 体系推进提供更为全面的技术支撑。

二是要建立 HAZOP 分析数据库，提高分析的质量和效率。

三是要建立公司各专业的 HAZOP 分析专家库，提高分析的水平和质量。

四是要在 HAZOP 分析中逐步引入 SIL、QRA 等更多的分析方法，丰富和完善 HAZOP 分析。

创新载体　丰富内涵
扎实有效开展安全经验分享活动

大庆石化

“安全经验分享”是中国石油天然气集团公司（以下简称集团公司）深化经验交流、转化事故资源、增强全员意识、提升安全素质的重要举措。中国石油大庆石化公司（以下简称大庆石化或公司）坚持以全覆盖、多样化、重实效为原则，突出抓好组织、载体、内容三个环节，扎实推进安全经验分享活动，促进了干部员工风险意识、识别能力和安全技能的不断提升，形成了公司上下重视安全、分享安全、共谋安全的良好氛围。

一、周密安排，强化执行，做到活动组织系统化、全员化

安全经验分享活动实质上是以往案例化教育的系统化延伸，具有组织更严密、覆盖面更宽、参与面更广、灵活性更强等特点。为确保有效开展，公司在宣贯集团公司活动要求，统一全员思想认识，进一步强化“人人讲安全、事事讲安全、处处讲安全、时时讲安全”理念的前提下，结合实际制定下发了常态化推进方案，明确了活动内容、计划、范围和要求，并建立公司、分厂、车间三级活动组织机构，利用安全责任状层层落实安全共享责任，从而形成了主要领导负责、安全部门牵头、专业部门配合、干部员工参与，自上而下，一级抓一级的立体式全覆盖的经验分享网络。

为保证参与面，提出“逢会必分享”的硬性要求，要求全员参与分享活动，从经理、书记到基层员工，一个都不能少。公司主要领导在各类重大会议开始前，利用会前3～5分钟进行事故案例交流，分享经验、明确对策，提高与会人员对活动的重视程度；安全管理部门充分利用安全生产例会等平台，采取与会人员讲解、幻灯片展示和视频短片播放等形式，组织参加会议的各单位主管领导逐一介绍本单位安全典型事例，总结教训，推广经验；各二级单位每周二和周五科级以上领导干部开调度会时，利用安全主管部门审核的多媒体和资料，介绍近期安全工作中的一些重要举措、事故案例及好的安全管理经验和做法；车间、班组层面则利用班组安全会、安全生产例会、交接班会、员工大会、早会等进行安全经验分享，让每一名员工每一天都能深刻领会安全经验、吸取事故教训。

为增强执行力，公司实行主管领导负责制，推行“谁抓安全谁组织总结，谁办会议谁落实分享”的做法，认真实施个人安全行动计划，带头组织开展安全经验分享活动，并将活动开展水平纳入安全环保业绩考核；分厂、车间以集团公司HSE信息系统“安全经验分享”业务管理模块为平台，按照方案订立的细则，定期逐级进行检查和考核。此外，公司还不定期随机抽查各单位干部员工安全经验掌握情况，不合格者通报批评并进行考核。上述

措施，形成了主要领导全面负责、副职领导分管负责、职能部门具体负责、岗位人员直接负责的直线责任格局，保证了安全经验分享活动的长期有效开展。

二、结合实际，多措并举，做到活动载体个性化、多样化

在强调会议分享的同时，公司还鼓励各单位结合实际，创新模式，以进一步增强活动效果。为打破会议局限，除利用员工大会、安全生产例会、班组长会、交接班会、早会等机会进行安全经验分享之外，还提倡将安全经验分享延展到每项集体活动中，让每次活动都成为交流经验、分享心得的舞台。如化工一厂甲丁车间在生产装置曾发生事故的地点设置“事故发生点警示牌”，要求班组长、生产骨干在日常生产活动中与其他员工作业时多提醒、多复述安全注意事项，以这种重复记忆的“广告效应”加强作业人员的安全意识，有效减少了操作失误。

为丰富活动载体，公司利用现有条件和各种媒介，广泛开展直观的、职工喜闻乐见的分享活动。例如，在公司在网站上设立了“安全经验分享专栏”，赋予全员权限，让大家能够将亲身经历或看到、听到的事件归纳总结上传到网络，搭建员工了解安全动态、学习安全知识、借鉴安全事故的窗口。目前已经分享了安全经验 46 期，共 8300 余条。公司积极开展“影像化安全经验分享”，充分利用电视、报刊、照片、现场追踪等形式，直观展现典型经验教训，给员工留下了深刻印象。我们还抓住推进生产受控、设备包机、安全观察沟通、个人安全行动计划等机会，以及技术运动会、青工安全小品大赛、安全环保知识竞赛、“6·5”世界环境日、“安全生产月”、“11·9”消防日等活动契机，融入经验分享内容，进一步巩固了活动效果。

为延伸活动触角，公司鼓励各单位，针对岗位特点，自发性选择合理时机，开展个性化的分享活动。例如，化工一厂仪表车间采取“安全早课”形式，每天清晨播放事先录制好的安全案例，让车间人员在工作的同时就能进行安全教育，时刻“把别人的问题当作自己的问题看待”，举一反三，掌握如何杜绝事故的发生，提高自我防范意识，实现了从“要我安全”到“我要安全”的转变。炼油厂推行“轮换式安全讨论交流”，提升安全活动频次，在坚持做好每周二的班组安全活动同时，组织四点班岗位人员利用 19～20 时这段时间开展以事故反思为主要内容的安全经验分享，由班组长指定班组人员主持安全讨论，新颖的活动形式有效激发了员工的参与热情。

三、立足自身，纵横拓展，做到活动内容多元化、实用化

经验是财富，事故是资源。为丰富活动内涵，我们提出了向自身学、向同事学、向同行学、向历史学的“四学原则”，纵向汲取历史上发生的事故案例教训，横向总结分享干部员工及同行企业生产实践中总结出的经验，同时利用网络、书籍等手段，拓展信息来源渠道，做到了鉴古省今、博采众长。各级安全部门结合生产实际情况，注重搜集自身曾经发生过的案例，并制成多媒体事故汇报，让员工围绕身边的人、身边的事或者行业内同类装置的事故案例进行交流分享。广大员工将本人亲身经历或看到、听到的 HSE 方面的事故、事件等进行梳理汇总和介绍和讲解，在一定范围内使教训得到分享、经验得到推广，将事故转化为资源。活动中，大家采用多媒体等形式，用具有强烈冲击力的图片、视频，直观的再现触目惊

心的事故现场，使听者触目惊心，为操作者敲响了警钟，时刻警示员工们不要触摸“安全生产”这一高压线。

为增强活动针对性，各单位结合生产实际和季节特点，踊跃开展各类主题经验分享活动。例如，化工一厂开展以“关注个人防护，关爱员工健康”为内容的“个人防护”经验分享活动，通过拍摄安全操作 DV 短片，组织防毒面具、灭火器等安全器材的应急演练，规范安全用具的佩戴使用，并举办安全技能竞赛等形式，掀起员工“想安全、学安全、重安全”的热潮。化工二厂开展以前车之覆为后车之鉴，以他人的问题和事故为诫、以同一类型的问题和事故为诫、以习惯性陋习和违章为诫为主要内容的“一覆三诫”经验分享活动，结合实际，分析原因，查找隐患，吸取教训，避免同一种事故发生和重演。化肥厂开展“观察、评价、改善”经验分享活动，在白班 8 小时之外，从各专业角度及季节性特征对各岗位工作状态及效果进行观察，整改、监控发现的隐患，确保了安全稳定生产。这些做法使“分享”上升到“分想”，实现了干部员工从“要我安全”到“我要安全”的转变，公司上下人人成了安全员。

为固化提升经验，公司按照操作、检维修、工程建设和仪表等专业划分，将典型安全经验分享实例汇编成册，作为安全分享活动补充教材。各二级单位也相继开展资料的汇总整理工作。例如，化工一厂按季度汇集整理《事故案例分析通报》并下发到岗位，提升了岗位人员认知深度；化工二厂编辑的《告别事故》、《冬防事故》、《避免事故》三本安全经验分享手册，共享了 1986 年开工以来 490 起典型事故、事件及避免事故经验，方便了员工学习借鉴。此外，公司还在主页上开辟专栏，上传文件资料和多媒体课件，便于各单位下载学习交流，实现了资源的充分利用，信息的高度共享。

两年的实践与收获，使我们体会最深的是，“安全经验分享”的的确确是当前形势下石油化工企业强化安全管理、提升安全绩效的有效手段。只要重视落实到位，精心组织、全员参与，长期坚持、形成习惯，注重实效、不流于形式，就会见到实实在在的效果。2010 年，大庆石化违章起数同比下降 75%，这不仅得益于干部员工安全意识和技能的增强，也是安全经验分享活动作用的最好体现。当然，安全工作只有起点没有终点，容不得半点懈怠，我们将常存警醒之心、恪尽岗位之责，继续深入推进安全经验分享活动，进一步提升安全工作水平和绩效，为企业高效、持续、稳健发展保驾护航！

以标准化管理促进生产受控 确保装置安稳长满优运行

大庆石化化工一厂

大庆石化公司化工一厂（以下简称化工一厂或分厂）始终把安全生产当作第一要务来抓，坚持以生产受控为根本的工作思路，积极推行以“一级要素控制、两级变更实施、三级巡回检查”为主要内容的生产运行标准化管理体系，实现了生产管理全面受控。2010 年没有发生上报公司级生产安全事故和职业病新发病人员的情况，有毒有害作业场所职业卫生毒物检测合格率为 99.54%，同比下降 0.03%，噪声检测合格率为 86.71%，同比下降2.05%。

一、一级要素控制

“一级要素控制”是通过分厂、车间两级早会平台，及时通报“人员变更、生产变更、报警、施工作业、动火作业”等关键生产要素信息，实现分厂、车间、班组三个层面信息贯通，通过计划、组织、协调、控制，对生产进行有效干预控制，削减作业风险，强化专业分析，削减各领域作业风险，达到生产全面受控。

二、两级变更实施

由于变更过程中风险辨识不完整、程序控制不规范、检查监督不到位，产生过很多安全事故。为此，牢固树立“变更就是风险”的理念，依据化工工艺设计的“洋葱”模式理论，对每个划分出操作单元的变更，分 7 个层面进行归类识别，即基本工艺（化学反应、物料、药剂）变更，工艺指标（设计控制、监视指标）改变，生产过程控制（仪表切除/投用、流经管路/或设备路径）变化，报警系统（蜂鸣报警增/减，切除/投用）变化，安全检测（定点取样点增/减，可燃报警器增/减，切除/投用）变更，紧急泄放（手动排放停用/投用，安全线切除/投用，增减）改变，应急响应（消防设施、人员、联系方式、处理方法）改变，从而采取一级变更控制、两级变更实施模式对变更进行有次序实施。

一级变更控制，即分厂对管理范围内发生的变更进行评审批准或核准。控制方式有两种形式：对于安全、环境、运行、人身安全风险概率高、后果严重的，每次变更评审批准由分厂管理层审批，专业领导（部门）组织实施；对于风险较小、后果损失小、发生频率高的变更，由分厂组织管理层进行评审，由直接负责部门对范围、方案、风险进行备案，同时对操作人员进行培训效果检查，且不定期抽查程序执行。

两级变更实施，即变更的实施分为分厂组织实施的变更和车间组织实施的变更。分厂直接控制的变更，实施前由车间申报，分厂专业科室进行审批、下达指令和关键步骤确认，车间执行变更。车间组织实施的变更，由岗位人员预报或技术人员申报，车间主任审批，运行工程师或技术员下达指令和确认关键步骤，岗位执行变更。通过加强变更管理，保证了员工操作过程中的人身安全、设备设施不受损害、环境不受污染，有效控制了各种风险转变成危害。

2010 年，化工一厂共实施生产变更 407 项（一级变更 50 项，二级变更 357 项），周变更平均次数为 7.8 次，临时生产变更为 40 项（一级变更 3 项，二级变更 37 项），计划变更执行率达到了 90% 以上。

三、三级巡回检查

三级巡回检查就是在传统的操作层不间断巡检为一级标准化巡检的基础上，建立技术人员的二级巡检和管理人员的三级巡检。这样做可以集中所有技术资源直接支持生产运行，确保第一时间对生产异常进行有效干预，提高把握生产运行态势的能力和装置运行安全平稳水平。在这里特别要提到的是，我们改变了多年来沿袭下来的传统操作层巡检方法，建立起以“一书一本三表”为特色的标准化巡检模式。“一书”就是“HSE 巡检标准指导书”，相当于岗位巡检的说明书，让员工看图示就知道巡检什么，怎么巡检，达到什么标准，实现写、说、做的完全一致。“一本”就是“HSE 记录本”，记录体现的是每个岗位当班过程中五大生产要素的所有变更信息。“三表”是“HSE 检查表、异常报警登记表、危险源登记表”，着重记录巡检中的安全要点，鼓励员工及时发现生产过程的安全隐患。

四、实施无责奖励

制定隐患评分细则，实施“无责奖励”，激励员工提高巡检质量。每月由班组、车间层层上报发现的隐患，分厂组织专家对隐患进行等级评定，实施量化打分，按星级标准分别给予 200 ~ 2000 元不等的奖励，每月进行通报，并把员工发现隐患次数和处理问题的能力作为干部聘用、先优模评选、职称晋级、技师评聘的参考条件，有效地激励员工的参与热情，增强了岗位责任心，为安全生产赢得第一手安全信息和处理隐患的第一时间，及时避免各类事故事件发生。2010 年以来，全厂员工通过认真落实“三级巡回检查”制度共发现并处理分厂级、车间级隐患 492 项，员工受到嘉奖 49675 元，芳烃车间有 10 余名员工因查找隐患成绩突出被评为技师。

通过建立科学、有效的巡检作业方式、变更管理程序和一级要素控制体系，及时发现和消除了生产要素中存在的危险因素，有效避免了各类事故的发生，从而保证了装置运行持续、安全、可靠运行。尤其在 2010 年装置三年一大修期间，坚持推行检维修作业标准化管理，以“不着火、不伤人、不损坏设备、不发生安全环保事故，不发生环境污染及扰民事件，实现安全、绿色检修”为目标，采取专人负责、有效隔离、巡回检查等措施，推行挂牌监护、停止作业卡等管理手段，确保了所有的作业项目得到有效控制。其间共识别风险 1931 项，安全环境问题曝光 105 例，安全环境考核 86 次，开具用火作业票 2531 份、有限空间作业票 833 份。

消除短板　提高员工应急处置能力

兰州石化

通过对炼化企业多起较大事故的分析，发现由于岗位员工对应急事件处置不到位，使初期险情不能得到有效控制，导致突发事件演变为事故造成巨大损失的案例较多。岗位员工的应急处置能力不足已经成为影响炼化企业安全生产的瓶颈，如何提高岗位员工的应急处置技能已成企业亟待解决的问题。中国石油兰州石化公司（以下简称公司）为消除这一管理短板，自2010年11月开始，统筹规划，精心组织，全面开展各级应急预案的编写、审核工作，将此项工作作为全年工作的重点和难点，特别是将编制岗位应急操作卡作为了重中之重。

一、深入分析研究，查找管理短板

通过对事故案例事故发生原因的对照分析，发现主要存在三个方面的问题：一是基层岗位员工应急处置能力不强，不能第一时间有效控制险情；二是预案体系框架较乱、针对性差，原有的现场处置预案与专项预案结构交叉、内容侧重点不清，处置预案数量较少，没有实现风险全覆盖；三是现场处置预案操作性不强、科学有效性不足，应急处置措施笼统、模糊，不能有效指导岗位员工应急操作。在充分发现问题的基础上，公司认识到应急操作卡是解决现场处置预案问题的主要办法，是提高岗位员工应急处置技能的有效途径，因此确定把编制高质量、高水准的应急操作卡作为一项基础工作来抓。

二、统筹组织策划，规范应急操作卡编制

首先，公司制定下发了《岗位应急操作卡编制指南》，明确了应急操作卡编制范围和主要内容，特别是如何实现应急操作卡的全覆盖。经过深入讨论研究，明确了以装置工艺流程为主线、结合事故案例、全面梳理风险辨识评价结果、做到一事一卡的编制原则，进一步规范了岗位应急操作卡编制工作。

其次，积极组织和引导全体员工参与风险辨识和评价，对风险进行全面梳理，集思广益，避免遗漏。通过评价确定了紧急事件，形成了应急操作卡名录，并组织各级装置的专家对名录进行评审，确保应急操作卡全面覆盖，真正做到基于风险的应急预案编制，实现了应急操作卡的全面性和针对性。公司先后完成了近6000张应急操作卡名录的梳理工作。

第三，选拔专家担任分厂预案总编审和装置首席编审员，实行终身负责。由生产、设备、安全环保等专业技术人员和经验丰富的技师、班组长、岗位员工代表组成编审小组。全公司共有3000余人参加了应急操作卡的编审工作，每个应急操作卡都有4～5人参与编写。

第四，全面实施演练验证。应急操作卡编制完成后在征求全体岗位员工意见的基础上，

由全体岗位员工进行现场演练验证，确保应急操作卡符合现场实际、科学有效、切实可行。

三、加强培训演练，全面提升员工应急处置能力

公司应急操作卡明确了岗位员工在应急状态下，第一时间，立足现场，进行应急处置的主要程序和措施。为使应急操作卡的规定动作逐步固化为岗位员工应急处置的习惯动作，公司组织各单位认真组织培训，积极开展演练，从而规范了岗位员工应急处置措施，提高了员工应急状态下的初期控制能力，进一步提升了员工的专业技术素质。

夯实基础管理　确保安全受控

兰州石化油品储运厂

兰州石化公司油品储运厂（以下简称油品储运厂）通过不断摸索和实践，在安全管理上逐步形成了“一个方针，三个理论，两个机制，两个抓手”的特色安全管理模式，具体概括为：坚持“预防为主，安全第一”方针，以整体管理论、超前管理论、动态管理论等三个理论为指导，充分发挥约束与激励两个机制的作用，将强化检查和施工风险管理作为抓手。

一、一个方针使安全生产落到实处

坚持“预防为主，安全第一”的方针说起来容易，做起来难，对领导来说就更难。因为一旦安全和生产、质量、效益发生冲突，常常会为了保证生产和经济效益而忽略安全，可能就做不到“安全第一”。油品储运厂的领导干部始终都能把安全放在首位，当安全和生产发生矛盾时，即便是停产也要保证安全。

二、三个理论为安全生产提供了有效的管理手段

整体管理论、超前管理论、动态管理论是油品储运厂在安全管理实践中，立足于安全生产的实际需要形成的独具特色的安全管理理论，并在实践中不断得到改进、修正和完善。

整体管理论就是用 HSE 管理体系对传统的安全进行管理。安全管理包含许多要素，如安全技术管理、安全生产过程管理、设备管理、工艺管理、安全教育、安全现场管理、施工管理、风险管理等，各要素之间相互联系、相互作用，又通过组合构成安全管理的子系统。安全涉及方方面面，因此，建立安全管理体系必须建立整体和全局的观点。也就是说安全管理是一个系统工程，不能顾此失彼，必须建立完整的管理体系才能确保安全，采取 HSE 管理体系模式就能满足这一要求。

超前管理论是“预防为主”思想的深化，要求在企业的安全管理中树立“防患于未然”的意识，即在安全管理上居安思危，未雨绸缪，把隐患消灭在萌芽状态。油品储运厂提出并实践了“对重大事故苗头不放过”、“对未遂事故不放过”、“对事故隐患不放过”、“对严重违章违纪不放过”的“四不放过”原则。同时提出了“六个超前”，即：超前安排安全工作、超前进行安全教育、超前检查安全工作、超前整治隐患、超前采取安全措施、超前消除不安全因素。

动态管理论既体现了“PDCA”管理模式，又体现了持续改进的思想。把信息控制论应用于安全管理中，就是通过对安全信息的收集、汇总、整理、分析，发现不足，制定改进措施，抓好各项措施的落实，从而达到安全受控目的。

三、两个机制调动了员工参与安全管理的积极性

油品储运厂不断完善、充实激励与约束机制，逐步形成具有油品储运厂特色的激励与约束机制，起到了调动员工参与安全管理积极性的作用。

设立了“安全环保特别奖”、“质量特别奖”、“精神文明特别奖”、“生产特别奖”、“科技特别奖”、“人才开发特别奖”、“管理贡献特别奖”七个奖项，每年修订“安全环保特别奖”发放管理办法，同时不断深化安全主题活动，充分发挥激励机制的作用。

针对“三违”行为制定了严厉的考核办法，对严重违章和事故隐患除严格考核还进行全厂通报。严格考核是管好安全的有力措施，是提高管理水平的有效方法。坚持制度在前、考核在后；整改在前、考核在后；批评教育在前、考核在后。做到按制度、按标准，实事求是，使被考核者心服口服，达到强化管理的目的。严格考核是以制度为基础的，落实制度是以检查为基础的，通过勤检查、严考核、真兑现，充分发挥约束机制的作用。

四、两个抓手为强化安全管理提供了有力的保障

强化检查是落实执行力的重要抓手。油品储运厂组织管理干部每季度对安全、质量、设备、环保、生产“五大纪律”执行情况进行岗检。安全部门针对季节和生产特点进行检查，如在春季大检查中重点检查防雷、防静电、防洪、防汛等内容，在冬季重点检查防冻、防凝，在夏季重点检查防暑、防雷、防火、防爆等内容，在秋季重点检查防静电、防洪防汛、防火、防爆等内容。同时根据规定、规程等要求，定期组织专业检查。坚持“干部值班检查”，每天安排 2 名管理干部从 17：00 点到次日 8：00 点进行轮流值班检查，检查员工的五大纪律执行情况和安全生产情况。厂领导实行双休日和节假日值班，班长进行巡检和员工进行“科运法检查”，通过检查使各项工作得到有效的落实，确保了安全受控。

强化施工风险管理是保证安全受控的有效抓手。近年来，厂内施工任务重，边生产边施工，安全风险大，但在 27 号罐更换浮顶、30 号罐更换罐底、159 两具零位罐清罐拆除、199 清隔油池、新建 5 万米^3 原油罐、南线等 4 条管线移位、新建 550 万吨常减压装置配套工程管线碰头、394 罐罐底更换、180 万汽油加氢配套项目 31 条汽油管线动火、277 号和 276 号汽油罐拆除、32 号 10 万米^3 原油罐历史上首次清罐并且更换浮盘等重大施工作业中确保了施工安全受控。主要做了以下工作：首先加强对外来施工人员的安全教育，提高施工人员的安全意识和责任意识；其次严格施工管理，制定严格的管理制度，切实做到防火人看火到现场，专兼职安全员监督到现场，各级管理干部检查到现场，纠正施工人员的违章违纪，及时发现和消除安全隐患；还要求所有施工动火都必须制定风险消减措施，无风险消减措施不许施工，重大施工动火必须有主管厂长到现场审批。

工作循环分析在工艺安全管理中的应用

宁夏石化

工作循环分析法，简称 JCA（Job circle analysis），是以操作主管和员工合作的方式对已经制定的操作程序和员工实际操作行为进行分析和比较，确定操作程序是否存在缺陷和员工对操作程序掌握是否熟练的一种工作方法，它具有培训员工和检验操作程序完整性的功能。为了充分发挥该工作方法的重要作用，中国石油宁夏石化公司（以下简称宁夏石化公司）做了大量的工作，为公司生产受控管理创造了良好的条件，为化肥装置平稳运行和炼油装置新旧系统的平稳过渡奠定了基础。

一、完善计划，明确责任

工作的计划性是保证工作质量的重要环节，为了使 JCA 工作持续有效推进，根据 JCA 的工作性质和任务要求，按照宁夏石化公司的职责划分，明确了生产运行处在 JCA 工作上的组织和监督职能，提出生产运行处负责 JCA 工作计划的制订、监督和落实。对于员工在 JCA 工作过程中提出的整改意见，需要生产运行处解释或解决的，生产运行处要及时给予答复；需要生产运行处督促解决的，生产运行处要切实负起督促的义务，这些要求对生产运行处在 JCA 工作上的职责进行了明确。

各单位按照生产运行处的要求，根据本单位在职工培训和操作规程评审上的实际情况制订本单位的 JCA 工作计划，工作计划包括操作规程编码、程序描述、JCA 执行人、相关员工、起始时间、备注等多项内容。各单位向生产运行处上报了本单位的 JCA 工作领导小组：由单位主要领导任小组组长、主管生产的领导任副组长、主管技术员具体负责 JCA 计划的落实。

生产运行处在各单位 JCA 工作计划的基础上制订了公司的 JCA 工作计划，成立了生产运行处 JCA 工作领导小组。小组成员的职责是：审核相关单位 JCA 工作计划，提供相关单位 JCA 工艺技术支持，协助解决技术问题，督促相关单位完成 JCA 工作计划，要求相关单位每季度完成一次 JCA 工作总结，每季度至少参加一次分管单位的 JCA 活动。组长、副组长负责生产运行处 JCA 总体工作安排，督促各主管工艺员、调度员完成相关工作。

完备的工作计划和明确的职责划分充分反映了宁夏石化公司各相关单位对该项工作的重视，为 JCA 工作的持续有效开展奠定了基础。

二、全员参与，不留死角

全员参与、不留死角是宁夏石化公司开展 JCA 工作的重要特点。多年的实践经验证明，边远岗位和辅助生产岗位往往是事故的多发点。让广大员工在工作循环分析法中熟悉和掌握操作技能、分析操作程序存在的不足、进一步提高操作程序在生产受控中的指导作用，是减少边远岗位和辅助岗位事故的有效途径，是提高主体生产装置运行质量的重要手段。因此，生产运行处在制定年度 JCA 工作计划时，在强调主体生产装置的同时，特别强调非主体装置必须按要求制定和上报自身的工作计划。主体装置和辅助装置同样对待，边远岗位和重点岗位同样对待，这种要求对 JCA 工作在全公司各生产单位之间均衡、有效推进起到了重要作用。

工业公司是宁夏石化公司的原三产单位，职工技术水平相对薄弱，管理的规范性相对较差，工艺技术文件的完整性稍显不足。生产运行处在制定年度 JCA 工作计划时，对工业公司给予了重点关注，希望利用 JCA 工作方法对职工技术水平的提高和工艺技术文件的完善提供更多的帮助。工业公司充分理解和支持生产运行处的工作安排，编制了非常详细的工作计划和保证措施，这些计划和措施不仅涵盖工业公司重要装置甲醛厂，还包括矿化水厂、水源地、膨润土厂、水稳剂厂等单位，尽管矿化水厂即将关闭和拆除、膨润土厂长期处于停产状态，但工业公司坚持认为，只要装置还存在一天、员工还有一人，就有必要进行工作循环分析。

辅助生产装置尚且如此，主体生产装置更是重视 JCA 工作。例如合成氨一部制订 2011 年 JCA 工作计划 322 项，平均每天要完成一项工作计划；合成氨二部 2011 年的 JCA 工作计划中有 119 人次相关员工需要执行工作计划，平均每位操作人员要执行 2.5 次。炼油业务旧装置因技术改造，2011 年 6 月 1 日后装置面临停车及多数设备长期停运的局面，但炼油业务一联合、二联合、三联合等单位仍然编制了 2011 年 6 月 1 日前的旧炼油装置 JCA 工作计划。岗位人员在频繁的 JCA 工作过程中受益匪浅，这些工作对于持续提高岗位人员的操作技能、巩固生产受控水平、优化装置运行状况起到了非常好的作用。

三、形式多样，不拘一格

按照 JCA 工作流程，JCA 工作包括准备阶段、初始评估、现场评估等多个阶段。在初始评估阶段，操作主管应和操作员工讨论目前该项工作实际操作情况，分析实际操作与书面操作的差异，验证员工对操作规程的理解程度及操作规程的完整性和实用性。在现场评估阶段，由员工按照规程实施操作，这种操作可以是实际操作，也可以根据具体情况进行模拟操作。宁夏石化公司各生产单位在实施 JCA 工作计划过程中，结合本单位的实际工作需要，往往淡化工作流程界限，强调实际效果，收效明显。

尿素一部高压甲铵泵的切换操作一直是岗位人员的重点和难点操作，按照原来的操作规程，必须启动备用泵、打循环，待转速和出口压力调节正常后，缓慢将备用泵切入系统，同时将原运行泵缓慢切除系统。由于在具体操作过程中，如何把握缓慢的尺度、原备用泵转速的上调和原运行泵转速的下调如何匹配等难度很大，往往因这些细节把握不好造成甲铵泵“飞车”和高低压系统紊乱，每次甲铵泵的切换都给岗位人员带来较大的心理压力，给系统的平稳运行带来威胁。尿素一部利用 JCA 工作方法，组织相关员工分析原操作规程的优缺点，讨论能否改变操作规程、改变后的操作规程是否同样存在操作风险，根据讨论的结果到现场模拟，然后进行实际操作，然后又对操作过程进行了总结和完善，根据完善后的内容变更了原操作规程，彻底解决了甲铵泵切换对员工心理和生产的不利影响。

另外，在计划的执行过程中，各单位结合装置的运行状况灵活安排。合成一部将装置开停车操作作为 JCA 工作的重要内容，在停车执行操作卡的过程中分析操作偏差。尿素一部将 JCA 工作作为职工培训的重要手段，利用职工上副班的机会，分析近期操作上的不足，提出下一步提升办法。中心化验室利用班前班后会，结合本班的分析内容和 JCA 工作安排检验操作人员对分析规程的理解和掌握，不仅使 JCA 工作计划上涉及的员工在被检验的过程中受益，而且使本班的其他员工也在这一过程中受益，达到了共同提高的目的。

炼油业务 500 万新装置的建成投产对员工培训和工艺技术方案的完善提出了全新的要求，员工的技术素质对新装置开车后能否尽快达标、达产意义重大。为此，一联合、二联合、三联合、油品等肩负新装置开车的各生产单位利用 JCA 工作流程，反复检验新装置操作规程的合理性，对照同类装置操作经验和本装置的设计理念确认新编操作规程存在的不足，对照现场实际情况和操作规程的操作步骤确认现场安装存在的不足，将 JCA 工作计划的执行同现场的“三查四定”结合起来，使新装置的建设、新规程的编写以及员工的培训等多项内容充分融合，最大限度发挥工作循环分析法在新装置建设和投运过程中的作用。

四、强化检查，保证效果

生产运行处作为 JCA 工作的主管部门必须对 JCA 工作计划的落实情况进行监督和检查，以便及时发现优点、总结不足。对于需要各单位引起关注的问题，在检查过程中同各单位进行沟通和协商；对于在检查过程发现值得推广的成功经验，及时向其他单位进行介绍，使工作循环分析法的成效能够体现在各个单位的具体工作中。

检查前，生产运行处通知各生产单位及时上报 JCA 工作总结，确认下一步检查的重点内容。2011 年 1 月初，化肥业务水汽部通报：2010 年水汽部 JCA 活动计划进行 177 次，实际完成 183 次，其中一化锅炉进行了 57 次，二化锅炉进行 60 次，水处理部分进行了 40 次，脱硫进行了 26 次。全年 JCA 活动提出建议共计 4 项，全部为现场设备配置及整改项，没有涉及到操作法修改的建议。到年底建议已完成 3 项，其中一项 1#、2#主汽阀加装护栏由于条件限制未整改。根据上述通报，生产运行处在检查过程中要重点确认完成计划的资料证明、建议整改情况及证明、未整改内容的整改计划。这样，就使检查工作有的放矢，避免精力浪费。

2011 年 5 月，根据生产运行处 2011 年的 JCA 工作管理计划，生产运行处各分管技术员组成检查小组，对化肥业务各生产单位 2011 年 JCA 计划完成情况进行检查。检查发现尿素一部对 2011 年的工作计划进行了修正和补充，中心化验室的计划执行过程中的涵盖人员比上报生产运行处的计划要大得多，尿素二部 JCA 工作记录详实认真、问题跟踪到位，这些做法都值得推广。当然，也发现了个别单位存在的不足。对于这些问题，无论优点还是缺点，生产运行处均利用月初的生产动态分析会进行了详实的通报，为各单位共同借鉴和提高创造了条件，也为保证 JCA 工作效果提供了管理平台。

五、及时整改，巩固提高

运用工作循环分析法对岗位人员进行初始评估、现场评估后再进行最终评估和跟踪分析，在最终评估过程中，如果操作规程是完备的，员工操作存在偏差，员工应对自身的问题进行分析和改正；如果操作规程不完备，应对操作规程进行修订，员工要保证认真执行修订后的操作规程。在跟踪和分析阶段，主管人员不仅要跟踪和分析操作人员是否改变了不准确的操作，还要跟踪和分析不完备的操作规程是否得到了修正。

以上锁挂签测试为手段 强化能量隔离管理　确保作业过程安全

宁夏石化

中国石油宁夏石化公司（以下简称公司）在推行 HSE 管理改进和提升项目的过程中，自 2008 年开始执行上锁挂签测试管理程序，通过对程序内容和执行标准的不断规范、提升，使现场作业过程中的各种危险能量得到有效隔离和控制，防止了能量意外释放造成的人员伤害、设备损害和环境破坏，将事故防患于未然，提高了公司检维修作业的安全管理水平，确保了作业人员的安全。

上锁挂签测试管理就是在对能量隔离后确保能量隔离的有效性和持续性的一种方法。其主旨思想是：树立每个作业人员自我保护的意识，不能只依赖监护人员做监护，更好的保护是“自己保护自己”，让安全真正掌握在自己的手里，充分体现员工“我要安全”的意识，即自己的安全自己管理，不寄托于别人不犯错。每个员工都把安全锁看成是自己的生命锁，一旦进行了上锁挂签，则被视为是神圣不可侵犯的行为，因为这关系到作业人员的人身安全，安全锁是能量隔离和现场检修人员的安全保障。

一、能量隔离的基本方法

（一）能量和隔离的定义

能量：可能造成人员伤害或财产损失的工艺物料或设备所含有的能量。主要指电能，机械能（移动设备、转动设备），热能（机械或设备、化学反应），势能（压力、弹簧力、重力），化学能（毒性、腐蚀性、可燃性），辐射能等。

隔离：将阀件、电气开关、蓄能配件等设定在合适的位置或借助特定的设施使设备不能运转或能量不能释放。

（二）危险能量的识别

目前，石油化工装置生产过程中，在装置单元中可能产生危险能量的系统主要包括压力系统、机械系统、电气系统等关键部分。对这些部分可能产生的危险能量的有效识别和控制，将是控制危险能量和物料的基本条件，是保证作业过程安全的前提。

（三）何时进行能量隔离

存在能量且这种能量一旦意外释放可能造成人员伤害、设备损坏、环境破坏的作业，必须对能量进行有效的隔离。特别是在维修维护机械设备、工作在电气线路和系统、工作在带压管道和设备以及工作靠近其他危险能量等的作业最易发生危险能量的意外释放，导致事故的发生，所以必须对以上几种作业存在的能量进行全面识别，进行有效的隔离。

（四）能量隔离的基本流程

为确保能量的有效隔离，确保作业过程安全，需按照图 1 所示的流程对能量进行有效隔离。

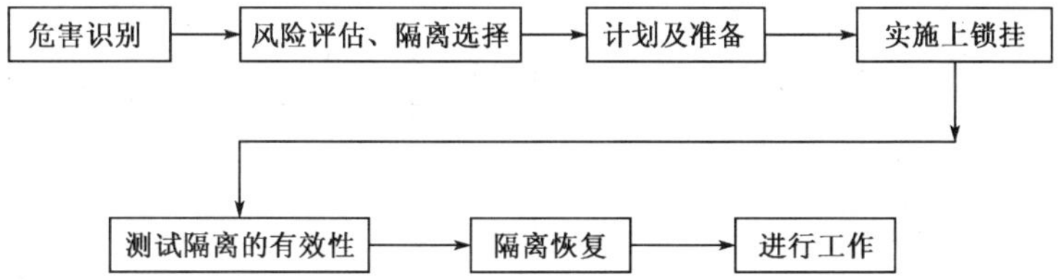

图 1　能量隔离的基本流程

（五）隔离或控制能量的方式

在能量隔离过程中必须考虑能量隔离的方式，一般采用移除管线，加盲板；双切断阀门，打开双阀之间的导淋；切断电源或对电容器放电；退出物料，关闭阀门；辐射隔离，距离间隔等隔离方式。

在管线系统的隔离过程中应优先考虑双重隔离，即截止阀加盲板、盲法兰或双阀一导淋（双截止阀关闭、双阀之间的导淋常开）。

二、上锁挂签测试在能量隔离中的应用

（一）上锁挂签测试的原则和使用方法

1. 上锁挂签测试的含义

上锁挂签测试就是在检维修作业过程中，在工艺确保能量隔离（切断物料、排空、清洗、置换）合格后，用安全锁具将阀件、电气开关、蓄能配件等设定在合适的位置使其不能运转，并挂上标牌，以保证能量隔离不被意外破坏的一种方法。主要适用于检修作业、工艺长期切断、长期停用设备的物料能量隔离。

2. 安全锁的分类

安全锁就是用来锁住能量隔离设施的安全器具，在防爆区域的安全锁具必须符合防爆要求。安全锁主要分个人锁、集体锁和公共锁三类。

（1）个人锁，主要是分发给操作人员，一把钥匙只能开一个锁头，供作业人员使用的锁，由个人负责保管和使用。

（2）集体锁，是一把钥匙可以开多把锁头的组锁，主要用于一个作业项目有多个隔离点的情况。目前公司使用的集体锁有 5 把/套和 10 把/套两个种类。

（3）公共锁，是在个人锁具不够时，可以借用的公用锁具。由生产、检修班组统一保管。

（二）上锁挂签测试的原则

开始任何工作之前，必须对工作中可能接触到的“能量”进行辨识，如果有“能量”必须进行正确的隔离。“上锁”及“危险禁止操作标签”是对作业人员人身安全的保证，如

果使用上锁挂签，则被视为严肃不可违反的措施。

（三）上锁的方式

上锁方式包括个人上锁和集体上锁两种方式

个人锁的使用方法：（1）实施个人上锁时，负责该项目的属地主管负责进行停车、冲洗、排空等能量隔离。（2）在能量隔离完成后，属地主管（工艺操作人员）用个人锁对上锁点进行上锁。上锁点可以是阀门、开关、配电盘等，如上锁点过多，则采用集体锁上锁。（3）上锁挂签后，上锁者应亲自或目睹进行测试，确认隔离效果，如：再次确认泵不能启动、检查接地、检查压力、检测气体等。（4）测试隔离达到预期效果后，签发作业许可。（5）如果进行检修作业，则检修人员进行上锁挂签测试，测试合格后进行作业。

集体锁的使用方法：（1）在工艺检修前，由属地主管负责编制该作业项目的“能量隔离清单”。在工艺隔离交出后，属地主管按照“能量隔离清单”上的“上锁挂签点”用集体锁将所有隔离点上锁挂签。集体锁超过一套的，其所有钥匙均须放于集体锁箱内，且钥匙号码可以被工作人员辨别，并与现场安全锁相对应。（2）上锁挂签后，上锁者亲自或目睹进行测试。（3）测试合格，将集体锁的钥匙放在锁箱，属地主管或项目负责人用个人锁在集体锁箱上上锁。（4）每个工作人员（生产、检修、电仪、承包商）用其个人锁将锁箱锁住。只要有 1 名工作人员不打开其个人锁，集体锁箱就打不开，集体锁就不能被解除，以此保证每一个工作人员的生命安全。

三、为有效推广上锁挂签测试管理而开展的工作

（一）建立上锁挂签测试管理程序

为了有效推行能量隔离管理，保证作业过程安全，公司“标准与制度分委员会”组织成立“上锁挂签测试程序”讨论小组，制定公司上锁挂签测试管理程序。小组成员由各主要生产部门管理人员、技术人员、检修人员及岗位操作代表组成，结合生产实际情况完善程序内容，更好地指导现场程序的执行。在程序完善和修改的过程中，强调与基层员工的沟通交流，增强了程序适用性和完整性，并且在程序执行过程中持续地开展专项审核，对程序进行完善，提高程序的执行力。

（二）全面培训，有效沟通，保持程序理解的一致性

程序运行的好坏，培训是关键。在程序试运行前，公司组织生产单位管理人员、技术人员、操作人员进行培训，针对不同的岗位需要，将程序在管理方面、技术方面和使用方面与每一位要参与上锁挂签的人员进行沟通，尤其对个人锁、集体锁的使用和上锁挂签的步骤做详细讲解，使每一位参与生产、检修的人员对上锁挂签测试管理程序熟练掌握，减少员工对程序理解上的偏差，保持程序理解的一致性。

另外，每年公司及所属各单位持续对程序进行复习培训，使员工加深对程序的理解，统一程序的执行标准。同时，公司在管理上大胆创新，以主题月活动为契机，开展了“上锁挂签测试”安全主题月活动，并在现场建设了“上锁挂签测试培训”基地。

（三）高标准、严要求，狠抓程序落实

2008 年，程序颁布初期，正值一套化肥装置大检修，公司领导审时度势，紧紧抓住此

次机会，强力推行上锁挂签测试程序的执行，明确要求参加大检修的单位在检修工作前制定隔离上锁方案，对检修作业需要进行能量隔离点进行统计上报。在停车、排空、置换合格后，对现场能量隔离点按照之前上报统计的清单进行上锁挂签，保证了大检修中未因能量意外释放造成任何人身伤害事故。

在公司近几年的历次小修、大修及日常检维修中，通过持续狠抓程序的执行标准，使上锁挂签测试在能量隔离中的作用突显，有效地确保了人员、设备和环境在检维修作业过程中的安全。

（四）通过审核发现程序执行中的不足，不断完善提高

上锁挂签测试程序的推广得到了公司领导的大力支持。公司管理层利用每次安全观察与沟通的机会，对现场检修作业中安全锁的使用及上锁挂签能量隔离情况进行审核，对做得好的单位给予表扬，对做得不完善的地方及时纠正，使能量隔离上锁挂签的执行标准得到了持续的改进和提升。

（五）将程序执行情况纳入部门业绩考核

违反上锁挂签测试程序是严重触犯安全规范的行为，将受到严厉的处罚。违反上锁挂签测试程序的例子包括：

（1）没有将所有能量源隔离。

（2）没有测试或目睹动力设备的隔离效果测试。

（3）操作已经上锁的阀门和开关。

（4）未经授权擅自拆除标签和拆锁。

（5）持有多余的备份钥匙。

（6）持有多余的集体锁钥匙及任何违反本程序原则的行为。

公司将违反上锁挂签程序纳入公司“十大禁令、九项考核”中，并明确了生产部门的主管领导对上锁挂签程序的执行情况直接负责。在生产作业中，如有违反上锁挂签程序作业的，一旦发现对部门严厉考核，导致事故的，给予责任人解除劳动合同的处罚。通过与业绩指标和行政处罚手段相结合，使程序能够更加有效运行。

（六）不断完善程序，提高程序执行力

经过程序试运行及运行，程序中存在的一些问题也暴露出来，如：部分配电柜无法上锁、加了盲板是否还需要上锁、系统停车检修如何大范围上锁、程序主管部门的职责等。公司及时组织安全监督、安全员、值班长、操作人员等对程序执行情况进行讨论，针对试运行中存在的问题，提出解决方案，交流在推行过程中好的经验，并将讨论的结果上报“标准与制度分委员会”讨论通过，经 HSE 委员会审核后下发执行。

四、推行上锁挂签测试管理的体会

（一）程序的有效推行，领导重视和员工意识的提升是关键

在推行上锁挂签测试管理初期，员工对上锁挂签测试管理还不太理解，认为影响了检修的进度，耽误工时。公司主管副总经理及时了解到有关情况，组织相关人员再次讨论学习。通过讨论学习，使大家深刻地认识到，检修不能仅仅关注检修作业时的安全，更需要关注检

修前的作业交出和能量隔离的效果，有效保证了能量的隔离才能更好地保证检修安全。另外，通过对程序的持续培训和现场执行取得的良好效果，使员工充分认识到对隔离点加挂个人锁就是为了保障个人的生命安全，所以目前出现了作业必须上锁、不上锁不作业的良好局面，员工意识得到明显提升，保护个人的安全观念已深入人心。

（二）持续对程序进行补充和完善，提高程序的可操作性

在上锁挂签测试程序试运行过程中，员工对界区之间如何上锁还不是很了解，为了把上锁挂签程序执行好，公司组织制定了《上锁挂签测试管理补充规定》，规定了隔离两个界区的能量需要上锁的点，由两个单位的主管主任批准，主管技术员负责实施能量隔离、上锁、挂签、测试，此类上锁至少上 2 把锁（两个单位必须都要在此点进行上锁）；隔离点在一个界区内的或因工艺原因需要长期切断的管线至少挂 1 把锁，每月检查一次并记录。另外，针对电气上锁的实际情况，在程序中补充规定了电气上锁的具体隔离方法和隔离点，明确了电气上锁时与生产单位、检修单位的责任和互相配合的要求。通过制定补充规定，对上锁挂签的推行起到了推动作用，提高了程序的可操作性。

（三）程序的推行是一个循序渐进的过程，不能一蹴而就

在开展初期，要充分培训，让员工理解上锁挂签的意义，开始执行上锁，逐步过渡到按照上锁挂签测试程序的要求规范，要员工真正体会到上锁挂签测试的好处，自觉地高标准执行程序。

（四）上锁挂签测试执行的核心在测试，要重视测试的结果

测试是上锁挂签效果的保证，不能认为上锁挂签了就安全了，上锁挂签只是确保隔离不被破坏的方法，能量隔离是否有效、能量是否完全被隔离，必须通过测试来进行最终验证。如电源开关测试、阀门状态测试等。

（五）推行上锁挂签测试管理不仅仅是一个程序，更是一种安全管理理念

要从高危作业靠监护过渡到自己的安全自己负责，上锁就是保护自己作业安全最有效的方式之一。推行上锁挂签测试程序过程贵在坚持，只要认真规范执行就可以避免人为操作失误带来的事故。要改变员工传统的观念，认识到执行能量隔离上锁挂签测试和办理作业许可证一样，是检维修作业的一个重要部分，而不是工作前的准备，摒弃以前认为是作业前的负担的观念。

（六）形成属地单位、检修单位互相监督的职责，不断提高执行标准

上锁挂签测试执行过程中主要落实的是属地单位和检修单位的职责，在执行过程中如果属地单位对程序的执行不到位，检修人员为了保障个人的安全就会督促属地单位提高执行标准；如果检修单位对程序的执行不到位，属地单位此时是属地管理者，为了确保属地区域安全，属地单位同样会监督检修单位严格按照标准执行，形成了相互监督的机制，提高了程序的执行标准。

上锁挂签测试是确保能量隔离有效性的一种手段，也是提升现场作业安全管理的一种方法。只有牢固树立作业前“心中有锁”的安全管理意识，才能真正形成作业中“物理上锁”的安全作业习惯。通过程序的不断完善、有效的培训、强化执行、现场审核、有感领导、绩效考核，使员工对推行上锁挂签测试管理程序的态度和意识得到了明显的转变和升华，也使程序的执行标准得到了统一和提升，凸显了上锁挂签测试在能量隔离中的重要作用，强化了能量隔离管理，提升了检维修安全管理水平，保障了员工生命和财产安全。

持续推进作业许可管理改进
在实践和创新中不断提升 HSE 业绩水平

宁夏石化

作业许可管理，既是炼化企业生产组织中的日常性工作，又是各类检维修作业的重要控制点，更是杜绝事故、严格作业过程控制、实现本质安全的有效和必要手段。中国石油宁夏石化公司（以下简称公司）2007 年开始和国际咨询公司合作，开展安全管理改进、提升行动计划以来，在强力推动 HSE 管理体系过程中，作业许可管理作为重要改进环节，办理作业许可是作业全过程必需而不可缺失的重要一环。作业许可绝不能简单理解为作业前的负担，甚至是办理过程中的敷衍了事，为办理而办理。工作许可证本身不能确保安全，只是作业安全的提示和警示，只有作业许可要求的安全措施落到实处才是确保安全的前提和保障。

在作业许可管理上，结合杜邦公司在安全管理上的技术和经验，公司从 2007 年开始分层次、分步骤地对在用的高危作业程序和对应的 HSE 管理程序进行修订优化，对原来没有的程序进行补充完善。通过广泛吸纳技术人员及操作、检维修人员参与进来，并几上几下充分听取基层的意见建议，对程序中不完善的地方与员工进行沟通，寻求最佳的措施和做法，最终形成了现有的可操作性强、真正和现场作业紧密结合的作业许可制度和规范，为现场作业提供了可靠的安全保障。2009 年结合中国石油天然气（以下简称集团公司）集团公司下发的 15 项管理规范对公司程序再次升级。截至目前，共修订优化完善程序 32 个。

意识决定行为。从最容易见到效果、最容易影响安全的高危作业入手，强化观念的转变，加大 HSE 各项制度的执行力。通过从制度到执行、从硬件到软件的不断提升，公司的事故事件逐年下降，管理层和员工在安全管理改进的实践过程中对一切事故都是可以预防和避免的安全理念有了切身的认识和深刻的体会。具体做法是：在正常的作业许可管理基础上，把高处作业、用火安全、有限空间、吊装、管线打开、破土、临时用电等 7 项作业作为高危作业，纳入单项许可作业管理范畴。特别是创造性地制定了以上锁挂签、管线打开为代表的一批程序文件，出台了“安全管理九项考核”、“检修施工作业九不准”等 7 项安全制度和程序，为作业有标准、考核有依据提供了执行规范。

在作业许可管理上，坚持八项管理原则：一是作业许可由项目单位申请，属地单位负责办理；二是办理许可必须在现场进行风险识别和危害分析（JSA）；三是属地单位负责落实风险控制措施；四是属地单位和作业单位必须安排项目监护人员；五是属地单位主管领导审核；六是所有人员对违章作业有权中止（STOP 卡）；七是作业票必须关闭确认；八是高危作业要办理单项许可。

总结企业作业许可管理工作，有以下 4 个主要特点：

（1）充分发挥 HSE 分委会优势，优化升级作业许可管理程序，提高程序的可执行力。

在公司 HSE 委员会的基础上，成立了工艺与设备安全管理（PSM）分委员会、审核分委员会、事故调查分委员会等 7 个分委员会。其中的标准与制度分委会，具体负责程序的升级审定、分析解决存在的问题、提出建议和意见，跟踪落实程序执行过程的偏差。通过委员会的有效运作，为员工提供了参与安全管理的平台，调动了员工参与安全管理的积极性实现了管理信息的上传下达，促进了安全管理制度的可执行力。各分委员会之间的相互沟通、协调，实现了跨部门和跨层级间的共同合作，强化了监督，提高了执行力。

在作业许可管理程序持续改进上，结合杜邦公司安全技术和经验，本着确保程序内容科学合理和员工能够理解、遵守并执行的原则，程序修订的过程采用“顾问经验介绍—小组讨论—形成初稿—下发征求意见—小组再次讨论—标准委员会通过—形成试行稿—下发试运行”的流程。在修订每个程序的过程中，都组织相关的管理人员、技术人员和操作人员充分讨论；下发之前，分层次对员工进行培训，培训不仅针对新员工、转岗的员工，还针对管理层、资历久的员工（即安全再培训）以及承包商。在程序试运行过程中，直线领导开展行为安全审核，及时掌握程序的使用情况，发现程序运行中存在的问题，及时进行指导和纠正。并将讨论的结果上报“标准与制度分委员会”讨论通过，经 HSE 委员会审核后下发执行。对于不按照程序进行的作业加以制止并进行培训和考核，对程序中不完善的地方与员工进行充分沟通，并依据程序改进规范，寻求、落实最佳的措施和建议，从而提高程序的可执行性。

目前公司已对动火、临时用电、高处作业、有限空间、破土等 8 个现场作业程序进行了修订完善，新制定了管线打开、上锁挂签测试等 13 个包括作业许可在内的 HSE 管理程序。

（2）大力推广安全经验分享活动，广泛开展理念培训，着力培养员工安全素养，规范作业许可管理推行模式。

对于全新的作业许可管理理念，直接作业的检维修人员和工艺、设备技术、操作人员思想上不认同，落实只能是空谈。作业许可管理改进措施的落实，特别是公司七项高危作业单项作业许可和新制定的管线打开、上锁挂签两项程序，不能一蹴而就，一定要首先落实各级领导的理念宣贯。具体推行中，先进行试点，由点到面，确保推行的质量和效果。在作业许可管理改进理念培养初期，在顾问的指导下，公司大力实施对各级领导干部进行宣贯培训，先后举办了中高层领导安全管理、直线领导安全管理、高危作业程序等各类培训 200 余期，1.5 万余人次参加了培训，提高了各级管理、技术、操作人员的安全技能，为公司作业许可管理持续改进奠定了坚实的基础。

从 2007 年起，公司积极推广安全经验分享活动，从事故中进行学习，分享别人的安全经验，提高作业的安全技能。在公司例会、生产早会、车间交接班会、工具箱会前开展“安全经验分享”。公司鼓励事事分享、人人上台，讲的人体会深刻，听的人容易接受，使员工在不经意之间，就提高了安全意识，学会了作业过程中安全防护的经验和技巧。

对于公司重点推进的七项作业许可管理程序持续改进，特别是新制定的上锁挂签和管线打开程序，通过广泛开展理念培训，大家也由开始的抵触到逐渐接受，到自发主动地和杜邦顾问互相开展培训，再到创造性地开展管理，期间经历了一个反复碰撞、矛盾交错的过程。4 年前，90% 的干部员工持怀疑抵触态度，挺过这个阶段，今天，超过 90% 的员工已经自觉参与安全管理。更可喜的是，部分员工还把作业许可管理中的经验分享、持续审核等做法从工作区域延伸至生活领域，成为了日常工作、生活的习惯性约束，强化了安全管理无处不在的意识。

(3) 完善高危作业许可管理，积极推行安全行为审核，狠抓作业过程风险控制。

在集团公司六大禁令的基础上，补充了“严禁未经授权拆除锁具和标签”等四条禁令和“高处作业不系挂安全带”等9项考核，这19项内容成为公司安全管理的“高压线”，也是作业许可管理的最高准绳。一旦发现对部门严厉考核，导致发生事故的，给予责任人解除劳动合同的处罚。从规定发布至今，因为高处作业没有系安全带等触碰到“高压线”的行为共进行考核20次，考核罚金12万元。

公司制定了作业许可、上锁挂签测试、管线打开等作业管理程序，在检修过程中严格执行。动火作业、有限空间作业使用便携式检测仪和中化同步进行分析；使用工作安全分析（JSA）的方法对作业风险进行识别，促进了现场作业的逐步规范，削减和控制了作业过程风险。通过现场监督检查、会上曝光等手段，重点监督不安全行为、不安全状态和现场文明施工，有力地促进了作业现场管理水平的不断提高和反“三违”工作的深入开展。

在作业现场管理中，人的不安全行为，设备的不安全状态，环境的不安全因素是风险控制的关键环节。为此，公司引入行为安全审核，变安全专责管理为全员参与，变定期检查为过程控制，变上级对下级的被动考核为主动平等的沟通，很好地杜绝了作业现场诸如违章指挥等低级错误，更加注重给员工创造一个安全的工作环境。在审核的具体内容上，从作业人员反应、人员位置、人员劳保防护（PPE）、工器具使用、程序和环境5个方面进行，通过观察安全的方面和不安全的方面，对安全的做法给予肯定，对不安全的做法进行纠正。对现场安全行为审核中发现的问题，及时反馈给属地主管进行整改，审核人对发现问题整改情况进行跟踪审核。

(4) 全力推行上锁挂签测试、管线打开程序，强化作业风险监控手段，狠抓检维修作业安全管理。

检修作业是事故的高发期，公司以前发生的很多事故也都是在检修期间发生的，一个20天左右的检修，就会有好几起人身伤害事故，生产单位领导工作压力很大。以此为切入点，从高空作业、有限空间作业等最常见的高危作业入手，先后制定了以上锁挂签测试为代表的一批程序文件，逐步健全了层次分明，结构清晰、覆盖面全、操作性强的企业HSE制度标准，坚决杜绝不安全的作业环境和作业行为。

上锁挂签和管线打开安全管理是公司成功推行的两个程序。检修时为了防止能量意外释放，对阀门、电气开关、联锁等进行能量隔离和上锁管理，上锁之前列出清单，参与作业的人员每人手里至少一把锁，作业人员完成作业解锁后，工艺人员才能解锁，能量设备才能正常工作。在管线打开作业前，为控制管线打开风险，预防事故的发生，制定了严格的风险识别、确认、消除以及规范的作业程序，作业过程相比以前明显烦琐、复杂，作业人员的工作量提高幅度很大。在推进初期，执行上遇到了很大的困难。很多员工都认为太繁琐、耽误时间，效率太低。对此，公司顶住压力，选取试点单位先期培训推行，然后逐步全面推进。在推行的同时，及时跟进现场审核，对不能执行上锁挂签和管线打开安全管理程序的，逐个进行再培训再强化，与本单位奖金考核挂钩，直到程序能够熟练运用、执行到位。通过上锁挂签和和管线打开安全管理程序的有效落实，任何一个人的疏忽都曝光在了其他人的监督制约之下。

通过克服困难、坚持不懈地推行高危作业程序，安全管理改进的成果逐渐显现，员工也由最初的观望和被动接受，变为积极主动地参与。2009 年公司炼油和化肥装置分别进行了大检修，包括 54 家外协单位在内的超过 3000 人的庞大作业现场，没有发生任何事故。全年安检公司完成作业 21000 多项，百万工时人身伤害率低于 1。正如安装检修公司员工说的："现在干活是麻烦了，可是离危险越来越远了"。

公司的作业许可管理是安全管理改进中的主要环节。四年来，有探索的迷茫、推进的艰辛、收获的喜悦，更经历过管理转型、改变旧习惯、导入新模式的理念革命和体制创新。总结公司的作业许可管理改进工作，抓好安全管理的关键有以下几点：

首先是理念先行，全员渗透。对于一个 30 年发展历程的企业，作业许可管理的固有模式根深蒂固，要想改变，绝非易事。而要想让员工接受国际先进的安全文化，各种概念的输入是首要。推进初期，对于上锁挂签和管线打开作业程序，很多员工感觉程序烦琐、票证办理流程复杂，工作效率低下。对此，公司领导抱定真信、真学、真用的坚定意志，先后组织了 6000 多人次的理念宣贯。最高峰的时候，领导班子成员、处室领导、生产部门的领导及基层班组长，全天候分批培训、座谈，各种教学互动、案例授课穿插进行。这种力度、强度超过以往任何工作，从关注行为、触动灵魂着手推动传统观念的变革，使"一切事故都是可以预防和避免的"等先进理念深入人心。

其次是有感示范，全员参与。作业许可管理，牵扯到企业安全管理的方方面面，全员参与是管理改进能否取得成效的关键，而领导干部的安全感召力和安全领导力培养是推动全员参与的关键。让员工听到领导强调安全、看到领导实践安全、感受到领导重视安全，以各级领导的有感行动，带动全员集体行动。在具体落实措施上，坚持抓好领导干部"八个带头"，即带头制定落实个人行动计划，带头学习宣贯 HSE 制度和理念，带头开展安全经验分享，带头接受安全教育，带头参加安全活动，带头讲授安全课程，带头进行安全观察与沟通，带头识别危害控制风险。正是领导层率先垂范作表率，分管领导垂直负责强推行，职能部门不打折扣抓落实，使得安全管理的压力层层传递，形成强大的管理改进推动力。仅 2010 年，公司领导全年审核 98 次，各级干部累计开展安全审核 19513 次，发现问题 30907 项，其中不安全项 21126 个，以大于 97.5% 的效率得到了整改，让事故在萌芽即得到遏制。

第三是直线到位，责权明确。作业许可必须做到"三个必须"：作业许可必须到现场办理，严禁任何形式的电话同意等行为；作业许可证填写必须规范，绝不允许任何的不确定项；作业许可必须实现全过程控制，许可证的管理的核心是实现整改作业过程的受控管理。对此，明晰了三个层次：对领导干部，推行有感领导；对职能部门，落实直线责任，管工作必管安全；对操作员工，强化属地管理，操作者也是属地管理者。这是整个作业许可管理非常关键的层次。

第四是过程控制，属地明晰。检修作业时，红白相间的警戒带圈出临时作业属地，作业前的安全分析、作业计划书、检查确认表、操作卡整齐装袋，所有工器具、零配件在固定地点有序摆放。在这个属地内，从检修安全、质量到现场卫生、安全着装，都有明确的属地责任，员工就是属地的主人。走捷径、图省事的不安全作业行为有人管，不具备安全条件的违章作业拒绝执行，责任落实有力促进了现场作业的逐步规范，促进了广大员工从被动执行到主动负责的转变。

第五是延伸管理，有的放矢。针对许可作业外协人员、单位比重大的实际，把属地责任延伸到了对承包商的管理和培训，坚持把承包商员工当作自己的员工来管理，定期开展对承包商的安全评价，定期召开承包商座谈会，进行安全培训和沟通。坚持为承包商进行安全问诊，帮助他们制定 HSE 安全作业计划。对施工人员电子照片及资质信息进行存档上墙，便于核查管理。承包商队伍安全观念发生明显转变，主动配备专职安全监督，坚持每日晨会和工具箱会，落实安全责任。

第六是管理联动，共同提升。把作业许可管理和 5S 管理相互融合，开展作业现场、工作间等环境的整理、整顿、清扫、清洁和员工素养管理，区域、人员、工器具和设备进行目视化管理，利用地面标识、警戒围栏、安全标签等将工作或作业区域进行标识；利用工作服的颜色、工作证、安全帽标签等区别作业人员的资质；利用工器具季度检查标签，确认工器具是否完好；利用色标、色环等对设备、仪表、管线进行标识，强化了安全管理的氛围，提高了现场管理的标准。

公司从 2007 年开始，通过持续推进作业许可管理改进，努力在实践和创新中不断提升 HSE 业绩水平，公司 HSE 体系实现了有效运行和持续改进、提升。事故事件总数同比，2008 年下降了 43%，2009 年下降了 38%，2010 年下降了 16%。工作外事故事件上报率达到 100%。实现了“要我安全”到“我要安全”，再到“我们要安全”的飞跃。四年前，公司的安全员就像交通警察，到现场检查检修作业，检修人员逃避检查的场面随处可见。现在只要有检修，属地员工和检修人员会主动开展风险评价和作业前的安全分析。以前安全员忙着开火票，喊着抓“三违”，现在他们有更多的精力放在指导员工怎么做，如何从源头上控制事故事件的发生，在安全方法和管理技巧的创新提升上也有更多文章可做。

抓关键环节管理　保施工作业安全

大连石化建筑安装工程公司

在中国石油天然气集团公司（以下简称集团公司）统一部署下，各地区分公司学杜邦、学壳牌，进行16项管理标准转化，努力向国际一流企业看齐，安全管理正在发生质的变化。在此背景下，大连石化建筑安装工程总公司对如何抓好安全管理也进行了深入思考，并对检维修作业关键环节的安全管理方法进行了探索和实践。

一、紧跟先进技术标准，适时完成设备本质安全改造

集团公司通报了两起比较有特点的事故，一起是2010年9月7日中国石油抚顺石化公司石油三厂（以下简称抚顺石化三厂）芳烃装置的气体爆燃事故，主要是由于二甲苯塔底泵联轴器膜片损坏，导致电机轴与泵轴不同心，振动加大破坏了泵机械密封，造成介质泄漏。事后抚顺石化三厂制定措施，将泵密封形式改为干气密封。另一起是2011年3月1日，中国石油锦州石化公司化工一车间丙烯进料泵因密封泄漏，发生气体爆燃事故。丙烯进料泵为单断面密封设计，因密封圈被磨损导致丙烯直接泄漏，而根据美国石油协会API标准，更可靠的密封方式应是双断面密封，因此事后锦州石化也制定措施将泵的密封改为双断面密封。

这两起案例说明一个问题，就是有关设备、工艺的安全技术一直在不断地提高，但对于一个有几十年历史的老厂来说，前期安装的设备所用的工艺却不见得是最可靠的，这就留下了本质安全隐患。因此有必要建立一种机制，迅速完成新标准的贯彻及设备的改造，集团公司也应辟出专项资金支持这类技术革新。

近期，公司从提高本质安全的角度，陆续对一些特种泵、关键机组的密封形式作出统计，制定整改计划，逐步进行技术更新；另外还对一些大型电机的轴承方式作出统计，准备制订计划将固定轴承设计改为滑动轴承设计，彻底解决设备运行周期短的问题；再有就是成立技术攻关组，对机泵的振动进行消振攻关，以提高设备可靠性；还进行对UPS电源可靠性、UPS与控制回路的匹配性开展的普查。所有这些都是在本质安全管理方面所作的尝试，目前还处于探索阶段。

二、防止“作业”与“操作”的隐性交叉，确保“作业”和“操作”受控

近期公司进行“能量隔离”管理标准转化，在协调“施工作业”和“生产操作”方面进行了一定的拓展。因为对于在运装置的检修存在“施工作业”与“生产操作”发生交叉作业的可能，而这种交叉往往是隐性的交叉，且多是由“非隔离”的相邻系统引起的，不在能量隔离控制范围内。以往在此环节出现过险情，因此在制度中规定“进入运行装置/罐

区的所有操作和作业，无论是否需要作业许可及上锁挂签，作业前都要到车间操作室登记，作业中止或结束后要返回销项。操作室当班负责人负责当班作业登记，并根据现场作业情况，提醒操作人员禁止进行哪些工艺操作，以防与现场作业形成交叉并带来风险；当生产出现紧急情况时，要通知作业人员撤离现场。”有的单位是采取在操作室粘贴《作业许可证》的方式，但因为有些作业不需要许可，还有些作业时间跨度很长，《作业许可证》粘贴于操作室不代表现场就有人，因此采取作业前登记的方式比较稳妥。这一措施还有待实践的检验。

三、理顺“两书一表”与施工方案的关系，规范作业文件

目前各地区公司的“两书一表”都或多或少存在“两张皮”现象，这与在执行上特立独行、与施工方案脱离不无关系。根据集团公司贯彻“两书一表”标准的初衷：《指导书》是为了控制常规风险，由各企业预先编制；《计划书》是为了控制作业特有风险，于每次作业前编制；《HSE 检查表》应结合“两书”的风险削减措施列表，不可偏颇。“两书一表”应是施工作业文件的一部分，不应该独立存在，独立存在便会失去其作为可执行文件的意义（谁会一边看方案，一边看“两书一表”?），出现“两张皮”也就不足为怪。

导致这一结果的原因是部门间的“条块分割”。管技术的部门说“我不懂安全，因此安全方案由你安全部门审批”，管安全的部门说“我不懂技术，因此技术方案由你技术部门审批”。这种思想与现在倡导的属地责任不相符，应彻底扭转。因此公司学习 BP、壳牌公司，要求“两书一表”必须与施工作业文件结为一体，《计划书》因其突出“项目特有风险”，所以适合与《施工组织设计》融为一体，供管理人员参阅；《检查表》宜与《单体设备检修方案》合为一体，具体指导作业人员按步骤作业。根据这一设想，将“两书一表”设计成施工作业必须执行的文件，并要求存档，那么它就不再是一张“多余的外衣”了，“两张皮”因此变成“一张皮”。

四、建设班组安全员队伍，构架安全监管金字塔结构

毋庸置疑，现在大多数的国企都处在“严格监管”阶段，监督管理仍是目前不可或缺的重要手段。但大多数企业的专职安全管理人员有限，一般在 1% ~2%，这远远满足不了需求，尤其是在班组层面更是缺乏。很多企业设置了兼职班组安全员，但都不起太大作用，其根本原因就是因为“兼职”，兼职人员没有把这项工作当作自己的本职工作，因此工作不够投入。公司目前为每个一线班组选定一名专职班组安全员，大多由有经验、负责任的老工人担任，对他们进行业务培训，从而完善了安全管理的金字塔结构，使得所有作业都能得到有效监管，各项政令能及时贯彻到班组，同时也体现了对老同志的人文关怀，目前他们正在岗位上发挥着高涨的热情和积极的作用。

严格落实生产操作法　努力提高生产受控水平

大连石化

“转好每一线、调好每一罐、凝聚每一人、幸福每一天”的“四个一”精神是中国石油大连石化公司储运车间（以下简称储运车间）日常工作的真实写照。储运车间每年切换操作六万次以上，且点多分散，提高操作的准确性是管理的首要任务。根据生产实践，车间总结形成了一套具有自身特点的“储运安全生产操作法”，其核心内容就是对操作实行事前、事中和事后全过程确认，理清思路，突出重点，落实责任，强化执行，在生产实践中取得了较好的效果。

一、认真落实“五个操作法”，提升现场操作准确性

“五个操作法”即每项操作都必须按“互通、监护、确认、写板、铅封”五个步骤来执行。该操作法在现有工艺条件下，最大限度地实现了对生产操作全方位、封闭式的监控管理，对安全生产也起到了最大程度的保障作用。

“互通”重在事前确认。在操作前，通过相关方互通确认操作指令是否正确，避免因信息传递问题，造成误操作，将可能发生的问题消灭在萌芽中。“监护”过程主要是“三步两确认”，即每进行到一个操作节点，内外操就要通过对讲机进行液位和流量变化的确认，确保操作准确。该过程重在操作过程中的确认，是为了避免因个人马虎造成失误，确保操作准确。“写板”是指在操作结束后，马上将操作内容写到生产动态板上，主要目的是让操作者在写板过程中再次确认操作是否正确，同时也是将操作过程进行公示，由班组人员进行检查确认的过程。“铅封”是指在操作结束两小时内，必须对本次操作过关闭的阀门进行铅封。主要目的是操作结束一段时间后，让操作者再次对所转流程操作进行确认，发现问题及时弥补。“确认”则贯穿整个操作过程。

任何制度要落到实处，不折不扣执行是关键。车间采取了一系列措施抓监督、促执行。第一，员工上岗考试前必须进行直线考评，班长、工段长、工艺员和车间主任、书记四个层面分别对员工进行一对一、面对面的考评，操作法作为必考项，使员工上岗前就牢固树立执行操作法的理念。第二，车间工艺员每天抽查操作法执行，并由操作员签字确认，形成双向监督。第三，工段长每周不定期抽查操作法执行情况。第四，车间每周拉练检查进行一次操作法抽查。第五，对不执行操作法的员工即使没有出现差错，也要按照事故处理。通过强有力的培训、监督抽查、奖惩机制，使员工逐渐养成习惯，形成自然。

五个操作法对操作前、操作中和操作后进行了全方位的监控确认，是现有技术条件下，提高操作精度和安全性最有效的管理手段，最大限度地保证了储运大量动态操作的准确性。

二、加强操作深度工作法，提高员工操作技能

加强操作深度工作法，主要是针对储运生产特点长期总结出来的，也就是操作员上岗后必须掌握的基本“套路”。如本岗位所有移动罐、所有流程情况，每条收入线每小时的收入量、付出线每小时的付出量是多少，移动罐什么时候满、什么时候空等，必须一一了解。通过规范操作深度要求，使操作员不仅详细了解当前生产情况，而且对未来操作情况也进行了预测，操作更加有数了。该项管理的实施主要是通过工艺员随机抽查考试来强化执行。实践证明，加强操作深度管理给操作员理清了工作思路，使操作人员的岗位技能进一步提高，对生产情况更加熟悉，生产控制能力也得到增强。

三、充分运用生产管理确认法，加强监督管理

储运罐区分散，没有 DCS 等先进控制设施，作为车间管理层如何能够及时了解生产状况，及时发现生产中的问题，及时指导操作员正确操作，必须有一套系统的生产管理确认方法。

第一，生产平衡确认法。每天车间对 24 小时内移动的物料进行分类平衡确认，验证操作正确性，如果现场有阀门内漏、仪表假液位等问题，就会从量上体现出来，物料出现盈量或亏量，车间就可以进行有针对性地细致排查找出问题，及时解决，避免出现更大的问题。另外，物料平衡对每一种物料都进行了理顺，每天的流量及未来的趋势一目了然，可以有针对性地指导未来几天工作的调整方向，使车间生产管理关口前移，工作调整更加有数，加强了车间生产管理和监控的深度。

第二，工段长检查确认制。车间要求工段长每天要进行两次流程检查确认，主要确认当天动过的流程。（1）要求每天早上上班后，必须对前一天夜班所有操作过的流程进行一次检查确认；（2）要求每天下班前，必须对白班所有操作进行一次检查确认。工段长每天两次的检查频率，能够及时发现现场操作问题，及时纠正操作问题，避免小的问题扩大化。工段长现场检查不但是对操作正确性的确认，而且对操作法执行情况是一次有效的监督检查，对纠错和促进操作法执行都起到非常好的作用。

第三，班长检查确认制。车间要求班长每班次下班前，必须对本班次操作过的流程进行一次全面检查确认，对出现的问题及时纠正，减少错误损失。

四、开展劳动竞赛，促进操作法落实

车间每半年开展一次“管理信得过工段”评比竞赛，对工段长、班长检查确认制执行情况，操作员操作深度执行情况，以及操作误差率、工艺纪律执行情况综合评比。旨在通过劳动竞赛，激发职工工作热情，提高工段管理水平，理顺工段管理思路，提高安全操作受控水平。车间每年还进行一次综合性的先进工段评比，安全生产受控也是评比最重要的依据之一。

通过严格落实生产操作法，拉平了操作员的操作水平，使操作失误的风险控制到最小，储运车间也实现了多年操作无差错的好成绩。

运用目视化管理　提高现场安全管理水平

大连石化

通过对事故的统计分析得知，大部分事故原因都是“三违”造成的，为什么会出现“三违”现象？一个重要原因就是员工对规章制度了解不够、认识不足、记忆不牢，因此执行不力。而目视化管理就是通过现场的图片、图形、色标、文字等视觉信号，将复杂的信息如安全管理规章制度、操作要求等具体化和形象化，使生产现场的各种安全要求直观化、公开化，迅速而准确地传递到每一名员工，并能实现安全管理规章制度、操作要求等与现场、岗位有机结合，从而实现各岗位人员的规范操作，有利于提高现场安全管理水平。中国石油大连石化公司（以下简称公司）空分车间把目视化管理作为车间现场安全管理的重要手段，通过深入推广应用，取得了较好的效果。主要做法有以下几点：

（1）在生产区机房地面上粘贴黄色警示线，将设备区域与人员通道划分开，对非操作人员活动范围进行界定和警示，防止无关人员误动仪表、阀门等，造成设备停机。

（2）车间将生产区内32台机组的性能参数、操作条件、机组负责人以及操作工的HSE理念制成标牌，悬挂在设备上，便于员工对照操作和巡检发现问题。

（3）在生产装置现场，车间结合自身特点，在容易造成冻伤和窒息的低温液体排放口，张贴了18块警示牌，随时能提醒操作人员。

（4）为加强噪声防护，在装置区、机房门外和室内粘贴噪声有害的警示牌12个，使操作人员在进入机房前都能得到提示，从而自觉戴好耳塞，做好噪声防护。减少因忘戴耳塞造成的身心伤害。

（5）戴上耳塞进入机房，不容易分辨机组是运行还是停止。为方便员工操作和防止紧急情况下出错，车间制作运行设备标牌，竖立在运行机组旁边，使设备的运行状态一目了然，提高了操作的准确性。

（6）车间根据三套装置识别的危险源，做成危险源提示牌，内容包括：危险性、健康危害、防护措施、现场急救措施、安全要求等，使进入装置的外来人员，可以在最短的时间内迅速了解危险源并可以做好防护，确保自身安全。

（7）在重要的操作现场，车间将安全规范标准和要求，用简明扼要的语言概括，制成安全提示牌，立在操作现场，既便于员工熟记要求，又便于员工在实际操作中遵守。

（8）在主控操作室、办公楼走廊，车间将中国石油天然气集团公司（以下简称集团公司）六大禁令、HSE九项原则以漫画的形式制成标牌，悬挂于墙上，便于员工记忆和遵守。

（9）将集团公司、公司的规章制度、反违章禁令等制作成醒目的警示牌，悬挂在装置现场，警示员工自觉遵守规章制度。

（10）空分车间还征集车间员工的安全警句、名人名言、HSE 理念等，配上员工照片，制作成 22 块标牌，悬挂在车间的交接班室、学习室、会议室墙上，增加车间的安全文化氛围。

几年来，空分车间通过不懈努力，车间的现场安全管理水平得到了不断地提高，也取得了较好的效果，连续八年获得了“大连石化公司 HSE 先进单位”。

加强检维修作业管理　有效控制加油站风险

辽宁销售

2007—2009 年的 3 年间，中国石油销售企业共发生 9 起事故，死亡 14 人，其中 4 起属于加油站日常检维修作业过程中发生的事故，死亡 9 人。由此可见，检维修作业的安全管理是石油销售企业安全管理的薄弱环节，应当引起高度重视，亟待加强。

一、加油站日常检维修作业的五个特点

检维修作业的特点用五个字可以概括，就是：“零、多、突、散、杂”。

“零”是指单项维修作业的工程量通常都比较小，从开始维修到结束的时间也比较短，与新建、改扩建加油站等大工程相比有些微不足道，因此也容易被忽视。

“多”是指维修项目总数多。以中国石油辽宁销售公司葫芦岛销售分公司为例，2010 年加油站维修项目总次数达到 1207 项，平均每天维修 3 ~ 4 项。

“突”是指报修问题的突发性比较强，难以提前预知，同时很多问题都直接影响到加油站的安全和正常经营，对维修工作的及时性要求很高。

“散”是指维修作业的地点分布广，许多分公司加油站数量多，并遍布各个县区，每天需维修的加油站很可能所属不同的经营部，距离较远。

“杂”是指维修作业的类型多，有加油机维修、罩棚维修、采暖设施维修、储油设施维修、供电设施维修、灯具维修等众多种类，涉及的设备种类、型号更是繁多，有的还需进行高空、临时用电等危险作业。

二、加油站检维修作业发生事故的原因

根据以上加油站维修作业的五个特点和对以往发生的事故案例进行分析，可以看出加油站维修作业发生事故的原因有以下四点：

（1）各级安全管理者重视程度不够。由于维修作业“零”、“散”的特点，往往不像工程建设项目那样作业时间长、地点固定、停业施工，加上部分管理者对维修作业知识了解不足、经验少，容易产生侥幸心理。

（2）没有专门负责加油站维修的部门，导致在机制和管理上存在漏洞。以往都是几个部门或多或少地承担维修作业安全管理的职能，但由于基层经营部、加油站数量多，人员时有变动，导致检维修作业安全管理的执行标准不一，有高有低，有松有紧，安全管理和现场监护人员的水平参差不齐，甚至作业现场无人监护、更有甚者没有履行作业许可审批程序就开始作业，从而导致事故的发生。

（3）作业前缺乏安全分析。很多事故的发生都是由于维修人员在作业前没有进行风险

识别或者没有识别出潜在的危害，没有采取有效的风险控制措施。

（4）作业许可审批不严格。有的人把作业许可当作作业前要走的“过场”，这种想法是非常错误和危险的。作业许可制度是保证作业安全的一道有效屏障，如果执行不严格会直接导致现场安全措施不完善，作业相关方人员不清楚自己的责任，在协调配合上出现失误，易导致各种意外事故发生。

三、保证检维修作业安全的六项措施

（一）加强机构建设，设立专职维修部门

2009年末，为有效控制作业风险，实现安全生产受控，针对加油站维修作业中的作业风险，辽宁销售公司的各分公司相继成立了维修站，负责各分公司日常检维修作业的管理。维修站隶属于分公司仓储安全部，为副科级单位，有专门的办公场所、库房、高空作业车辆以及比较齐全的维修设备、工具，承担着各分公司所属加油站的日常检维修任务。

维修站运行一年多来，实现了“管理、调配、标准”的三个统一：

（1）实现了对维修项目的统一管理。各加油站的维修项目统一报维修站，维修站设立动态台账，跟踪管理。维修站根据每项维修作业的类型和特点，统筹安排，作业负责人组织所有作业人员就工作前安全分析和许可证中的内容进行培训交底，将安全管理融入每项维修作业。

（2）实现了对维修力量的统一调配。维修力量可分为四种，即维修站内部维修人员、设备厂家售后部门、外委施工单位、社会维修单位。维修站根据维修作业类型和危险程度，统筹安排，按照“安全第一”的思想，将维修项目交给最放心的维修力量去完成。这样做可以更好地体现出安全管理“直线责任”的原则，维修站管理者对履行维修职责的全体人员、全部过程全面负责，体现出“谁管工作，谁管安全”的原则，避免了以往“在现场的说了不算，说了算的不在现场”的现象，使检维修作业处于全程受控状态。如果发现外部维修单位有违反安全管理规定或违章作业的情况，就会取消其在加油站进行维修作业的资格。

（3）实现了安全管理的统一标准。维修站按照省市公司的安全管理制度，对各类维修作业项目均实行严格的管理，实行全程监控。做到不管是在哪个经营部、哪座加油站进行维修作业，安全标准都是一致的。这样可以有效杜绝由于经营部、加油站管理人员岗位变动，导致维修作业安全要求的上下起伏，排除了由于维修作业“散”、“杂”导致的安全隐患。

（二）做好工作前安全分析

实际工作中，每次维修作业开始前填写《工作前安全分析表》，在作业之前识别出作业本身存在的危害及后果，并且要让参与此项作业的每个人理解完成该作业任务所涉及的活动细节、相应的风险、控制措施以及分工和责任。

（三）实行严格的作业许可制度

维修站在维修作业前打印并填写《作业许可证》，如有进入有限空间、高处作业、动火作业、临时用电等危险作业，还须填写专项作业许可证。作业票证由专人携带并保管，基层单位负责人（即批准人）在维修作业开始前到现场进行核实，在确保安全措施落实到位、

作业人员接受培训后，方可签发作业许可证，实施维修作业。

（四）开展安全经验分享

各单位在每次例会或培训之前，主持人利用 5 ~ 10 分钟的时间结合文字、图像、影像、口头直接叙述等方式进行安全经验分享。安全经验分享的类型分为事故教训分享和安全做法分享，前者警示不要违规，后者鼓励遵守规章，二者同等重要。

（五）严格外委承包商管理

由于销售企业内部维修人员、设备有限，很多维修项目需委托外委承包商来完成，因此，加强承包商的管理就显得尤为重要。这就要求必须把好“五关”，即施工承包商资质关、HSE 业绩关、队伍素质关、施工监督关、现场管理关，将承包商的安全管理真正纳入公司 HSE 管理体系。承包商必须具备在加油站进行检维修作业的经验和技术能力，有一支工种齐全、人员固定的维修队伍。不能从市场上临时雇用毫无经验的人员。承包商必须熟悉各加油站的基本情况、设备设施类型，做到维修前心中有数，必须熟知检维修作业的操作规程和安全常识，有比较强的安全观念和保护自身的意识。

对临时用电、动火、动土、高空、进入有限空间等危险作业由维修站（或公司安全主管部门）全过程派驻现场安全监督人员，发现作业过程中存在违章行为要坚决予以制止，勒令立即停工整改，并严格按照安全合同的有关规定予以处罚，情节严重的要取消其施工作业资格。

（六）广泛应用高空作业车

辽宁销售公司给各分公司维修站统一购置了高空作业车，保证每个维修站至少两台。高空作业车性能稳定可靠，主要用于油库、加油站电气线路检修、对加油站锈蚀、腐烂、破损的罩棚进行紧急抢修、维护，有效消除了存在的安全隐患，保证了作业人员人身安全。

针对高空作业车维修作业，制定了《辽宁销售公司高空作业车十项管理规定》：

（1）作业人员必须根据维修站负责人安排，凭派工单、工作前安全分析表、作业许可证、高处作业许可证进行高空作业。

（2）作业前须与站经理联系，作业时站经理必须在现场进行安全监护。

（3）路面结冰、大风、雨雪天气不派车作业，平时作业情况下要控制好车速，确保行车安全。

（4）涉及电工作业时必须保证在断电的情况下进行，由站经理和安全监护人员同时确认。

（5）作业时维修站派出的监护人员必须在作业现场，负责监控作业现场并与站内人员沟通情况。

（6）作业时，高空作业车周围要做好隔离，放置好倒帽和灭火器。作业周边区域停止加油作业，同时由站内人员负责引导车辆，禁止进出站加油车辆与高空作业车“擦肩而过”。

（7）高空作业人员和高空作业车操作员必须佩戴好安全帽，高空作业人员必须系好安全带，严禁在高空作业车升降斗下方站人。

（8）禁止向高空作业人员抛送工具或配件，防止人员坠落摔伤和工具、配件摔坏。

（9）作业时，高空作业人员必须戴好护目镜，防止灯具炸裂伤人。

（10）禁止从高处向地面抛掷废旧配件或工具，防止误伤他人。废旧配件统一回收。

加油站维修作业的安全管理是石油销售企业安全管理的一个重要方面，必须首先在思想上充分重视，在制度和机制上给予保障，加强维修队伍建设，严格承包商管理和作业现场监护，不折不扣地执行各项安全规章制度和操作规程，保证维修作业安全、有序、高效进行。

夯实应急管理基础　强化应急预案演练

福建销售

成品油销售企业具有点多、面广和战线长的特点，中国石油福建销售公司（以下简称福建销售）地处东南沿海，台风等自然灾害频发，安全环保工作任务繁重，做好应急管理工作至关重要。公司按照国家《突发事件应对法》、中国石油天然气集团公司（以下简称集团公司）《关于加强应急管理工作的意见》和《应急管理工作要点》等有关文件要求，以提高应对各类突发事件的能力和水平为主线，强化源头预防，完善应急体制机制，夯实应急管理工作基础，强化应急预案演练，深入推进应急管理体系和队伍建设，变应急管理为管理应急，确保企业生产经营安全，实现安全发展、和谐发展。

一、夯实应急管理基础

（一）加强应急组织体系建设

贯彻落实《集团公司应急管理工作要点》的要求，按照“一个小组、两个机构”的模式，完善应急组织体系，公司成立应急工作领导小组，总经理办公室作为应急领导小组的办事机构，负责应急值班值守、综合信息报送和协调指挥等工作。质量安全环保处作为应急领导小组的工作机构，负责预案管理、培训演练、应急物资配置等经常性应急管理。公司逐步形成总经理办公应急协调、加油站管理和仓储调运部门应急指挥、安全环保部门日常管理的应急管理组织体系。各分公司、油库和加油站也都成立了相应的应急管理机构，初步形成了省公司、机关层面、地市分公司到库站的四级应急管理组织机构。

（二）加强应急预案体系建设

按照集团公司《突发事件应急预案制修订工作指导意见》、《应急预案编制通则》的要求，进一步完善应急预案体系，开展对福建销售应急预案现状评估，对应急预案进行了梳理和修订，制订完成公司总体应急预案和六个专项预案，提高了应急预案的科学性、针对性和可操作性，于2010年3月总经理正式签署发布实施，为应急管理工作提供了有力的保障。各分公司和基层库站依据风险评估的结果、突发事件中出现的新类型、预案启动响应中出现的新情况和预案演练中出现的新问题，对自己单位的应急预案进行梳理和修订，并注意与上级公司、其他单位和政府部门预案的衔接。2010年底，各分公司完成了总体预案和专项预案的编制工作。油库和加油站根据现场及作业环境可能出现的突发事件类型，对现场进行风险识别，重点分析关键装置、要害部位、重大危险源等突发事件可能性及后果，根据识别和分析结果制订相应现场处置方案，其中油库完成8项现场处置预案，加油站完成13项现场处置预案制修订工作，初步形成了公司、分公司和基层单位三级预案体系。

（三）加强制度体系建设

公司在2009年制定了《应急准备和应急响应管理程序》，对公司应急组织机构、应急预案管理、应急预案评审与备案、应急预案演练、应急信息传递和启动、应急物资及设备作了详细规定和要求。各分公司根据程序也制定了相应的应急管理实施细则，促进应急管理工作规范化、制度化。

（四）加大应急物资准备和资金投入力度

公司积极筹措应急保障资金，加大应急预防资金投入，确保处置突发事件所需费用及时到位。加强应急物资储备工作，在2008年投入300多万元，建立了马尾油库、石湖油库、厦门油库三个应急物资储备库，配备了各种人身防护、医疗救护、工程抢险、污染控制、消防救援等70多种应急抢险物资、设备和工具。石井、大华等油库和各分公司加油站也按规定配备了相应数量人身防护和工程抢险物资及设备，提高了应急抢险能力。2010年，公司又按照上级及相关政府部门要求投入110万元，为各油库添置了围油栏、消油剂和吸油毡等污染控制设备和物资，提高油库的防溢油和污染控制能力。

二、强化应急预案管理

（一）加强应急预案培训

应急预案是行动的指南，应急培训是应急演练取得成功的前提和保证。公司成立两年多来，主要采取集中培训和现场教学等方式，共举办了12场次应急培训，培训管理人员196人次，共培训员工3350人次，组织员工学习各类事故应急预案和应急反应程序要点以及进行灭火技能培训等。通过学习和培训，使员工熟悉应急演练的程序和要求，了解和掌握如何识别危险、明白自己在应急反应中应承担的责任、应急反应时如何采取相应措施、如何报警等，从而提高了员工的应急反应意识和素质，确保应急行动能够迅速有效地完成。

（二）加强应急预案演练

为了提高员工防范事故的意识，增强突发事件的应对能力，所属各单位制定了应急预案演练计划，确保每个季度应急预案演练不少于一次。所属单位按照计划严密组织应急预案演练工作，开展多种形式的演练活动，公司总体预案演练主要以桌面演练为主，油库和加油站现场处置预案演练采取实战演练为主、桌面演练为辅的方式进行。所有库站共举行了2768次各种预案的演练，参加人数17609人次。应急预案演练结束后，应急预案演练组织单位对应急预案演练效果进行评估，分析存在的问题，并对应急预案提出修订意见。公司还通过“应急预案演练周”等活动，大规模举行应急预案演练活动，在2010年演练周期间，公司共开展应急预案478场次，其中自然灾害应急预案演练229场次，交通安全应急预案15场次，加油站危险品火灾爆炸应急预案201场次，社会治安和防恐应急预案33场次。公司还注意与政府部门应急方面沟通和协调，积极协调与地方公安、消防、安监等部门的联动措施，互相通报情况，统一应急指挥。2010年6月，公司与厦门市政府在厦门油库举办大型危险化学品事故预案演练；2009年11月，分别与福州消防支队、海事部门进行马尾油库火灾爆炸和油品泄漏事故应急预案演练。其他分公司也开展了不同形式的区域联动、企地联动等综合实战演练，通过演练提高了指挥员的应急指挥能力、员工的协同配合能力和临机应急处置能力，还加强了与应急部门的紧密协作关系。

（三）加强预案演练考核评价

每次演练完毕后，对预案演练的效果进行评价，主要从预案和程序的有效性，应急资源的充分性（包括人力和设备）、机构指挥和人员协调性和人员应急技术水平等方面进行评价，总结经验，查找不足，及时改进存在的问题，修订应急预案，提高预案的适用性和科学性。

（四）加强预案审核和备案

公司及所属单位非常重视应急预案评审工作，按照国家有关规定，积极组织人员对本单位编制的应急预案进行评审，报上级部门审批并备案，漳州、莆田等四个分公司已完成当地安监部门对预案的审核和备案工作，其他分公司正在进行中。公司定期或不定期进行应急预案审核和修订工作，根据应急演习和突发事件应急响应的评审结果以及外部条件的变化情况，对应急预案进行审核和修订，各专项应急预案责任部门对各专项应急预案进行审核和修订，保证了应急预案基本要素的完整性、预防措施的针对性、组织体系的科学性、响应程序的操作性、应急保障措施的可行性。

三、突出重点，抓好自然灾害应急管理

福建地处东南沿海，夏天是台风暴雨多发季节，公司及所属单位根据库站所在地的实际自然状况，加强自然灾害的应急防范工作。

（一）加强宣贯和培训

组织对可能发生自然灾害的现场进行处置方案的宣贯、培训和演练工作，对员工加强应对自然灾害的自救互救知识的宣传和教育，使员工掌握自救、互救、避险、逃生等知识和技能，有效减少灾害对员工的伤害。每年台风和汛期来临前的 3 ~ 5 月份，各分公司、油库组织进行防台防汛预案演练，通过演练不断完善防台防汛预案，提高库站的防洪防汛、防台风应急能力。

（二）加强信息沟通和交流

密切跟踪当地气象服务机构的天气预报和政府部门的预警信息，保持与政府应急机构联系和信息沟通。公司总是在最短时间内将气象信息及上级要求传达到各级机关、油库、加油站，做到早准备、早预防。根据预警级别，对黄色、橙色、红色等预警规定相应应急响应级别和响应程序，适时启动应急响应。规定红色预警可由最低一级受灾单位负责人决定油库、加油站的关停、疏散、撤离等安全措施。

（三）加强灾前隐患排查和治理工作

公司领导高度重视灾害预防工作。每次灾害来临前，都要亲自带队到现场检查。在汛期来临之前，公司专门组织人员对可能出现的暴雨、台风、洪水、雷击、泥石流、滑坡等灾害及其可能产生的次生灾害进行排查，重点对防坠落、防雷防静电、防溢油污染、电力设施等

易发事故因素进行辨识和控制。对查出的隐患及时安排治理，避免事故的发生。

（四）加强应急物资的储备

为油库和加油站配备应急物资及设备，备足食物、水、救生衣、抽水泵、沙袋、手电等物资及设备。

正是公司在应急管理工作上的积极努力，在闽北防抗特大洪涝灾害中，公司南平、三明等分公司所属的20个油站能够在灾难来临之际，按照预警程序，早做预防、提前部署，采取适当有效的防范措施，在最短时间内恢复运营，最大限度减少灾害带来的损失。

落实全面开工验收制度
有效防范施工作业安全风险

西部钻探

钻井施工作业流动性大，设备搬迁及安装拆卸十分频繁，通过事故统计和原因分析发现，一些隐患问题在开工前期得不到有效整改，给下步施工作业埋下隐患，是诱发事故的重要因素，控制不好就会导致生产安全事故和工程事故。

施工作业开工前验收工作过去也在进行，但由于验收制度不健全、标准不统一，验收工作不规范，甚至存在片面追求速度、抢时间、赶进度而降低验收标准的现象，导致验收工作走过场，把关不严。

中国石油西部钻探工程公司（以下简称公司）自成立以来，把推行全面开工验收制度作为排查安全隐患，削减施工安全风险的重要手段，按照“领导挂帅，部门参与，坚持标准，不留后患”和“谁组织、谁负责；谁验收、谁负责；谁签字、谁负责”的验收责任制全面推进，施工作业前安全隐患得到有效治理，风险得到有效控制，现场标准化管理水平、安全管理水平不断提升，为公司安全生产形势的持续平稳发挥了积极作用。

一、把全面开工验收作为施工作业的第一要求，严格落实

2008 年，公司成立之初，专门下发文件，明确提出为了全面贯彻落实公司确定的“不安全不施工，不安全不操作，不安全不开工”安全生产原则，把问题和隐患消灭在开工、开钻之前，做到无隐患开工，实现施工作业本质安全。所属单位施工作业队伍在工程项目开工及钻井各次开钻、钻开油气层等施工作业前必须进行全面检查和验收，严格把关，达不到验收标准的不许开工、开钻，确保在良好的安全环境条件下施工作业。

验收范围包括公司钻井、录井、测井以及其他辅助施工作业项目。具体验收内容包括以下 10 个方面：

（1）队干部配备符合标准，履行岗位责任制的能力满足安全生产需要，干部值班制度落实，能够正常轮休。

（2）岗位设置和岗位人员配备合理。岗位职责明确，员工清楚自己的岗位职责，按规定持证上岗。没有培训或培训不合格不能上岗，操作不熟练不能单独顶岗。司钻等特殊工种和关键要害岗位人员经过有效培训并取得相应上岗资质，能力符合要求。

（3）施工方案、HSE“两书一表”针对性强。施工作业前对员工进行技术交底，员工清楚本井（项目）重点工序、关键环节和施工过程中存在的主要危险有害因素和防范措施。

（4）设备、设施安装符合标准，无超期服役和超限、超负荷使用现象，消防设施器材

配备符合标准，安全防护设施设置安装符合标准，逃生装置配置符合要求，性能完好，相关岗位人员能够熟练使用。

（5）与相关方签订了安全协议，双方安全责任明确，并对分包方进行统一监督管理。

（6）探井、“三高”井、重点井等施工作业采取了针对性安全措施。

（7）有相关管理部门和公安、消防、医院等抢险救援部门的联系方式，能够保持24小时全天候联络畅通，防喷等应急处置预案符合实际并演练熟练。

（8）各种技术标准、规范、规章制度、操作规程等配备到位，人员熟练掌握。

（9）安全警示标识设置合理，符合实际，内容醒目。

（10）专职HSE监督派驻到位，能力满足要求。

各单位根据以上验收内容，结合施工作业实际，对开工验收程序及参加人员作了具体规定，明确责任部门和职责分工，细化验收标准，纳入作业许可范围进行许可管理。“三高井”、特殊工艺井的验收，由所属单位主管领导组织，各部门负责人参加验收。中国石油天然气集团公司（以下简称集团公司）及所属油田确定的重点井由公司工程技术、生产协调、安全环保以及设备管理部门组织验收；一般井型，由所属单位HSE管理部门组织，人事培训、设备、生产、技术、井控、交通消防、生活后勤等部门参加。

验收工作严格按照验收程序进行，一般验收程序为：井队首先自行组织验收，认为符合验收条件后，向单位安全部门申请验收，验收组按照分工组织现场验收，针对存在的问题开具问题整改通知单，提出整改要求和整改期限。对不影响开工的小问题，由驻井HSE监督人员监督整改，对不具备开工条件的，限期整改后进行二次验收，直至验收合格方可开工。

对于验收中发现的问题和隐患，井队能够整改的由井队组织整改，整改完毕后再进行施工作业。井队不能整改且通过监控能够保证安全的，则制定详细、严密的监控措施后先进行作业，然后由各单位或者公司组织统一进行整改。井队不能整改，而且影响安全生产的一律停工，整改完毕后再组织施工作业。

二、把全面验收工作作为夯实基础工作的重要手段，整体推进

在各单位细化验收标准全面落实的基础上，公司生产、安全、工程技术等部门不定期进行抽查。每年年初，选择基础工作扎实、验收工作细致的队站作为学习样板，在各区域召开全面开工验收现场观摩交流会。先后在克拉玛依、吐哈等区域组织召开了由各单位主管领导及相关部门和部分井队长参加的验收现场观摩会，3年以来共在各区域召开大型全面开工验收观摩交流会21场次。通过观摩交流会，大家共同查找现场的安全隐患，互相学习，提升了现场的整体管理水平，有效促进验收工作的深入开展。

为了促进基础管理工作，验收工作坚持“严、细、实、狠”的标准，“严”就是严格按标准检查验收，统一标准，统一尺度，不凭经验自定标准，或随意放宽验收标准；“细”就是细致入微，关注细节，不留隐患，不放过一个小问题；“实”就是提问题实事求是，具体问题具体分析，注重找出问题存在的根源，和井队一起协商研究整改的方法措施，而不是居高临下，导致问题得不到彻底整改或同样的问题重复发生；“狠”就是发现问题不放过，发现违章不留情，对待问题不讲情面，不徇私情。

为了保证验收质量，把验收过程中发现的问题作为井队业绩考核依据之一进行考核兑

现，要做到严考核、硬兑现。对基础工作扎实、管理水平高、自查自改认真、自身要求高、验收问题少的井队及时进行表扬和奖励，起到以点带面的效果。对存在问题多、管理松懈、要求不高、现场管理存在低标准和老毛病以及坏习惯的井队进行通报批评和一定的经济处罚，问题严重时责令停工整改，并由单位领导主持、各基层井队负责人参加现场讲评会，教育当事人，警示他人。

在实施初期发现，由于参加验收人员的认知不同，相同的问题会得出不同的结论，受到现场人员的抵触和不满。后来，把完善制度标准当作一项重要的基础工作来抓。公司先后组织编制钻井队 HSE 设施配备标准、钢丝绳使用及报废标准、特殊危险作业许可制度、钻井队 HSE 检查表等规章制度和标准。各单位为基层井队配备《安全管理制度汇编》、《操作规程汇编》、《钻井队岗位作业指导书》、《开工前全面验收规定》和《员工手册》等规范标准，结合不同设备、不同施工任务细化验收细则，增强针对性和操作性，并对现场的各项资料记录进行了精简、整合和规范，减轻基层负担，提高工作效率。同时对基层管理人员及操作人员进行开工验收重要性的教育和引导，让他们知道为什么要验收，验收要达到什么目的和要求，增强员工的工作责任心和对开工全面验收制度重要性的认识，增强“第一次就把事情做好、做到位”的工作主动性，提高一次验收合格率。3 年来，共对 3800 口井进行了 12000 多次各类型的开工验收，进行了 38 队次的停工整顿。

开工验收合格进入正常施工程序后，严格按照有关技术标准、规范和规章制度组织生产，开展日常检查工作。各单位发挥安全监督在现场安全管理中的作用，驻井安全监督负责施工作业的现场监督，对于不符合验收标准及验收中查出的问题没有整改完毕的有权制止开工。积极提升驻井监督的工作主观能动性，除了在开工验收环节由驻井安全监督把关监控以外，安全监督每天对现场进行巡查，发现的问题以不符合项整改通知单的方式反馈给井队，并督促井队限期整改。2008—2010 年，驻井安全监督共在现场发现并开具不符合项 76357 项，并督促井队全部整改，有效地提升了现场的本质安全，把很多安全隐患消灭在了萌芽状态。

三、把全面开工验收与 HSE 管理体系推进工作相结合，不断完善

公司把集团公司 HSE 管理体系推进过程中重点推行的《工作前安全分析》、《启动前安全检查》等先进工具与全面开工验收有机结合，把新的理念、方法、工具应用到全面开工验收工作中。制定《工作前安全分析管理规范》、《启动前安全检查管理规范》，对全面开工验收工作的组织程序、工作职责、验收标准进行完善，使作业现场施工前的检查和验收工作更加科学规范、更加符合标准。从以前的主管部门、队干部组织验收，到现在全体干部员工积极主动地参加检查验收工作，充分调动了全体员工工作积极性，现场安全管理水平得到明显提升。

全面开工验收制度为有效排查施工作业现场安全隐患，全面削减施工安全风险发挥了重要作用。过去，由于全面开工验收制度落实不到位，片面追求速度和效益，造成部分施工前期现场准备工作不足，存在的问题不能及时整改，开工后问题不断，造成停工停产，导致生产安全及工程质量事故多发。推行开工全面验收制度后，由于各项准备工作充分，保证了开工后施工作业的连续性，减少了非生产时间，缩短了施工周期，提高了钻井施工作业的工作时效，综合钻机速度稳步提升，生产安全事故及工程质量事故得到有效遏制，为钻井提速、提效及安全生产创造了有利条件，发挥了保障作用。

强化基层基础管理　提高风险防控能力

渤海钻探

今年以来，中国石油渤海钻探工程公司（以下简称渤海钻探）坚持以HSE体系推进为主线，将基层作为安全环保管理的着力点和落脚点，探索实施了以“‘三标’强基、培训提‘素’、防范避险”的基层工作举措，提升了基层的风险防控能力，保持了安全生产形势的持续稳定。

一、“三标”强基，提升基层HSE表现力

基层是企业生产的最前沿，也是事故的主要发生地。要有效预防事故，就必须致力于提高基层HSE整体表现水平。对此，我们大力实施基层“三标”管理。

创建基层管理标准化。结合不同专业队种实际，编制印发了46个主要队种的《基层HSE建设标准》，组织各单位健全了所有基层队种的建设标准，出台了《基层建设实施意见》、《基层建设考核细则》，明确了基层队的管理内容、工作程序、考核标准，做到了有标可依、违标必究。持续开展“强堡垒、达三标、争一流”活动，在每个基层均安排一名科职以上领导干部实施挂点帮促，基层单位月考核，分公司季考核，公司半年评比表彰。坚持奖罚并举，侧重正向激励，将奖金总额的25%用作基层“三标”管理的奖励基金，严格考核、硬性兑现，有效激发了基层抓“三标”管理的积极性和主动性。

创建作业现场标准化。推行了现场作业“三规范”措施。一是规范设备设施定置摆放、安装、运行和维护标准，制定出台了《设备设施管理办法》；二是规范目视化管理，采用统一的安全色、标签、标牌、隔离线等方式，对易造成人员伤害、井喷险情的设备设施、关键部位及作业区域等进行了目视化标识；三是规范属地管理，按照岗位设置情况，将基层作业现场划分为不同的属地区域，将监管责任具体细化和落实到岗位，统一制作并实施了“岗位属地管理卡”，明确了各岗位的管理区域、巡回检查路线、主要风险、防范措施和监管责任，督促员工落实属地管理职责，做到了“我的属地我管理、我的区域我负责”。

创建岗位操作标准化。实施了“三推行”措施。一是推行作业规程，编制实施了636项钻井、井下、测井、固井、录井、定向井等各专业作业规程，明确了各工序的操作步骤、作业方法和安全防范措施，做到了井筒施工作业规程的统一规范；二是推行“岗位两书一表”，将“基层两书一表”细化为119个关键岗位的“岗位两书一表”，明确了岗位HSE职责、工作标准及工作要求；三是推行了岗位操作“五先工作法”，引导员工在进入现场前先观察周边环境是否安全，启动设备前先检查要害部位是否完好，动手操作前先思考操作程序是否掌握，施工作业前先识别是否存在安全风险，作业过程中优先关注是否做到“三不伤害”，大力营造“个人无违章、岗位无隐患、基层无事故”的安全文化氛围。

二、培训提“素”，增强全员 HSE 执行力

岗位员工是生产的主力军，也是事故的主要责任者和受害者。要有效预防事故，就必须致力于提升员工素质和技能。对此，我们强化全员培训考试。

强化干部安全能力建设。将安全作为干部聘任的必要条件，实施了“三项举措”。一是实施新提拔的正处职干部任职后安全评估举措，根据评估的结果以及有关安全环保法律法规和规章制度，进行“一对一”培训；二是实施副处级干部竞争上岗前安全考试举措，凡考试成绩低于 80 分的不得参加竞聘，以此增强对安全环保工作的重视程度，提升对基层的管控与指导能力；三是实施科队级干部任职前挂职锻炼举措，凡新提拔且没有安全环保工作经历的科队级干部，任职前到安全监管部门进行为期 2～3 个月的挂职锻炼，基层干部安全素质和管理能力得到了有效提升。三年来，共安排挂职锻炼干部 356 人。

强化基层自我安全培训。针对钻探野外作业人员较为分散、集中培训难的实际，建立实施了以“四统一”为核心的基层自我培训机制。一是统一培训聘任安全培训师，其中，培训基层安全培训师达到 613 名；二是统一研制开发基层安全培训课件和影像教材，包括大量图片、典型案例和多媒体动画，形成了覆盖 46 个基层队种、3000 多种作业的培训课件；三是统一安全培训师管理，制定出台了《兼职培训师管理办法》，明确了授课学时、培训方式及考核标准；四是统一为所有基层队配备了投影仪、笔记本电脑等教具。通过强化基层自我培训，员工素质大幅提升，在 2008 年中国石油天然气集团公司钻井及井控技能和 2009 年井下井控技能竞赛中，渤海钻探均获得了团体第一名；在 2010 年钻井及井控技能大赛上，获得了全部团体冠军和 4/5 的个人金牌的佳绩；公司被评为“全国技能人才培养突出贡献单位”。

强化全员安全知识考试。本着“有岗位就有考试题库”的原则，编制了涵盖所有岗位、总题量达 5 万多道的安全考试题库，并实行了“四考工作法”，公司每半年对处级干部进行一次统考，各单位每半年对全员进行一次统考，基层每月对岗位员工进行一次统考，两级机关人员每次深入基层检查时都进行一次抽考，并公布考试结果，与员工职称评定、晋升晋级和奖金发放挂钩，有效调动了全员“学制度、学规程、提素质、增能力”的积极性。过去领导到基层检查工作时，员工“一怕问二怕考，见到领导就想跑”，而如今，不但不怕问不怕考，而且愿意主动接近领导展示自己。

三、防范避险，提高现场 HSE 管控力

HSE 体系管理的核心就是风险的预防与控制。要有效杜绝事故，就必须致力于提升现场的风险控制能力。对此，我们着力在理念培育宣贯、安全“短板”分析、重点环节监控和监督作用发挥上狠下功夫。

着力理念培育宣贯。本着理念“源于基层，用于基层”的原则，广泛开展安全井控理念征集活动，归纳提炼了“不安全的进尺一米不打，不安全的产值一分不要，安全永远比产值和效益重要”、“安全环保管理没有最好、只有更好，必须持续改进”等 9 条 HSE 理念和“井喷可以预防，失控可以避免，井喷和失控都是责任事故”、“井控工作重点在基层、关键在班组、要害在岗位”等 6 条井控理念。采取领导带头宣讲、网络广泛宣传、纳入题

库考试等多种方式，加强宣贯，让理念“入脑入心”，培育了具有渤海钻探特色的 HSE 文化。

着力安全“短板”分析。广泛发动各级人员，全面分析、查找人员素质、设备管理、作业过程等方面存在的“短板”，并将其确定为关注的重点，制定“补短”措施。一是针对易发生事故、风险较大的关键岗位，实施评估、考核和建档管理，凡考核不合格的人员以及临时工、劳务工不准从事关键岗位作业；二是针对存在隐患多的设备设施，提取安全生产费用进行了治理，尤其是对于易造成人员伤亡的，实施安全技术措施改造，推行了钻机转盘操作手柄差异化改造、“牛头吊卡 + 卡瓦”起下钻作业、将 40 型以上钻机机械猫头改造为液压猫头等 36 项个性化措施，提升了设备设施安全性能；三是针对钻机搬迁安等风险较大的危险作业项目，实施作业许可审批，共确立许可审批项目 565 项，明确了每项的审批权限、控制措施。开工前，开展安全分析，办理作业许可审批，指派监管人员进行监督，有效地防范了事故的发生。

着力重点环节监控。突出“三个重点”风险控制。一是突出井控风险控制，实施钻井队伍能力等级评估机制，做到了队伍能力级别与井控区域风险级别相匹配；实施“三高两浅”井、复杂井、特殊工艺井处级责任人和工程师盯井，以及钻井队和修井队定期考核与末位停产整顿措施；实施溢流控制，严格井控坐岗，做到了“发现溢流立即关井、疑似溢流关井检查、确认溢流立即上报”。二是突出放射源风险控制，加强储存、运输和使用环节监管，推行声光报警、手机提示和视频监控等技防和“一人装卸源、一人监护、一人监督”的人防措施，确保了放射源安全。三是突出外部市场风险控制，在所有外部项目部设立主管安全专兼职负责人和机构，每半年至少对所有外部项目部队伍检查一次，并针对塔里木市场队伍增多、施工难度大、井控风险高实际，成立了塔里木四勘公司，增加了两名副处级职数和机构、人员，确保了外部市场安全。

着力监督作用发挥。实施“两加强、一规范”措施。“两加强”，一是加强安全监督机构建设。公司和各单位均设安全监督总站和分站，其中，钻井单位实行“驻井监督”，监督人数按井队数量配备；井下单位实行“巡井监督”，监督人数不低于员工总数的 5‰；其他单位实行“随机监督”，监督人员不少于 3 人。二是加强井控监管机构建设。公司设井控管理中心，钻井和井下单位成立监管站，实行“分片监督”，监管人员按钻修井队数量的 1/4 配备。“一规范”，规范了现场监督管理考核，制定出台了《安全监督管理办法》、《安全监督工作手册》等制度，明确了监督上岗条件、工作程序、监督时机与内容等要求，并实行了能力评价、考核奖惩和级别升降等机制，落实了监督人员的监管责任，为及时消除现场隐患和违章发挥了重要作用。

渤海钻探目前仍然处在安全发展的“严格监管”阶段，要实现“自主管理”还需做大量的工作。今后，我们将按照廖永远副总经理提出的“七个加强”、“八个狠抓”等指示精神，进一步加大工作力度，持续提升基层风险控制能力，努力构建安全环保管理的长效机制，为集团公司建设综合性国际能源公司做出新的更大的贡献。

着力储存、运输、使用环节控制确保放射源安全

渤海钻探

中国石油渤海钻探工程公司始终坚持把放射源安全管理作为安全环保监管的重中之重，着力从放射源储存、运输和使用三个环节风险控制入手，严格过程监管，取得了较好效果。截至目前，未发生任何放射源被盗、丢失、失控事故。

一、放射源基本情况

渤海钻探工程公司下属测井公司是放射源的主要使用单位，目前共有放射源263枚。按放射源类别分：二类源30枚，三类源6枚，四类源69枚，五类源158枚。按放射源核素分：镅铍源36枚，钚铍源34枚，镅源14枚，铯源126枚，镭源50枚，钍源1枚，钴源2枚。

储存过程中，放射源存在被盗、超剂量辐射风险；运输过程中，存在被盗、丢失风险；使用过程中，存在被盗、丢失、失控和超剂量辐射风险。因此，抓好放射源安全管理的重点是对储存、运输和使用过程进行监控。

二、着力治安防范，确保放射源储存安全

在放射源储存环节上，主要从八个方面控制被盗、超剂量辐射风险：

一是专门成立了危险品管理站，负责放射源储存、发放、回收以及检查维护等日常管理工作。

二是放射源库选址远离人员居住区域。库区主要分为生产区和办公区。生产区主要有放射源储存库、刻度工房、同位素分装车间、衰变池等；办公区主要包括管理人员办公室、监控平台、机械手操作平台等。放射源储存库由强源储存区、弱源储存区、过渡间、工具间和排风机房组成。放射源储存库内实行“一源一坑一标识”，库内共设有储源坑241个，其中，强源储存区设储源坑134个，弱源储存区设储源坑106个，低活度大储源坑1个，可容纳放射源360枚。

三是放射源库设有自动提取放射源系统。该系统主要由一个机械手和一套自控系统组成，可实现对强源储存区源容器的远程自动化提源操作，减少对作业人员的辐射。

四是每年聘请天津市环保局依据《电离辐射防护与辐射源安全基本标准》、《辐射环境监测技术规范》、《油（气）田测井用密封型放射源卫生防护标准》对放射源库及周边环境进行辐射环境监测，并出具监测报告。监测结果全部符合标准要求，并在库区公示栏中

公布。

五是配备检测仪器，每月对放射源库及周边环境进行一次辐射环境监测，对开放型同位素进行表面沾污检测，定期进行放射源清洗验漏检测，防止放射工作人员和公众受到辐射伤害。

六是放射源库聘用专职保安进行24小时值班，建立交接班制度和巡回检查制度等。库区设置“放射源库人员动态一览表”，保安对入库人员进行逐一确认，严格执行出入库登记和安全讲话制度。

七是值班室设置一键快捷式反恐110报警装置，与天津市港南治安分局联网。遇到突发事件时，保安人员按下报警开关，及时向公安部门报警。

八是库区值班室设置监控平台，监控系统共设20个摄像头，分布在不同的区域，保卫人员进行库区内、外视频监控，同时与天津市公安局联网。

三、着力技术防范，确保放射源运输安全

在放射源运输环节上，大力推广应用高新技术，控制放射源运输过程中存在的被盗、丢失风险。

一是配备了15台放射源专用运输车。按照《道路危险货物运输管理规定》的要求，公司对放射源专用运输车进行了环境评价、辐射环境监测和性能定级检测，安装了GPS卫星定位系统。岗位人员取得了危险货物“运输证”和“押运员证”，获得了由天津市运管处颁发的危险货物运输资质。放射源专用运输车能够承载一套（6枚）放射源，车厢前端为驾驶室，设置有屏蔽层，车厢内针对放射源的强度，专门为大活度放射源设置单独储存罐，为小活度放射源设置储存箱。源车的屏蔽防护通过了卫生部防护质量监测。放射源专用运输车安装了集视频监控、声光报警、遥控报警、短信报警四项防护功能于一体的监控系统，连同天津市运管部门安装的GPS监控系统，能够有效对放射源及源车进行全天候远程监控。

二是为加强对放射源实时监控，确保放射源的领还、使用、运输过程和异地储存安全，成立了危险品监控办公室，制定了《放射源监控管理办法》，利用短信监控平台和视频监控系统，对放射源进行24小时不间断监控和跟踪。

三是放射源专用运输车在行驶途中，押运员可随时视频监控放射源储存情况。车厢门打开时，门磁开关工作，车体发出声光报警，同时打开短信报警器发射开关向驾驶员、押运员遥控器发出声、光、振动报警，并向公司监控办公室、基层单位的监控平台发送报警短信息。现场负责人必须立即向监控办公室汇报车门打开原因，否则，监控办公室根据短信提示进行电话追踪落实。

四、着力作业控制，确保放射源使用安全

在放射源使用环节上，严格执行一整套制度规程，控制放射源使用过程中存在的被盗、丢失、失控和超剂量辐射风险。

一是作业前，施工队伍在作业现场布置安全警示线，摆放辐射警示标志，告知相关方注意事项，护源员负责放射源的保管。

二是作业中，施工小队配备防止放射源落井卡盘和毡布等防源落井设施，作业队HSE

监督员负责防源落井设施现场使用监督，队长进行巡回检查并向监控办公室汇报。放射源装卸过程实行“一人装（卸）源、一人监护、一人监督”措施。

三是装源作业前，由护源员和队长同时对放射源进行检测、检查，队长向危险品监控办公室汇报，危险品监控办公室做好记录，填写《危险品（密封源）使用过程监控记录》相关内容。装源过程中，HSE 监督员对防落井卡盘和毡布的正确使用进行确认，对操作人员的操作过程进行监控。装源完毕后，操作人员对放射源在仪器内的固定情况进行检查确认，队长将装源情况及时向危险品监控办公室汇报。

四是卸源时，当放射源装入源罐后，由护源员和队长同时对放射源罐和装源工具进行检测、检查，确认无误后将源罐和装源工具装车上锁，开启监控装置。队长将回收及监测情况汇报到危险品监控办公室。

五是为确保放射源现场使用安全，遏制现场违章行为，研制开发了测井远程监控与技术援助系统，对放射源现场作业过程实施全程监控。

建立生产安全预警系统
增强事故事件防范能力

川庆钻探

中国石油川庆钻探工程公司（以下简称川庆钻探或公司）自 HSE 推进工作以来，持续探索安全管理工作，形成了特色的管理模式，培育了“油气至上、安全为天”的川庆特色的安全文化。2010 年在分析违章隐患数据的基础上，对风险预先警示、有效防范事故方面进行了探索，创建了安全预警机制，搭建了安全风险控制平台。

一、建立生产安全预警系统

公司结合安全监管工作实际，借鉴国际先进石油企业 HSE 管理经验，研发生产安全预警信息系统，建立起公司级的安全环保风险控制中心。充分利用安全监管日常检查中收集的大量数据，使用模糊数学等方法进行科学的统计分析预警，实现信息共享，使各级监管人员及时、准确了解作业现场安全现状，为管理者提供实时、客观的决策依据。

（一）主要结构

生产安全预警系统共有 7 个主要功能模块，各主要功能模块下又有 25 个子模块(图 1)。

（二）分级管理

生产安全预警系统实行公司、二级单位、作业现场的三级授权管理模式。各级用户分别可以看到各自级别的数据信息。现场监督可以录入现场基本数据，还可以将集团公司级、公司级、二级单位级监督、检查、安全观察与沟通中发现的隐患、违章分级录入系统进行分析。对各种不符合项、违章行为按类别、级别进行自动统计分析，可以生成不同级别、不同内容、不同时段的隐患、违章等信息分析报表，实行上、下级信息互动，构建安全监督信息互动平台。

（三）细化分类

系统将所有的现场隐患、违章分为 11 大类 201 种典型表现，涵盖了现场所有可能发生的典型行为，用户录入信息时可以直接选择“隐患或违章行为”选项，一方面使操作更简便，另一方面系统识别风险更准确，计算更精确，评价结果更科学。

（四）预警管理

预警管理能实现事故预警、违章预警和隐患预警。风险控制中心对接收到的现场监督过程中发现的不符合项状况，自动根据监督目标分析统计，发出超限预警，可以追溯隐患来源，帮助管理人员确定隐患的主要类别，便于消除主要隐患。

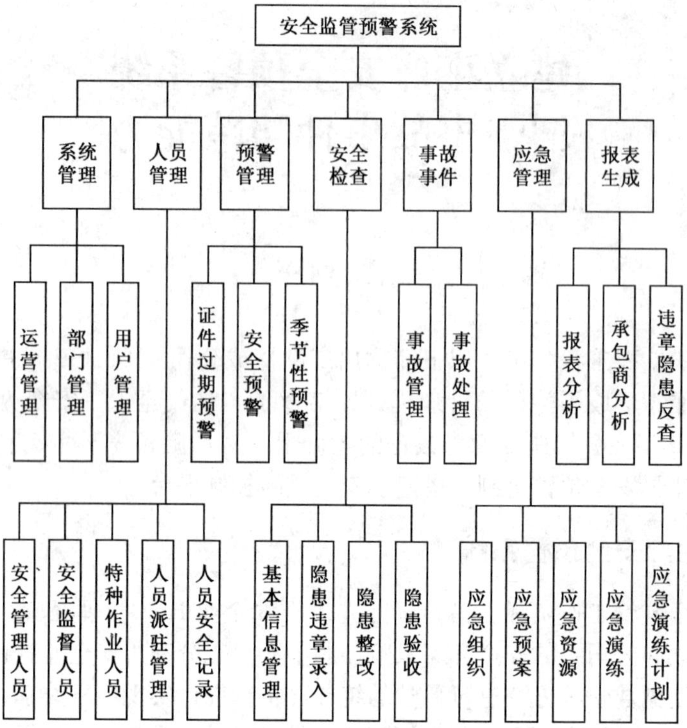

图 1　安全预警系统

（五）生成报表

系统在建成之后，通过采集现场监督检查的信息可以生成各种报表。报表包括川庆公司、二级单位、基层单位的周报、月报、季报和年报，各种报表不仅有统计数字，还含有统计分析、趋势分析等。

（六）操作简便

系统简单、易学、易操作。在系统有一个友善的界面，易于操作，并且界面的布局突出地显示出重要信息及出错信息，便于使用和管理。

二、生产安全预警系统应用

2010 年系统试运行后，公司先后组织四次培训班，对 400 名安全监管人员进行培训，使他们掌握系统的使用方法，大量日常检查数据录入系统，经过系统风险识别、风险分析、风险判断，形成直观预警曲线图。

预警信息分为 4 级，分别反馈到项目部、二级单位监督部门、生产管理部门、质量安全管理部门、公司质量安全环保处、公司领导。各级管理者根据反馈情况下达风险缓解任务并反馈完成情况，并及时沟通信息，解决现场存在的问题。

2011 年 4 月份通过预警系统分析，公司领导发现地面建设专业因任务重、现场违章、隐患多发，安全管理出现滑坡现象。立即组织开展地面建设专项审核及调研，查找、分析地面建设专业存在的 HSE 关键问题，并召开专项审核汇报会，通报了审核情况，并帮助其制定和落实改进计划。地面建设单位针对违章、隐患高发的情况，制定了具体的整改措施，安全管理实现了根本好转。

三、生产安全预警系统运行效果

（一）由定性分析向定量分析转变，实现“数字监管”

风险管理是 HSE 体系的核心，以往的风险管理和风险控制工作多依赖于定性的分析方法，建立生产安全预警系统后，利用模糊数学，建立数学模型，使用定量分析方法得出警示数据，为企业领导、管理层提供科学决策依据，对现场安全监管工作起到真正的指导作用。

（二）由传统管理方式向现代信息管理方式转变，科学决策

系统充分利用川庆钻探现有安全环保监督管理模式，公司安全监督人员 600 多人由点连成线、由块连成片，覆盖全员、全方位、全过程。通过生产安全预警系统这个信息化管理平台，将风险管理渗透到安全管理的各个层面，逐步改变安全监督职能的管理职能（见图 2），解决了孤立分散数据多、交流共享少、统计数据多、系统分析少、静态数据多、动态数据少的现象，为科学决策提供了依据。

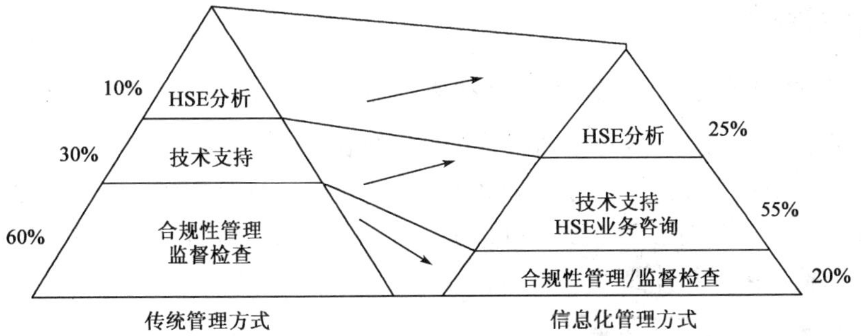

图 2　安全监督管职能发展趋势

（三）由现场数据点的分析向整体系统面的分析转化，实现预警防控

对现场风险随机定量评价，及时下达风险控制指令，实行安全监管的科学化、网络化，实现预警防控。

工艺危害分析在 LNG 发动机推广项目的应用

川庆钻探

为降低开采成本，发展低碳绿色经济，按照中国石油天然气集团公司部署，川庆钻探工程有限公司长庆钻井总公司（以下简称长庆钻井总公司），率先利用 LNG（液化天然气）替代柴油作为钻井动力，在钻井作业中试行 LNG 发动机推广项目。为保证 LNG 发动机的气化撬、LNG 槽车安全，长庆钻井总公司结合体系推进工作，引入工艺危害分析，对现场 LNG 设备的安装运行、人员操作、管理因素进行工艺危害分析，保证了 LNG 在钻井作业现场的安全运行。

一、计划和准备

（一）成立领导小组，制定工作任务

长庆钻井总公司成立了以总公司副总经理为组长，由设备处、安全处、长庆油田庆港公司、钻井队长、济南柴油机厂多方人员组成工艺危害分析领导小组，并召开专题会议，对人员进行了任务分工，明确了工作任务和目标，并对工艺设计依据、工艺设备操作规程、工艺技术资料的准备提出了具体要求。

（二）资料收集，充分准备

按照小组要求，分析人员查阅收集了相关的标准、规范，收集了 LNG 发动机设备及工艺的基础资料。

二、开展危害辨识

（一）通过现场检查，查找设备的设计缺陷

工艺危害分析小组成员通过技术咨询和察看技术资料，对现场设备进行实地检查。查出的问题有气化撬储气罐无安全阀、无超压过载自动保护连锁和制动装置，现场储存和使用的 LNG 槽车构成重大危险源但供货商未在当地安全生产监督管理局申报登记，燃气机发动机高速旋转部位没有加装护罩等。检查为工艺危害分析奠定了基础。

（二）通过鱼刺图，分析选取重要因素

分析作业现场，根据人、机、料、法、环制作鱼刺图，分析选取重要危害因素。其次查找管理类问题，从人、事、时、地、物等方面分析各种危害产生的原因和导致的后果，并按照分析出来的各类重要因素，从中找出 4 种主要危害，即超压、火灾爆炸、冻伤、窒息，通

过现场实地勘查、模拟实验及系统分析进行辨识。

（三）确定危害清单

从火灾爆炸、超压、冻伤、缺氧窒息等方面，按照可能出现的危害及后果，列出 LNG 燃气发动机工艺危害清单（附件 1）。

（四）危害分析

（1）槽车和汽化撬接地不规范，法兰连接部分跨接不规范，局部形成静电，一旦 LNG 泄露，可能发生着火、爆炸；LNG 通过低压橡胶管线输送至燃气机过程中，螺丝未上正、上平，易造成 LNG 泄露，遇明火和静电释放发生爆炸，LNG 泄露还易造成低温冻伤。

（2）发动机高速旋转部位未加装护罩，易发生人员伤害；发动机进气管线泄压口、排出管线的软接管易造成 LNG 泄漏；气化撬缓冲罐未设置安全阀、无超压过载自动保护连锁、制动预警装置易造成气体泄漏；设备存在本质安全问题。

（3）操作人员对新设备的操作规程不熟练，在使用过程中对设备运行中的各种状态无法及时准确地做出判断，误操作易引发人身伤害或设备事故，缺少针对可能出现危害的应急处置预案。

（4）钻井队对新设备的管理责任不清，责任不落实，管理不到位加大设备事故风险。

（5）供应商未在当地技术监督局对气化撬进行注册登记和对 LNG 槽车申报登记，不符合法律法规规定。

（五）重点分析因素

（1）在制定工艺危害清单的基础上，按照人为因素、设备设施、工艺本质安全，进一步进行重点分析。

（2）按照管理体系、操作规程、培训、任务设计和组织、人机工程学、控制系统、合规性等 7 个方面，根据人为因素检查表（附件 2），开展工艺危害人为因素分析。

有利因素：通过对人机工程学、人机界面、注意力分散验证，对操作、维修等方面培训的现场验证，发现现场操作失误几率不大，操作规程基本符合要求，设备布置基本合理，便于维修检查。

不利因素：钻井队管理制度、岗位职责要进一步完善；岗位员工对设备原理、操作规程不熟悉；气化撬、LNG 槽车未按规定注册、登记、备案；设备管线阀门未进行目视化管理。

（3）按照施工现场设备布局、开展设备设施定点分析。

有利因素：施工现场所处的地理位置属固定和半固定沙丘，周边面积较大，方圆 1 公里范围内无人员；设备平面布置符合要求；摆放设备时充分考虑了安全距离。

不利因素：LNG 槽车、汽化撬承压设备未配备气体检测及声光报警设备。

（4）对现场设备的安装、运行进行检查，开展设备工艺本质安全分析。

不利因素：燃气机发动机高速旋转部位未加装护罩；燃气机进气管路泄压管线使用软管连接；气化撬缓冲罐未设置安全阀；无超压过载自动保护连锁、制动预警装置（附件 3）。

三、开展风险评估

工艺危害分析领导小组人员，通过前期对现场设备的安装检查，对 LNG 发动机在钻井作业现场的槽车及供气系统、气化撬、燃气机、设备操作规程、人员操作进行分析评估。利用检查表和风险矩阵，从危害的严重性和危害发生的可能性，确定风险等级。确定火灾爆炸为高风险；超压、冻伤为中风险；缺氧窒息为低风险（附件 4）。

四、建议

（1）钻井队搬迁频繁，作业环境复杂，应对气化撬、LNG 槽车及安全附件每年进行探伤和检测，进行气密性试验。

（2）生产厂家在生产 LNG 气化撬时，气化撬缓冲罐应设置安全阀及超压过载自动保护连锁、制动预警装置，对设备出厂时安全阀、压力表进行校验，并标定下次校验时间。

（3）生产厂家应对燃气机发动机每个旋转部位加装护罩。

（4）生产厂家应改进进气管线泄压口、排出管线为金属管线。

（5）开展培训，提高操作人员对新设备操作规程的熟练程度。

（6）完善管理制度，落实岗位职责，降低新设备管理责任不清、责任不落实、管理不到位引发的设备事故风险。

（7）对工艺流程开展目视化管理，防止误操作。

（8）项目部督促供应商在当地技术监督局进行注册登记，在安全生产监督管理局申报登记，确保符合法律法规规定。定期对钻井队开展检查，确保消除隐患，落实各项措施。

五、工艺危害分析报告的确定

在工艺危害报告形成初期，为了进一步确定报告的可靠性与完整性，工艺危害分析小组召开专题会议，分析完善工艺危害报告，并提出具体的改进要求。

六、建议跟踪

（一）组织人员培训，熟悉操作规程和工作原理

由厂家人员按要求对操作人员进行 LNG 燃气机的培训，培训内容包括 LNG 安全注意事项、LNG 燃汽机工作原理及操作规程等，并带领操作人员进行现场实际操作。

（二）完善管理制度，落实岗位职责

制定了 LNG 岗位职责，明确各自的责任。队长全面负责组织 LNG 燃气机使用与维护工作，对生产中的安全和环境问题及时组织整改和汇报，负责与供气方进行槽车的交接与检查工作，并做好记录；司机长全面负责 LNG 燃气机的使用、维护、保养和日常检查工作，按巡回检查路线的要求对设备进行定期检查和维护，确保设备正常运转和用气安全，并督促岗位员工做好班内各项工作，做好故障排除与处理及易损件的组织与储备工作；司机负责当班 LNG 燃气机的整体运行情况，做好巡回检查和日保养工作，负责填写 LNG 气化撬日常检查表、LNG 作业检查表、LNG 燃气机使用情况统计表。

（三）对工艺流程开展目视化管理

对各阀门的开关状态、气体在管线内的流程走向都进行了标识，绘制了流程图，张贴在现场，特别标注了气体泄漏时迅速关闭的关键阀门。

（四）制定应急响应程序

在制定作业计划书时，根据风险后果，制定了人员冻伤、气体泄漏等应急处置程序，并在槽车和气化撬处放置了棉手套、冻伤膏，在现场危险部位增加了消防器材和正压呼气器。

通过工艺危害分析，客观分析了 LNG 发动机在钻井作业现场安全使用现状，制定了预防措施，规范了设备的安装、运行及管理要求，确保设备安稳运行。

附件 1　LNG 燃气发动机工艺危害辨识清单

序号	内　　容	备注
1	供气装置进液口阀门开启或关闭时，需带棉手套，防止 LNG 的低温引起冻伤	
2	供气装置禁止敲击、碰撞金属部件，防止漏液和火灾	
3	供气装置低温部件如出现法兰连接不紧、管线破裂，流出的 LNG 对操作人员的冻伤	
4	供气装置低温部件如出现法兰连接不紧、管线破裂，流失的 LNG 与空气混合形成爆炸气体，遇明火发生爆炸	
5	供气装置安全阀出现失灵等现象，会造成供气装置局部压力过大，造成设备危害	
6	供气装置低温部件法兰跨接不规范局部形成静电释放，如出现法兰连接不紧、管线破裂，泄漏的 LNG 与空气混合形成爆炸气体，静电释放发生爆炸	
7	可燃气体报警仪传感器失灵，检测不出 LNG 在空气中混合气体浓度（5% ~15%），遇明火发生爆炸	
8	机房供气管线连接不规范，影响安全通道，易造成人员伤害	
9	柴油机防爆装置失效，可能造成设备损坏和人员伤害	
10	没有设置隔离区，非工作人员进入危险区，因气体泄漏，可能造成人员伤害的扩大化	
11	槽车和汽化撬周围没有设置围堰，气体泄漏后，可能会造成事件的扩大化	
12	槽车和汽化撬接地不规范，接地电阻超标，可能因静电造成火灾和爆炸	
13	由于人员培训不到位，人员操作不当或操作失误，可能造成设备和人员伤害	
14	由于检查人员没有及时检查，没有发现气体泄露点，可能造成火灾或爆炸	
15	工作人员没有穿防静电工作服，进入现场可能因静电引起火灾或爆炸	
16	制度不全管理产生缺陷	
17	人员资质、设施资质符合国家法律法规要求	

附件 2　工艺危害人为因素检查表

序　号	内　容	问　　题
1	管理体系	对钻井队所有人员进行了操作规程的培训，基本掌握了设备的操作规程
		钻井队制定了管理措施，确保各岗位员工执行负有责任
		员工已经充分了解安全的重要性和违反程序的处罚机制
2	操作规程	厂家、钻井总公司共同对燃气发动机、气化撬、槽车制定了操作规程，钻井队制定了相应的应急处置程序
		装备部对操作规程进行了审查，并在现场进行适应性复核，收集建议保证定期进行更新

续表

序　号	内　容	问　　题
3	培训	对相关岗位人员都进行了培训，具备岗位技能要求
		钻井队制定应急处置程序，并组织学习
		对进入作业区域的人员进行风险提示，并告知应急程序
4	任务设计和组织	钻井队制定了相应的检查表，明确了各岗位职责，操作人员不存在职责交叉或空挡，不存在任务被遗漏的可能性
		钻井队干部定期检查，确保"连续工作"持续受控
5	人机工程学	紧急停车按钮、紧急切断阀、排放阀等，设置位置比较合理
		设备检查维修部位都预留了满足检查检修的空间
6	控制系统	没有不必要分散员工的注意力或使得更重要的报警被忽视的情况
		控制系统的标识用语统一并清晰易懂，标识清楚
		警报设置时，考虑了反应时间，并进行声光报警装置
		无超压过载自动保护连锁或制动装置
7	合规性	厂家未对气化撬在当地技术监督局进行注册登记
		按照《重大危险源辨识》（GB 18218—2000），现场储存和使用的 LNG 槽车属于重大危险源（16.5T），供货商未在当地安全生产监督管理局申报登记

附件 3　本质安全工艺检查表

序　号	内　容	问　　题
1	替代/消除	气化撬缓冲罐未装安全阀，已经要求厂家按照压力容器设计规范安装
		燃气机进气管路泻压管线使用软管，已经要求厂家用铁管线向上排空，高度不低于 2 米
		燃气机发动机高速旋转部位（硅油减震器部位）应加装护罩
2	缓和	对控制系统的标识用语进行了统一，并清晰易懂
		选择可燃气体报警仪设置时，考虑了人的反应时间

附件 4　LNG 燃气发动机工艺危害风险等级解释

风险等级	事件	描　　述	需要的行动	改进建议
高	火灾爆炸	槽车、气化撬、送气管线气体泄露，因敲击、现场出现明火等都可能引发火灾	槽车、气化撬禁止剧烈敲击	必须在槽车加装接地装置
			气化撬设置了声光气体检测检测装置，按要求定期检查，使检测及报警装置始终处于正常待命状态	
			井场应有防火防爆设施	
			工作人员不允许穿有金属掌的工鞋	
			井场严禁动用明火、电气焊等	
		槽车和减压撬聚集静电，因未接地或接地电阻超标，可能因静电造成火灾和爆炸	槽车、气化撬设置有防静电接地装置	
			气化撬法兰进行跨接	
		气体泄露，因工作人员没有穿防静电工作服，进入现场可能因静电引起火灾或爆炸	工作人员穿戴防静电工作服	必须

续表

风险等级	事件	描　述	需要的行动	改进建议
中	超压	槽车集束管耐压不够，液体瞬间释放引发爆炸	槽车集束管耐压定期到资质部门检测	需要督促注册登记，符合法规要求
			使用符合国家安全标准的集束管	
		槽车无控制移动或受外力冲击，液体瞬间释放引发爆炸	设置明显的标志或警示区	指定专人负责气化撬、槽车操作和安全监护
				槽车停稳后对四个轮子要加掩木
		槽车、气化撬安全阀失效，管线、缓冲罐憋爆，液体瞬间释放引发爆炸	使用符合国家安全标准的安全阀，并定期校验	需要定期探伤
		外界环境温度剧升，或集束管隔热失效，槽车内液体气化，压力升高，超出集束管抗压强度，引发集束管爆炸	对槽车、气化撬四周进行隔离，禁止外来人员进入	在隔离区显要位置悬挂“禁火”和“禁止外来人员进入”标志
			槽车停放在上风口	
中	冻伤	拆装槽车出口管线时，管线内残液与身体直接接触，冻伤工作人员	工作人员劳保穿戴齐全，禁止裤腿通入鞋内	四周加装隔离网，禁止人员靠近
			工作人员劳保穿戴齐全	给槽车出口管线加设泄流装置，每次拆管线前，先通过泄流装置放空管线残液
			现场配备棉手套	
		工作人员操作时身体直接接触气化撬吸热片，可能冻伤工作人员	工作人员劳保穿戴齐全，必须带棉手套	给槽车出口管线加设泄流装置，每次拆管线前，先通过泄流装置放空管线残液
			工作人员劳保穿戴齐全，禁止长时间接触金属开关	
低	缺氧窒息	可燃气体溢出，人员未及时发现，因工作环境周围缺氧，周围人员窒息	安排专人定期检测气体泄露	制定应急响应程序，必要时实行双岗工作制
			槽车及气化撬放置在上风口空旷地带	
			禁止人员长时间在气化撬周围逗留	

规范标准作业程序　提升作业安全水平

川庆钻探

2007 年，川庆钻探工程有限公司测井公司（以下简称测井公司）针对员工安全技能水平不高、习惯性违章行为杜而不绝等现象，开展了一次员工安全问卷调查。统计表明，在承认自己曾经有过违章行为的员工中，竟有高达 82.5% 的员工并不知道自己的行为是违章的。更为震惊的是，在员工描述自己曾经有过的违章行为中，有 17% 的行为可能带来严重人身伤害！

调查后，公司领导层和安全管理部门意识到，提高员工安全意识和纠正现场违章难，难点不在员工觉悟差，不在制度不完善，也不在处罚不严厉，难就难在员工安全技能不高，不知道什么是“规定动作”。

找到症结后，就明确了下药的方向。从 2008 年开始，测井公司开始全面推行标准化作业程序（SOP），即在系统调查分析的基础上，将现行作业方法的每一项操作程序进行分解，以科学技术、规章制度和实践经验为依据，以安全、质量效益为目标，对作业过程进行改善，从而优化作业程序，逐步达到安全、准确、高效、省力的作业效果。简单地说，就是从提高员工安全操作技能上入手，让员工知道自己工作的每一步到底应该怎么做。

3 年来，测井公司在推行标准化作业程序时紧紧把握住三个关键属性和抓好三个关键环节，收到了显著效果。

一、三个关键属性

一是标准作业程序的规范性。SOP 是在认真总结现场作业经验教训基础上，依据法律法规、技术标准、操作规程等要求，结合 HSE 体系要求和岗位职责，以现场实际操作流程为主线，以流程上的每个关键控制点为着力点，统一标准化作业流程，规范每一个作业动作。同时对每项 SOP 的编制格式、基本内容和要领进行了统一规范。

二是标准作业程序的系统性。首先，标准作业程序覆盖了公司所有生产作业及服务活动，使 SOP 管理实现了“横向到边”，如从测井作业 SOP 到射孔作业 SOP，再到机床 SOP 和源库 SOP 等。其次，每个 SOP 又对具体该项作业的各个受控环节进行了规范，使 SOP 编制实现了“纵向到底”。例如：电缆测井作业 SOP，对作业准备、队伍出发、井场作业、队伍返回、基地回场检查等共 10 个环节进行了详细的规定。此外，标准作业程序的内容涵盖了安全措施、设备设施、现场布置、机料摆放、人员行为等标准化要求，保证了全面性。

三是标准作业程序的实用性。考虑到一线员工的知识结构和年龄差异，在 SOP 中不仅力求语言通俗易懂、叙述简洁精练。另一方面还通过用大量图片、图示、图表、多媒体等形式，将操作步骤和动作规范有形化、图像化、影像化。特别是对一些关键环节进行了近距离的图片展现和标准操作录像，一目了然，简单易懂，操作性强。

二、三个关键环节

在推行标准作业程序上，测井公司按照“成熟一项，推进一项”的原则，逐年逐项稳步推进。每项标准作业程序的推进主要抓好 SOP 的编制、SOP 的培训、SOP 的现场审核和改进等三个环节。

一是集中力量，保证 SOP 编写质量。公司 2008 成立了由总经理直接牵头的测井、射孔、机加工作业三大编写项目组，每个项目组由一名分管领导具体负责，对 SOP 编写进行统筹安排和督查。

在 SOP 编制先后顺序上，统一按照“先易后难、先通用后专用”的思路，从最具普遍性和代表性的电缆测井和油管传输射孔工艺开始，推广到相对复杂和极具个性的施工工艺。

每项 SOP 成立编写小组，公司主要领导亲自督导，与编写小组签订责任书，制定奖惩措施。编写小组成员经过严格筛选，汇聚了技术专家和骨干等相关专业的拔尖人才，充分保证了标准编写的优质高效。

SOP 初稿完成后，将严格进行现场比对。编写小组专门派人携带初稿蹲守现场，并在作业过程中认真核对程序中的每一条款与实际工作之间的符合性，以确保写出的程序操作性强。

现场比对后的 SOP 初稿再经基层单位复审、公司评审委员会终审后方可发布实施，确保标准质量。

二是强化培训，确保人人熟悉掌握 SOP。公司开展经常性的培训矩阵分析，及时了解掌握员工培训需求，并组建了一支 59 人的培训师队伍，定期将培训师进行集中培训和交流，不断提高培训师水平。

为了保证 SOP 培训的一致性，公司首先对培训课件进行了严格的管理：规范每个课件的格式和内容，编制后首先必须通过初审认可，然后在培训师中组织进行试讲，以便不断改进课件的适宜性。试讲、修订后的课件报公司评审委员会审定、存档，再组织培训师统一培训，明确对员工授课时的重点，保证同一工艺、同一工序的动作相同。目前公司已编制了 40 余个公司级 SOP 培训课件，供各单位培训使用。

针对服务区域广、队伍分散等特点，公司坚持理论培训与现场操作培训相结合，冬休集中培训与培训师到小队班组驻点培训相结合。采取基层领导带学、技能竞赛促学、施工现场教学、一对一结对帮学、定期考试督学等灵活多样的培训方式，增强了培训的针对性。

2008 年以来，公司分系统、分工种、分岗位、有重点地先后举办了小队长、操作员、绞车工、车工、铣工等 SOP 理论培训和现场操作培训班 1300 余期，累计培训员工逾万人次。并将培训效果与差旅费、考核奖挂钩，做到人人过关，确保了培训效果。

三是加强现场审核，持续改进 SOP 的针对性和实用性。在狠抓培训的基础上，公司成立了推进办公室、HSE 监督、基层单位领导“三位一体”的审核“纠错”小组，3 年来共到现场开展审核 900 余次，及时纠正“自选动作”，强力打造“规定动作”。

开展持续的现场审核是确保员工从“被迫”向“自觉”执行标准化作业程序转变的有力手段，也是最终实现标准化管理的重要保障。与此同时，“纠错”小组注重收集现场对

SOP 的意见建议，及时组织评估，不断完善改进，持续提高作业程序的针对性和实用性。

三、实施效果

几年来，测井公司已编写和正式发布标准作业程序 32 个。通过持续推行 SOP，收到显著效果。

一是队伍作业安全水平明显增强，单队作业能力明显提高，有力地保障了油气勘探开发的需要。与 3 年前相比，公司施工作业综合时效提高了 6.2%，一次成功率提高了 4.4%，联合作业次数下降了 88.5%，小队平均占用井口时间缩短了 3.2 个小时，小队报救急率由 1.71% 下降为 1.33%。

二是公司安全生产形势进一步好转。标准作业程序的有效推行，促进了员工转变观念、养成习惯、提升能力。员工不安全行为明显减少，安全风险得到有效控制，各类 HSE 事故得到有效遏制。同 3 年前相比，工程事故下降了 45.5%，交通事故下降了 50%，人员伤害事故下降了 40%，公司安全形势逐年向好。

三是加快了技术人员的成长步伐。公司将各项标准作业程序编印成册，不仅在培训时使用，也供一线操作员工随时查阅、学习，摆脱了过去师傅带徒弟的单一培养模式，也摆脱了师傅的“恶习陋习”被代代相传的尴尬，使员工可以在较短时间掌握本岗位的规范动作，领会动作要领，缩短了操作人才培养周期。通过集中强化学习培训，公司近两年新入厂员工和转岗员工均能较快适应工作岗位，部分人员还能达到独立顶岗的能力，可喜的成绩进一步增强了公司推进 SOP 的信心和决心。

四是明确了规范动作，员工操作有章可循，违章判罚准则明确。与实施 SOP 以前相比，现在公司的员工无论是在作业井场或在机加工车间，每一项操作动作在 SOP 中都有明确规定，凡与规定不相符的均按违章进行处理。与以前的违章认定模糊不清、稀里糊涂违章相比，现在员工头脑很清楚应该怎么做，自己也很清楚哪些动作是违章，是否该被处罚。与 2007 年相比，员工严重违章行为和重复违章数下降了 44%。

管道局 HSE 小经验

管道局

一、QHSE 管理积分处罚制度

中国石油天然气管道局（以下简称管道局）第一工程分公司实施 QHSE 管理积分处罚制度，针对现场违章、存在不符合项、被上级通报曝光等不同情况，规定了相应的处罚分值。处罚积分年度累计达 20 分的，扣除单位交纳抵押金人员抵押金的 50%；处罚积分年度累计到 35 分的，单位交纳抵押金人员的抵押金全部扣除。

二、为机组配备摄像机、录音笔

管道局第二工程公司为每个标准化机组配备小型摄像机，为非标准化机组配备录音笔，用以记录每日班前讲话和拍摄现场检查违规行为。

三、施工现场安全管理“十不准”

管道局第三工程分公司针对施工现场实际，出台了《管道三公司施工现场安全管理“十不准”》，规范了施工现场风险控制措施。

（1）机组长不到位不准施工（机组长）；

（2）不进行班前喊话不准施工（机组长）；

（3）不进行风险辨识不准施工（安全员）；

（4）不穿戴劳保用品不准施工（员工）；

（5）特种作业不准无证操作（员工）；

（6）设备带病不准施工（机械手）；

（7）临时用电措施不到位不准施工（机组长、员工）；

（8）坡地作业设备无掩木不准施工（机组长、员工）；

（9）沟下焊接无“防塌箱”不准施工（机组长、安全员、焊工）；

（10）未按规定办理许可证不准施工（机组长、安全员）。

违反上述条款的，将视情节处以 100～1000 元罚款，造成后果的追究责任，对责任人进行处分直至解除劳动合同。

四、“安全信息短信”提示

管道局第一工程分公司、第五工程公司实行“安全信息短信”提示，通过每天一条短信提示，督促员工在工作中时刻注意安全，并及时发布安全警示信息，提前预警。

五、“安全警示日——历史上的今天”活动

管道局第四工程分公司坚持开展“安全警示日——历史上的今天”活动，将中国石油天然气集团公司、管道局历史上发生的事故案例收集整理后供员工学习借鉴，并把这些案例进行原因分析和制定防范措施后编订成册，作为一线员工培训学习教材，同时以每日播报的形式在公司发布。

六、施工现场架设万向监控探头

管道局第六工程公司大港油库改扩建工程项目现场架设了多处万向监控探头，监控覆盖施工现场的各个区域，项目部 HSE 监督员可以在办公室进行全面及时地监督，管理效果较好。

七、HSE 分析“双十”活动

管道局穿越分公司在员工中开展 HSE 分析“双十”活动，即要求员工站在各自工作岗位的角度，观察、总结、分析十个影响安全生产的管理问题和十个容易诱发事故的员工不良习惯，并通过对这些问题的现象、危害分析，提出改进建议和措施，保证了安全生产。

八、一有两卡三定四会

管道局建设工程有限公司体系推进试点经验主要概括为：“一有两卡三定四会”。“一有”即项目所有管理人员都有个人安全行动计划；“两卡”即机组每个员工推行“危害识别与隐患登记卡”、“三违行为登记卡”；“三定”即项目部门以上领导定联系点，定属地主管，定属地职责；“四会”即项目管理人员会安全观察与沟通，员工会进行岗位危害因素辨识，员工会进行安全经验分享，机组每个员工会进行班前喊话。

九、“一本、两证、三单”管理制度

管道局日东原油管道项目部建立了“一本、两证、三单”管理制度。“一本”是指 EPC 项目部为每个 HSE 监督员发放一个专门用来记录“安全工作、个人安全工作计划和个人安全思维活动”的笔记本；“两证”指“人员准入工作证”和“设备准入证”；“三单”指“机组每日安全风险识别清单”、“车辆长途行车审批单”和“特种作业许可审批单”。

十、沟上沟下作业无线指挥系统

西气东输二线粤桂段施工中，因管沟较深，雨季来临后积水多，管线焊接、下沟作业使用设备多，投入人员大，且交叉作业较多，给设备安全、人员造成的危险性均较大。为加强作业现场协调指挥，杜绝违章操作、无序施工行为，项目部为每个进行沟上沟下作业的现场指挥、操作人员配备无线耳机和微型话筒，确保作业指令清晰明确，各作业岗位、设备均指挥有序。

工程建设公司HSE经验做法

工程建设公司

一、看图说安全

为有效规避事故风险，提高全员安全意识，规范员工操作行为，切实推动基层安全管理工作，2011年1月中国石油工程建设公司（以下简称公司）开展了“看图说安全群众性活动”。

“看图说安全”是指通过对施工现场各种违章行为、设备设施隐患、事故或HSE管理方面亮点等进行真实拍照，并对拍摄的照片做有关HSE管理方面的“看图说明”，例如对照图片表述违章性质、出现频次、原因剖析、处理方式方法、预防措施等。“看图说安全”因其涉及面广、群众参入多、简洁明了、直观醒目的特点，更加适宜现场安全管理，以发生在员工身边的人的行为、物的状态为活动对象，能够起到警示、借鉴、学习、共享的目的。

二、首件样板走挂安全带图例

公司东北区域项目结合“看图说安全”活动，积极创新，推出了“走挂安全带图例”，用图表的形式，形象客观的反映日常安全管理中要做的事情（见图1）。

三、填写ACT（事故控制卡）

每一名员工都有权利和义务对施工现场不安全的因素提出改进要求，填写事故控制卡，放置于固定的收集盒内，于每周的HSE会议上进行一次公布分析，对于需要改进的部分进行评估，制定可行的改进办法或者措施。每月评出3名填写ACT数量最多的员工，给予奖励。

四、违章教育个性化

公司第一建设分公司四川项目部每日进行安全检查，对发现的违章人员进行统计并分级管理。视违章情节对于首违者进行5分钟的安全知识培训；再次违反者进行1小时的行为培训，例如，高处作业不挂安全带者进行1小时安全带重复系挂培训，登高作业不走安全通道随意攀爬者进行1小时重复登高培训，吊装作业时没有设警示者对司索指挥进行1小时重复设置警示培训等等；作业队月人均违章比例达到5%者，对该施工队进行2小时的安全沟通培训，对其作业负责人进行诫勉谈话；对违章屡教不改者给予重罚和清除出施工现场的处分。

第一步：在地面上把安全带挂在上方的梯步上。

第二步：当挂钩处达到自己的腰部后停止攀登，倒换安全带挂钩。

第三步：摘掉一个挂钩，挂到自己头部略上方的梯步上。

第四步：摘下另外一个挂钩。

第五步：挂在第一个挂钩的位置，准备继续攀爬脚手架。

第六步：当挂钩处达到自己的腰部，摘下挂钩。

第七步：到达操作平台时，先把挂钩挂到头部位置。

第八步：上操作平台前，先把挂钩挂到操作平台栏杆上，然后登上平台，走挂安全带的过程结束。

图 1　走挂安全带图例

五、数据统计找短板

由于施工项目点多面广，安全人员数量有限，不能全天候监督每一名员工。公司第一建设分公司四川项目部将现场违章情况分为 24 类，对施工人员违章情况进行月统计，通过直方图和饼状图找出违章频次高的违章类，同时找出违章发生多的施工队。通过数据分析，得出现场违章的主要原因，有针对性地对违章项和多发性人群进行监督，将安全员的有限精力投入到更多监管中去，最终达到降低各项违章的目的。

六、重大危险作业，建表动态跟踪

吊装作业、挖掘作业、有限空间、焊接作业、高处作业等重大危险作业是现场施工必有的作业种类，对于这些高危作业，公司第一建设分公司四川项目部建立动态跟踪表，根据项目当期（月或周）施工计划，找出在这段时间将要产生的危险作业，将其具体位置、工作内容、作业人员、监护人、作业开始结束时间、注意事项等内容汇总填写在重大危险作业动态跟踪卡上，制作成牌子，放置在施工区域的进口处，使进入现场的每一名管理人员和作业工人清晰地知道今天现场哪些区域有重大危险作业，促使管理人员对这些部位进行重点监督和监控，将危险作业区域的作业风险降低到接近零的水平。

七、气瓶安全管理

公司第七建设分公司尼日尔项目部根据尼日尔常年高温情况（空气最高温度48℃左右，太阳直射气瓶温度70℃左右），对气瓶采取了以下做法：一是降低氧气瓶的充装压力，正常氧气瓶的充装压力为12兆帕，现场氧气瓶的充装压力控制在11兆帕；二是现场气瓶都用防晒网做遮阳棚。

八、野外作业“5分钟观察法”

工程建设公司乍得分公司在Ronier油田地面工程建设中，针对施工作业现场周边环境复杂、雨季植被茂盛且可能受到野兽、毒蛇、蝎子、野蜂等侵害的风险实际，积极采取措施，加强风险防范，推行工作前“5分钟观察法”：即在野外管道、铁塔等作业前，由班组长组织全体现场人员对周围环境细分析、多观察，对所处区域存在的危险源开展辨识活动。例如：作业前打草惊蛇，制作并穿戴防蜂帽以防止野蜂蜇人，设置安全监护人等。

着眼全局　着力细节
打造员工公务外出安全管理防线

中国寰球工程公司

员工公务外出的安全管理，是企业全面安全管理体系的重要组成部分。特别对于工程建设企业而言，由于具有项目分布范围广、人力机具调动频、因公外出人员多等特点，如何严把员工公务外出安全管理细节，打造员工公务外出安全防线，对于企业实现安全管理目标、为员工构建全方位安全工作环境具有重要的意义。近年来，中国寰球工程公司（以下简称公司）按照打造横向到边、纵向到底的 QHSE 管理体系目标，结合自身业务特点和国际一流工程公司先进经验，在强化办公区域和项目现场两大场所安全管理的基础上，将员工公务外出安全管理纳入公司整体 HSE 管理体系，努力为员工提供全方位、全过程的安全工作环境。

一、转变观念，改变习惯，优先创造安全管理氛围

安全出行是公司坚持“以人为本”安全文化的具体体现，树立正确的安全文化理念是一切安全工作的基础与关键。近几年来，伴随着生产经营活动范围的不断扩大，公司不断转变观念，开展安全文化创新，把“提升全员安全意识、提高全员安全能力”作为安全文化建设的主线，以理念宣贯、标准培训、现场辅导等多种形式，以电视、报纸、网络等多种媒体，多视角、全方位宣传安全核心价值理念，跟踪安全文化建设进程。通过建立培训师队伍，丰富培训方式，突出安全培训的针对性和有效性，促进公司全体员工既具备“我要安全”的意识，又具备“我会安全”的履职能力。近 3 年来，公司累计组织开展安全培训 4021 场次，培训员工 33622 人次，发放安全生产挂图 53000 副，组织安全活动 1636 场次，浓厚的安全文化氛围提升了员工自我安全管理的意识与能力，对员工养成安全习惯起到了积极的促进作用。

二、明确责任，属地管理，严格落实安全出行责任

做好员工外出安全管理，“管理是手段，责任是关键”。一方面，按照“一岗双责”的工作要求，公司在不断强化安全责任的同时，将员工外出安全管理融入到员工个人岗位安全责任，以责任来驱动行为，以行为来保障安全。另一方面，公司将员工外出安全管理进行属地划分，按照出行性质不同，分为以项目现场和基层单位为主体的“大属地”和旅途期间的“小属地”，出差员工抵达项目现场或基层单位，项目现场有责任第一时间告知员工必须要遵守的安全管理规定或注意事项，员工有义务按照“大属地”的管理要求做到“不伤害

他人、不被他人所伤害”。旅途期间，员工在交通、住宿、就餐或出席各种场合，有责任事先熟知各项安全注意事项。比如，乘坐航班时，要查阅飞行安全须知，参加会议时，要熟知会议场所的应急安全通道。通过提高认识、落实责任来让安全成为一种习惯，让习惯更加安全。

三、升级程序，完善制度、跟踪优化提高执行力

从国内外安全管理实践来看，处于领先地位的大型企业纷纷将员工公务外出纳入安全管理范畴，出台管理制度，编制管理体系，细化管理措施。按照“一个制度，两个指南”的设计框架，公司将员工外出安全管理纳入整体安全管理范畴。2011 年初，公司发布了《员工公务外出安全管理规定》，首次将员工公务外出安全管理由人本管理上升为制度管理，从交通安全、住宿安全、餐饮安全、财物安全、文件资料安全、会议场所安全、外出组织安全等 7 个方面明确了员工公务外出期间的安全管理要求。在强化制度保障的基础上，结合公司国际社会业务安全和 HSE 管理工作形势，根据公司海外项目分布特点，先后发布了《主要公务出行国家安全指南》和《出国教育培训手册》，系统介绍了员工公务外出所到国家的礼仪、禁忌及自我保护注意事项。“两个指南”作为员工公务外出的两门“必修课程”，进一步提高了因公出国员工的安全意识和自我保护能力。

四、学会方法，掌握工具，全员培训全面覆盖

公司在新加坡、沙特、加拿大、意大利、阿联酋、埃及、斯里兰卡、缅甸、越南、苏丹、土库曼斯坦等 11 个国家设有子分公司或项目现场，项目所在国中，苏丹、斯里兰卡、沙特和土库曼斯坦被列为较高风险级别国家。一直以来，公司严格落实中国石油天然气集团公司“因公出国员工必须参加反恐教育培训”的工作要求，将海外防恐教育培训作为员工公务外出的安全工作的重要内容，并于 2009 年、2010 年举办 6 期海外防恐安全培训班，累计培训员工 331 名。通过集中封闭培训，不仅告诉员工如何识别和应对海外社会安全风险，还让员工学习到了擒拿格斗、军警模拟、匍匐前进、国际手语等实用性很强的应急技能。海外防恐教育培训工作的开展，让外派员工学习了方法，掌握了技能，提升了员工在遇到突发事件时的应急反应和处理问题的能力。

五、积极践行，率先垂范，有感领导形成惯例

公司高度重视领导干部的安全感召力和表率作用，将出行安全管理纳入有感领导的考核范畴之中。严格要求各级领导干部要让员工听到领导讲安全，看到领导干安全，感受到领导重安全，以各级领导的实际行动展现领导干部的示范性和引领性，带动员工做好出行安全管理。一是组织公司领导每季度安全培训，基层领导每月安全培训，将外出安全管理纳入培训内容，促进各级领导干部转变观念，提高认识，落实责任。二是要求各级领导干部将公务外出安全落实到个人安全行动计划，以实际行动兑现安全承诺，履行安全职责。三是开展监督考核，将领导干部外出安全管理写进《领导干部安全生产考核细则》，作为领导干部安全生产绩效考评的重要依据。各级领导干部通过率先垂范、形成习惯，让员工感动，最终让员工行动，形成自主管理的行为习惯。

六、亲情管理，注重实效，承包商管理严细结合

在强化承包商“五关”管理的同时，按照“以人为本、尊重互信、亲情管理”的原则，牢固树立“一家人、一盘棋”的思想，充分发挥总包商精细化管理的优势，提升对承包商的服务意识。2010 年，公司推出承包商“出行安全管理”，首次将承包商旅程安全教育纳入到公司项目安全管理培训课程，结合农民工社会经验少、文化水平低、安全意识淡薄的特点，在春运及秋收期间，抽调项目专职安全培训师，对返乡农民工开展防火、防盗、防诈骗等旅途期间的安全培训。承包商“出行安全管理”工作的开展，提升了农民工的安全意识，解决了承包商的难题，增加了总包商与承包商的亲和力。

七、精细管理、预防为主，保障出行平安

公司从“交通安全”、“住宿安全”、“餐饮安全”、“财务资料安全”、“群体活动安全”5 个方面，努力从细节上落实管理体系要求，确保员工公务外出安全管理要求得到有效执行。

（一）交通工具的选择

交通事故已成为“世界第一害”，而中国是世界上交通事故死亡人数最多的国家之一。为保障交通安全，公司明确要求，员工因公外出，要尽量选用铁路、航空安全系数较高的出行方式，避免乘坐长途汽车、客船或小型支线飞机。在 12 小时内能抵达的地区，建议乘坐火车出行，需要乘坐航班时，应选择最新型号的飞机或大型飞机，尽量避免 8 名以上同事同时搭乘同一飞机。在乘坐汽车时，出发前应确认驾驶员是否熟悉本次行车的路线，提示驾驶员不能疲劳驾驶，不能超速行车，如有条件应优先选择驶员后排座位乘坐。乘船出海时，尽量避免大风等恶劣天气，出海前，要密切注意气候变化，合理安排出海时间。如遇紧急情况，及时报告，并向海事部门求救。

（二）住宿酒店及宾馆的选择

应选择治安环境好、非住宿人员不能随意进入、能够保证本人人身和财产安全的宾馆（酒店），尽量避免入住正在局部装修改造的宾馆。入住前要先查看消防、应急和安保硬件设施是否配备齐全，如窗户是否可以内部锁住、房间内是否有烟感器或自动喷淋设施等，并尽快熟知宾馆的安全疏散门和紧急疏散通道。进入房间时，首先认真阅读宾馆（饭店）消防逃生图，了解所在位置的逃生路线及确认逃生通道门能从楼道内打开，确认室内的消防器材和火灾逃生用的呼吸面具的存放位置，并熟悉使用方法。集体因公外出时，要提前预订宾馆房间，房间尽量集中安排在 7 层以下的楼层，以便突发火情时逃生。住宿时不要携带大量现金，以免被盗，如特殊情况需要携带大量现金的，要尽量安排人员分散保管。

（三）餐饮安全注意事项

外出就餐时，要选择卫生条件好的饭店或饭馆就餐，尽量避免在路边摊就餐，就餐时如果发现食物霉烂变质有异味，要及时与饭店或饭馆交涉，更换食物。选用饮料、水果、食品等时，选择保质期内质量合格的商品，出差时不得过量饮酒。集体因公外出时，出行负责人应随身携带一些治疗肠胃疾病的急救药品，并掌握当地急救电话或附近医院情况，必要时打

电话求助。集体因公外出时，遇有个人身体不适，应及早告知出行负责人，必要时，去医院就诊。

（四）财物及文件资料安全注意事项

要注意保护好个人随身物品，同行人员随时相互提醒、相互关照。出门时不随意谈论涉密资料内容，不得携带涉密文件出行，废弃纸文件资料要及时销毁，电子版重要文件设定查看权限，尽量随身携带笔记本电脑，不使用宾馆提供或网吧的电脑。退房时清点个人行李物品，同行人员互相提醒，避免在酒店大堂、餐厅高声通报房间号、姓名等个人住宿信息，以免被不法之徒利用。

（五）因公组织群体活动安全注意事项

出行前要对相关人员进行安全培训，指定一名临时安全联系人。员工规模（8 人及以上）公务外出要制定出行方案，方案中要包括：出行任务、出行人员、出行日期及返回日期、出行目的地、出行工具、出行目的地交通工具、团队负责人、安全联系人、安全预案及安全措施等，并报安全管理部门审查，主管领导批准后，方可出行。

在推进员工公务外出安全管理的过程中，我们深刻认识到，做好这项工作，安全意识是先导，管理体系是保障，严把细节是关键，只有从观念上重视，行动上落实，管理要求才能真正发挥作用。

东北炼化公司HSE经验做法

东北炼化工程公司

一、工程项目重大危险源监控措施公示

中国石油东北炼化工程有限公司吉林分公司项目部在工程开工前，根据项目特点，对施工现场可能出现的危害因素进行辨识、评估，确定施工现场重大危险源，并制定相应的监控措施和方法，在施工现场入口处或其他明显位置进行挂牌公示。定期组织对重大危险源的监控情况进行检查，对监控结果进行公示。

二、班前安全宣誓

中国石油东北炼化工程有限公司吉林仪电公司按照制定的统一安全宣誓口号，作业员工在每天早上班前训导后进行集体宣誓，这项活动是提高作业员工安全意识的一种途径。

三、登高作业安全装置

中国石油东北炼化工程有限公司金属结构分公司（以下简称金属结构分公司）由于设备制作的特点，作业中登高人员的安全防护存在隐患。经过研究论证，自行研制了登高作业升降安全绳装置，该装置是采用两根ϕ159毫米钢管立柱，再配以穿入立柱的两根ϕ133毫米钢管、ϕ8毫米钢丝绳和手动卷筒组成，高低调整通过两根套用钢管的伸缩和销子完成，水平距离通过手动卷筒缠绕钢丝绳调整。现在，设备制作中登高作业人员可把安全带拴挂在钢丝绳上，达到安全防护目的，保证了安全施工。

四、习惯性违章手册

金属结构分公司根据专业特点，编制印发“习惯性违章行为手册”，采取图文并茂的方式，将习惯性违章行为及纠正措施展现给员工。通过班组安全培训、员工自学等方式，规范员工作业行为。同时结合“停止作业卡”管理办法配套使用，不断提升员工的安全文化素质。

五、安全监理作业指导书

中国石油东北炼化工程有限公司吉林梦溪工程管理有限公司编制了《安全监理作业指导书》，主要用于对具体工作的指导和确认，应用时必须填写相应的表格。这使安全监理工作规范化、制度化、程序化，避免了由于安全工程师能力区别而产生工作效果的差异；防止产生工作上的“遗漏”，特别是对新从事安全监理的工程师、其他专业工程师起到了培训、

指导作用，提高了项目安全监理工作的质量。

六、安全工作平台

中国石油东北炼化工程有限公司吉林机械制造分公司罐车车间针对罐体高处作业无可靠作业平台，车间研究制作了移动式罐车安全工作平台。平台采用钢骨架与罐车圆形罐体相匹配的半圆形设计，由带护栏斜型走梯、带护栏作业和可锁定四轮组成，平台高4.2米。该平台消除了铆工在进行罐体夹套等组对和焊工焊接工作时高处坠落的风险，员工在移动式罐车安全工作平台上，可采用站立、蹲和坐等作业姿势作业，安全带可直接系挂在移动式罐车安全工作平台上，确保了作业人员的安全。

深入开展危害辨识和风险管理
着力构建企业安全环保牢固防线

宝鸡钢管

危险、有害因素是导致事故的根源，深入开展危害辨识和风险管理，就为企业安全环保铸就了牢不可破的防线。2009年以来，在中国石油天然气集团公司和装备制造分公司的正确领导下，中国石油宝鸡石油钢管有限责任公司（以下简称公司）率先在装备制造板块开展了全员危害辨识和风险管理活动，全面推行了“一册一卡”管理（即《安全风险管理手册》和《岗位风险控制卡》），进一步深化了HSE体系运行，夯实了企业安全环保基础，提高了全员风险防范意识和能力，收到了预期效果。

一、各级管理者积极践行有感领导，带头传授风险防控知识和经验

公司各级管理者牢固树立安全环保是企业核心价值观的理念，高度重视安全环保工作，始终将风险管理作为深化HSE体系运行的重要抓手，带头学习《中国石油装备制造分公司强化危害辨识与风险管理实施办法》和《中国石油装备制造分公司强化危害辨识与风险管理考核细则》（制造〔2009〕31号），亲自给下属讲授风险防控知识和经验，引领、推动全员危害辨识活动有序、有效开展，扎实推行“一册一卡”风险管理，为全员危害辨识和风险管理提供了强有力的领导和支持。

为了准确、全面识别岗位危害因素，公司专门召开“全员危害辨识活动启动会”，组织公司领导、中层干部、中级以上技术、管理人员、班组长代表等近500人，进行了风险管理知识培训和HSE体系文件的再宣贯。安全监管部门全体人员分片包干，主动深入一线，送教上门，指导、帮助近300个基层班组认真开展岗位危害辨识。各基层单位不等不靠，积极贯彻活动要求，营造了浓厚的风险管理氛围。

二、自下而上开展全员危害辨识，确保风险识别全面、准确

危害集中在岗位，岗位是风险防范的主阵地。在自下而上识别岗位危害活动中，公司采取了一系列切合实际、行之有效的做法。

一是开展多层级、有针对危害辨识培训。由公司安全监管部门编制危害辨识培训课件和培训资料，组织公司领导、中层干部、基层单位工艺、机械、电气等专业技术人员和安全监管人员进行危害辨识和风险管理培训；由基层单位组织各班组员工进行岗位危害辨识培训。培训为准确、全面辨识岗位危害打下了坚实的思想基础。

二是班组员工背靠背自主辨识岗位危害。为了提高员工自我防范意识，公司首先让员工自

己辨识本岗位作业过程和活动过程存在的危害因素，识别范围包含：所有参与作业和进入作业场所人员的行为，设备、设施的故障，外部提供产品、服务带来的危害和影响，相关方影响，不良环境影响，公共安全及其他危害因素。员工还要认真填写《我的岗位危害因素调查表》。

三是班组员工面对面讨论岗位危害。为了发挥集体智慧，全面识别岗位危害，公司组织基层单位员工以班组为单元，对岗位危害进行面对面讨论，进一步丰富、完善岗位危害识别内容，形成班组级《危害因素汇总表》。

四是基层单位归纳汇总班组危害辨识结果，听取专业人员意见并进行查缺补漏。公司各基层单位成立由行政正职担任组长的危害辨识领导小组，组织专业人员及资深员工对各班组《危害因素汇总表》逐一审核，对未识别到的岗位危害因素进行查缺补漏，形成基层单位《危害因素汇总表》。

五是公司组织危害因素辨识专项审核，整体提升危害辨识工作质量。公司组织 HSE 资深专家、体系内审员、专业技术人员、员工代表等对各基层单位《危害因素汇总表》，进行专项审核，进一步补充、完善岗位危害辨识内容，弥补岗位危害辨识漏项，确保岗位危害辨识全面、准确，整体提升危害辨识工作质量。

三、自上而下评价岗位风险，制定切实可行的风险控制措施

各单位认真学习公司《危害因素辨识、风险评价和风险控制管理程序》等 HSE 体系文件，成立风险评价小组，按照 LEC 评价方法和赋分标准，辅以专家意见，对识别出的岗位风险自上而下进行逐一评价，准确评定出风险等级。

为了将岗位风险控制在“合理实际并尽可能低”的水平，各单位从防止事故发生和降低事故后果两方面考虑，对高、中、低风险分别制定了切实可行的控制方案，积极采取技术和管理措施，并落实到人，为有效控制岗位风险提供了有力保证。

四、扎实推行“一册一卡”管理，深化 HSE 体系运行

为了切实控制岗位风险，公司安全监管部门指导、帮助各基层单位编制了《安全风险管理手册》，经基层单位和公司安全监管部门两级审核、公司 HSE 委员会批准后，作为作业文件发布实施。《安全风险管理手册》的发布实施，丰富、拓展了 HSE 体系管理内容，进一步推进了体系的深化运行。

《安全风险管理手册》是全员危害辨识和风险管理活动的结晶，是指导岗位员工具体控制风险的行动指南。其主要内容包括：单位概况、风险管理组织机构及职责、风险传递路线及流程、各岗位危害因素及控制措施、作业许可、外来人员风险控制、禁止区域管理、风险管理奖惩以及长效机制建立等。

《岗位风险控制卡》是《安全风险管理手册》的精简和浓缩，是为了便于员工随身携带、随时学习而制作的具体到岗位的风险控制指导卡，内容包括：岗位危害因素名称及部位、危害因素描述、危害产生原因、控制削减措施以及风险等级等。

为了确保“一册一卡”在基层岗位得到有效落实，公司给各单位印制并下发《安全风险管理手册》合订本 80 余本，给每位员工印制各基层单位《安全风险管理手册》单行本 2000 余本及《岗位风险控制卡》6000 余份，做到“一班一册，一人一卡”。

五、组织“一册一卡”全员考试，确保员工熟知岗位风险控制措施

公司将《安全风险管理手册》发放到基层班组，把《岗位风险控制卡》发放到每位员工手中，并组织员工以班组为单元对“一册一卡”进行认真学习，使每个员工都能熟知熟记岗位风险和控制措施，清楚非常规作业程序和禁止区域管理要求。每年组织一次全员岗位风险考试，对考试不合格的员工，脱岗进行培训，考核合格后，方可重新上岗。

六、开展岗位设施设备隐患排查，提升本质安全水平

在全员危害辨识和风险管理活动中，针对员工提出的设备和工艺方面存在的危害因素和风险，公司通过专题会议，审核通过了设备和工艺整改计划，落实了整改责任、项目资金、完成时间，责成公司技术、安全环保部门和基层单位分工协作，保质保量，按期完成，进一步提升了企业的本质安全水平。

七、修订完善 HSE 规章制度和岗位安全技术操作规程，规范员工行为安全

为了规范员工行为安全，公司对 HSE 规章制度进行全面修订和完善，进一步强化制度执行力，严肃查处“三违”行为，通过狠抓员工行为安全来有效防范事故。

同时，根据岗位危害辨识结果，公司组织专业人员对所有岗位安全技术操作规程同步进行了修订和完善，重点将岗位涉及的主要设施设备的工作原理、主要风险等逐一进行描述，明确了员工作业前、作业中、作业后的操作步骤和操作方式，规定了岗位定员、工作职责、岗位危害辨识、风险评价及控制、应急措施，为员工有效控制岗位风险奠定了坚实的基础。

八、严格执行作业许可制度，逐步规范非常规、临时性作业风险管理

各单位对可能存在的非常规、临时性作业进行了梳理和归类，组织专业人员和现场员工开展工作前安全分析，全方位识别作业过程风险，制定严密的风险控制措施方案，严格执行作业许可管理，切实控制了非常规、临时性作业风险。

九、建立风险管理长效机制，定期开展岗位风险评审

公司将《安全风险管理手册》和《岗位风险控制卡》的实施和运行纳入 HSE 管理体系管理，并将其作为 HSE 管理体系的重点进行检查、审核和推进。对审核中发现的不符合事项，及时督促整改，建立健全了风险管理长效机制。2009 年以来，公司按照装备制造分公司一抓三年的要求，每年组织开展一次全员危害辨识和风险管理活动，对原《风险管理手册》和《岗位风险控制卡》进行评审和修订，对新设备、新工艺按照程序进行危害辨识和风险管理，扎实做好风险的动态管理，确保了新风险的可控、受控和在控。

十、开展新一轮岗位危害辨识，修订完善安全技术操作规程，全面推行目视化管理

2011 年 5 月，为了进一步夯实安全环保管理基础，公司决定开展“岗位风险控制、操作规程修订、推行目视化”专项活动。

一是全员辨识岗位风险。按照岗位员工到班组到基层分厂到二级单位到公司总部的流程逐级识别、评价岗位风险，制定风险控制措施，组织全员参加岗位风险辨识考试，切实控制岗位风险。同时，组织专业技术人员对生产现场设施设备隐患进行逐台排查，设立专项资金计划，及时整改设施设备隐患，加大硬件投入，提高本质安全水平。

二是修订、完善操作规程。按岗位明确员工规定动作，修订、完善安全技术操作规程，组织全员岗位安全技术操作规程考试，确保每位员工掌握理解本岗位安全技术操作规程，杜绝自选动作和随意性操作。考试不合格者，待岗继续学习，再次考试不合格者，按待岗处理。

三是推行目视化管理。在宝鸡石油输送管分公司试点推行目视化管理，召开目视化推进现场会，开展目视化专项审核、检查，定期讲评目视化工作开展情况。下大力打造高标准作业现场，整体提升公司安全管理水平。

危害辨识和风险管理是安全环保工作的基础和核心。通过近三年扎实开展全员危害辨识和推行“一册一卡”管理，员工安全意识和岗位风险防控能力普遍增强，基层作业现场本质安全水平进一步提升。

环境保护

实施清洁生产　创建绿色企业

辽河油田

中国石油辽河油田公司（以下简称辽河油田或油田）地处辽河、双台子河、大凌河等九河下梢，毗邻辽宁双台子河口国家级自然保护区，周边环境非常敏感。作为资源型企业，公司生产活动与环境息息相关。环境的复杂性和辽河油田稠油开采工艺的特殊性，给环境保护工作带来了相当大的压力，油田环保工作始终面临着严峻的困难和挑战。

多年来，辽河油田坚持认真贯彻落实国家法律法规，紧紧围绕油田改革和发展中心工作，以宣传为先导，以管理为中心，以科技为依托，积极推进清洁生产，从2003年开始主要生产单位已全部通过省、市清洁生产审核验收，目前正在组织开展第二轮清洁生产审核工作，已有12家生产单位通过验收。

一、加强组织领导，完善组织机构，是做好清洁生产工作的重要保证

辽河油田把清洁生产工作作为社会效益和企业形象的重要标志，把清洁生产工作摆在重要议事日程，明确了建设“绿色大油田”工作目标。成立了以谢文彦总经理为组长的油田清洁生产工作领导小组，并在全油田形成了四级清洁生产管理网络；成立以油田主管领导为组长，计划、财务、环保、生产处室和科研机构等部门参加的清洁生产工作小组，对全油田清洁生产工作统一组织协调，保证清洁生产工作责任、计划、资金和技术方案的落实，保证了新、改、扩建项目“三同时”制度的执行。几年来，海南8月东油田开发、天然气利用工程等涉及环境敏感区项目，油田均改变原设计方案，重新修改路由，保证不对环境造成影响。

二、加强环保制度建设，全面推行目标责任制，是做好清洁生产工作的关键

辽河油田重视环保管理制度的建设，通过坚持不懈地工作，使环保工作逐步走上了制度化、法制化的轨道。一是根据国家、辽宁省、中国石油天然气集团公司和中国石油天然气股份有限公司有关环境保护的方针、政策、法律、法规，先后修订了辽河油田的《环境保护管理办法》、《建设项目环境保护管理实施细则》等一系列环境保护管理规定，使企业的环境保护工作真正做到了有章可循，把发展生产与保护环境并重的方针落到了实处。二是结合油田生产经营管理实际，建立了以清洁生产达标考核为中心，环境保护控制指标为重点，以落实环境污染防治为基础的清洁生产承包责任制，把年度清洁生产工作量化，将各项环保指标分解落实，将环境污染防治任务明确，签订清洁生产承包责任书，并在实施中不断完善。三是制定清洁生产奖惩办法，把环境保护指标考核、环境污染治理任务与各单位的经济利益挂钩，实行清洁生产抵押金制度。每年各二级单位向油田交纳200万元清洁生产承包风险抵

押金，年度清洁生产专项奖金达 300 万元，通过奖优罚劣，促进了清洁生产工作的开展。

三、加强环保宣传教育，提高全员环保意识，是做好清洁生产工作的基础

辽河油田坚持把宣传教育作为先导，在提高全员环境意识上狠下功夫。一是坚持开展《环境保护法》、《清洁生产促进法》和《辽宁省石油勘探开发环境保护管理条例》等法律法规宣传。二是以纪念“6·5”世界环境日为契机，广泛开展环保书画大赛、环保集邮展览、环保专题报告会、环境管理体系及清洁生产知识讲座等丰富多彩的活动，提高宣传效果。三是通过电视、报纸等新闻媒介，宣传环境保护的重要性。在《辽河石油报》上创办的“安全环保专刊”已成为辽河油田环保宣传的重要阵地。四是坚持开展“辽河环保行”活动。从 1995 开始，油田坚持每年开展一次“辽河环保行”活动，利用报纸、电视等载体，通过对职工身边人、身边事的宣传报道，宣传基层单位的典型做法，曝光违规行为，形成了“从岗位开始，从我做起，环保人人有责”的良好氛围。通过广泛宣传，油田广大员工的环保意识有了较大提高，参与环保的积极性不断增强，为做好油田的环保工作创造了较好的社会舆论环境。近年来，油田职工每年救助丹顶鹤、黑嘴鸥、斑海豹等野生动物数十只，为环境保护工作做出了应有贡献。

四、依靠科技进步，加大投入，是做好清洁生产工作的有效途径

辽河油田是我国最大的稠油生产基地，面临着许多世界级的环保难题，只有紧紧依靠科技发展、技术创新，才能解决这些难题。为此，专门成立了环保技术管理科，负责组织环保技术攻关及推广应用工作。几年来，油田在资金十分紧张的情况下，坚持每年投入不少于 1000 万元的资金用于环保科技攻关工作，针对困扰环境保护工作的难题，开展了采油污水回用、钻井废弃泥浆无害化处理、含油污泥无害化处理、超稠油管道密闭输送等技术项目的研究和应用，推广使用节能降耗的新工艺、新技术，取得了重大进展。

（1）采油污水回用。辽河油田在吸收国外稠油污水处理先进技术并对稠油污水处理工艺进行多次模拟试验的基础上，研究出“稠油污水深度处理及回用技术”，对欢三联、曙四联、欢四联、洼一联、曙一区采油污水进行深度处理并回用热采锅炉，通过一整套工艺流程，将多余稠油污水处理后回用热采锅炉给水，实现采油污水的循环利用，不但节约了清水，充分利用了污水的热能，节约了锅炉的燃料消耗，而且降低了稠油污水回注成本，年回用采油污水 1.296×10^{7} 米^{3}。

（2）钻井废弃泥浆无害化处理。辽河油田年产生近 20×10^{4} 米^{3} 钻井废弃泥浆，若不处理，作为危险废物，则每年要交纳排污费 2 亿元，同时钻井废弃泥浆在泥浆池中放置几年不干涸，不能覆土还田，还会长期占地。辽河油田针对钻井废弃泥浆的特性，经过几年的摸索实验，通过单因素筛选、小试、中试、工业化试验，研制出了适合辽河油田钻井废弃泥浆最佳处理配方和工艺，并推广使用。目前，辽河油田钻井废弃泥浆实现了 100% 的无害化处理。

（3）含油污泥无害化处理。辽河油田每年约产生含油污泥 5.5×10^{4} 米^{3}，如不及时进行有效的无害化处理，会对大气、地下水及植被造成严重污染，同时含油污泥已被国家环保总局列入危险废物名录，收费和处罚标准都很高。辽河油田在一般常规脱水法、机械脱水法基

础上，采用新的工艺流程设计，建成15座含油污泥处理场，年处理含油污泥 5.5×10^4 米^3，年回收原油1万吨，创造了良好的经济效益和环境效益。在此基础上辽河油田研发了含油污泥无害化处理技术并建成年处理能力 6×10^4 米^3 资源化处理厂1座，从减量化向资源化利用道路迈进。

（4）超稠油管道密闭输送。超稠油曾被认为是不可能用管道输送的流体，在2001年以前，油田每年生产的130万吨超稠油和近260万吨污水都是采用汽车拉运的方式输送到处理系统的，每天车辆要拉运500台次，每年支出运输费用4000万元，原油拉运产生的能源浪费、落地油污染、汽车尾气排放、原油伴生气体污染等环境问题十分严重。2001年超稠油管输试验技术取得突破，打破了国外超稠油不能管输的神话，同年开始大规模推广实施，2002年公司实现了全面管输，车辆拉运成为历史，不仅完全解决了上述环境问题，而且管输的运行成本只有汽车拉运的四分之一，巨大的经济效益显而易见，同时员工劳动强度大大降低，企业管理水平有了飞跃式的发展。该技术填补了国际上超稠油管道输送的技术空白，获得中国石油天然气集团公司技术创新二等奖。

（5）“注采冲防”一体管柱。超稠油的开采伴随着大量的作业措施，在常规的吞吐工艺中，完成一次热采作业通常需要12道工序，超稠油是污染源之一，每年因超稠油作业产生的污油达12600吨，垃圾7300吨，每年支出处理费用270万元。经过大量的理论研究和现场试验，成功开发出“注采冲防”一体管柱技术，实现了不动管柱作业，把常规作业的12道工序简化为6道，大大降低了污染物的产生几率，在削减废弃物处理费用的同时，单井作业费用降低了39.5%，使采油能耗费用降低55.9%，以往作业时井场环境恶劣、管理困难等问题也一一得到解决。

（6）套管伴生气联网回收。油井生产过程中，套管内部会产生一定量的伴生天然气，这些气体长时间不排放会引起油井抽油泵气锁等问题，排放这些气体又将造成大气的污染。油田从清洁生产的角度入手开展分析研究，研制成功了套管伴生气联网回收再利用技术，该技术获得辽河油田技术创新二等奖。该技术通过建立一套完整的套管气回收系统，使所有油井的套管气资源量实现相互补充、统一利用，在避免套管气对大气污染的同时，大幅度降低了燃煤用量。

五、加强过程管理，强化监督监测工作，是做好清洁生产工作的重要保障

为了减少油田开发过程对环境的影响，油田各项施工尽量避开植被生长季节，将工期安排在秋、冬季进行。钻井、井下作业、管线敷设、道路建设等过程中，必须采取防污染措施，严格控制施工车辆、机械及施工人员活动范围，在施工作业带以外，不准随意砍伐、破坏树木和植被，不准随便破坏动物巢穴，减小对生态环境的影响。污油、药品回收利用，污水、泥浆全部进入防渗池。长输管道应用泄露实时监测系统，通过准确报警和精确定位信息，减少了管线穿孔、泄露事件的发生，最大限度地降低了对环境的影响。2011年大连保税油库近8万吨油泥需要拉运至辽河油田进行处理，安全环保部门多次勘查路线，分别制定了清理、拉运、储存、处理方案，安排专人负责看护、协调，保证了拉运、处理工作顺利进行。

为了适应国家、省、市相关法律法规要求，油田重新修订了《辽河油田公司环境保护

管理办法》，各单位结合本单位实际细化管理办法。油田通过每年春季、汛期检查，HSE 监督站日常检查，督促员工严格遵守环境保护有关法律法规，约束员工行为，杜绝生态破坏事件发生。环境监测中心站坚持按照监测计划对污染物排放口进行监测，掌握第一手资料，与日常监督检查情况相对照，为管理提供科学依据。2008 年公司一次性投资 300 万元更换监测设备，使监测装备实现了现代化。

经过几年的实践，辽河油田清洁生产资金投入的长期效益逐渐显现出来。自 2003 年以来，共实施清洁生产中高费方案 126 项，阶段获得直接经济效益 6.36 亿元。各项方案的实施不仅节约了大量能源，保护了环境，同时也提高了油井的生产效率，降低了原油生产成本，实现了企业经济效益、环境效益和社会效益的统一，环境保护工作取得了可喜的成绩。油田采油污水回注回用率达到 100%；化工污水外排达标率 100%；落地油回收率 95%；三废处理设施运行率、完好率 98%；环境影响评价和环保“三同时”制度执行率 100%；矿区大气环境质量一直保持在国家二级水平；未发生重大责任污染事故。油田先后荣获“中国石油天然气集团公司环境保护先进单位”、“辽宁省环境保护十佳企业”和“全国绿化先进单位”、“辽宁省清洁生产先进单位”、“盘锦市清洁生产先进单位”等荣誉称号，2006 年欢喜岭采油厂被国家环保部命名为“环境友好企业”。

辽河油田的特殊性和生产方式、工艺的复杂性，决定了在清洁生产工作中将面临许多新的问题和挑战。今后，辽河油田将进一步加大清洁生产工作力度，为把油田建设成一流的绿色企业而努力奋斗！

运用数字化技术
打造“三道防线”促进安全发展

长庆油田

中国石油长庆油田公司（以下简称长庆油田或公司）始终坚持“环保优先，安全第一，质量至上，以人为本”的发展理念，紧紧围绕5000万吨发展目标，积极履行“三大责任”，推行清洁生产，强化污染减排，特别是结合生产区域环境特点，充分运用数字化技术，在油气生产区域建成油气泄漏防治的“三道防线”，杜绝因油气泄漏造成饮用水源或重要河流污染，有力地促进了公司安全发展。

一、油气泄漏对安全发展构成重大威胁

长庆油田地处鄂尔多斯盆地，北部沙漠草原，南部黄土高原，自然环境脆弱。开发区域环境敏感点众多，社会环境复杂。区域内涉及10个饮用水源保护区、16个水库、42条河流、6个自然保护区等多个环境敏感区。受湿陷性黄土危害和极端气候的影响，油区油气设施损坏的事件频繁发生，在这些区域周围进行油气开发如履薄冰。同时，随着油田生产规模的扩大，生产站点、集输设施（设备）数量递增，环境风险点日益增多。加上部分生产设施（设备）老化、油区及周边因自然灾害打孔盗油、第三方施工等造成的环境突发事件防不胜防。

2007年8月29日因暴雨致采油四厂一增压点输油管线断裂，10方泄漏原油进入王窑水库上游的杏子河，经奋力抢险、果断处置，有效解除了对延安市民饮用水源造成的威胁。生产矿区及周边单位发生的油气泄漏事件也屡见不鲜，2010年3月19日一柴油罐车行经306省道时候坠入马栏河支流，泄漏柴油对铜川市备用水源和旬邑县饮用水源几乎造成重大影响；2010年3月31日陕西省洛川长大污油泥池溃坝，1000余吨污油外泄流入洛河，因抢险及时未使污油进入黄河；还有“兰郑长支线”等油气泄漏事件，都给长庆油田的油气泄漏防治工作敲响了警钟。确保敏感区的环境安全，有效防治油气泄漏，已成为影响到长庆安全发展的现实问题。

二、“三道防线”建设是安全发展的重要保障

为防止颠覆性环保事故在长庆发生，巩固和保障当前发展成果，长庆油田决定充分运用数字化技术，以“打造三道防线，落实四级责任”为主要内容，全面建设油气泄漏防治体系。

建设“三道防线”目的，既要能做到正常时期的即时监控、预警，又能在发生油气泄

漏等非常时期，在第一时刻及时发现、第一时间快速处置、第一现场有效抢险，将事故消灭在萌芽状态，将损失控制在最小范围，将影响降低到最低程度。

通过建设“三道防线”，要杜绝因油气泄漏造成渭河、延河、泾河等重要河流水域污染或县级以上水源地取水中断等重大及以上环境污染事故，防止因油气泄漏污染造成跨地级行政区域纠纷等较大以上环境污染事故，杜绝天然气泄漏在人员密集区导致中毒、爆炸等事故发生。

第一道防线是输油泵的运行参数预警报警和远程紧急停泵防线。通过数字化改造实现泵前、泵后及外输压力和外输流量等数据的采集与传输，依托多级监控平台实时自动预警报警，在紧急情况下通过站控系统能够远程一键停泵停输。

第二道防线是长输管线截断阀在线监控和远程紧急截断防线。主要实现对截断阀自动控制的改造和阀前、阀后压力等参数的传输，实现实时、连续远程监控。特别针对无外电、无光缆的截断阀，研发太阳能弱电驱动和无线通讯技术，确保能在紧急情况下通过中控系统实现一键截断。

第三道防线是环保预防设施建设防线。主要在油田范围内的主要河流建设拦油网固定桩、设置应急库，关键部位加装摄像头等基础性环保预防设施，借助视频监控，浮油在线监测，及时发现问题，紧急启动应急处置程序，组织对泄漏原油进行拦截和回收，确保重要河流及水源地环境安全。

以重点环境保护目标为对象，通过“三道防线”的打造，按照“直线责任、属地管理”及“层级防护、标本兼治、数字预警、分级响应、就地控制”原则，结合公司、厂（处）、作业区（大队）、生产岗位四个层级油气泄漏防治责任的落实，严格生产岗位巡查防控、作业区（大队）区域防控、厂（处）属地防控、公司重点要害防控的四级防控要求，全面提升环境敏感区油气泄漏防护能力，使油气泄漏监控管理做到“让数字说话，听数字指挥”。

三、“三道防线”建设初显成效

“三道防线”分为公司和厂（处）两级建设。公司级第一道防线是对油区范围内的 81 座联合站（输油站）220 台输油泵进行数字化改造，并通过站控平台、作业区调度室、厂级调控中心以及公司数字化生产指挥中心，实现四级预警监控，发现险情，通过站控实施远程停泵。公司级第二道防线是对油区靖咸等 10 条主要大型长输管线的 62 个截断阀实施数字化改造，通过厂级调控中心以及公司数字化生产指挥中心，适时监控压力等运行参数，发现异常，配合输油泵的停输实施远程截断。公司级第三道防线是在油区 9 条主要河流、饮用水源地，建设 12 处 38 道拦油设施；设置 8 个 I 级环保应急物资储备库，配备 32 种物资；在王窑水库、巴家咀水库及泾河等重点水域关键河段修建抢险码头、应急索道，设置 36 套视频监控，配备 6 套水域浮油在线监控装置、依托应急监控平台。紧急情况下，通过该平台综合调度应急资源，区域联动、就地拦截、快速处置，确保第三道防线发挥有效拦截作用，把油气泄漏事件的影响控制在最小范围。

厂（处）级第一道防线是对联合站以下 164 座增压点、转油站的 343 台输油泵实施数字化改造，实现远程监控、预警报警及紧急停泵功能。厂（处）级第二道防线是对油区敏感地段 3 条输油管线的 9 个截断阀进行数字化改造，实现远程紧急截断。厂（处）级第三道防线是在油区涉及水源地和主要河流的支流上建设115处拦油设施，配套建成50座Ⅰ、Ⅱ、Ⅲ级环保应急库。

建成后的“三道防线”在已发生的油气泄漏事故中初显成效。2010年11月28日因盗油致输油二处“庆（阳）—咸（阳）管道”管线泄漏。当日8时40分，第二输油处主监控平台警示泵压异常；8时55分，该处调度中心核实后相距149公里远程发送首站停输、6座阀门紧急截断指令；9时10分，应急队伍赶到事发现场实施抢险救援，并向兄弟单位求援；10时5分，友邻救援队伍赶到达事发现场帮助抢险；10时35分，抢险结束，调控中心发送恢复生产指令，监控平台警示信息解除。在本次事件中，“三道防线”充分发挥作用，使得原油泄漏扩散事态得到有效控制，未造成不良社会影响。

当前，生产岗位、作业区（大队）、厂（处）及油田公司油气泄漏四级防控格局已经形成，“三道防线”已初显成效，长庆油田防治油气泄漏的能力明显提升。

四、持续完善“三道防线”建设，不断提升安全环保防控能力

“三道防线”建设初步呈现以下几个特点：

一是油气泄漏事件的应急响应速度显著提高。对四级平台异常情况自动预警报警，通过站控第一时间远程紧急停泵，第一时间远程紧急截断，就近储配的物资和已建的拦油设施第一时间有效的拦截和回收，确保原油不进入重要河流或水源。

二是数字化技术得到广泛应用。适时监控、远程停泵、远程截断、在线监测、远程应急指挥真正实现了“听数字说话、让数字指挥”的数字化安全环保监控功能。

三是建立了油气泄漏防治长效机制。结合“三道防线”建设，落实油气泄漏防治责任，保障油田安全发展、清洁发展。

实现钻井废弃物“零”排放

塔里木油田

一、转变观念谋发展

近年来，建设“资源节约型、环境友好型”社会，成为我国转变发展方式的重要着力点。在进入跨越式发展的新的历史时期，中国石油天然气集团公司（以下简称集团公司）提出了坚持“环保优先”、“牢牢把握科学发展主题，打造绿色、国际、可持续的中国石油”的发展目标。

面对新形势，中国石油塔里木油田公司（以下简称塔里木油田或油田）逐渐转变以往过多关注“末端治理”的环保思路，在源头和过程中，以污染减排为抓手，大力发展清洁生产和循环经济，以“减量化、资源化、再利用”为宗旨，在转变和创新中，谋求新发展，加快建设资源节约型、环境友好型企业。

通过认真梳理和排查制约油田绿色发展的瓶颈问题，塔里木油田迎难而上，取得一个又一个新突破，逐步走上一条绿色、低碳发展的道路。“钻井废弃物不落地达标处理”就是其中的典型代表。

二、百尺竿头更进一步

钻井环保管理是油田环保工作的重要内容之一。塔里木油田平均井深达到6000米以上，钻井及其环保管理面临较多困难。但油田勘探开发以来，科学利用塔里木盆地蒸发量大、降雨少的环境气候特点，对盆地不同地区实施环保分级管理，通过推广环保泥浆、建设防渗蒸发池掩埋和固化等方式，基本控制、解决了污染问题，20多年来从未造成任何环境污染问题，得到新疆维吾尔自治区环保厅和集团公司的一致好评。

“废物是放错地方的资源”。仅仅考虑在末端治理废弃物，不仅投入高，而且没有得到彻底治理。如何在钻井“废弃物”产生的源头和过程中，实现资源化、减量化和再利用，才能做到事半功倍，真正符合清洁生产和循环经济的理念？正是在这种思想指导下，2009年，油田引进“钻井废弃物不落地达标处理”技术，尝试从钻井废弃物产生的源头和过程中，随钻处理废弃物。整个处理工艺包括同步收集、化学处理、物理脱干和水处理4个单元。

收集装置主要收集原来要排入泥浆池的钻屑、废浆和废水等钻井废弃物。首先将直径为0.005米以上的大颗粒物从泥浆中萃洗分离，将调稀浆体输送到下一单元。化学处理单元通过自动加药、絮凝一体化，破除泥浆胶体状态，实现固液分离。这时，泥浆中的各种有机化学成分完全被析入液相中，固相物变为快速沉淀的泥沙和被氧化的无机类无害物质。除油装置还可以进行去油处理。物理脱干单元通过真空吸附，将固液混合体脱干形成无害化泥饼和含有化学物质的污水。脱出的污水大部循环利用，剩余部分进入水处理单元。水处理单元将未被循环回用的少量污水达标处理，可用于清洗设备或井场场地清洁洒水，整个钻井的过程中做到了无外排废水。

2009 年以来，油田本着稳妥试验、逐步完善的原则，先后在英买 7 – H12 井、哈 702 井、新垦 101 井开展试验。实验过程中，对固控设备、循环罐和泵房等各个地方产生的各种固态和液态废弃物，从一开钻起，彻底改变了以往直接排入泥浆池的惯例，而是全部收集到处理系统进行处理，真正做到了钻井废弃物“同步产生、同步收集、同步处理”的不落地达标处理。通过对处理后泥饼、水的分析化验，完全达到国家和新疆维吾尔自治区排放标准和要求。三口井的试验，证明处理装置能够适应大排量、固井、试油、硫化氢等各种复杂工况，并彻底取消了钻井泥浆池。同时，在新垦 101 井试验过程中，新疆维吾尔自治区环保厅通过一口井的随钻处理研究认为，“钻井不落地达标处理技术”彻底改变了钻井废弃物治理思路，是钻井废弃物治理一次重大突破，该技术完全符合新疆维吾尔自治区政府提出的“环保优先，生态立区”的发展理念，是企业践行“走资源开发可持续、生态环境可持续的道路”的具体实践，建议油田尽快推广应用。

三、钻井环保迎革命

3 年经过 3 口井的试验，“钻井废弃物不落地达标处理试验”转变了以前只注重“末端治理”的观念，在钻井的“源头和全过程”中，随钻随处理随回用，减少了资源浪费，改变了以往末端治理变得难以处理的被动局面，取得突破性进展，效果显著。

（1）钻井污水处理达标，可用于配制钻井液循环利用，实现零排放；

（2）处理后的油全部回收，变废为宝；

（3）达标处理后的泥饼回归自然，利用泥饼种植耐盐碱植物试验也获成功；

（4）彻底消除了钻井废弃物落地造成的环保隐患；

（5）可取消钻井泥浆池、填埋场等环保投入，减少土地占用；

（6）为钻井队每班减少 2 个用工；

（7）实现了从传统的“末端治理”向“源头和过程控制”的转变，取得良好的经济和社会效益；

（8）已获得新疆维吾尔自治区环保厅的认可。

“钻井废弃物不落地达标处理技术”在钻井现场的应用已成熟完善，处理工艺和装备通过不断改进和优化，已实现标准化和撬装化，具备大范围推广应用的条件。试验表明该技术投资少，且成熟可靠、适用性强。

2010 年，集团公司为塔里木油田谋划了宏伟发展蓝图，为此，油田钻井工作量逐年大幅增加。塔里木油田将利用 2 ~ 3 年时间，在所有井队推广应用，彻底解决钻修井行业长期存在的污染治理难题，再加上油田试验成功即将推广的“气代油”钻井等清洁生产技术，塔里木油田必将在中国石油行业掀起一场钻井的绿色革命。

“钻井废弃物不落地达标处理技术”的应用，只是塔里木油田践行绿色低碳发展的一个缩影，在跨越式发展的历史机遇期，塔里木油田一定会在集团公司的指导帮助下，坚持“环保优先”发展理念，按照蒋洁敏总经理在油田调研期间提出的“乘势奋进，持续创新，承担发展责任，造福新疆人民”的总体要求，不断攻克制约油气勘探开发的瓶颈问题，大力实施节能减排工程，率先建成一流的绿色大油气田。

坚持清洁发展　建设绿色炼厂

广西石化

中国石油广西石化公司（以下简称广西石化或公司）1000万吨/年炼油工程是中国石油在南方建设的第一座大型炼厂。项目于2007年11月18日动工建设，2010年9月8日开车一次成功，仅用33个月，就在昔日海边荒滩上建成了一座千万吨级现代化炼厂，实现了中国石油天然气集团公司（以下简称集团公司）炼化业务布局的战略突破。

广西石化地处广西钦州港经济开发区，面向东盟，临海临边，而且广西壮族自治区是少数民族自治地区，地理环境和自然环境都高度敏感，建设及生产过程中，对水体、陆地及空气的环境综合保护工作让我们深感任务繁重、如履薄冰。为此，我们始终坚持以科学发展观为指导，牢固树立环境友好理念，统筹规划，精心部署，全力打造绿色炼厂。

一、确立环境友好理念、选择先进清洁工艺技术是建设绿色炼厂的前提

2005年项目筹建时，按照蒋洁敏总经理"看到广西石化就知道世界炼油工业的先进水平"的建设要求，牢记"创造能源、奉献和谐"的企业宗旨，坚持"环保优先、安全第一、健康至上、以人为本"的原则，确立了"采用世界先进技术，引入国际领先设计，严格工程施工标准，建设世界一流炼厂"的工程建设理念，致力打造"国内领先、世界一流"的环境友好型炼厂。

在项目技术定位、工艺包引进等项目前期规划，以及工程设计、物资采购、工程施工、工程管理、炼厂开车、生产运行等各个环节，始终坚持高标准、严要求。总流程加工、全厂能量利用等方面经美国UOP公司进行优化，公用工程系统经UOP进行了概念设计，在系统配置上充分借鉴、吸收国内外的先进理念。项目按照催化—加氢路线设计，选择了从原料处理、加工及产品精制均加氢的工艺技术，总加氢能力达710万吨/年，达到世界先进水平。主要装置及污水处理工艺包从国外引进，催化裂化、催化重整和加氢裂化、聚丙烯等关键装置分别由国际知名的台湾中鼎、西班牙TR、英国AK公司承担FEED设计或基础设计。委托挪威DNV公司对全厂的爆炸危险区域进行了详细的等级划分与评价。对所有生产装置和辅助单元的基础设计进行了全面的HAZOP和SIL分析，保证系统的本质安全，从源头降低环境风险。采用长周期运行的设计理念，坚持"先进、适用"的原则，择优筛选关键设备，保证设备的长周期稳定运行，有效降低检修过程的环境风险和异常排放。全厂只有一个控制室，设置了分散型控制系统DCS、安全仪表系统（SIS）、可燃气和有害气体监控系统（F&GS）、生产装置仿真培训系统（OTS）、实验室信息管理系统（LIMS）。自动控制水平为同行业先进水平，保障炼厂安全、平稳、清洁生产。按照全厂综合商品率大于92.22%、轻质油收率大于83.13%、加工损失率小于0.18%、炼油综合能耗小于75.70千克标油/吨进

行控制。产品方案按照全部达到欧Ⅲ标准、70% 达到欧Ⅳ标准设计。按照国际先进水平控制水耗和污水排放量，加工吨油生水消耗控制在 0.47 吨、污水排放控制在 0.17 吨以内。污水排放指标按照国家一级标准设计，污水回用率控制在 70% 以上。主要清洁生产指标按照国际先进水平设计。努力做到技术先进、装备可靠、指标领先、效益排头、管理一流、环境友好。

"打造'国内领先、世界一流'环境友好型炼化企业"的巨幅宣传画在钦州港石油大道巍然屹立了 6 年，员工每天上下班都能看到，每一位到访钦州港的朋友也能看到。宣传画时刻提醒我们，要在自己的实际工作中，始终优先考虑环保问题，不做不利于环保的事；也在时刻向广西各族人民承诺：中国石油是负责任的大公司，有决心有能力在建设世界先进炼厂的同时，保护好生态良好的周边环境。

二、落实高效率、高标准、全过程的污染防治措施是建设绿色炼厂的保障

（1）在废气污染防治与控制方面，装置加热炉及锅炉、焚烧炉全部采用低氮燃烧技术。催化剂粉尘采用粉尘收集器回收，回收效率达到 98% 以上。采用美国 UOP 最新的 Chlorsorb™ 氯吸收技术代替传统的碱洗系统，回收重整再生器放空气体的 Cl_2，不产生含碱废水，Cl_2 排放浓度低于 1 毫克/米^3，远低于国家排放标准 65 毫克/米^3。设置可燃性气体排放—回收系统，回收干气可达 3600 米^3/小时。除蜡油、渣油罐外，储罐采用浮顶罐，加氢原料罐、苯罐全部氮封，减少油气挥发。产品装车全部采用密闭装车系统，并配套建设 2 套油气回收系统，回收效率达到 99% 以上。集中收集污水处理场恶臭气体，并采用生物过滤氧化法除去恶臭气味，处理后，H_2S、NH_3 排放浓度分别低于 0.06 毫克/米^3 和 1.5 毫克/米^3。

（2）在废水治理措施方面，按清污分流、污污分流的原则科学设置排水系统，全厂设置含油污水系统、含硫污水系统、含盐污水系统、生产废水系统、生活污水系统、可能污染雨水及消防排水系统、假定清净雨水及消防排水系统、清净雨水及消防排水系统等 8 个系统。污水采用管道架空输送，防止污染地下水。分 8 个生产区域对含油污水进行分质预处理，处理后石油类浓度低于 100 毫克/升，保证污水处理场进水指标平稳。高效进行污水末端处理，采用法国得利满公司的先进污水处理技术，处理排水达到国家污水综合排放一级标准。提高污水回用量，70% 污水经超滤、反渗透深度处理后回用，86% 的酸性水经气提净化后回注。全厂凝结水全部回收，杜绝了凝结水的乱排乱放。

（3）在噪声控制方面，优先选择低噪声设备，对大功率机泵进行隔音处理，主要放空口加装消音器，加热炉选用带隔音罩的火嘴。设备噪声控制在 85 分贝以下，厂界的噪声达到《工业企业厂界环境噪声排放标准》要求。

（4）在固体废物处置方面，污泥采用日本蒸汽干化技术进行干化、减量和无害化。一般固体废物送钦州市工业固体废弃物填埋场填埋。危险废物送有广西危险废物中心等有资质的单位处理。

（5）在地下水保护方面，投资 1250 万元，敷设 HDPE 膜 22 万平方米，对储运罐区进行全面防渗。

（6）在生态环境建设方面，项目投产前，完成了全厂绿化美化，全厂四季花红草绿，无裸露土地，全厂绿化覆盖率达到 40%。

(7) 在环境风险防范与应急措施方面，牢固树立一切事故都可以避免、一切排放都可以控制的理念。率先在国内建立了水污染三级防控体系，防控能力达到17万米^3，可以满足极端天气条件下特大事故污染防控的需要。建立了2万米^{3}的雨水收集监控池，对雨水排放阀挂牌上锁，确保雨水排放可控。针对钦州暴雨集中的特点，防止雨水倒灌污水池、顶出污水污染环境，加高了500口污水井的井沿高度30～40厘米，有效经受了小时降水量90毫米的特大暴雨的检验，为多雨地区炼厂排水系统的建设积累了经验。投资600多万元，将罐区雨水排放手动阀改为电动阀，防止雨水、污水互串并能快速切换。主要排污口设置环境在线监测系统并与环保局联网，对排污情况进行实时监控和预警。加强应急预案演练，与当地政府联合开展着火、爆炸和海上溢油以及人员疏散综合应急演练，提高了应急处置能力。

(8) 在环境监测方面，按年度制定公司环境监测计划，开展日常环境监测。在厂区布设地下水监测井4个，定期开展地下水监测。委托广西北海海洋环境监测中心，在项目周边海域布设18个监测点，开展海洋环境质量跟踪监测。

(9) 在环境敏感点搬迁方面，坚持以环境友好理念指导环境敏感点搬迁工作，建立环境信息公开平台、开展公众参与活动，取得政府和周边群众的信任、支持。与钦州市政府联合成立环境敏感点处置工作领导小组、全面参与搬迁工作，在投产前成功完成了卫生防护距离内9个居民小组、705户、2630名永久居民的搬迁安置。在搬迁庆典仪式上，搬迁群众送上了感谢信：感谢中石油心系农民群众，有了中石油，明天更美好。

三、加强施工和生产运行的环境监控是创建绿色炼厂的关键

在工程建设期间，引进AMEC国际工程项目环保管理体系，聘请外方资深环保专家担任环保管理部门主任，全面负责施工过程的环保监督管理，施工过程实施“环保一票否决”。工程建设期间，对59起环保违规行为进行了处罚，罚金高达30万元。规范处理“三废”，施工垃圾委托当地环卫部门拉运填埋。土建施工高峰期间，多次停工治理扬尘污染，绝不忽视环保而抢赶工期。工程施工期间，未发生任何环境污染事故，也没有接到任何环境投诉。

生产开工期间，坚决执行环保“三同时”制度，将环保设施视同生产装置管理，环保工作和排污情况列为生产协调会必须汇报的工作内容，生产装置开工前必须先调试好、开好环保设施，环保准备不到位决不投料试车。公司自去年9月投产以来，在集团公司的正确领导和关心指导下，生产快速趋向平稳，环保指标全部优于设计指标。

广西石化1000万吨/年炼油工程环保投资达到11亿元，占总投资的7.2%。二氧化硫排放量2000吨/年，是国外同等规模炼厂的1/2～1/8。非甲烷总烃1176吨/年，是国外同等规模炼厂的1/2。石油类、COD的排放量分别为98吨/年、8吨/年，达到世界先进炼厂的高水平。截至2011年6月底，已累计加工原油739万吨，实现销售收入377亿元，上交税费58亿元。

新华社、中新网、南方都市报、广西电视台等媒体纷纷报道了我公司环境保护情况。国家环保部周生贤部长视察我公司后称赞道：“这个项目代表了中国石化行业环境保护的最高水平，经验值得总结推广。”吴晓青副部长到公司调研时说：你们很超前，国家现在还没有

提到的要求，你们也做到了。环评司崔书红副司长来我公司调研后，要求国家环境工程评估中心以我公司的做法和标准为范例，建立国家炼化项目环境评价准入条件和评价指南。

我们深知建设环境友好型炼厂任重而道远。今后，我们将在集团公司的坚强领导下，继续总结经验，发扬成绩，积极向国际先进炼厂及兄弟单位学习，不断提高完善，进一步将广西石化建设成为"'国内领先，世界一流'环境友好型炼化企业"，为打造绿色的中国石油作出积极的贡献。

实施绿色勘探　拓展国际高端高效市场

东方物探

中国石油东方地球物理勘探有限公司（海外项目简称 BGP）国际业务经过 17 年的发展，已进入新的阶段。随着服务油公司、海外市场的不断拓展，作业队伍的逐步壮大曾面临过饮用水源地、自然保护区、生态敏感区等特殊区域作业的环境保护高风险的挑战。但 BGP 靠着“精诚伙伴”的合作意识和“争创一流”的创业精神，把安全环保核心价值观作为引领企业进行一切生产经营活动的指导性原则，在野外实施“绿色”施工方案，承诺“只留下足迹和评价”，严格履行环境保护社会责任，开拓了巴基斯坦国家石油公司、尼日利亚壳牌、沙特阿美公司等国际高端高效市场，受到国际油公司、当地政府的信任，树立了国际物探市场具有较高价值的 BGP 品牌。

一、组织保障、人员到位、目标管理

BGP 国际部机关、各海外项目均设立了 HSE 部门，成立了各级 HSE 管理委员会，对环境保护实行统一领导；在总部指定一名分管领导作为 HSE 管理者代表，具体负责本单位的环境保护工作；同时聘请了一名高级 HSE 顾问，作为 IAGC 环境管理委员会成员之一，积极参与 IAGC 全球环境保护标准的修订工作，对 BGP 海外项目环保工作提供业务指导和技术支持。各海外项目、地震队有专门的 HSE 总监或监督，负责对本项目、小队的环境保护工作提供建议和支持。同时，按照“管工作必须管安全环保”的原则，层级签订 HSE 责任书，实行环境保护目标责任制，并定期组织考核。

尼日利亚 9912 队具备完整的环境管理体系。在项目启动前，由专业的环境评估公司组织环保、水文、地理、化学、生物、社会学、职业健康等诸方面专家，对工区进行详细踏勘、标本采样化验（空气、水、土壤、潜水层、环境噪声等）等一系列基础工作，对未来施工可能造成的影响从多角度、正反两方面进行评估，并对发现的问题从专业角度提出合理化建议，以尽可能消除或减少对环境的负面影响。最后写出评估报告，经所在国家石油部门和环保部门批准后方可动迁作业项目。同时在施工过程中制定了环境管理计划，并在收工之后编写详细的环境恢复报告。

沙特项目经理部 S64 项目融合先进的属地管理理念，结合 KPI 考核机制，促使班组监督重视个人行动计划的执行，尤其是对现场作业活动和员工作业安全行为的监督，极大地降低了人为性不遵守环保规定而造成的对珊瑚礁的破坏，包括采摘、违章作业和废物随意排放等。同时发挥激励政策的优势，鼓励员工上报作业中其他员工的不安全行为，通过隐患报告形式的搜集，分析不安全行为趋势来进行有针对性的措施应对。

墨西哥 8630 队建立了一支由 6 名生物工程师、3 名环境工程师、12 名环境野外监督员组成的环保队伍，负责对雇员进行环保培训，同甲方与政府环保部门交流，对野外生产活动进行环境审计/检查。结合项目特点，制定了一套环境保护管理程序和规章制度以及层层分级的环境责任分工网络，并要求项目中的所有员工签订环境保护承诺书，实现了环保目标责任管理和层级监督。

二、强化培训、提升意识、落实责任

巴基斯坦 9501D 队按照预先制定的环保培训矩阵图，选择不同的课件有针对性地进行培训，内容涉及营地、交通运输、测量、钻井、社区内施工各环节的环境保护程序、油品和危险品操作程序、垃圾处理规定等。同时制定了培训时间表，不同时间对不同层级的人员进行定期培训。

尼日利亚 9912 队重视对员工进行环境政策、规章制度的培训，尤其是在招聘以后，对员工进行系统的环境管理体系、环境管理和垃圾处理等的专业性知识培训。同时利用一切可利用的机会，通过安全会、晨会、HSE 宣传栏（画）等多种形式，反复灌输安全知识和环保意识，培育健康的安全环保理念，促进安全环保核心价值观的养成。

墨西哥项目开始前，为确保运作期间的一切活动遵守合同及当地政府对环境的要求，由 HSE 部门的环境监督，根据环境影响评价中的主要内容和当地环境法律法规中对勘探的要求，制定 HSE 环境保护计划和培训材料，对所有的员工在上岗前进行环境知识的培训并签订环境承诺书。

三、严格环评、分级管理、保护环境

（一）“给骆驼戴口罩”和“观鸟定工时”

2001 年 8 月，BGP 巴基斯坦项目经理部 9501D 队承揽了 PEPL 公司的 Dumbar 二维项目，工区横跨信德省国家保护区和俾路支省国家保护区。为此，在营地选址、施工中的行车路线搜寻、工区内的道路保护、生态保护、环境保护等方面采取了有效地控制和规避措施，获得政府颁发的“国家公园施工资质证书”，被巴基斯坦媒体誉为“环保先锋”，成为巴基斯坦作业区 HSE 管理的典范。尤其是“给骆驼戴口罩”和“观鸟定工时”的举措给巴基斯坦当地社区、政府和甲方留下了深刻的印象。

（1）给骆驼戴口罩，以保护道路和生态环境。

因工区内的很多道路不能使用，各种施工机械、材料只能肩拉人扛，队管理层决定雇佣 300 头骆驼作为运输工具。为防止骆驼干活时啃食鲜草，9501D 队采取了严格措施，给骆驼戴上用草编的口罩。“骆驼戴口罩”成了巴基斯坦国家保护区勘探施工时一道特有的风景线。

（2）保护动物，观鸟定工时。

小队在施工中一旦发现动物新鲜的粪便，就要停工等待环保监督们研判、裁定是否能够继续施工。后来根据每天对测线沿线的鸟巢情况的调研，定为上午 9：30 后开始施工，下午 4：30 后就要退出，即按照鸟出巢和归巢的时间作业。为了防止噪声给动物带来的影响，解释组每天以环保优先的原则设计施工方案，规定鸟巢附近 100 米内不允许布置炮点，测线上 2～3 千米之内不能超过 50 人一起作业。

（二）“红树林”复种和污染源分类分级管理

尼日利亚项目组经常在红树林生长区作业，因红树林属珍稀树种，生长极慢，砍伐后几乎不可能自然再生。为此，对清线和环境恢复进行严格的现场监督和过程控制。规定测线清线宽度不超过1米，禁止使用链锯和推土机进行伐树和清线，只能用砍刀进行清线，同时还规定直径超过20厘米的树不准砍，如果不得不砍，必须作好记录并在日报中反映出来。在环境恢复时，聘用专业承包商对所有测线进行复种，并定期对复种进展情况和成活率进行实地考察和监控。

尼日利亚项目组在污染源分级分类管理方面在海外队伍中起到了表率作用。对垃圾的收集、分类、转运和处理进行了严格管理，由专业垃圾处理公司对已从源头进行分类的垃圾（可燃性垃圾、有害垃圾、特殊垃圾、机修垃圾、生活垃圾等）进行分别处理，或焚烧炉处理，或收集、整理、分类、称重后移交给有资格的垃圾处理公司，并定期到垃圾处理公司对垃圾处理情况进行追踪以确保处理达标。

（三）六条措施保护珊瑚礁

沙特项目经理部于2009年8月中标沙特阿美石油公司在红海沿岸二维过渡带地震勘探采集项目（S64项目），设计测线67条总计约3800千米，70%以上工作区域覆盖水域和过渡带，跨度南北延伸1400千米，东西约200千米。红海拥有珊瑚礁、红树林、盐沼、盐田和丰富的海草，独特的生物种群造就了海洋生物的多样性，如海龟、海豚以及多种本地鱼类，珊瑚主要分布在北部和中部沿岸，给项目施工带来了严峻的挑战。

为避免在作业过程中因地震勘探作业出现对海洋环境的危害，遵照BGP对环境保护的承诺，小队在项目正式启动前对作业水域进行了充分的调研和信息搜集，并根据分析结果制定了具体的踏勘、逐点设计等规避海洋环境及珊瑚礁影响的防护措施。

一是实施“三步走”准确踏勘。通过测量初次踏勘、二次作业点踏勘、作业完毕后最终对比踏勘，进行细致踏勘和调研，掌握珊瑚礁分布。

二是精确逐点设计，设置缓冲区。在施工前，针对每条沿线进行逐步踏勘和分析，确定最佳施工设计方案，包括收放线、激发方式的选取、空站、点位的偏移、船舶的行驶航线等，在沿线图上标注出15米范围内出现的珊瑚礁区域作为缓冲区，确保每个激发点处于缓冲区安全距离之外，禁止珊瑚保护区内使用炸药和钻井作业，所有船只航行遵循绕行缓冲区航行规定，在浅水区域指定航线行驶，减小推进器对珊瑚礁的伤害。同时，弯线设计解决了大面积连片珊瑚区的采集问题。

三是对员工加强珊瑚礁保护知识培训。严格遵循海洋环境保护公约、当地环境保护法规和国际环境保护惯例，杜绝人为性的向海洋违章倾倒各种废弃物尤其是有毒有害物质。关注船舶航行安全，预防搁浅、漏油等对海洋环境造成的破坏，同时加强在用船舶的日常维修保养和检查，保证在用船舶污水处理和回收装置的正常使用。

四是遵循“减少使用、再利用、回收、恢复”四步法对废弃物全过程进行监控和管理。

五是聘用专职环境工程师、高级HSE专家从作业前测线实地踏勘和风险评估、作业中现场监督和指导、作业后再次踏勘、废弃物的处理和溢油预防等方面全过程监控地震作业对珊瑚礁的影响。

六是遵循一条航线政策，对船只进行行程管理，既可避免船舶搁浅事故，提升船舶自身安全，又大大降低了对珊瑚礁的直接破坏。

（四）强化作业现场环境恢复

墨西哥项目的施工工区基本都是以丛林、农场为主的地区，丛林地区内有珍惜树种和稀有动物，农牧场是当地居民赖以生存的环境。在这些地区作业时，环境保护要求尤为严格。墨西哥项目对营地内、野外施工现场均采取了不同的环境管理控制措施，保护了当地的珍贵物种、生态环境，尤其在作业现场环境恢复方面的做法突出，深受当地政府、甲方和其他公司的好评。

墨西哥项目的环境恢复组分 6 个小组，每个小组由 3 人组成，负责按照环境恢复制度对所有施工测线进行细致的环境恢复，主要包括测量桩号/炮线/工区现场垃圾的回收、炮点填埋、炮点栽种植物等环节。同时要求对所有的环境恢复数据进行统计，按照恢复的桩号上报给环境部门统计到数据库中，且每天的数据及时与测量部门交流，并把恢复工作进度展示在工区地图上。最后，由环境工程师对每条已经恢复的测线进行检查，检查通过后，编写环境恢复报告并与地主签订环境恢复协议，积极兑现了按照国际标准进行环境恢复的承诺。

尼日利亚项目组自 1998 年以来一直服务于壳牌公司，10 多年的环保管理经验，高标准的运作，深受壳牌公司的肯定和表扬。巴基斯坦、沙特阿拉伯等项目凭着精湛的专业技术、高素质的国际化管理团队，坚持体系化运作，严把环评关，实施环境污染和保护全过程控制，攻克了甲方一个又一个的高端市场难关，为 BGP 创造了丰厚的经营收入，促进了“绿色勘探理念”到“经济效益”的升华。这些优良的安全环保业绩，使 BGP 跨入 HSE 国际标准制定者的行列，实现了 BGP 名誉和效益的双赢，走出了一条绿色勘探、拓展国际高端高效市场之路。

消防与交通安全管理

一细两懂三控制　削减风险保安全

大庆油田公共汽车公司

大庆油田公共汽车公司乘风分公司十九车队（以下简称十九车队）组建于1999年，现有员工178人、车辆157台，主要承担油田多个所属单位的职工通勤和外围钻井勘探的通勤服务任务。截至目前，车队已安全行驶4900多万公里，安全运送油田职工32万人次。这些成绩的取得，得益于“一细两懂三控制”风险削减办法，这种办法正逐步演绎成为车队的一种安全管理文化。

一、一细，确保风险识别到位

十九车队业务特点是站点多、线路长、变数大。100多条线路遍布油田各处，平均日运行达到17800多公里。特别是为钻井队倒班和物探冬季野外勘探服务的车辆，哪里有钻塔哪里就有我们的辙印，哪里有井队哪里就有我们的服务，轨迹遍及黑龙江、吉林、内蒙古各省、自治区及蒙古国腹地。在这种情况下如何确保安全？风险识别就显得十分重要。为了确保风险识别到位，狠抓一个“细”字，做到细化责任、细心排查和细致分析，用心查找风险源、风险点、风险区域和风险环节。

每次有新的任务，十九车队干部必先行一步，熟悉环境，勘察探路，识险寻源，心中有数。2009年冬季，队里有23台车到双城为物探地震队服务。从驻地到地震作业现场，路况极其复杂，村屯多、江湾密、山路陡。有时必须越坝穿行，车身需倾斜很大角度才能过去；有时还需顺坝绕行，坝高10余米，坝下是不知水深的冰面，路面窄到只能容单车通过。为确保行车安全，消除司机们的畏难情绪，车队干部从开辟路线起，就顶在前线，识别风险段，标记风险点，利用车载对讲机，在前面带路。在拉载乘员时，遇有陡坡险路，都是司机单行安全通过后，再让乘员重新上车前行。就这样坚持了3个多月，安全、圆满地完成服务任务。

十九车队规定，司机每次出车都要写安全行驶记录，特别对风险点必须详细实录，至少找出三个道路风险识别点报给车队，车队整理录入数据库，以备下次司机出行时特别提示。2010年4月11日，前线司机陈某就写了这样三条：一是方正路段，弯多路窄视线差，遇村屯谨防摩托车。二是通河路况不好，上土路土质松软，防陷车。三是31122井队井场5公里处有泥坑，不能通行。这三条，为后去的司机实施风险预警起到积极作用。司机郑某转战海拉尔大草原6年有余，49次进出海塔，往返25万公里，总结出以星星辨方位、以树梢辨风向、以草尖辨雪深、以丘陵起伏辨路况、以沟壑深浅辨风险的行驶经验，使后来的伙伴们受益匪浅。

现在，司机已经形成风险识别习惯。2006年以来，识别道路交通风险源336个，识别高速公路、村屯道路、井队井场危险点及不良路段 613 处。细致的工作让交通管理做到心中有数。

二、两懂，确保风险教育到位

有效规避风险，风险教育必须跟上。十九车队要求司机做到“两懂”，既要懂有什么风险，又要懂怎样规避风险。

（1）要懂有什么风险。十九车队识别出来的风险，必须装到司机的头脑中。如何装到司机的头脑中，使风险教育覆盖到每一名员工？一是将风险信息印成宣传单或手册，发到每一名司机手中，由司机在闲暇时间自己学习，十九车队安全生产例会由队长适时抽查提问，或者在执行任务之前提问。二是由十九车队组织安全风险知识竞赛，将风险信息作为主要内容融入其中，以赛促学，让风险知识入脑入心。三是通过两种方法提示风险，即事故案例警示法和故障剖析培训法。事故案例警示法就是通过典型案例对员工进行警示教育。故障剖析培训法就是将驾驶员行车过程中经常出现的故障或可能出现的问题逐一进行剖析。

（2）要懂怎样规避风险。通过经验分享，用身边的事教育身边的人，共同学习，共同提高。十九车队定期组织百万公里无事故的驾驶员现身说法，教经验，授方法，谈教训，以他们对未遂事故的处置方法，警示身边人。十九车队通过经验分享的总结提炼，形成司机自己的操作守则：遇到陡坡别急过，以防坡下有深坑；村屯土路需减速，避免人车抢道行；弯道岔路勤瞭望，雪雾天暗会用灯；环境路况掌握准，风险点段要记清。现在，司机在风险识别上，都能达到一留意、二牢记、三警惕、四规避。例如：司机金某去年冬天执行通勤任务，经过某段雪坡时，发现坡底处有事故车辆停在路中，为避免因路滑刹车失挡而追尾，把车停在了路边等候。此时，后面一辆车速很快的大货车顺坡而下，他首先想到了对方一旦刹不住车，就会撞上自己的车，便迅速发动车辆，躲过了大货车，大货车终因雪大路滑没刹住车，撞上了坡底事故车旁的路间护栏。他讲述的超前预见、稳妥规避事故的方法对其他司机起到了很好的启示和警示作用。

三、三控制，确保风险措施到位

削减事故风险，主要采取三个控制措施：

一是 GPS 控制。就车辆台数而言，十九车队位居公共汽车公司所有基层中队的前列。为管好这些高度分散的车辆，公共汽车公司下大力气对所有的车辆都安装了 GPS 卫星定位系统，对每台车辆车速、位置、车况实时跟踪监控，及时掌握车辆运行状况，发现驾驶员违规操作，当即告诫并纠正。

二是防御性控制。随着国外市场的开发，十九车队有 12 台车随物探公司开赴蒙古国塔木察格区块进行地震作业。蒙古国沙化严重，沙尘暴数米不见路，风雪弥漫分不清路，戈壁荒原没有路，手机无信号，百里无人烟。还有二战时留下的没爆的炸弹，有的已被勘探人员做出标记，白天可以有效绕行，但如果夜间行驶，在草密雪深之地一旦失察失误，人车就有危险。为此，除严格按照蒙古边防规定的路段行驶外，十九车队组织司机在闲暇时间前往有可能去的地方先行探道，回来再研究确定行车方案，在确保万无一失情况下才驱车前行。

三是操作控制。通过实践，前线司机总结出了“四先瞭望、四提前减速”的安全操作要诀，即进入路口先瞭望，遇行人小孩提前减速；进入村屯先瞭望，遇农民牲畜提前减速；进入陌生路段先瞭望，遇坑洼水泡提前减速；进入恶劣环境先瞭望，遇到冰雪路面提前减速。十九车队制定了司机的“八”字秘诀：行车要“稳”、心胸要“宽”、观察要“细”、遇事要“忍”、礼让要“先”、方法要“灵”、反应要“快”、保养要“勤”。每个司机认真遵守，逐步演变成员工的自觉行为。

传承“硬骨头”精神　提升安全管理水平

大庆油田大庆钻探工程公司

大庆钻探工程公司（以下简称大庆钻探）运输一公司十三车队（以下简称十三车队）现有员工57人、生产车辆41台，主要承担油田单位生产、生活物资的运输保障工作。十三车队1962年建队，1964年被石油工业部授予“硬骨头车队”称号，1965年被石油工业部授予“五好红旗单位标兵”，2010年与1205、1202钻井队一起被大庆钻探授予“铁人式红旗基层队”。作为石油战线的老标杆、新典型，十三车队努力使各项工作都走在同行业前列，尤其是把安全工作作为各项工作的重中之重。工作中，认真贯彻落实国家交通法律法规和企业安全规章制度，建队至今，累计安全行车1.4亿公里，先后多次荣获大庆油田先进集体和大庆钻探星级车队等称号。

一、实施文化引领工程，增强全员安全意识

牢固树立安全意识是实现安全生产的前提。在提高员工安全意识方面，在发扬大庆精神、铁人精神的同时，大力营造我队特有的以“硬骨头”精神为核心的安全文化氛围，用安全文化感染人、激励人、提高人，为安全生产打牢思想根基。

一是继承传统文化精髓。十三车队有着40多年光荣历史，不仅在队伍作风上有着优良的传统，而且在安全管理上也有着非常厚重的文化底蕴。为了汲取队伍传统安全管理的好经验、好方法，车队对传统安全经验进行总结凝练，并编著了车队《传统教育系列读本》丛书共计20册，下发到每名职工手中。同时，坚持每周定期组织员工进行学习。通过系列读本的学习，不仅增强了职工的队伍荣誉感，也学到了很多好的安全经验。

二是丰富安全文化内容。在安全文化建设方面，利用妻儿寄语、父母嘱托等各种员工喜闻乐见的方式开展安全宣教活动，把“一切事故都是可以避免的”、“安全是家庭和车队的核心利益”等思想理念根植到每个人的心中。还编写了车队《安全文化手册》，将自编的“驾驶员四季平安谣”、“安全你我拍手歌”和“行车安全20想”等内容收入其中，用通俗易懂、朗朗上口的言语，将枯燥的安全教育变成一种茶余饭后的休闲活动，使安全理念在潜移默化中深入人心。

三是营造安全文化氛围。将十三车队会议室建设成安全教育展室，展室内有安全法律法规、安全生产常识、安全责任认定、安全风险识别及家庭温馨提示等，让每名职工上班第一时刻起，就能感受到安全的重要性。另外，还在车场和车库内安装了道路交通行驶图标、安全警句、安全格言等，并且在每台车驾驶室内粘贴了行车警示卡片，时刻提醒驾驶员注意安全驾驶。通过营造浓厚的安全文化氛围，极大地提高了全体职工的安全意识，为安全生产提供了保障。

二、实施管理升级工程，提升安全管理水平

安全管理是一项长期、复杂的系统工程，要想提升安全管理水平，就必须建立有效的管理机制和采取先进的技术手段，才能实现本质安全。

一是管理机制约束到位。在坚持“出车前、行车中、收车后”车辆安全检查办法的基础上，建立了以“自检、互检、抽检”为主要内容的“新三检”制。“自检”，就是驾驶员在出车前、行车中和收车后对车辆进行检查；“互检”，就是班组长组织班组成员进行交叉检查；“抽检”，就是由车队干部组织修理人员对全队车辆进行检查，检查采取以“谁检查、谁签字、谁负责”的原则，及时将检查结果公示排名，奖优罚劣。“新三检”制体现了全方位、立体化、全员参与的管理理念，使车辆检查由以往的单一主体变成多元主体，强化了监督作用，增强了驾驶员设备保养的责任心和自觉性，变被动管理为主动管理。2011 年 3 月，队里一名驾驶员刚从海拉尔前线返回，又接到了出车任务，虽然任务比较紧，但是他坚决要检查一遍车辆再出车，在检查过程中发现车辆小十字轴松垮严重，避免了一次意外事件的发生。

二是管理手段提升到位。2008 年，在运输一公司的大力支持下，为十三车队 41 台设备全部安装了 GPS 监控终端，车队管理人员可通过监控系统查看车辆行驶路线、运行状态、行驶速度，全程监控车辆的安全运行，特别是在车辆行驶速度及疲劳驾驶方面效果非常明显。当车辆行驶速度超出限定值或驾驶员连续驾驶时间超出设定值时，GPS 监控中心会立即收到报警信息，并以语音提示的方式提醒驾驶员。通过 GPS 报警系统，随时警示驾驶员安全行车，有效地减少了运行风险，避免了可能发生的交通事故。2010 年 4 月，副队长带队执行试采公司试油大队上通河搬家任务时，由于天黑路况复杂，有 1 台车在中途掉队，因驾驶员手机电池没电无法取得联系。副队长立即与后方取得联系，通过 GPS 准确定位，并以语音短信形式通知该车原地不动，然后他带领 1 台车将这台掉队的车辆找回，安全地完成了任务。

三是管理制度执行到位。十三车队的安全保障，不仅仅来源于先进的管理模式，更源自有力的执行力。在日常管理中，始终把执行放在首位，各项管理制度都必须落实到位。2010 年 8 月，车队执行鸡西抢险任务。险情就是命令，接到任务后，立即组织驾驶员及带队干部赶往现场，直到凌晨 2 点半才装货完毕。由于连夜装车，驾驶员们都已疲倦不堪，为了保证行车安全，带队领导按规定组织大家在路边休息了两个小时，等大家都恢复了精神才一起向抢险地点出发。一路上，带队领导时刻关注驾驶员们的精神状态，每 4 个小时就要求大家休息一次，同时及时跟队部取得联系，利用 GPS 平台对所有车辆进行监控，在确保不违反道路行驶限速要求的情况下，以最快的速度将抢险物资送到现场。

三、实施领头雁工程，提升安全工作绩效

火车跑得快，全凭车头带。领导干部的安全态度直接影响整个职工队伍对安全生产的重视程度，十三车队干部在安全生产中起着关键的作用，因此车队在日常生产中非常重视党员干部的示范引领作用。

一是落实直线责任。实行了队领导承包班组责任制，在日常管理中，实行“谁主管谁

负责、谁带队谁负责”的车队安全责任制，有效增强了车队干部的责任意识。推行干部进行观察与沟通，通过有效的交流沟通，引导驾驶员更多地思考安全问题，逐步养成良好的安全习惯，促进了班子成员与员工之间的沟通，使得车队安全管理进入了良性循环，促进了车队安全管理健康有序发展。

二是强化组织运行。针对十三车队生产任务点多面广，驻外疏于管理等实际情况，采取了“135”带队跟班制，即 1 台车执行任务，派党员或素质全面的驾驶员担当；3 台车执行任务，派班组长带队；5 台车以上执行任务，由队干部带队。多台车执行任务时，始终坚持整队督导，做到前车有人带，后车有人管，坚决杜绝跑单车等情况发生。工作中，要求每名干部不但要对违章违纪现象敢说、严管，而且要以身作则，以自己良好的行为影响大家。2011 年 5 月，车队有一组车辆执行井下从鹤岗往东旗搬迁井队任务，在行进途中，带队副队长发现前面一台车行车异常，于是他马上通过电话联系要求其立即停车，原来这辆车驾驶员因身体不适，有点犯困。于是副队长让其他车先走，自己上车陪这名驾驶员休息了一会，等他状态好转以后，又陪着他赶往搬迁现场。这样的事情在我们车队经常发生，带队干部都养成了时刻观察每名驾驶员状态的好习惯，遇到有驾驶员不舒服或者过于疲劳的情况就要求驾驶员停车休息，等状态好转再执行任务。在带队干部的影响下，车队职工安全意识明显增强，均能按章行车，杜绝了习惯性违章现象。

坚持“行车先探路”和“安全讲话”制度是十三车队一贯坚持的良好作风。在大型搬迁、长途运输或陌生地点执行任务时，领导班子都会想办法提前查清楚行车路线和路况，然后在每天出车前的安全讲话中，结合天气状况、具体任务、行车线路和驾驶员情绪状况等因素，由队干部警示沿途风险、老师傅讲经验，提醒大家当天注意事项，做到超前策划，确保每日安全行车无事故。

三是严格监督考核。国有国法，家有家规，没有规矩不能成方圆，十三车队把各类违章指挥、违章操作和违反劳动纪律行为进行归类，制定了详细的考核细则，每月公布互检、抽检和巡回检查统计结果，纳入当月奖金考核，同时把检查本身也纳入绩效考核中，确保监督考核执行到位，使违章行为得到了有效控制，使干部员工逐步养成了良好的安全习惯。

落实责任　夯实基础　筑牢屏障
全面推进油田交通安全管理上水平

辽河油田

近年来，中国石油辽河油田公司（以下简称油田公司）党政班子和广大交管干部牢固树立科学发展观，正确处理交通安全与企业生产发展的关系，始终按照中国石油天然气集团公司交通安全工作要求，以“标准化车队”创建为抓手，强化责任落实，突出风险控制，加大监管力度，创建特色文化，着力构建长效管理机制，交通安全工作取得明显成效。油田公司重组整合三年多来，未发生一般A级以上道路交通责任事故，交通安全各项控制指标逐年下降，有力保障了辽河油田公司生产经营工作的顺利进行和企业和谐稳定发展。

一、抓好交通安全主体责任，领导重视讲安全

抓好交通安全管理工作的前提是领导重视到位、安全管理到位、责任落实到位。为此，本着“为企业负责、为员工负责、为社会负责”的态度，严格执行“有感领导、直线责任、属地管理”，促进交通安全主体责任的有效落实。

一是目标明确，层层落实责任。油田公司高度重视对交通安全管理工作的组织领导，按照《HSE管理原则》和“有感领导、直线责任、属地管理”的刚性要求，明确各级班子的行政正职为交通安全第一责任人，层层签订交通安全目标责任书；将安全目标纳入业绩合同，督促主要领导抓交通安全与生产经营同步筹划、同步推进、同步考核。

二是领导示范，营造安全氛围。在日常工作中，油田公司各级领导身体力行，带头践行有感领导，逢会必讲交通安全，天气变化及时提醒注意交通安全，安排工作突出交通安全，车辆行驶注意安全、关心安全，带头系安全带，严格控制车速，自觉执行派车制度。需要领导集体出行的，一律减车、并车。节假日期间，各级领导除生产值班外，一律按制度封车。正是油田公司和厂、处各级领导的言行表率，为全员提高安全意识营造了良好的交通安全氛围。

三是严格管理，完善规章制度。经过多年的探索、总结和实践，油田公司在交通安全管理上形成了包括安全教育、安全检查、责任落实、责任追究、车辆日常管理等10个方面、65项管理制度和规程，努力做到交通安全“无缝隙”管理。特别是按照直线责任和属地管理的要求，修订完善了《交通安全责任连带制度》和《车辆回场告知制度》，明确了车辆管理单位、使用单位和带车人在车辆使用过程中的安全责任，形成合力，及时制止不安全驾驶行为，确保车辆安全运行。

四是加大投入，提高管理水平。油田公司在人力、财力和物力等方面不断加大投入，千

方百计保证交通管理所需资源。在机构人员编制十分紧张的情况下，成立了公司 HSE 委员会领导下的油田公司交通管理中心，配备 10 名精于管理、敢于负责的同志从事交通安全监管工作。各二级单位也都成立了交通安全管理部门，配备了 156 名专职交通安全管理干部。公司每年从单位操作成本中提取 0.05% 的交通安全措施费，用于交通设备设施更新，配备车辆维护检修设备、安全检查和教育培训工具，为所有车辆配齐了安全带。2010 年，公司投资 3400 万元建立了 GPS 监控中心，在此基础上，2011 年再投入近 2000 万元为所有车辆安装了 GPS 监控设备，形成了公司、二级单位、车辆管理单位三级 GPS 监控系统。

二、抓好“标准化车队”建设，夯实基础促安全

预防交通事故，必须建立综合性、系统性、全方位、全过程的标准化管理体系。为此，油田公司牢牢抓住基层车队这个交通安全管理的基本单元，从 2008 年起全面开展了“标准化车队”创建工作。从指导思想、机构建设、理念宣贯、教育培训、人员、车辆管理和安全管理、道路和设备管理、风险防控管理、专项整治、奖惩考评等 10 个方面，制定了涵盖 6 大要素、26 个小要素、43 条具体内容的《交通安全标准化车队建设标准》，配套制定了检查考核办法。

一是完善管理标准，理顺工作流程。油田公司每年年初都要根据安全环保工作总体部署，组织基层车管干部对“标准化车队”建设标准及考核办法进行研讨、修改和完善，把新的安全工作理念和要求融入到“标准化车队”建设工作中，不断明确管理责任，理顺工作流程，确保了交通安全重点工作在基层车队的有效落实。

二是选树先进典型，加强学习交流。在“标准化车队”创建工作中，组织全公司 82 个基层车辆管理单位不断开展学习交流，取长补短，共同提高。特别是 2010 年，公司先后承办了“全省公路、客运交通安全管理工作——辽河油田现场会”，组织召开了“茨榆坨采油厂交通安全管理工作经验交流现场会”。通过宣传和推广茨采车辆大队、金马运输公司、曙采运输大队在“标准化车队”建设中的先进经验和特色内容，使基层车辆管理单位进一步明确了工作思路，找准了工作方向，增强了执行力。

三是严格检查考核，推进创建活动。为了推进“标准化车队”建设，油田公司专门举办了“标准化车队”考核师培训班，培训了 73 名考核师，定期深入基层车队检查指导标准化建设工作。公司每半年集中组织一次“标准化车队”专项考核，考核结果在全公司范围内通报。截至 2010 年底，考核成绩达到“标准化车队”的有 53 个车队，约占全公司 82 个基层车队总数的 64%。

通过开展“标准化车队”建设，逐步提升了油田公司整体交通安全管理水平，实现了交通安全管理从低标准向标准化转变，从粗放型管理向规范化管理转变，从部门抓安全向全方位、多层次抓安全转变。同时，油田公司“标准化车队”的做法得到辽宁省交通安全系统的肯定和高度评价，在 2010 年全省标准化示范运输车队评比中，公司有 3 个车队被评为省“标准化示范车队”，占全省“标准化示范车队”总数的 7%。

三、抓好交通安全监控管理，防控风险保安全

在交通安全管理中，着力重点监控与全面查改隐患相结合，强化专项整治与堵塞管理漏

洞相结合，有效构筑起油田交通安全屏障。

一是强化重点控制，提升安全保障水平。油田公司逐级建立了恶劣天气交通安全预警机制，利用短信网关平台，及时对全公司驾驶员及车管干部发布恶劣天气预警，告知交通安全防范措施，并加强对车辆运行情况的跟踪检查，确保了恶劣天气安全行车；加强长途车、大客车及危化品运输车辆的重点监控，修订完善了长途车辆安全管理规定，严格长途车审批及教育检查制度；组织7座以上客运车辆及危化品运输车辆上线检车率达到100%；加强外雇车辆及外雇驾驶员管理，油田公司外雇车辆必须到公司交管部门进行车辆安全技术状况资质审查和登记备案，租赁车辆驾驶员严格执行公司内部准驾证管理制度，有效控制了不合格车辆进入油田市场，保障了职工家属的出行安全。

二是强化专项整治，堵塞车辆管理漏洞。针对不同时期和形势特点，油田公司与公安交警部门协同配合，及时开展道路交通安全专项整治活动，重点查处无证驾车、超速驾车、酒后驾车等“十大不安全行为”，做到重点人员重点盯、重点路段重点管、重点时间重点防。此外，公司交管中心坚持做到每月上路检查不少于20次，并形成路检夜查制度，对重点路段、重点时段、恶劣天气加大、加密检查频次，使驾驶员违法、违章、违纪现象持续下降，交通事故逐年减少。

三是强化隐患排查，消除行车安全风险。油田公司定期开展对油田所辖公路、生产区域道路及危险桥梁的隐患排查和整治，重点排查了道路翻浆、路坑路基松软、危险桥梁等影响行车安全的隐患，排查矿区内道路交通安全设备设施、交通标线标志及影响行车视线的树木和障碍物等。2010年以来，共查改危险桥梁12处，增设交通安全设备设施和标志257处，改善了行车环境，交通安全隐患得到有效控制。

四是强化GPS监控，减控违法违规行为。建立了覆盖全油田公司的GPS监控系统，设立公司监控中心1个、基层监控室76个，对所有危化品运输车、送班大客车、油田特种作业车、生产指挥车实施三级24小时监控，定期通报监控情况，有效控制和减少了违法违规行为。

四、抓好交通安全文化建设，文化引领促安全

制度管理管住人，文化管理管住魂。基于这样的认识，通过不断探索实践，逐步形成了以“亲情助安全、路单文化、阵地文化”为主要内容的、具有油田公司特色的“交通安全文化”，有效推动、促进了交通安全管理工作的深入开展。

一是用亲情文化激励人。由于驾驶员岗位的特殊性，驾驶员工作之余饮酒、熬夜、甚至是思想波动，都会影响到第二天的安全行车。针对这一问题，在驾驶员家庭中开展了亲情助安全活动，要求车管单位经常保持与驾驶员家庭的沟通和联系，及时了解、掌握驾驶员的动态信息，消除驾驶员8小时以外管理的盲区。部分二级单位设立了专项奖金，对全年不违章驾驶员进行奖励，激励职工家属支持交通管理工作，枕边长吹“安全风”，桌上常敲“安全鼓”，发挥好安全第二道防线的作用。几年来，通过开展“亲情助安全”活动，车辆违章率呈逐年下降趋势。

二是用路单文化帮助人。由于工作性质原因，很多驾驶员会因为执行任务而错过统一的培训时间，基层车管单位根据年度培训大纲并结合每个时期的具体情况，分门别类将培训内

容印刷在路单上，驾驶员一拿到路单就能看到“行车注意事项”、“特殊天气应急处理”等提示性文字，有效解决了安全培训覆盖到位难、实效性差这一难题。特别是在特殊天气情况下，小路单能起到指导驾驶员正确应对实际问题、有效削减行车风险的大作用。一张小小的路单不仅是驾驶员出车命令，也是驾驶员随身携带的安全教育员。

三是用阵地文化引导人。为扎实推进安全教育工作，基层车管单位建立了以安全知识宣传为平台的“窗口阵地”，包括《安全知识宣传窗》、《车管之窗》等板报及简报，把交通安全法规、事故案例等安全知识、政策内容及时传递给每位员工；以活动室建设为平台的“活动场所阵地”，建设文化长廊及安全文化活动室，员工一进办公楼或会议室就能感受到浓厚的安全文化氛围；有些基层单位还通过网上安全博客，使驾驶员在家里就可以通过浏览博客，学习相关规章制度，及时接收到上级安全部门的各项要求以及天气路况变化等情况。

综上所述，通过深入推进“有感领导、直线责任和属地管理”，实现了油田公司交通安全管理的“四个转变”：在安全管理上，由“领导重视”向“领导重实”转变；在监督管理上，由“注重结果”向“注重过程”转变；在隐患整改上，由“全员发动”向“全员行动”转变；在行为意识上，由“要我安全”向“我会安全、我能安全”转变。“四个转变”使交通安全保障水平在巩固中有了明显提升。但这不能说明我们交通安全管理工作无懈可击。安全是永恒的主题，越是形势相对稳定的时候，越要保持清醒的头脑，越是要防止和杜绝事故的发生。在今后工作中，油田公司将继续认真落实集团公司各项部署，虚心学习好经验好做法，站在新起点，瞄准新目标，扎实工作，为辽河油田稳产 1000 万吨、为集团公司建设综合性国际能源公司做出应有的贡献。

创新管理方法　落实安全责任
做好市场化条件下交通安全管理工作

长庆油田第五采油厂

车辆为人们的生活生产出行提供了方便，也为各行各业的建设发挥了巨大作用。中国石油长庆油田公司在大规模建设的过程中，通过市场化运作把交通服务资源延伸到了外部，解决了车辆现有资源与所需资源的矛盾，有效地降低了生产成本和运行风险。长庆油田公司第五采油厂（以下简称采油厂）择优选择交通服务承包商，依照合同进行管理，精心做好采油主业，使交通服务有效保障了油田的快速、大规模发展。

一、市场化条件下车辆安全管理提出的背景

采油厂位于陕北黄土高原，地理环境复杂，气候恶劣。油区沥青路、砂石路、土路累计达1000多公里。全厂621辆各类车辆，驾驶人员621名，其中外雇车辆514辆，外雇驾驶员514名，来自于27家市场化交通服务承包商。在车辆市场化运作中，管理难度大、管理范围大。采油厂的交通管理在传统的人、车、路、环管理基础上增加了市场和承包商的管理。

在交通管理方面，采油厂的目标是车辆的高效、安全运行，承包商的目标是利益最大化，驾驶员的目标是生活、工作满意。在此形势下，采油厂提出从市场准入机制、运行管理、安全管理、牵引激励机制四个方面入手，从人（驾驶员）、物（机动车、道路）两个维度进行管理，实现人（驾驶员）的能动性的提高和物（机动车、道路）的管理优化设计，坚持系统思维、以市场为基础，形成管理链，贯穿各个部门、各个岗位、各个人员，最终实现采油厂、承包商、驾驶员的三方多赢，实现车辆的安全运行。

二、市场化条件下车辆安全管理具体做法与成效

（一）车辆安全管理体系及职责

采油厂对于管理职能部门按照“直线责任，属地管理”的原则进行二级管理。第一级是厂部，包括质量安全环保科、生产运行科、企管法规科以及事务管理站；第二级是基层单位，包括作业区、维修抢险大队以及承包商，形成指导、控制的管理组织体系，明确各部门、单位的管理职责。

（二）准入机制

外部资源的准入是市场化车辆管理的开端，承包商、驾驶员、机动车的资质是其后续管理的基础。所以，准入机制的建立是市场化车辆安全管理的基础。准入机制应从市场分析、

准入条件、准入价格体系三个方面进行分析，把好准入关口，确保进入石油企业运输市场的承包商资质齐全、管理规范、服务良好。

（三）车辆运行管理

以生产调度为管理中心，以车辆运行路单为基础，以车辆结算为手段，发挥 GPS 监控系统的作用，实现车辆的有效运行，即用最低成本（时间和费用）有效实现最大业务量，使管理流程规范化、标准化。

1. 车辆配属

把配属车辆分为生产指挥车辆配备、机关车辆配备、交通车配备、井区车辆配备。根据井区车辆井组数、站点、产量等实际情况，确定配属车辆标准。

2. 调派管理

调派任务分为日常任务和随机任务（突发事件、应急任务等），调派时车辆按此调度，生产指挥车也做好轮流作业，实现作业量的公平性。

3. 路单管理

以路单为主线，谁签字，谁负责，在结算时严格按照路单结算。路单在运行管理中起到了业务及结算的贯穿作用。

4. 发挥 GPS 监控系统的作用

监控车辆的运行状态，主要监控车辆路单执行、道路选择、行驶状态等情况。

5. 管理流程规范

车辆的运行管理，更需要规范、标准化的流程来支持，做到有序运行。

（四）车辆安全管理

采取企业与承包商双重管理和属地管理的方式，车辆由基层单位按照生产区域对车辆和驾驶员进行集中管理和调派使用，交通服务承包商进行管理、维护，厂交通安全管理职能部门负责监管考核，实行双重管理，企业和承包商各自履行自己的直线责任，体现出“乙方管理，甲方监督”的管理模式。

1. “八制”安全管理法

“八制”交通安全管理法是采油厂按照制度化、规范化管理的总体要求，是创新管理方式方法。采油厂和交通服务承包商共同从人员车辆准入、培训教育、提醒预警、风险识别、路单签认、路查路检、回场检验、考核激励八个方面，通过细化管理，严格控制，进行人、车、路、环四位一体化管理，最终达到车辆安全平稳运行的目的。

2. 人、车、路基本管理

驾驶员管理。按照驾驶员的年龄、驾龄、技能等因素对驾驶员进行建档管理。坚持“谁开车，谁负责”的原则，增强驾驶员的自我管理意识。建立约束制度，实行在用驾驶员准驾制和风险抵押金制，提高对外雇驾驶员的约束力。实施人本管理，通过培训、安抚、自主的情景式管理、驾驶技能考核等方法体现。

机动车管理。建立每辆车的档案台账，记录相关运行、检验、维护情况。把好检验、保养关，不符合安全行驶条件的车辆不得运行。把好出、回场关，出场前确保车辆性能良好、配置齐全，并做好回场检验。厂属车辆由维修抢险大队负责回场检验，外雇车辆由承包商负责进行回场检验。把好路单签认关，严禁无路单行驶和超范围行驶。把好路查路检关，实施车辆动态性监控机制，随时查纠违章行为，确保车辆安全运行。

道路管理。做好油区道路风险识别，要从道路类型、路段、路况、可视性标识、气候几个方面进行识别。以黄土路为重点，关注转弯等特殊路段、路面的平整状况、是否有标识牌，综合考虑气候的变化，对道路管理的风险识别综合识别分析，降低道路风险。

3. 建立管理体系

建立管理责任体系。明确直线管理责任，建立起由主管领导负责的车辆管理责任网络，强化责任意识，将管理责任重心层层下移，体现“全面、全员、全过程”的管理思想。

建立安全监管体系。建立和落实以“完善交通管理体系，加强车辆运行受控，综合治理车路隐患，强化全员交通安全意识”为主要内容的运行机制，建立以厂职能部门、基层单位、井区三级为主线的车辆安全监管体系。

建立安全教育体系。通过案例交流、提醒预警、研讨教学、活动熏陶、故障排除相结合的方法定期、不定期对驾驶员进行培训教育，提高驾驶员的操作技能、增强安全行车意识。

（五）牵引激励机制

牵引重在对驾驶员的管理，人的社会性带来了很大的不确定性，牵引机制主要从人性内在激励和约束两个方面进行考虑。

1. 驾驶员的内在激励

由于承包商、驾驶员、油田企业的特殊关系，所以应从情绪管理和福利两个方面进行内在激励，突出人本管理。情绪管理应从管理制度、自主管理、调休制度、工作关系、有效沟通等方面进行管理。福利管理应从节日的礼品发放及日常特殊情况的关照等方面进行。

2. 建立约束考核体系

对驾驶员实行季度绩效考核，根据完成的工作量和工作态度、工作能力、工作业绩等方面进行考核。对承包商进行年度考核及服务质量考核。

（六）应用效果

1. 承包商服务质量明显提高

通过较为完善的系统管理，交通服务承包商的服务质量明显提高，实现了企业、承包商、驾驶员的多赢。

2. 全员参与、自主管理意识明显增强

通过全员参与、自主管理，规范运行和牵引激励机制，加强了管理人员和驾驶员的全员参与、自主管理意识，排除了扯皮现象，提升了管理效率，保证了车辆的安全运行。

3. 安全管理效率显著提升

通过企业与交通服务承包商的双重管理和属地管理的方式，运用多种管理方式和措施，确保了人的行为和物的状态的有效、合理匹配，使车辆安全管理的不确定因素大大降低。

4. 提升了运行管理效率

通过规范车辆布局，调派管理提高运行效率，路单管理明确责任，GPS 动态监控运行等管理，形成了工作主线，有效降低了运行成本，提高了运行效率。

5. 拥有优秀的承包商作为长期合作伙伴

通过科学管理对承包商服务中期进行管理，优留劣汰，和资质完善、实力雄厚的交通服务承包商建立长期合作伙伴关系，实现双赢。

三、启示

（一）创新是解决问题的有效方法

思路决定出路，思想决定行为。只有大胆思维、创新管理方法，才能解决好市场化条件下的车辆安全管理当中存在的诸如特殊环境、利益目标、管理水平、人员等问题，才能更好地建设油田，促进企业科学发展。

（二）直线责任、属地管理是落实安全责任的有效方法

按照直线责任和属地管理原则，形成职能部门具体负责、岗位人员直接负责的直线责任格局，不断线，不掉链。强化属地管理，按照岗位和作业区域划分，明确甲乙双方车辆安全管理职责，不留死角，不出空挡。

通过对采油厂市场化条件下的车辆安全管理的实践，经过分析问题、制定措施、实施改进、完善提高等环节，逐步形成了一个比较适合采油厂现状的市场化条件下车辆安全管理的较为科学、有效的管理模式，也有力地促进了采油厂的快速、安全、清洁发展。

实施“动态风险管理”坚持做好“三个检查”努力提高交通安全管理水平

大庆石化矿区事业部

中国石油大庆石化公司矿区事业部客运中心（以下简称客运中心）现有车辆351辆、通勤线路78条，年行驶里程665万多公里。长期以来，交通安全始终是客运中心的重要工作。为让车辆安全平稳运行，客运中心在行车安全管理工作上不断总结经验，秉承“运行就有风险、违章就是事故、事故是管理的结果”的安全行车理念，通过实施车辆动态风险管理，坚持做好“三个检查”，车辆安全管理水平得到了大幅度提高，实现了良好的安全业绩。

一、实施车辆动态风险管理

运输行业是个特殊的行业，所有车辆设备都是动态的。在道路上运行中，影响车辆安全运行的因素有很多，包括车辆自身、驾驶员、道路状况、路上行人和其他人车辆、天气以及环境等等，这些复杂的情况都会影响到车辆的安全行驶。为此，在安全管理上，针对季节的不同、特殊的路段、特殊的天气编制了风险识别和风险提示。

一是利用数码设备，上路进行录像和拍照，制作成图文并茂的幻灯片在中心网页和会议上进行放映。安全科人员还详细地查看地图，并由专人到每条线路实地考察，统计出地区内的所有路段限速标准，将龙卧地区易发生交通事故的路段汇总为88个风险点（包括各停车路口、学校、商场、火车道口、桥梁等），并用不同的颜色和符号将这些风险点和限速标准绘制成直观性较强的《龙卧地区道路风险识别图》。并将驾驶员行车指导绘制在风险识别图的背面，用简明易懂的语言在背面进行描述，通过制作成大小适中、携带方便的卡片，要求驾驶员要进行认真的学习，掌握各风险点和各路段限速要求。目前已印制300余份下发到每辆车，并摆放在了醒目位置。

二是启动了特殊天气（包括暴雨、冰雪、大雾、大风等天气）安全叮嘱制度。要求安全管理人员特殊天气要提前到岗，对出车驾驶员进行安全叮嘱，提醒驾驶员要减速慢行，规避风险。安全科利用巡逻车每天不定时上路对车辆的运行情况进行随机动态跟踪，利用测速仪和车载GPS检查车辆是否超速，如果发现超速行驶的车辆，驾驶员除了要缴纳执法部门的罚款外，还要在奖金中进行考核。安全部门还配备了测酒仪，对每个队的重点人员要随时监控，防止酒后驾车。通过对重点的天气、重点的路段、重点的人的关注和检查，有效减少了车辆运行中的风险，减少事故发生。

二、坚持做好“三个检查”

客运中心在每天坚持车辆回场检查的基础上，又增加了机关人员跟车上线检查和岗位检查。

坚持车辆回场检查是客运中心一项传统的管理方法。通过这项检查，可以随时掌握车辆运转状况，及时发现并排除安全隐患，杜绝车辆带病上路行驶。2011 年 1 ~4 月，设备科在回场检查中共查出各类问题 710 多项，基本整改完毕。

机关科室跟车上线，是客运中心领导为了增强科室对中心所有运行车辆和运行路线的了解，提高安全和生产科室以外人员的安全管理意识，提出的一项新的管理模式。要求机关科室利用跟车上线深入到生产第一线，要对所检查的车辆从不同的角度及时地发现问题，将每周检查出的问题在中心安全例会上进行讲评，在每月的奖金考评中给出考核意见。

机关科室进行岗位检查，是有效提高机关和基层管理人员管理水平、规范管理模式的又一有效措施。通过每个月的岗检工作，对日常安全、服务检查不到的死角进行规范，创造良好的管理氛围。2011 年进行的两次岗检共查出问题 70 多项，有的问题就地及时进行了整改，有的问题进行了严肃的考核。岗检工作的开展，对促进管理人员的管理水平有所提高，对减少交通事故的发生起到了积极的促进作用。

通过这两项管理措施的实施，不但使驾驶员对运行风险入脑入心，从“要我安全”转变成“我要安全”，也提高了各级管理人员的管理水平和管理理念，使“人”这个安全的基本载体更加具有安全风险意识。2010 年至今未发生一起重大交通事故，轻微事故也得到了良好控制，获得了“大庆石化公司安全生产先进单位”称号。

适应形势需要　改进训练方法
努力提高队伍灭火救援保障能力

辽阳石化消防支队

中国石油辽阳石化公司消防支队（以下简称支队）始建于1975年，队伍先后历经现役、公安和企业等管理体制的转变。几年来，支队针对企业生产规模的不断扩大，面对消防保卫任务更加繁重的实际，认真总结历年积累的训练工作的成功经验和存在不足，不断改进训练方法，促进了队伍灭火救援保障能力的提高。支队连续5年被辽宁省消防总队评为岗位练兵先进单位，在中国石油天然气集团公司（以下简称集团公司）2009年职业技能大赛中获得团体总分第一名，并较好地完成了企业和社会的灭火救援任务。

一、打牢基础，合理组训，努力提高指战员基本技能

良好的身体素质和业务技能是消防指战员完成灭火战斗任务的基本条件。近年来，支队按照集团公司业务训练《大纲》的要求，结合支队的实际情况，采取了一些措施和办法，使支队指战员的基本技能有所提高。

（一）基础为先，着眼发展

支队消防员全部采用的是五年轮换制的社会化用工，普遍存在着文化水平偏低，吃苦精神不强的问题，个别的还存在短期雇佣、不求上进的思想，给练兵工作带来了一定的困难，也给提高队伍战斗力提出了严肃的课题。为此，支队从新队员入队开始，注重抓好基础培训，把住第一关，努力在培养信得过、留得住、用得上的合格消防员上下功夫。

支队重点抓了“岗前”和“岗中”培训及“试用期”的考核。一是“岗前”培训，重在转变。新消防员入队后，按照新训大纲内容，集中强化培训不少于45天。针对当今年轻人思想现状，首先从树立正确的世界观、人生观、价值观入手，培养他们热爱企业，热爱消防的集体主义观念，尽快缩短社会青年与队伍准军事化管理之间的距离。要达到的基本标准是：整齐的队列动作，规范的言谈举止，正确的行为准则，整洁的着装仪表，正常的工作秩序，严格的纪律作风。二是“岗中”培训，重在技能。为尽快适应执勤战备需要，支队及时制定新消防员岗中训练计划和方案，合理安排训练科目，采取以老带新为主的训练方法，促进新老结合。及时开展“一带一、一帮一”带兵活动。经过4个月的应急训练，基本达到懂战备执勤规定、能迅速着装登车出动、会铺设水带线路设置阵地、熟练使用各种器材装备的标准。三是严格“试用期”的考核，重在筛选。新消防员入队满6个月，按照标准从身体素质、纪律作风、遵章守纪、业务技能四个方面进行验收，对确实不适应工作需要的延长试用期或不予签订劳动合同。

（二）合理组训，保证效果

新老队员经常性的体能、技能训练，是不断提升队伍战斗力的必要手段。过去，在训练组织上缺乏合理的安排，不能有效地调动参训人员的积极性，消防员普遍产生枯燥乏味、疲劳厌倦的情绪。意志不强者，提前解除了合同，在一定程度上降低了训练质量，也造成战斗减员。对此，支队共同探索建立练兵的新模式，采取积极措施，保证练兵工作的有效性。一是合理优化技能和体能训练科目，重点科目重点练。对一些与实战有密切关联的科目，如翻越障碍、车操及编成、各种铺设水带方法、救生自救、破拆、防护、装备器材的使用等熟练掌握。对一些与实战关联不大的科目也及时调整，要求会操作即可。体能训练主要以耐力、爆发力、协调性训练为主，设置了长跑、短跑、负重跑、器械等项目，穿插适合年轻人兴趣的体育运动项目。二是灵活分配训练时间，不搞疲劳战术，不层层加码，不急于求成，循序渐进。冬季天气寒冷时，一般安排室内的体能健身及室外长跑科目；夏天炎热季节，充分利用早晨和晚上凉爽时间安排技能科目；春秋两季重点是现场的演练和战术编成训练，等等。分别采取室外与室内、体能与健身、技能与战术相结合的训练方法，提高练兵工作的质量。

（三）考评创优，激发练兵热情

坚持业务训练的量化考评、达标创优是检验训练效果，推动和促进练兵工作的有效手段。结合社会化用工的实际，适时开展了考评和达标创优活动，激发练兵热情，调动全员练兵积极性。一是开展量化考评工作，达到“边测试、边纠正、边提高”的目的。支队结合年度训练计划，把考评分成年度考评、季度考评和月考评三级。根据年度和阶段性工作重点，支队负责全年和季度考评，大队负责月考评。确保平时训练不漏项、不漏训、不漏人。二是及时开展全员达标创优活动，鼓励先进，督促后进。一方面把奖励作为推进训练的“润滑剂”。对训练成绩突出的给以物质奖励为主，精神奖励并重。另一方面，把处罚作为促进训练的“量化尺”。对训练主观上不积极、成绩始终落后的，适当与工资奖金挂钩进行约束，改变“练好练坏一个样、练多练少差不多、练高练低没区别”的局面。

二、开展研讨，注重演练，努力提高队伍的实战能力

队伍整合以后，针对生产装置现场的日练、夜练、装备的应用训练以及战术研讨进行深入思考。改进训练方法必须结合灭火救援任务来选题，必须符合灭火救援工作的发展规律，力求拉动操场训练向装置现场演练上转移，主动适应公司安全生产及发展需要。

（一）坚持“每周演练”制度练战术

建立每周的日、夜演练制度，是拉动操场训练向现场演练转移的有效途径。从 2008 年开始，支队一直坚持日练和夜练制度，根据支队的实际情况，主动与各分厂沟通协调，为演练提供平台。支队合理分配每个大队的周日练、夜练时间，保证每个大队日练时间不少于两小时，夜练不少于一小时。为检验演练的成果，支队还及时组织现场演练和“想定作业”考核。从去年开始，支队临时选一套生产装置，一个液态烃罐区，一个油品罐区作为指战员战术考核现场，据不同情况，分别组织一次基层指挥员“想定作业”演练考核。为了体现考核的公平和公正性，支队制定了《指挥员想定作业（模拟实战演练）考核标准》，严格考核程序。在事先不通知的情况下，从报假火警开始，以装置的某个部位为假设火点，设置模

拟情况，假仗真打，练指挥员的反应、处置、应用装备摆兵布阵能力，练战斗员与指挥员的协调配合能力。

（二）坚持“人装”对接练合成

支队就如何确保消防员熟练掌握和使用先进的装备，确保火场上真正发挥作用，采取了一些积极措施。首先是针对支队社会化用工消防员轮换频繁的特点，及时开展了“用装备、练装备、管装备、爱装备”活动，以活动为载体练合成。及时培养后续骨干，确保战斗力实力不减。在装置现场演练中，组织大家结合现场练操作，既练停车站位，又练实际举升操作，既练进攻路线，又练操炮的距离和角度，既练常规操作，又练应急处置，等等。其次是适时开展了“学规程、用规程”岗位竞赛，按照“掌握自己、了解他人、熟悉全队”的基本要求，从战时需要出发，使消防员努力达到“一员多能”的全面选手，实现人与装备的最佳组合。逐步改变了过去“不敢练、怕练坏、只知其一不知其二”的传统做法，切实提高指战员对器材装备的熟练使用水平。

（三）坚持专题研讨提水平

业务理论学习与专题研讨，必须与技术战术相结合，同步谋划，推动业务理论研讨与技术战术并驾齐驱。石油化工装置的灭火救援，具备良好的技能素质固然重要，掌握一定的理论知识和战术战法更重要。支队结合农民轮换工文化水平偏低不愿学、个别指挥员重经验轻研讨、重体能轻理论的实际，采取“不断探索、逐渐深入”等措施，努力在战术研讨、工艺学习上下功夫。首先是发动支队业务骨干“小教员”的作用，尽其所能，开展专题研讨。充分利用业务训练的淡季，以研讨和讲课等方法，支队、基层两级指挥员认真备课，从讲战例入手，传授灭火救援经验，从讲战术开始，研究组织与指挥。其次是深入装置现场学，有组织的安排到现场熟悉装置的主要设备结构、工艺流程、固定半固定消防设施以及消防通道等。在新装置开车前，为配合制定灭火预案，还邀请装置工艺和设备工程师给全队指战员上工艺设备课，使指战员及时了解和掌握新装置的基本工艺、灭火措施、注意事项，让指战员心中有数。

三、严格制度，树立典型，努力促进业务训练健康发展

努力抓好业务训练工作，不断提高队伍战斗力，是一项长期性的任务，不可能一蹴而就，必须牢固树立“综合保障、不断改进”的理念。为此，积极采取落实训练制度、培养优秀人才、领导引领示范等措施促进练兵工作不断深入。

（一）落实训练制度

支队十分重视训练制度化管理，明确各部门相关职责，调动各方面积极因素，落实训练指标，努力实现业务训练工作制度化、规范化、常态化。一是针对用工体制反复修改和完善了业务训练考核制度。在制度的规范下，训练工作有计划，有方案，有措施。从时间进度、科目下达、训练器材配备到考核结果运用等方面都有明确要求，使训练工作有章可循、一视同仁。二是研究落实训练计划。支队专门成立了由分管领导挂帅的训练领导小组，定期对训练时间进度、质量进行分析研判，及时召开专题会、现场会，广泛征求基层意见，解决训练中的物资保障、方式方法、安全防范等问题，保证练兵工作顺利进行。

（二）培养优秀人才

业务训练上的骨干往往也是火场上的尖兵。支队积极鼓励优秀人才建功立业，把获得集团公司级竞赛名次的社会化消防员提拔为基层大队执勤队长，使之发挥更大的作用。支队在取得公司劳资培训部门的支持下，以公司的名义开展全员的竞赛比武活动。选拔尖子，树立标杆，对训练成绩优异的，报公司批准授予公司级“技术能手”、“训练标兵”荣誉称号，在奖金待遇和休假上给予一定的奖励。除给予大力表奖外，还在年终评比、入党、选班长、培养驾驶员等方面给予优先安排。支队还充分利用各种媒体大力弘扬练兵典型事迹，用典型引路，调动全员的练兵热情。

（三）领导引领示范

火车跑得快，全靠车头带。支队积极发挥支队、大队两级班子的引领示范作用，领导干部不但组织练兵，还要身先士卒。领导亲自带头参加战术研讨和讲课，亲自组织大型联合灭战演练，经常深入训练场指导训练，以自身良好的形象、正规的管理、过硬的业务本领影响和带动队伍，营造和谐的内部关系。支队班子成员常年坚持中午出操制度，基层大队领导常年坚持深入训练场、跟班指导训练，真正形成了一级做给一级看、一级带着一级干的局面，为消防员做出榜样和表率。

应用“四位一体”技术成果
努力提升道路运输 HSE 管控水平

川庆钻探长庆指挥部

道路运输安全是石油勘探开发和工程技术服务企业安全生产工作的重点和难点，中国石油川庆钻探工程公司（以下简称川庆钻探）长庆指挥部充分调研长庆区域道路运输安全管理现状，认真分析以往发生的事故，系统思考，提出了从技术角度出发、坚持积极安全、系统安全的管控思想，以超前预防和过程控制为主，紧扣人、车、交通环境三要素，开展“四位一体”（四位指驾驶员综合能力检测评估、车辆安全技术性能检测、道路交通环境风险评价、GPS 车辆监控及风险预警）道路运输安全技术研究与应用，提升了道路运输安全风险管控水平。

一、应用驾驶员综合能力评估系统，提升核心要素管控能力

驾驶员综合能力检测评估由驾驶适应性检测、能力考核、评估和针对性复训四部分组成。

在充分了解国内外最新道路运输安全技术基础上，引进了“驾驶适应性检测系统”，结合企业实际，开发出了驾驶员综合能力考核、综合能力评估、综合能力复训 3 个子系统，形成了以检测、考核、评估、针对性复训为一体的驾驶员综合能力检测评估系统。

为保证驾驶员综合能力检测评估有效实施，制定了《机动车驾驶员综合能力检测评估系统实施办法（暂行）》和《机动车驾驶员综合能力检测评估标准》，并在运输总公司驾驶培训学校成立了综合能力检测中心负责此项业务。

通过评估，将驾驶员分为三类（A 类：具有数项缺陷且无法治疗或纠正，不适应从事机动车驾驶；B 类：具有数项缺陷，治疗或专项强化训练可纠正；C 类：各项生理、心理、能力、个性特征均符合相关指标），重点对 B 类和 C 类驾驶员进行针对性科目复训，纠正缺陷。目前已检测评估川庆钻探长庆区域各单位及长庆油田机动车驾驶员 3497 人，筛选出 A 类驾驶员 111 名（解聘 89 名，调换岗位 22 名）、B 类驾驶员 83 名（举办针对性复训 5 期，经复检全部成为 C 类驾驶员），有效预防了事故。

二、应用技术性能检测系统，提升车辆安全快速检测能力

车辆安全技术性能检测由便携式车辆安全技术性能检测仪器和汽车安全检测软件两部分组成。

便携式车辆安全技术性能检测仪器不同于常规的、全面的车辆技术性能检测，它直接影

响行车安全的转向、制动、传动及灯光等部位，确保机动车行驶过程中不会因为故障或潜在故障导致驾驶人无法操控机动车而发生事故，能够适应川庆钻探生产跨度大、非固定、时效要求紧的生产特点。便携式仪器设备检测与人工检查相结合，可以实现对车辆安全技术性能快速检测，达到 15 分钟/台。便携式检测仪器与汽车安全检测软件配套应用，可以实现对检测数据进行自动采集、集成量化，通过积累的数据实现专家故障分析的功能，并可以快速、准确分析与评估判定车辆安全技术性能现状，并将其作为车辆修理保养和排除故障的重要依据，避免了日常车辆安全技术性能检查准确程度不高、车辆的安全隐患未能彻底消除的缺陷。

2010 年，便携式检测仪器在汽车修理厂开始试点运行，并与高校合作，搭建了以庆阳为中心，辐射西安、靖边、陕北、宁定、陇东、乌审旗等主要工作区域的车辆安全检测网络，实现了现场检测，远程分析统计处理。在陇东区域先后对斯太尔卡车、东风卡车、奔驰卡车、加藤吊车、徐工吊车等多种品牌在用车型 160 余台进行测试，查出故障问题 38 项，其中制动 6 项、传动 9 项、转向 5 项、灯光 18 项，解决了以往人工检查不能发现的内部缺陷，有效提升了车辆本质安全。

三、应用风险评价预警系统，提升道路环境风险管控能力

道路交通环境风险评价由道路交通环境风险评价标准、道路交通环境风险因素数据采集模型和道路交通环境风险因素数据库三部分组成。

2010 年，通过交通环境风险评价小组对陕、甘、宁、蒙四省区主要干道 21 条和油田支线 120 条进行数据采集，采集数据包括 5 大项 72 子项，共采集信息 15120 条，这些数据由专业人员评估、制定针对性削减措施，建立道路交通环境风险因素数据库。驾驶员执行任务前，由车队根据行驶路线，从数据库中提取改路线道路交通环境风险清单，对驾驶员进行安全教育告知。行车中，通过 GPS 语音播报提示，落实驾驶员执行情况，有效控制了行车过程中的风险。

四、应用 GPS 监控管理系统，提升车辆动态过程监管能力

GPS 车载终端预警是指当有车辆驶入危险地点限定范围后，系统发出危险提示，为道路行驶安全提供了一种技术解决手段。危险点是指经过评估，具有重大行车风险的道路上的某一个点、路段和区域。

GPS 车辆监控已经是很普遍的一种道路运输安全管理手段，但是仅仅停留在车辆定位、行驶速度、行驶路线、连续行驶时间等功能应用上显然远远不够。为此，公司与科研机构开展合作，研究如何利用 GPS 将道路交通环境风险评价的内容在车辆行驶过程中通过 GPS 实时告知驾驶员，做到交通环境、风险点源、风险信息与驾驶人互动，帮助驾驶人规避风险的目的。

作业前，由道路勘察人员利用采集样机完成数据采集，交由信息管理人员，形成危险点数据库。驾驶员执行任务前，由调度员将采集的数据存储到 GPS 车载终端的 SD 卡中，在车辆行驶到危险点时，自动语音播放道路勘察时所预设的预警提示信息，报警时间不受 GPS 信号和 GMS 信号影响，准确率高。

同时，将采集的GIS信息数据形成数据文件，经过数据编辑处理，进行危险信息的入库，加载到GPS车辆监控系统软件中，显示在地图上，可与车辆传来的位置信息进行比较。当车辆的位置进入危险点、危险路段、危险范围的直线距离小于设定的距离时，监控人员可在地图上进行重点监控，落实驾驶员是否按规定减速行驶，也可向车辆发出危险提示信息，实时提醒驾驶员预防事故。

五、应用成效

应用“四位一体”技术成果，使交通安全管理三大要素——驾驶员、车辆、交通环境由被动性的风险管理向主动性的技术预防管理转变，把交通安全管理工作重心前移，突出预防性管理，变被动、滞后为超前预防、全过程控制管理，把安全风险降低至可接受的程度。系统提升了企业交通运输HSE风险管控水平，全面提高了企业HSE业绩。主要体现在以下几方面：

（1）建立驾驶员综合能力检测评估模式，为驾驶员能力评价提供了量化标准和定性依据，使驾驶员准入与淘汰机制更为科学化、系统化。

（2）建立车辆系统化的安全技术性能检测评价和日常回场检查系统，解决了由于车辆流动性强、作业分散造成的系统检查缺陷、日常回场检查落实不到位、靠人工凭经验检查缺乏科学手段等问题。

（3）通过对交通环境进行风险评价，建立数据库，为运输车队实施风险管理决策提供依据，为驾驶员安全行车提供风险规避指南。

（4）通过GPS车辆监控系统，实现道路运输作业全过程监控和风险实时预警控制，合理规避道路运输安全风险。

发挥区域联防资源优势
促进消防能力共同提高

中国石油第四消防联防区

自2007年建立消防区域联防体系以来，由兰州石化、长庆油田等7家单位组成的第四消防联防区（以下简称第四联防区）各成员单位充分发挥区域消防资源优势，完善区域联防工作机制，全面加强消防队伍专业化建设，履行“防、消、救”职责，始终保持“积极、主动、通畅、有效”的运行状态。消防区域联防工作稳步推进，构筑了快速、有效、稳固的消防联防体系，为联防区各单位生产建设的顺利进行提供了强有力的消防安全保障。

一、完善体制机制，夯实区域联防工作基础

在组织机构上，成立了第四联防区工作协调组。组长由各成员单位主管领导轮流担任，4年间多次参加联防区工作会议，组织、指导联防区工作，解决工作中遇到的困难和问题。各成员单位消防支队长及所属消防大队负责人积极参与，对第四联防区工作提出建设性意见和建议，认真负责地抓好各项工作的安排部署和组织落实，切实履行了联防工作职责。

在运行机制上，建立了区域联防长效工作机制。按照区域联防工作制度，第四联防区每年至少组织举行3次联防工作例会，研究安排、总结阶段性及全年工作，组织开展预案评审、会签及演练以及典型灭火抢险救援案例及业务交流等。截至目前，第四联防区已召开联防工作例会10次，保证了区域联防工作的持续深入开展。

在联防协作上，构建了内部联防与区域联防整体联动体系。在内部联防方面，加强了与各成员单位生产调度、消防指挥中心、专职消防队伍、员工应急救援队伍的整体互动，使单位内部联防与区域联防有机结合起来。在区域联防方面，建立了联防区各成员单位间的应急联络体系，制作了统一规范的区域联防请求增援函，时刻保持通畅的信息联系，一旦发生险情需要增援时，能够快速联络和出动集结，形成了快速、有效的联防协作运行机制。

由于各级领导对消防区域联防工作的重视，认识统一，精心组织，第四联防区工作始终保持“积极、主动、通畅、有效”的运行状态，影响力越来越大，作用越来越明显。

二、发挥资源优势，构筑消防区域联防体系

第四联防区各成员单位相距较远，区域消防重点部位多，联防范围大、任务重、难度大，第四联防区把发挥区域消防资源优势作为夯实区域联防工作的基础，对各成员单位消防资源进行了有效的组织与利用，实现了资源共享。

一是加强了联防资源的合理配置。兰州石化公司将新引进的涡喷消防车、56米高喷车

编入联防战斗编程，提升了高大装置、构筑物的灭火能力；长庆油田公司建立了以6个消防大队为依托的区域应急救援中心及应急中心库，配备了新型火警受理台，组建了油气井灭火消防特勤中队，提高了消防队接处警快速反应能力；宁夏石化公司、西南油气田公司、庆阳石化公司等成员单位从实战需要出发，分别为消防队补充了便携式液压多功能钳、动力锯、空呼器、避火服等抢险、防护器材，消防队伍装备配备、区域联防救援能力进一步增强。

二是完善了联防基础工作建设。各成员单位分别完成了增援路线勘测、消防水源普查等工作，建立了相关基础资料，为区域联防提供了有效的技术支撑。兰州石化公司消防支队负责完成了联防区主战、增援单位职责，联防区调动、指挥及增援程序，增援预案编制范本、联防增援出动请求函等编制工作；长庆油田公司消防支队负责编制了联防区火场通信指挥旗语，解决了联合作战中现场指令有效传递问题；宁夏石化公司投资20多万元研制开发了联防区电子地图软件。这些资源的建立与共享，为区域联防提供了有效的技术支撑。

三是建立了联防区增援力量备案制度。各成员单位结合本单位消防队伍执勤实力，分别完成了可出动增援消防车辆实力、联防物资、器材等统计工作，增援消防车辆具体到车型、装载量、泵流量、乘员数等基本情况，联防物资、器材标明名称、型号、数量、存放点和联系人，一并报组长单位发各成员单位备案，作为请求增援的参考和预案编制的依据。目前，第四联防区各成员单位可增援消防车辆46台，联防物资、器材6大类3000余件，做到了增援力量底数清、情况明，一旦发生险情，能够快速反应，及时出动。

三、开展增援预案演练，提高联合作战能力

建立实用性、可操作性强的联防增援预案，大力组织开展预案演练，是区域联防取得实效的重要保证，也是第四联防区提高联合作战能力的重要手段。

一是加强了重点单（部）位联防增援预案建设。各成员单位结合实际，选定需要纳入区域联防的重点单（部）位并建立增援预案，提交联防区会议评审、会签，通过后发各成员单位并报中国石油天然气集团公司（以下简称集团公司）安全环保部消防处备案。为规范增援预案编制，联防区反复研究，确定了统一的联防增援预案范本，供各成员单位参照执行。所确定的联防增援预案涵盖了重点单（部）位基本概况、责任区消防力量分布、责任区外部消防力量分布、增援程序、增援接应、灭火战术实施、增援队伍回撤等方面，可操作性较强。建立了多批次的增援力量保障，即根据火场情况，按照由近及远的原则，采取第一、第二、第三增援力量分批出动的方式进行增援。第四联防区各次会议都要对各成员单位新建、修订的联防增援预案进行评审、会签，既利于各成员单位对重点单（部）位、增援路线、力量部署、技战术运用等基本情况的熟悉，又促进了预案编制水平的交流与提高。目前，第四联防区已评审、会签7个成员单位联防增援预案15个，做到了重点突出、覆盖全面。

二是大力开展增援预案演练活动。按照“平战结合”的原则，针对联防单位区域跨度大、石油石化装置工艺各异的特点，以及重大活动、敏感时期消防保卫工作的要求，第四联防区采取桌面推演和实战演练的方式，有计划、有重点地选择重点单（部）位开展针对性演练，有效促进了联防区应急处置、协同作战、防控能力的提高。

2008年8月5日，第四联防区第一次联防实战演练在庆阳石化公司进行，针对400米^3

液化气储罐火灾分别启动了车间级、公司级应急预案及第四联防区跨地区增援预案，5 个成员单位的 65 名指战员及 10 台消防车参演。中国石油天然气股份公司炼油与化工公司、甘肃省安监局、庆阳市委、市政府及各成员单位有关领导到场观摩，并对演练给予充分肯定。2009 年 9 月 20 日，第四联防区国庆安保暨跨地区增援大型联合实战演练在兰成渝输油分公司兰州首站举行。演练以假设 20000 米^3 内浮顶汽油罐发生火灾为目标，分别进行了增援车辆摆位、战术部署和员工抢险自救、兰州石化公司消防支队灭火救援、第四联防区联合增援 3 个阶段各项科目的演练，演练取得圆满成功。2010 年 10 月 19 日，第四联防区与中国人民解放军驻银川某部队和兰州、成都、北京军区跨战区合成作战导演部联合举行了以部队油库遭恐怖分子破坏着火为情景的大型消防联合实战演练，演练分火灾初期扑救及控制恐怖分子、军企联动、第四联防区跨区域增援 3 个阶段进行。军区首长代表和“兰、成、北作战导演部”及第四联防区各成员单位领导到场观摩。

四、加强专业化队伍建设，提升战斗素质和技能水平

第四联防区把消防区域联防工作与消防队达标创优活动紧密结合起来，作为联防区和各成员单位消防队业务工作的一项重要内容，纳入本单位业务工作考核范畴。消防区域联防工作与达标建设相互促进，同步发展，消防队伍装备配备显著提升，队伍专业化建设不断加强，营区配套设施大为改观，消防指战员工作、生活条件明显改善，执勤战斗力持续增强，为区域联防提供了坚实的力量保障。长庆油田公司获得集团公司“专职消防队基层建设达标创优活动标杆单位”称号，宁夏石化公司消防支队被评为宁夏回族自治区、银川市“消防岗位练兵先进单位”。

第四联防区各成员单位认真执行“练为战”的指导思想，采取岗位大练兵、技能比武等方式，广泛组织开展全员消防技能训练，提高了消防指战员业务素质和队伍灭火救援技战术水平。通过参赛锻炼了队伍，增进了交流，展示了中国石油消防队伍顽强的战斗作风和高超的技能水平。2009 年，集团公司安全环保部消防处组织进行了“中石油消防员职业技能竞赛”，第四联防区及各成员单位精心组织，广泛动员，组织进行了多种形式的集中训练，选拔优秀选手分别组队参赛，26 名参赛选手（除青海、玉门油田）奋勇拼搏，获得铜牌 4 个、优秀选手奖 6 人、优秀组织奖 2 个。赛后第四联防区进行了总结，达到了切磋技术、共同提高的目的。

2010 年，按照公安部消防局《打造消防铁军三年规划》，各省（区）分别举办了打造消防铁军消防技能比武大赛。第四联防区及各成员单位科学施训，以高昂的斗志和饱满的精神状态投入训练和比赛，各赛区摘金夺银，捷报频传。长庆油田公司消防支队所属消防大（中）队分布陕、甘、宁、蒙四省（区），支队按照统一协调、分别集训、各自参加的原则，从 5 个消防大（中）队抽调选手组成 3 个集训队，在陕、甘、宁三省（区）消防技能比武大赛中，囊括 3 个赛区团体总分第一名、13 个单项第一名、8 个第二名和 4 个第三名；西南油气田公司消防支队组织所属 2 个消防大队分别代表四川省绵阳市和遂宁市参加四川省天府消防铁军比武大赛，分获团体第二名和第三名、3 个单项第一名；宁夏石化公司消防支队在“宁夏消防回乡铁军比武竞赛”中，取得团体第二名和 2 个单项第二名、3 个第三名，受到了自治区消防总队的表彰；玉门油田公司消防支队集训队员发扬“流血流汗不流泪，掉皮

掉肉不掉队”的铁军精神，刻苦训练，在众多参赛队中争得多个奖项；青海油田公司消防支队大力开展基本功训练，抓器材装备熟悉环节，在青海省高原铁军竞赛中夺得 1 金、2 银、2 铜的好成绩，总分列居全省企业专职队伍第一名。

五、开展典型案例分析交流，提高现场应急处置水平

开展典型火灾案例分析交流是第四联防区各次联防会议必不可少的一项内容，其目的就是促进成员单位对石油石化不同类型火灾扑救和抢险救援实战经验的相互学习、相互借鉴、相互交流，提高联防区现场应急处置水平。

各成员单位对本单位或国内外石油石化行业发生的典型火灾案例进行认真总结、剖析，制作成多媒体在会议上进行交流。4 年来，第四联防区已累计交流火灾案例 21 起。特别是大连石化“7 · 16”、兰州石化“1 · 07”特大火灾事故发生后，联防区还组织进行了专门研讨，有的成员单位还组织人员赴现场交流灭火救援经验。西南油气田公司消防支队、兰州石化分公司消防支队还将参加汶川地震抢险救援经验在联防会上进行了介绍，实现了经验共享。

通过几年来消防区域联防建设和战备工作的开展，在工作中形成了几点体会：一是各级领导的重视和大力支持是做好消防区域联防工作的有力保障。二是建立和完善良好的联防工作机制是保障消防区域联防持续运行的关键。三是加强消防队伍专业化建设是保证消防区域联防作用有效发挥的基础。四是大力组织开展联防预案演练是提升联合灭火救援能力和增进协作配合的重要手段。五是各成员单位切实履行联防职责是牢固区域联防体系的基本要求。

第四联防区 4 年来的工作实践证明，实施消防区域联防是发挥区域消防资源优势、加强区域灭火救援保障能力、增进各地区公司消防队业务交流、确保联防区消防安全的成功举措。

运用信息网络技术
提高交通安全风险监管能力

运输公司

中国石油天然气运输公司（以下简称运输公司或公司）主要为中国石油天然气集团公司（以下简称集团公司）的113家油田、炼化、销售、管道、燃气等企业提供专业化运输和其他综合配套服务。现有员工35000人，各种车辆20000台，下设64个生产经营和后勤服务单位；在全国31个省、市、自治区设立了分公司，在481个城市设立了配送中心（车队）；在尼日尔、利比亚、阿联酋、乍得、缅甸等国设立了项目部，在土库曼斯坦和哈萨克斯坦设立了分公司。运输公司是“中国百强道路运输企业”前3强和“中国物流百强企业”第4名，被评为国家5A级运输物流企业。

近年来，公司在全力推进跨越式发展的同时，始终把安全环保工作放在首位。针对点多、线长、面广、流动性大的实际，将现代信息网络技术与安全环保管理紧密结合，投入上亿元资金，搭建了以车辆GPS监控和可视化调度指挥系统为主的全国信息化管理平台，建成了“连成线、盖住片、全天候、全覆盖”的信息服务网络，用信息化手段强化交通安全管理，确保车辆运行全面受控。

一、打造“三位合一”信息平台，形成高效的管控网络

为了有效控制交通安全风险，公司全面打造了车辆GPS监控系统、生产调度指挥系统和远程视频监控系统“三位合一”的信息网络平台，工作效率大幅提高，管控能力持续增强。

（1）建成了车辆GPS监控系统。公司在总结60年来危险品运输管理和10年来GPS卫星定位监控经验的基础上，自主研发了“宝石花”车辆GPS监控平台。该平台利用传感器、信息资讯、卫星定位、无线传输等技术，配合专业的GIS电子地图，及时获取“人、车、货、路、天气”的安全五要素信息，具有定位监控、语音导航、里程统计、分段限速、线路偏离报警、违规停靠报警、各类报表汇总等功能，监控面覆盖危险品车辆运行的全过程。同时，为了更好地规范和控制驾驶员的驾车行为，积极配合销售企业实施精细化管理，采用现代信息技术，安装了车载移动视频监控系统，实现了“零距离”管控的目标。目前，“宝石花”车辆监控平台被交通部指定为中国石油唯一并网平台，并与交通部全国物联网无缝对接，形成了具有公司特色的信息监控平台，是国内功能最全、容量最大、稳定性最高、覆盖面最广的监控指挥系统。

（2）建成了生产调度指挥系统。建成了北京、乌鲁木齐2个生产调度指挥中心和47个

运输主业单位的可视化调度指挥系统及覆盖全国481个地市级配送中心（车队）的视频、软视频生产调度指挥系统，实现了两级生产调度部门的实时音视频交流和安全生产指令传达，提高了车辆运行的指挥和管控能力。

（3）建成了远程监控系统。在423个基层配送中心（车队）的调度室和停车场，安装使用了远程视频监控系统，对各级生产管理人员的管理行为及车辆归场、停放情况进行重点监控，安全管控手段更加有力。

二、加强“三项”基础建设，提升管控保障能力

做好安全风险管控工作，建立机制是前提，健全体系是根本，完善制度是保证。为此，公司加强基础建设，狠抓工作落实。

（1）建立管控机制。公司高度重视信息化工作，将信息化建设纳入“16336”发展战略。在总部机关成立了信息管理处，全面负责信息化工作的管理、指导、协调和服务工作；在各二级单位成立了信息管理科；在基层配送中心（车队）配备了1~2名专兼职信息员，信息化人员达600多人。形成了公司、二级单位和基层配送中心（车队）的垂直管理体系。成立了信息网络公司和物流信息技术研究院，组建了近百人的技术支持队伍，实施了信息管理处、机关部门、基层单位、信息网络公司“四位一体”的管理模式。建成了覆盖全国及各基层单位的视频会议系统，每半月召开一次专业系统的生产安全例会，每月召开一次全国性的生产安全例会，每季度召开一次全公司的生产安全总结会议。同时，还通过视频会议系统，将集团公司安全环保视频会议信号同步转发，确保集团公司的指令在第一时间传达到基层。

（2）健全管控体系。为了对遍布全国的20000台运输车辆进行全天候、全过程的实时跟踪监控，公司建立了总调度室、二级单位、配送中心（车队）三级监控管理体系。在北京和乌鲁木齐设立了2个GPS总监控室，配备专职监控员17人；在运输主业单位设立了47个监控中心，按照人车比1∶50配备专职监控员；在基层配送中心（车队）设立了423个监控室，按照人车比1∶25配备监控员。目前，全公司的专兼职监控员已达695人。按照“分级管理、各负其责，有效监控、全面覆盖”的原则，明确各级监控员履行的“班点名、包监控、晚控制、勤提示、严纠错、细统计、精分析、善指导”的工作职责，制定了严格的监控管理指标。详细界定了各级管理体系的监控内容，总调度室负责对特殊天气、地区、任务、重大活动和夜间运行车辆进行重点抽查，二级单位对特殊线路和路段进行重点监控，基层配送中心、车队对运行车辆的状态进行全方位的实时动态监控。

（3）完善管控制度。为了全面落实监控管理工作，根据各级监控管理职责，制定了监控管理量化考核标准，对监控原始记录、夜间车辆管理、监控设备维护和监控操作规范做了具体规定，并制定了各级监控管理主体及调度员、监控员、驾驶员等相关责任人的考核办法。公司总调度室负责对各二级单位监控管理和指标完成情况进行考核，各二级单位负责对基层配送中心、车队监控管理实施情况进行考核，考核结果直接与二级单位的年终评比、单位班子成员的业绩兑现、各级监控人员的奖金挂钩，并每月进行一次考核通报，确保各级监控管理责任落实到位。

三、狠抓“三个环节”动态管理，实现过程管控目标

通过“三位合一”的信息网络平台，对车辆出车前、行车中、收车后三个重点环节进行有效的动态管控，最大限度地控制和防范车辆运行风险。

（1）出车前的风险预防。全面推行了“三规一限”运行管理（规定线路、规定时间、规定停车地点，分段限速）。公司组织人员对30000多条运输线路进行实地勘察，准确记录交通环境特点，结合各省区不同情况与实际监控需求，对白天、夜间、大车、小车、国道、省道、高速及普通道路进行不同的限速规定，制作了警示图。当班调度在安排驾驶员出车前，对车辆行驶线路的风险控制点进行重点交代，严格按照“三规一限”规范运行，超前做好风险预防和控制。

（2）行车中的动态监控。通过监控平台及时向运行车辆发送调度、安全警示、天气变化、道路通行等提示信息，对照“三规一限”警示图进行实时监控，并对行驶过程中出现的超速行驶、偏离规定路线、未按时到达目的地、乱停乱放等违章行为进行实时监控、提醒和警示，查明原因后按规定进行处理。同时，充分发挥车载移动视频监控系统的作用，通过安装在危险品运输车辆上的4个防爆视频摄像头对驾驶员的操作行为、驾驶室前方10米以内道路情况、罐体的装油口和卸油口、车辆油箱进行监控和录像，有效杜绝了驾驶员驾车不系安全带、接打电话、抽烟等违章行为及各类不安全行为。如遇突发事件，录像内容可作为有效证据，并用于事件的原因分析。目前，车载移动视频监控系统已安装到698台危险品运输车辆，实施工作稳步推进，全力保障车辆运行安全，有效控制运输过程中的数质量问题，确保只有“规定动作”，杜绝“自选动作”。

（3）收车后的过程排查与应急。通过监控平台的轨迹回放功能，基层配送中心、车队的监控员对每台车的运行过程进行跟踪回放，对未及时发现的违章行为按规定进行处理。根据地理信息提供的固定停车位对归场车辆进行点名，使用系统围栏功能对归场车辆进行管理，避免车辆被盗或私自出车。同时，研发了应急抢险指挥系统，在自主设计的应急抢险车上安装了通信终端，遇有突发事件，应急抢险车根据指令第一时间赶赴现场，通过终端设备将前方的音视频画面传送至应急指挥中心的大屏幕，实现空间、地域的跨越，为科学合理地处置突发事件提供实况信息，并可将应急指令一线直达。目前，应急抢险车已配备了32台，应急抢险指挥系统已进入试点运行阶段，总结经验、持续改进、全面推广，进一步提高公司应对和处置突发事件的能力。

近年来，运输公司充分利用信息网络技术，在交通风险管控方面进行了一些有益的探索和积极的尝试，取得了一定的成效。

（1）违章现象明显减少。2004—2010年，公司在车辆总数年均增加127.3%的情况下，车辆违章超速报警频次由以前每年的5000次/千台下降到目前的4.65次/千台，车辆偏离行驶路线、随意停放从以前的253车次/天下降到目前的4车次/天，各类违规违章驾车行为得到有效遏制。

（2）事故总量大幅降低。百万车公里事故频次从2004年的1.39下降到2010年的0.25，同比降低了82.01%，年均下降13.6%；远程视频监控系统与GPS监控系统联合应用至今，公司未发生一起车辆被盗或丢失事件，各类事故事件得到有效控制。

(3) 人员受伤率逐年下降。百万车公里人员受伤率从2004年的1.07下降到2010年的0.33，同比下降69.1%，年均下降11.5%，千台车死亡率控制在集团公司指标范围内。公司安全环保形势不断好转并趋于平稳。

公司车辆GPS监控系统的应用与推广，得到了集团公司领导和总部机关部门的认可，使我们深受鼓舞和激励。虽然公司在交通安全管理方面做了一些工作，但与集团公司的要求和兄弟企业相比还存在一定的差距。我们决心，在学习借鉴先进管理经验的基础上，持续强化风险管控，努力实现交通安全管理的新突破，为集团公司安全环保形势的根本好转做出新的更大的贡献。

海上作业安全管理

强管理　严落实
持续提高赵东项目 HSE 业绩水平

大港油田赵东项目

赵东项目是中国石油大港油田公司开始较早的对外合作项目之一，2001 年实施开发建设工作，共拥有海上开发设施 6 座，海底管线 2 条。截至 2010 年底，赵东项目共实施钻井作业 140 口，累计生产原油 800 万吨。现任作业者为澳大利亚洛克石油（渤海）公司。其勘探开发业务范围涉及大港油田滩海两个开发区——赵东 C/D 合作开发区和赵东 C-4 联合开发区。

赵东项目历来高度重视 HSE 工作，项目之初，就在严格遵守中国法律、法规的基础上，结合国内及国际相关标准要求，构建了一整套 HSE 管理体系，并强调在日常工作中的具体落实。同时，依据最新法律法规和工艺要求，以及年度体系审核和检查结果，持续补充和完善，使之更好地符合赵东项目的生产与钻井作业实际，更具可操作性。多年来，通过严格体系管理，强化体系运行，实现了较好的 HSE 工作业绩。

一、赵东项目 HSE 管理典型做法

赵东项目自实施以来，就积极借鉴国际石油公司先进 HSE 管理理念，结合海上石油合作开发的特点和实践，主要推行了以下 8 个做法：

（一）注重 HSE 战略和表现

赵东项目长期和短期 HSE 战略，由项目 HSE 领导团队负责建立。该团队由公司总裁，以及直接向总裁汇报的高级经理组成，包括生产、钻井、财务、井下、合同和采购、HSE 经理等。赵东项目每年遵循上级目标，制定年度 HSE 目标和指标，并结合实际持续改进。每个部门也要据此确定自己的 HSE 目标，并逐级分解，直至融入员工个人业绩目标。每季度，项目 HSE 领导团队对这些目标的实现情况进行一次汇总评估，并采用 KPI（关键业绩指标）方式，督促团队每个成员定期开展 HSE 活动，包括检查、主持安全会、参与风险评估等，不断提高 HSE 领导力。

（二）严格遵循工作许可程序

赵东项目依靠正确的组织和安全措施，来保障其设施和人员安全，要求在常规作业、计划、控制、改造和维护协调工作中采用一套严谨的方法，即工作许可证制度（PTW）。一切作业都必须遵循工作许可程序，是赵东平台工作现场的必须准则，是控制 HSE 风险的利器，也是这些年取得良好业绩的法宝。工作许可程序文件本身虽然不能保证工作的本质安全，但在工作计划、实施和协调等全过程中，正确运用工作许可证，可以有效控制潜在隐患，将风

险减低到可以接受的程度。

（三）积极鼓励隐患报告

2009 年起，赵东项目开始实行隐患报告制度，鼓励每个人用专门卡片汇报任何观察到的隐患。如果该隐患不能立即消除，整改行为会被一直跟踪到完成为止，从源头化解了事故隐患，防止了事故发生或升级。为鼓励隐患报告制度实施，根据个人卡片数量和质量，定期进行评选奖励。目前，该制度已经扩展到塘沽基地和北京办公室。同时，对各级执法检查发现问题，也视同为事故隐患及未遂事件，逐项跟踪与整改，避免类似问题重复发生。2010 年，共上报整改未遂事件 73 起、事故隐患 659 件，全员参与安全的热情大为增强，平台等现场的安全保障显著提升。

（四）严格执行停止作业政策

赵东项目有一条明确的政策，即任何人都有权利和义务不执行对自己和他人有不可接受风险的作业，也有权干预并制止他人执行这样的作业。这一政策，在入场教育、通告及各种培训中反复强调，有效防止了违章指挥、违章作业等行为的发生。

（五）有效发挥 KPI 正向激励

赵东项目基于一系列可量化的指标，建立了 KPI 评价机制，其中包括主动和被动 HSE 指标，并根据表现确定所有雇员和承包商（定期在设施上轮班的）奖金标准。例如，对承包商和员工，每年 KPI 中设定的一项指标，就是“增加隐患卡片的总体数量和质量”，促进了员工自主安全管理习惯的养成。

（六）积极开展资产完整性管理（AIM）

所谓资产完整性管理，就是确保资产在其整个生命周期内，始终满足可靠、安全、环保和经济要求，确保设备有效且高效工作，保证员工生命和环境安全。其中的资产，是指完成项目商业目标所需的人员、车间、设备系统和工艺的总称。资产管理的重点，就是保证资产在其服役期间始终安全有效运转，防止类似墨西哥湾事故这类很少发生但后果严重的事故发生。主要管理内容包括：维护与检查、员工能力胜任、变更管理、作业中的能量隔离、安全系统的短时授权关停和警报暂停以及管理程序的实时更新。两年来，赵东项目在资产性管理方面做了很多具体的工作，使得资源的运用更加有效，资产表现的评估更加客观，向股东证明海上平台发生重大事故的风险已基本受控的依据更加充分。

（七）重视员工能力胜任

员工胜任工作的能力，是确保赵东项目安全生产的重要因素，也是资产完整性管理的重要环节。为确保所有员工都有胜任工作的能力，项目除了只雇用有海上石油工作经验的人员外，还结合不同人员特点和工作需求，开展了形式多样的 HSE 培训。培训包括：聘任有经验的操作培训监督，在平台上进行生产工艺安全培训；每月进行一次 HSE 标准的专题培训，培训成果纳入平台经理和平台安全监督的重要工作业绩指标；同时，在陆地组织生产人员参加 HSE 培训研讨、HSE 计划和政策沟通等。近期，赵东项目将引进新的能力胜任管理系统，包括明确所有工作和每个岗位要求的 HSE 相关技能，动态记录与跟踪个人培训计划的履行，保证员工能力胜任本质工作岗位需要，促进全员能力的整体提升。

（八）强化事故报告和调查

2011 年年初，赵东项目重新修改了事故报告和调查系统标准。一是明确了使用新的 HSE 管理系统进行汇报的要求。二是就报告中应该包括的与资产完整性管理的相关内容，给出了更加广泛的规定，如测试失误或重要安全设备的失效等。三是重点加强了对未遂事故及实际影响较小但潜在结果严重的事故的汇报。四是保证找出事故根源。五是保证给出适当的、明智（SMART）的整改行动，防止事故再次发生。该标准的完善，注重了事故根源的挖掘和向其他管理层面的延伸，重视了事故事件这一资源的有效利用，突出了“事前预防”作用的充分发挥。

此外，赵东项目还十分重视 HSE 数据的收集、统计和分析，自年初开始应用了新的 HSE 数据管理系统，提高了问题和隐患的整改跟踪能力。所有整改执行人将收到有关他们行动内容和目标日期的邮件，对限期未能完成的整改，系统将会再次发出邮件通知。每月，系统生成未完成整改任务报告，提交给相关部门经理查看。HSE 领导小组每季度开展一次评估，并将整改完成情况纳入 KPI，作为奖金重要评估指标严格考核。同时，赵东项目加强应急资源的优化及管理，强化了平台自身应急能力建设和应急处置能力提高。2010 年，赵东项目与中国石油应急中心签订了近 200 万元的“一揽子溢油二级响应协议”，强化了溢油应急响应程序及工作质量，降低了运行成本。

二、赵东项目改扩建过程中的成功实践

在 2007 以来的改扩建过程中，赵东项目成功地将安全管理纳入到项目管理的各个环节，有效控制了改扩建过程中的安全风险，实现了安全环保零事故。主要体现在以下几方面：

（一）在设计环节体现本质安全

对项目设计各个方面，都进行了风险评估、回顾和研究。例如火灾和爆炸评估、高处落物研究、海况及结构风险评估、临时避难所损毁分析及职业健康风险分析等。同时对所有工艺设备都开展了危害和可操作性分析（HAZOP），包括生产、建造、设计和 HSE 管理各个方面。所有发现的问题都在设计细节中进行了完善与改进。

（二）在建造现场落实安全管理

一是选择符合赵东项目 HSE 期望的承包商。二是完善管理团队，工作实施之前，就已聘用具有国际资质及丰富经验的 CCS 验船师、建造专家和 HSE 监督，确保关键设备按时检测、项目过程全程监督。三是加强现场和承办商监管。赵东项目 HSE 监督与承包商的 HSE 团队共同合作，项目高层管理人员和承包商管理层经常对现场进行检查和审核。四是强化安全培训。开发具有针对性的入场教育，并保证所有建造人员参与。五是强化关键作业风险防控。聘用专业专职的脚手架监督，给架子工提供额外的专业培训，并监督现场的脚手架质量和安全，尽量把最大的建造工作量安排在陆地的建造工地完成。

当陆地建造实现工作量最大化后，赵东项目仍然遵守了严格的安全标准，确保了海上安装、连头等工作的顺利进行。一是基于陆地建造 HSE 表现，选取合适的海上建造队伍和监督。二是指派具有国际作业经验的海上安全监督，监督现场作业。三是使用平台上的 PTW（作业许可证制度）制度，管理现场作业。四是对承包商队伍监督进行专门培训，以确保其

完全理解自身职责和海上平台 HSE 体系。五是对出海作业承包商队伍进行了海上安全专门培训。

（三）在试运行过程中体现最佳实践

为保证安全试运，赵东项目主要开展了六个方面的工作。一是所有系统和压力测试由专业试运行工程师在陆地进行。二是新管线和设备在出海以前，由操作人员在陆地提前掌握和熟悉。三是提前修改完善操作程序，保障人员培训及时进行。四是委托有国际资质的第三方专业公司对装船和托航进行专业风险分析。五是所有运输船均经过海事保险公司审核。六是甲板配重、装船及航行等作业都由国际专业人员负责管理。

（四）在项目管理全过程体现法律遵从性

遵守法规要求、获得法规许可，对项目而言至关重要。如果管理不善，将会造成项目延期和巨大成本消耗，并可能对项目声誉造成影响。为此，赵东项目指定专人，负责法律法规的合规性管理。制定了清晰而详细的时间表，以确定关键事件和节点，确保项目成员能提前认识到下步工作目标和内容，有序推动项目进展。积极主动与政府主管部门进行沟通，以使他们及时了解项目进度。同时，与建造商和合作伙伴一起，定期回顾总结项目进展状况，及时解决遵从性有关问题，保证了赵东项目整个改扩建过程中的依法合规，保障了项目改扩建工作 HSE 目标的顺利实现。

强化风险识别与隐患治理
提高设备设施本质安全水平

冀东油田

中国石油冀东油田公司（以下简称冀东油田）海洋石油勘探开发从一无所有到油气当量百万吨，只用了六年时间。这期间，不但要进行勘探评价，还要进行开发生产、海工建设。因此，提高危害因素识别能力，科学动态评估风险，持续治理和消除隐患，就成为保障海上生产建设安全的重要手段。

一、冀东油田海上勘探开发基本情况

冀东油田分公司位于河北省唐山市境内，主营油气勘探开发生产业务，用工总量8330人，截至2010年累计生产油气当量2132.3万吨。

冀东油田海上共有油井167口，2010年南堡油田综合油气当量120万吨，2011年综合油气当量将达到125万吨。已建成年处理能力180万吨的陆岸终端1座，建有5座人工岛，3座导管架平台。已建设海底管线7条，总长25.6公里。海上现有移动式作业平台1座。各岛共有10支钻井队，8支作业队，3支地面建设队伍。各类运输船舶14艘。出海作业人员1200多人。

二、海上隐患排查总体情况

为使隐患排查治理制度化、规范化、常态化，形成有效的工作机制，冀东油田着力开展了以下几方面工作：

（一）在完善制度上下功夫，建立隐患排查机制

健全的组织机构、有效的制度保障是建立隐患排查治理长效机制的基础。为此，公司首先狠抓了内部机制建设。一是实施“3+1”监督检查组织模式。公司成立了安全环保监督中心、工程监督中心、工程质量监督站，并选派8名经验丰富的专家成立巡视组，充分发挥专业优势，形成“三位一体”的监督体系。二是制定隐患排查制度。公司制订了《冀东油田分公司生产安全隐患管理办法》和《冀东油田分公司HSE隐患举报管理办法》，经过风险矩阵评估评级，将隐患分为一级隐患、二级隐患和三级隐患进行管理，使隐患排查治理制度化、规范化和常态化。三是上网公示。在公司主页上设立了“隐患公示”专栏，将每日查出问题上网公示，做到检查有反馈、问题有整改、整改有落实，逐一消项。四是查找根源。在公司每周生产会上，由安全环保监督中心等四家单位分别通报一周发现的隐患和问题；每月在公司月度安全环保形势分析会上，就发现的问题认真剖析产生的根本原因，共同

吸取教训。五是分级评定整改。重大隐患由公司健康安全环境委员会办公室统计汇总，报公司健康安全环境委员会会议审核，定等级、定措施、定资金、定负责人，及时整改。

（二）在隐患识别上下功夫，实现全员全过程动态排查

辨识隐患、发现隐患是做好隐患排查治理工作的前提。为有效识别风险，公司每年组织开展“辨危害、查隐患、提建议、保安全”活动。一是开展灾害规律研究。公司每季度组织二级单位从工艺技术、季节特点、环境因素、生产建设任务、队伍水平、人员资质等入手，分析本单位、本专业存在的隐患问题，寻找规律，提前采取相对措施。二是激励全员参与隐患排查。配发了员工隐患举报卡、设立隐患举报箱、建立网络举报平台，奖励员工举报隐患。三是常年开展安全环保合理化建议征集活动。今年以来，共征集安全环保合理化建议 229 条。四是大力鼓励员工报告未遂事件。制定了公司《生产安全未遂事件管理规定》，对及时上报未遂事件、说明情况的单位免予责任追究，并对积极上报未遂事件的员工给予奖励。

（三）在管理上下功夫，强化新建项目的投产许可

加强源头控制是削减事故隐患的重要保证。公司将设施本质安全始终放在工作首位，各项决策优先考虑健康安全环境。一是落实安评意见。积极采纳安全评价专家们提出的意见，认真编制海洋工程初步设计、详细设计，严格审查安全专篇，从源头加强控制。二是开展 HAZOP 分析。按照“以点带面、逐步推进、全面评估”的步骤，对南堡 1－5、1－29 导管架平台进行 HAZOP 分析，改进工艺设计 39 处，提高了设施安全可靠性。三是开展专项安全评估。针对南堡 1－3 人工岛气举采油生产，开展专项安全评估，对 14 大类危险源制定了 33 条安全对策与措施，减少工艺风险。四是强化过程监控。钻机海运搬迁、大型工程建设、潜山欠平衡钻井等大型施工组织前，公司组织进行联合大检查，隐患问题整改到位后方可开工。五是严格投产前检查。南堡 1－5、1－29 导管架平台、南堡 1－1 人工岛和陆岸终端试生产前多次组织专业人员检查，共督促整改 37 项问题，确保设施安全运行。

（四）在方式方法上下功夫，对关键装置、要害部位重点排查

安全风险时刻伴随生产建设全过程，风险管控需要抓住主要矛盾。公司重点把控了六个关键环节：一是落实属地方责任。海上所有设施都落实了属地管理责任，由属地方组织每日、每周检查，对隐患及时发现、及时整改、及时上报。二是借助专家力量。每年聘请海洋石油安全方面的专家对海上钻井平台、试油平台、试采平台，人工岛钻井、采油、施工建设进行评估检查，通过深层次发现隐患和管理中的薄弱环节，促进海洋石油安全。三是开展专项检查。聘请天津防爆电气检测检验中心，对 9 个油气生产场所 25 个关键部位防爆电气进行评估，发现和整改问题 93 项。四是结合气候特点提前检查。深入开展“春季开工安全检查”、“防台风防风暴潮专项督查”、“冬季生产安全环保大检查”活动，通过不间断监督检查工作，以查促管、以查促改，不断地提升海洋安全环保管理水平。五是常态化发证检验。要求所有新建工程项目都进行第三方发证检验，所有钻机、修井机等专业设备都进行专项检测，每年都对在役设施设备进行年度检验，不检验合格不投用。六是交叉作业重点查。针对人工岛钻井、井下作业、工程建设、生产运行交叉作业多的情况，派驻公司级协调组，实行领导带班制，每天召开现场管理会议，处理各类隐患问题。

三、重点隐患治理实施情况

为认真落实国家安监总局6月9日海洋石油安全生产专题会议精神，深刻汲取美国墨西哥湾事故教训，按照中国石油天然气集团公司（以下简称集团公司）的统一部署，分专业组织开展滩海油气开发工艺安全分析与评估，最终确定海上临时弃井、简易导管架平台生产和海管海缆悬空为重大隐患，并进行了治理。

（一）南堡1－3人工岛海管海缆悬空隐患治理

南堡1－3人工岛至南堡1－1人工岛建有2条海底管道和2条海底电缆，总长约7300米，其中水平段长6700米。由于地方私有船舶偷沙、盗沙行为频发，给油田海管海缆安全运行带来极大影响。2010年8月，公司组织胜利油田信科海洋勘察测绘有限公司进行检测，结果显示：海底混输管线有7处悬空区，局部最大悬空高度5米，累计悬空长度约300米；输水管线有5处悬空，局部最大悬空高度2.5米，累计悬空长度210米；海底电缆有2处悬空，累计悬空长度63米。针对这一问题，集团公司高度重视，不但在资金上给予了大力支持，还帮助审方案、定措施，并且派驻专家到现场督导和协调，组织编制了悬空段袋装粗砂支护开挖方案。为顺利完成海管海缆治理工作，公司严格审查HSE施工方案，对于碎石回填、袋装砂支护、路由修正、支护点削尖处理、水力挖沟、管道覆盖等关键环节、重点工序，实行全过程跟踪、全方位监控、全系统防护。从2010年9月6日正式开始海上施工，历时3个月完成混输管线、供水管线和两条海底电缆的悬空段回填、混输管线的削尖处理和两条海底电缆的覆盖治理。经潜水员下水探摸、GPS定位、旁扫声纳扫描等多种手段复核，海管海缆工作应力控制在许用范围，成功消除海管海缆悬空安全隐患。

（二）海上11口临时弃井和导管架平台弃置

由于前期勘探需要，海上保留21个井口。虽然采取了井口保护、航标设置和不定期巡检等措施，但也存在撞损溢油、应急处置困难的问题。通过评估筛选，公司决定对风险大、巡视维护难的11口临时弃井和2座闲置平台进行了永久弃置。按照海洋石油弃井作业技术规范要求，组织编制了《冀东南堡油田海上单井和导管架平台永久性弃置方案》，分三类井分别确定了弃置方案。2010年7月，海安办中油分部对弃置方案安全评价报告进行了审查，冀东海监处对作业平台、守护船、起重船等进行备案安全检查。到2010年10月，海上11口临时弃井和2座导管架平台全部治理完毕，消除了海上安全生产重大风险。

（三）南堡1－5导管架平台改造

为了获取地质资料，2005年油田采用简易平台与油轮相结合的方式，对南堡1－5井进行试油试采。简易导管架平台满足了前期试油试采的需求，对录取油藏地质资料发挥了重要作用。但此种方式存在一些隐患：油气只有一级分离，分离不彻底；平台供电、消防只能依靠油轮提供，设施缺乏完整性；一旦有险情，油轮脱离，人员逃生困难。因此，公司决定对南堡1－5导管架平台进行改造，改为平台和海底管线相结合的生产方式，平台不再进行油气处理，产液直接通过海底管线输送至南堡1－3人工岛。改造后的新平台采用了先进的自动化控制技术，可在人工岛对平台进行远程监视和控制，可实现自动关断，大大提高了平台安全生产系数。

（四）出海人员动态管理系统推广

随着冀东油田海上勘探开发建设的逐步展开，施工单位多、人员日运送量大，出海人员、上岛车辆动态管理难度大。为规范出海人员管理，按照海安办中油分部的要求，2010年油田建立了出海人员刷卡管理系统并投入试运行。要求出海前由项目单位统一申报，码头管理中心统一安排乘船；出海时持乘船卡，到中心码头进行登记，刷卡出海；登临人工岛和平台前刷卡，登记进岛信息；返回时刷卡注销出海信息。通过一段时期的运行，基本能够掌握出海人员的动态信息。

开展经常性的隐患排查工作，加大隐患治理力度，努力削减作业风险，是企业安全生产的重要职责。公司将认真贯彻落实本次会议精神，继续坚持隐患排查治理的动态闭环管理模式，提高设施本质安全水平，实现海洋石油安全发展、清洁发展。

夯实基础　提高能力
全力做好海上石油应急救援保障

冀东油田海上应急救援响应中心

中国石油冀东油田海上应急救援响应中心（以下简称中心）成立以来，按照“高起点筹划、高水平配置、高素质建设、高效率救援”的指导思想，加快建设进度，完成各项守护、演习和应急任务，应急能力不断提升，实战经验逐步积累，成长为一支具备海上油气开发Ⅱ级突发事件处置能力的应急队伍。

一、中心成立背景和发展规划

“十一五”之初，中国石油在渤海湾地区探明和基本探明5亿吨石油储量，建成后产能近148.8万吨，年产136.5万吨，拥有海上固定式平台6座、移动式平台4座、人工岛3座、端岛3座。

随着海上勘探开发业务的进一步拓展，海上作业的安全环保成为中国石油建成具有国际竞争力的综合性能源公司的重要内容。为此，中国石油天然气集团公司（以下简称集团公司）决定组建中国石油海上应急救援响应中心，并于2006年12月10日正式挂牌成立，负责渤海湾滩海、浅海及海油陆采端岛等海上勘探开发突发事件的应急救援和日常预防工作。

5年来，中心的各项建设都取得了长足进展。随着中国石油海上勘探开发力度的加大，以及社会各界对于海上石油安全环保工作关注程度的提升，中心面临加快发展、提升能力的机遇。

二、中心基本情况和能力现状

（一）应急队伍

中心定员230人，目前建设了一支195人的应急队伍。其中，机关29人，基层166人。中心从以下三方面抓好应急队伍建设：

一是完善人员配备。中心结合定员和应急船舶配员要求，通过招聘、内部人员取证等方式，组建了符合中心实际工作需要的应急管理人员队伍、船舶专业技术人员队伍、应急操作队伍（其中包括普通船员和潜水队员）。

二是加强业务建设。中心结合海上应急工作需要，通过“每日一题、每周一个项目、每月一次考核”的方式，采取站内培训、驻站讲座、送外培训、实际演练等形式，提升应急队员在船舶操作、溢油应急、海上消防和救助、潜水作业等方面的理论和实操水平，不断提高员工素质和应急能力。

三是强化作风建设。中心深入开展“创先争优”活动，发挥战斗堡垒和先锋模范作用，培育“召之即来、来之能战、战之能胜”的团队精神，实行军事化管理，锤炼应急队伍的优良作风。

（二）应急装备

中心结合功能定位，针对深海、浅海、滩涂等不同作业环境，按照“适用、先进”的原则，配备一批国际和国内先进的溢油应急设备，共有各式围油栏 9350 米、各式收油机 38 套以及相应溢油应急物资等，同时配备 26 大类消防救生装备、18 套潜水装备以及通讯装备等。

中心根据实际运行情况，建立完善中心主管部门、救援站、分队（船舶）、岗位四级装备管理体系，形成包括操作规程、维护保养内容及标准、日常使用及管理、检查考核及评比等在内的制度体系，层层抓好落实，提高装备管理水平，为海上突发事件的应急处置提供了充分保障。

（三）应急船舶

针对中国石油海上勘探开发海域特点，中心以“适用、专业”为出发点，充分论证、分步实施，建造能够满足深海、浅海、滩涂等不同环境的专业应急船舶，包括具备深海、浅海溢油回收处置和消防功能的多功能工作船，具备深海、浅海搜救和溢油回收辅助功能的搜救船，具备溢油回收功能的小型溢油回收船，具备滩涂环境溢油回收等功能的两栖工作车。目前，多功能工作船“中油应急 101”、搜救船“中油应急 102”、小型溢油回收船“301、302、303、304、305、306”共计 8 艘船舶均已归建，“中油应急 102、202、307”以及两栖工作车正在抓紧设计建造，大大提升了中心应急能力。

为加强船舶管理，中心制定完成船舶安全管理体系 1.0 版并实施，加大试运行情况反馈的收集，及时修改完善，同时加强船舶的维护保养、定期训练及应急演练、日常管理及检查考核等制度的落实。

（四）救援站

目前三个临时救援站各项工作步入正轨，海上应急救援能力有了较大幅度的提升，经过演习和应急任务的锻炼和检验，均具备处置小型海上突发事故的能力。

中心机关及冀东临时救援站设在冀东油田唐海基地，正式地点设在冀东油田 NP2－3LP。大港临时救援站设在天津塘沽南疆港海事处码头，正式地点拟建在天津南港工业区。辽河临时救援站设在营口渔港储运有限公司，正式地点拟建在盘锦新港。

（五）应急指挥系统

中心建设一套集船舶监控、通讯联络、数据传输、现场指挥、辅助决策和应急模拟功能于一体的应急指挥系统，包括：陆地应急指挥通讯系统、海上应急指挥通讯系统、岸滩应急指挥通讯系统、应急指挥决策系统。经过后期数据更新和不断完善，中心应急指挥水平将得到有效提升。

（六）应急管理体制

中心成立以来，结合职责定位和实际运行情况，按照平战结合的原则，逐步形成了一套科学、有效、反应迅速的应急管理体制，包括应急准备、预警和监测、应急处置、应急联动四个方面。执行24小时应急值班制度，直升机和装载应急装备的船舶时刻备航，定期立体巡航值守海域，中心指挥室和三个救援站值班室保持通讯联络畅通随时接警，应急指挥系统提供通讯指挥和辅助决策功能，以应对海上突发事件，确保高效应急、保障有力。中心与多家国内外应急机构和组织加强联系，与营口、曹妃甸海事局分别签订联动协议，下一步准备与天津海事局签订联动协议。同时，在三大石油化工公司应急救援联动协调小组的框架协议下，中心逐步构建起与其他应急力量的联动机制。

（七）应急能力

经过近5年的建设，组织参加冀东、辽河、大港油田及中国石油、中韩联合海上专项和综合应急演习，执行各油田海上勘探开发守护，完成各项应急处置响应任务，中心应急能力从无到有，从弱到强，稳步提升，逐步形成了与中心职责相对应的溢油应急、海上消防、人员救助能力。

1. 溢油应急能力

目前中心总体配备岸滩围油栏4300米，海上围油栏5050米，岸滩溢油回收能力达378米^3/小时，海上设备溢油回收能力达1233米^3/小时，专业溢油回收船舶7艘的收油能力达420米^3/小时。目前中心溢油回收理论能力总计达2030米^3/小时。

2. 海上消防能力

目前中心有“中油应急101”配备2枚“射程150米、排量每小时1200米^{3}水、300米^{3}泡沫”的消防炮和“中油应急201”配备2枚“射程75米、排量每小时300米^{3}水”的消防炮。

3. 海上救生能力

目前中心救生能力通过搜救软件模拟落水人员轨迹，船舶、直升机立体配合搜寻和救助来实现。中心配备“中油应急201”专业搜救船航速达17节/小时，在兴城和塘沽机场均有直升机全天候备航，同时建立了专业的潜水分队辅助作业。

三、中心应急处置经验和启示

中心按照“边建设边应急”的原则，积极响应应急求援，全力处置海上突发事件，履行了社会和政治责任，充分展示了中国石油的良好形象，受到了上级领导和社会各界的肯定和赞誉。2008年，成功处置青岛奥帆赛浒苔打捞应急任务，完成曹妃甸海域“9·25”沉船溢油事故，完成渤海装备“12·8”月东人工岛作业人员护送返回鲅鱼圈码头任务，对10月10日乐亭月坨岛油膜带处置及11月2日辽河海区胜利开发1号平台倾斜作出了应急响应；2009年，完成营口海域“10·16”船舶搁浅守护和曹妃甸海域“10·24”外籍船舶溢油事故，参加渭河流域“12·30”管道溢油应急响应任务；2010年，完成东方物探公司“4·24”北调992船舶搁浅救援任务以及曹妃甸海域“7·15”运沙船遇险救援任务，执行大连“7·16”溢油事故应急任务，成功救助曹妃甸海域“11·13”两名华电公司落水工人；2011年，完成天时集团“4·6”月东岛重病人员直升机救助任务，完成营口港“5·1”沉船救援任务和天津海事局南疆码头“5·10”污油处置任务。

自中心成立以来，共接警15 次，出警13 次。完成应急处置任务13 次。其中溢油应急5次，海上救助7 次，浒苔应急1 次。通过圆满完成各项应急任务，检验了队伍的应急水平，积累了各类不同环境下不同突发事件应急处置的实战经验。同时，对于中心海上应急能力建设的发展有以下启示：

一是要坚定加强能力建设全力保障中国石油海上应急救援的信心。中国石油从事的石油作业决定了它的风险，特别是海上石油作业的风险性和事故危害性更大，在坚决抓好安全环保管理和预防的同时，一旦发生事故必须要有一定的应急措施和处置力量以控制事态发展，降低事故损失和减少次生灾害。因此中国石油组建海上应急救援响应中心十分必要，显示了集团公司领导的英明决策和高瞻远瞩。中心更要意识到自身所肩负的工作职责、社会和政治责任，坚定信心，加快发展。

二是快速合理制定处置方案是海上应急行动成功的关键。在历次中心应急行动中，各种事故情况均有不同，海上人员救助和消防主要受海况、风浪及船舶条件的影响。除此之外，溢油应急处置还需要考虑油品性质、温度、溢油源情况等因素，即使是同一类突发事件，处置方案也不尽相同。因此必须保证第一时间了解事故现场情况，并结合实际合理制订方案，确保应急处置的快速、有效，避免应急资源的浪费，快速抓住整个应急行动的关键。

三是应急人员拥有过硬作风是海上应急行动成功的基础。结合中心经验，海上突发事件发生时，大部分情况下现场环境和天气条件都比较恶劣，而且时间紧、任务重、战线长，人员休息不够充分，后勤补给条件有限，这些都给应急行动造成了很大的困难。比如，中心执行历次海上溢油应急行动时，白天高温炎热或者瓢泼大雨，夜间大风大浪或者大雾潮湿，应急队员从赶赴现场开始一直昼夜持续作战，尽管极度疲劳，但丝毫没有影响应急进度，都是全力以赴、克服困难，体现了中心“招之即来，来之能战，战之能胜”的团队精神。只有作风过硬，敢打硬仗才能有效保证应急行动的成功。

四是加强应急联动是成功应对海上大型突发事件的必要途径。中心成立以来能够成功处置各项应急事件，除了发挥自身作用全力应急之外，与其他专业队伍的联动和社会力量的充分配合作业十分关键。在遇到超过自身处置能力的行动时，作为专业队伍针对事故的重点区域和重点部位发挥专业优势，更要充分依托区域专业应急力量联动和社会力量配合，才能真正有效应对各类突发情况，发挥应有作用。

四、中心今后的努力方向

4 年多来，中心完成了阶段性的建设任务，具备了海上油气开发Ⅱ级突发事件处置能力，成功处置了一些海上突发事件，赢得了企业和社会的肯定，下一步仍需要继续努力。

（一）加强应急队伍建设和日常管理，夯实基础

通过完善人员配备，形成职责清晰、分工明确、专业互补、业务精湛的应急队伍结构，以建设“具备较高指挥水平和管理能力的干部队伍、具备较高专业素质和经验的船舶技术队伍、具备过硬能力和优良作风的应急人员队伍”为目标，从理论和实际培训两方面着手，加强业务建设，提高整体应急素质。同时，进一步加强思想作风建设，培养雷厉风行、敢打硬仗的作风，建设一支思想坚定、技术过硬、作风优良、纪律严明、保障有力的应急铁军。

继续夯实日常应急装备和专业船舶的管理，按照管理体系要求，严格落实管理制度，加

强监督检查，从根本上确保应急处置的强基础、高水平。

（二）把握平战结合和协同联动原则，完善体制

从应急准备、预警和监测、应急处置、应急联动四个方面着手，把握平战结合、协同联动的原则，完善中心的应急管理体制。平战结合是指“日常和应急运行同等标准、同等要求、及时切换”，协同联动是指“各专业力量应急管理体系建立和实施全方位、无错位对接”，同时着重从以下四个方面完善：

一是应急准备。按照满足独立完成专项应急任务的要求，全天候做好应急人员、物资装备、专业船舶和直升飞机的出警准备。

二是预警和监测。完善船舶和直升机定期巡视制度，利用监测辅助手段，建立对中国石油海上勘探开发区域的全天候预警监测机制。

三是应急处置。坚持分级分类的应急预案实施，完善应急处置方案的制订、审核和发布机制，明确应急力量和资源的调配及补充程序。

四是应急联动。在目前已建立联系的外部应急资源基础上，继续拓展和联系，建立联动机制，做好包括信息共享、通讯联络、应急预案等各方面衔接准备工作，以保证在处置海上突发事件时，做到响应及时、合作处置。

（三）强化五项建设，提高能力

一是强化应急装备和专业船舶建设，提高适应和覆盖中国石油海上应急救援区域的保障能力。结合“适用浅海、滩海环境”的原则和实际使用效果，继续完善装备配备和船舶建造，根据中心实际经验，尤其是渭南支线“12·30”管道溢油应急和大连“7·16”溢油应急，要注意兼顾涉及中国石油的陆岸以及江河湖区域特点合理配置。同时，在充分依托中国石油和社会现有消防船舶力量基础上，依据避免重复建设的原则，合理地提高中心船舶的消防能力。

二是强化预警和监测体系建设，提高海上石油勘探开发突发事件的预警和监测能力。以溢油应急为重点，建立溢油雷达监测、卫星遥感和航空遥感巡视监测体系，确保发现并跟踪溢油，并且培训专业人员依靠船舶和飞机直接进行实时监测，通过溢油模拟软件进行溢油漂移路径模拟，争取第一时间发现并锁定溢油，为应急处置提供依据。

三是强化应急指挥系统建设，提高海上应急处置的通讯指挥和辅助决策能力。要加紧系统的运行调试，及时完善补充数据和信息，加快后期开发，充分利用信息化、网络化和高科技监测、辅助决策系统，为应急指挥提供有力保障。

四是强化基础和前沿应急技术科研项目建设，提高海上应急处置的应用能力。按照中长期发展规划，高度重视利用科技手段提高海上应急处置能力，加大对海上突发事件应急管理和处置的基础理论、应用和关键技术研究，并逐步与大专院校、科研院所加强应急管理、处置技术等方面的合作研究，以促进应急能力上水平、上台阶。

五是强化演练演习机制建设，提高海上应急处置的实战能力。按照“以演代战、以演促战”的原则，确保演练演习的制度化、日常化，制定详细可行的演练计划，适时组织开展规模各异、内容多样的应急演练和演习，发现问题，查找不足，完善应急预案，努力提高领导干部指挥和应急队伍救援的实战能力。

推进安全管理体系　提升船舶安全管理水平

海洋工程公司

海洋工程公司中油海281船是一艘操纵性能非常优良的多用途三用工作船，能够为海上钻井、采油平台、施工作业平台提供拖航、起抛锚、提油、守护、物资供应等服务。自2008年9月投产以来，一直是船舶事业部对外服务的排头兵和各项重大作业的先锋队。作业水域从最初的渤海，扩展到如今的东海和南海。先后圆满完成了重任2号湛江至天津的远距离拖航任务、中海油海工蓝疆号起抛锚作业任务、康菲公司提油作业以及南海维权行动等任务。迄今为止，总航程达到了31548海里，为平台守护年平均时间为26975个小时。由于精心组织，服务到位，安全航行，中油海281船得到甲方的好评和认可，并连续3年被中国石油集团海洋工程有限公司（以下简称海洋公司）和船舶事业部评为安全生产先进单位。

回顾3年来所取得的成绩，中油海281船感触最深的是坚定地推行了安全管理体系（SMS），做到安全上严格把关，管理上精细到位，使生产运行一直保持着安全平稳的态势。

一、提高对船舶安全现状认识，明确推行SMS体系必要性

由于受天气、海况、风流等自然环境影响较大，船舶在海上作业存在很大的不可控风险，并且一旦发生事故，救助十分困难。如果没有一套科学的安全管理体系，船舶的安全运行将令人担忧。

几年来，中油海281船在全船人员中不断开展安全教育，并分析一些没有系统安全管理的船舶案例，让全体船员从中找问题、看风险，提高认识。

缺少系统的安全管理体系，船舶可能出现的安全问题有：（1）船员来自四面八方，个人业务技能参差不齐，日常工作完成状况因人而异，没有人进行检查评判，会造成工作质量各有差别。（2）设备管理混乱，得不到及时保养，人为损坏时有发生，没有人提出责任追究，增加了航修工作量。（3）基础管理缺失，基础管理工作无人负责，各种技术资料没有登记造册，丢失时有发生，设备和器具经常发生过期漏检。（4）作业许可无有效控制，关键性作业没有相应的许可制度进行约束，违章、违规操作现象时有发生，同时船舶的作业风险得不到有效识别，防范措施无法落实，给船舶带来重大安全隐患。这些现象使大家认识到，由于行业的特殊性，决定了船舶的安全管理工作较陆地油田更为突出，因此必须强化全面的科学管理。

2008年初，海洋公司授权船舶事业部独立建立符合主管机关要求的安全管理体系，确保船舶海上营运安全。船舶事业部于2008年4月8日开始SMS（NSM）体系的发布实施，并取得临时符合证明（DOC）。同年10月，通过初审取得长期符合证明（DOC）。根据海洋

公司开发海外市场的需要，船舶事业部又于2010年2月通过交通部海事局临时审核，取得ISM临时DOC证书，8月份取得ISM长期DOC证书。

由于认识到位，2008年3月份，依据海洋公司和船舶事业部的要求，中油海281船在出厂前就超前动手，开始推进SMS体系管理，4月份通过临时审核，取得临时SMC证书。10月份通过初审，取得长期SMC证书。2010年8月份又取得了长期国际SMC证书。

二、结合船舶实际，推行SMS体系

SMS体系是指能使公司人员和船上人员有效实施公司的安全与环境保护方针所建立的文件化的管理体系，是将系统管理应用于船舶安全与防污染管理，将船、岸涉及船舶安全与防污染管理的各个要素融为一体，系统地对各个管理和操作环节实施过程控制，实现目标明确、权责分明、程序严谨、操作规范、记录齐全、不断改进的动态安全管理。

几年来，中油海281船结合实际，坚持实施这一体系，主要做了以下工作：

（一）建立健全台账，理顺基础管理

结合船舶实际，迅速建立、健全了船舶的设备技术资料、物料备件台账、航保资料、救生消防监控统计台账、船舶证书台账和药品管理台账等，使船舶技术资料的借阅管理和设备检验的监管工作得以理顺。

（二）细化岗位职能，落实管理责任

根据船舶作业及日常工作性质，完善了从船长、轮机长到水手、机工在船舶作业、锚泊、停航、修理等各种状况下的职责，使人员分工明确，落实了直线责任、属地管理。

（三）抓好设备保养，提高计划水平

根据船舶设备种类和使用强度，结合设备技术特点要求，制定了船舶关键装备和技术系统检查与保养计划（PMS），落实了设备岗位巡检、周检查、月检查、半年检查的检查、保养周期及责任人。部门长不定期对船舶设备的养护工作完成情况和完成质量进行监督检查，保证设备能够得到及时有效的维护，有效地保障了船舶的适航性。

（四）规范船员管理，推行岗位考核

一是规范了船员的内部培训，根据甲板和轮机两部门的岗位职责和个人能力情况，制定了船舶年度业务和技能培训计划，明确各岗位应接受的技能培训项目、培训方式、培训频次。二是强化了船员交接管理，根据各岗位实际情况限定交接时间段，在交接期间内将相关证书、遗留问题及人员、设备状况等交接清楚后才可离船。杜绝了以往因交接不清而出现的找不到证书、不清楚设备状况而出现的问题。三是开展了岗位考核，根据每个员工在岗位上的工作表现进行定期评价，对新聘上船员工进行顶岗前适任考核，对不符合上岗条件或是无工作责任心人员坚决不允许上船工作，确保基层单位岗位人员适任，能力满足岗位要求。

（五）细化作业制度，规范作业许可

根据船舶作业内容，制定了覆盖全船作业种类的作业规程，对重点作业、关键性作

业及非常规作业落实了作业许可制度。按照工作前安全分析辨识的安全风险，制定安全措施和应急处置方案，明确责任人。船长作为船舶的总负责人要在书面审查的基础上进行现场核查，确保现场安全监控、安全防范措施和应急处置预案的有效落实，从而确保作业安全。

三、落实SMS体系，安全工作取得显著成果

中油海281船实施SMS安全管理体系后，全船人员通过对体系的不断学习，加深了对船舶事业部管理工作流程的认识，船舶有了健全的、系统的管理制度，人员有了明确的分工，船舶各方面工作得到了迅速开展和有效落实，具体表现在以下几方面：

（一）船长的安全责任和权力得到加强

船舶属独立作业单元，海上作业具有更大风险。一旦发生事故，组织救援难度大。按照体系要求，船长权利得到加强，使船长能够根据专业判断果断做出安全和防止污染事物的决定，最大限度地减少损失、控制事态。

（二）风险管理与安全防范得到加强

一是能够根据日常作业特点和各工序具体情况，系统识别生产作业中存在的危害，对风险进行分析和分级管理，制定完善安全管理措施，并建立船舶作业《风险管理手册》和船员岗位识别卡，加强了船员对岗位风险的认识；二是能够对定线、常规化的生产作业以及新业务、新海域、新技术的作业召开航前会议 ，根据本航次作业条件变化，参照《JSA安全分析表（模板）》动态分析新产生的风险，进一步完善安全管理措施，并落实安全责任人。作业前还向全员告知规避岗位风险的安全做法，使每名员工都能够充分理解、熟练并自觉遵照执行。

（三）应急响应能力得到加强

过去船舶只是按照法定要求做好法定演习。体系实施后，中油海281船根据船舶作业情况和作业水域制定了年度应急演练计划，使船舶所有识别出的应急项目都能得到有效演练。通过实操演练，全体船员切实受到了锻炼，船舶的应急响应能力显著提升。我船近两年在参加的冀东油田和曹妃甸海事局组织的船岸联合演习中都得到主管机关和甲方的认可及好评，为船舶事业部争得了声誉。

（四）基础管理工作得到加强

由于台账健全、监管有力，船舶的基础资料管理不断加强，自实施体系管理以来，全船再也未丢失过一份技术资料。由于完善了从船长、轮机长到水手、机工在船舶作业、锚泊、停航、修理等各种状况下的职责，使人员分工十分明确，落实了具体工作中管理责任。

（五）设备保养的计划性得到加强

由于计划性加强，设备能够得到及时有效的维护，有效地保障了船舶的适航性。船舶从过去的年维修保养费用120万下降到如今的60～70万，而且船员也从设备保养工作中学到了知识，提高了设备操作技能。

（六）船员工作能力得到提升

内部培训不断细化，使船员的作业技能和安全知识得到不断提升；新的交接方法杜绝了以往因交接不清而出现的找不到证书，或者不清楚设备状况而出现的问题；开展了岗位的考核，对不符合上岗条件或是无工作责任心人员坚决不允许上船工作，确保了基层单位岗位人员适任，能力满足岗位要求。

安全管理体系是一个不断完善、不断改进的体系，中油海 281 船将持续推进这项工作，将船舶的安全工作做得更全面、更彻底，切实实现安全航运的工作目标，为中国石油海上石油勘探开发做出更大的贡献。

事件管理

转变观念　做好事件/事故管理

塔里木油田

事件/事故调查及预防是中国石油塔里木油田公司（以下简称塔里木油田）系统安全的重要因素之一，是通过对包括幸免事件在内的所有事件/事故进行调查、原因分析、制定并落实整改预防措施，并举一反三，以防止类似事故再发生，提升安全绩效的管理过程。它体现了以人为本、保护人的生命的管理理念及对事件/事故“零容忍”的管理态度。

一、要素解读

塔里木油田的安全管理理念认为，所有事件/事故都是可以预防的。但是，由于各级管理层和员工在关于避免事件/事故的理念方面的认知存在差异，知识、技能、执行及资源配置等方面的不足以及管理的缺陷或缺失，目前各类事件/事故还时有发生。为了将发生事件/事故的负面效应转化为积极的正面输出，必须对各类事件/事故进行调查。

实践的意义在于：事件/事故尤其对还未造成人身伤害和财产损失幸免事件的调查，能够及时汲取事件/事故的经验教训，有效防止类似或更严重事故的发生。塔里木油田改变只重视大事故的传统做法，提出重视所有事件/事故，尤其是幸免事件的理念。因为无论事故还是事件，发生的原因基本相同，重视事件的调查，不仅能有效避免事故，将安全管理关口进一步前移，而且可以找到同样的管理原因。例如，塔里木油田汲取一起员工擦拭机泵联轴器的幸免事件教训，进行了充分的经验分享，开展了机械旋转部件防护的专项检查，对所有机泵联轴器进行补充完善，防止了类似事故的发生。

对微小事件/事故的调查与重视，充分展示了各级领导层对安全的承诺。千里之堤，毁于蚁穴。只有对微小事件/事故，甚至不安全行为及状态的调查和重视，才能避免重大事故。领导层对微小事件/事故的调查与重视，会引导全体员工对安全关注点从传统的关注事件/事故的善后管理向预防管理改变，真正体现完全避免事件/事故，保护员工生命的承诺，从而有效影响员工的行为，推动安全文化向纵深发展。

通过员工直接参与事故预防的管理实践，能够有效提升员工辨识危害和控制风险的能力。事件/事故调查分析的过程，也是有效的学习过程。而且员工更加熟悉现场，能提出更有针对性的预防措施。同时员工对自己参与制定的改进措施也会更加主动地遵守。

通过对事件/事故的调查，发现管理系统缺失。对生产过程、作业现场尤其是管理的深入调查和分析，不仅仅可以发现不安全行为和不安全状态的直接原因，有助于纠正和改进作业现场的安全条件，提高员工安全意识，而且更有利于发现不安全行为和不安全状态背后的规章制度、操作程序、学习培训等管理方面的不足。

二、推进方法

(一) 转变观念，消除事件/事故报告的疑虑，鼓励积极上报

塔里木油田充分认识到事件/事故报告的重要性，没有事件/事故上报，就失去了改进管理的机会。也只有及时准确上报事件/事故，才能真实反映企业安全状况，并通过分析，找到事件/事故发生的管理根源，及时消除，才能避免同样事件/事故的发生。塔里木油田主动报告事件/事故经历了缓慢的过程，在安全文化推进的特殊阶段制定了鼓励事件/事故上报政策。除国家事故管理要求中，明确规定的对损工 105 天以上的事故必须按要求进行原因调查、责任追究和处理外，为了鼓励各单位主动报告事件/事故，对类似事故一般不予处罚，对根本原因分析正确，整改措施落实及时，进行安全经验分享的，给予安全文化贡献奖鼓励，对善于发掘幸免事件并如实上报的还在审核评估定级中给予加分鼓励。

同时塔里木油田将原因的调查和管理的改进作为事件/事故管理的最终目的，而不是追究责任。例如，一起员工在清洁过程中摔倒的事件调查结果，不再是员工缺乏安全意识，而是员工缺乏合适的擦拭设备，是管理的缺失，而不是追究员工的违章责任。这样的做法进一步消除了员工怕惩罚的顾虑。

为促进事件/事故上报和安全经验分享，搭建事件/事故上报分享平台，塔里木油田开发了安全经验分享和事件/事故管理系统。系统采取一站式上报方式，油田所有员工可直接上报自己经历的事件/事故，防止事件/事故上报审核过程的截流。并为事件/事故分析和经验共享打下良好基础。目前油田各级会议上，均开展经验分享，形成了事件/事故上报和分享的良好氛围。2007 年以来事故事件分析系统累积录入事故事件 1851 个，经验分享 11518 个，并且数量逐年增加，其中未遂事件和经验分享明显增多。数据表明，随着事件/事故报告数量的跃升和各级管理层积极主动地落实预防措施，重大事故明显减少，绩效的改善反过来激励管理层和广大员工积极暴露微小事件，初步实现了安全管理预防关口的前移。

同时，公司领导通过讲课、会议等途径，宣贯理念、鼓励事故事件的上报，例如，在 2011 年周新源总经理进行的一次油田干部安全文化提升培训课上，“创建‘把坏消息传到上面’的文化，比任何讲座都好一百倍”的号角，为事件/事故上报氛围的进一步好转增加了新的力量。

(二) 各级领导亲自参与事件/事故调查，体现安全承诺

塔里木油田充分认识到避免事故、预防事故发生、保护员工生命、创造以人为本的安全文化是管理者的直接责任，也只有领导的参与和支持才能改变和形成良好的事件/事故管理氛围。更为关键的是很多事件/事故的发生都有管理上的问题，对企业来说，只有熟悉业务、掌握资源的领导才能从根本上分析和解决这些管理上的问题。所以塔里木油田将事件/事故的调查由安全部门负责改为由直线领导和直线组织负责，要求领导必须亲自参与或组织调查。

在该要素推行过程中，各级一把手、管理层、直线组织亲自参与幸免事件等微小事件/事故的调查充分表明领导对安全管理、员工安全的关爱和重视，充分表明领导做好安全管理的决心和信心，这也直接展示了有感领导的安全承诺。

某作业区领导亲自参与了一起受限空间作业没有佩戴呼吸保护器的未遂事件的调查。仅仅是未佩戴呼吸器，以往领导可能不关注，即使关注，也可能是责怪员工违章。但调查过程发现，承包商员工不是故意不戴呼吸器，而是在炎热的夏季佩戴全面罩呼吸器在受限空间内施工真的很不舒服。领导没有批评员工，而是自我批评没有为员工准备好工作条件。分析过程中就开始跟员工一起讨论如何更安全舒适地工作，当员工提出在受限空间内增加冰块并加大通风量的建议后，领导立即给予支持并强调可以通过增加轮换次数来缩短工作时间，但为了防止意外，绝对不允许不佩戴呼吸防护。防护到位了，温度不那么高了，员工得到的是安全的关爱，而不再仅仅是工作的要求。

领导层参与和重视微小事件/事故的调查对员工产生了心灵的震撼。在与员工的访谈当中了解到，员工对领导的承诺不容易理解，在领导对发生的微小事件都亲自参与调查后，员工深切体会到了领导对员工生命健康的关心，深刻理解了清晰、可见的领导承诺的意义。

领导对微小事件调查的积极参与和高度重视，对该要素的推进起到举足轻重的作用。并带动全体员工更加注重安全，极大地推进了安全文化的进程。

（三）动员员工参与事件/事故调查和整改措施制定

塔里木油田推行该要素过程中，成立调查组里必须有涉案员工代表参与，由于员工受到尊重和重视，参与的员工代表都能积极为分析原因和整改措施奉献意见和看法，而同时员工代表意见的采纳又是对员工无声的激励。一次高处装车作业员工跳下幸免事件的调查，员工提出了增加高处装车作业移动平台的建议。平台如何加，才能既能够防护，又不影响装车，员工最有发言权。经过反复试验，消除高处装车作业隐患的移动式作业平台诞生了见图1和图2。这样不仅消除了隐患，而且使装车速度提高了40%。领导充分体会了员工参与安全管理会有如此大的力量，领导也从事件/事故分析中发现了管理人才。

图1　改进前高处作业

图2　改进后移动平台

总而言之，事件/事故调查分析过程中员工知识技能在增长，对待安全的观念意识在转变，对事件/事故的敏锐性在增强，员工的综合安全素养在提升。员工在分享事件/事故经验的同时，也积极地贡献着自己的经验。

（四）事件/事故管理关键强调找到根本原因和管理缺失，跟踪改进

事故/事件经验表明，除非事件/事故和潜在（未遂）事故/事件的关键原因已被确定和纠正，否则它们将会再次发生。很多企业调查事故/事件，只注重找人或物的原因，而不愿意找管理上的原因。因而无法制定有针对性的改进管理的措施，不能从根本上防止事故/事

件的再次发生。

事故/事件调查有效性一直是管理者困惑的问题。简单、实用的方法对提升事故/事件分析质量，确保事故/事件原因分析到位，找到真正的管理原因非常关键。事故/事件调查有很多方法，每种方法都有各自的优点和局限性。不同的方法适应于不同类型的事故，可以有针对性地选用。塔里木油田推荐采用"why-three"的事件/事故调查的方法。该方法的具体步骤是:

步骤1，定义出所要调查的事件。

步骤2，列出所见到的事证。

步骤3，针对所列出的事证，选定分析顺序。

步骤4，针对所选出事证，假设其因素，并质问为什么及如何会发生?

步骤5，证明假设因素是否存在，并加以排序分析。

步骤6，若无法及时获取咨询来证明存在的假设因素，可先转向分析其他假设因素。

步骤7，当找到根本原因即可停止分析。

该方法的重点就是善于利用"为什么"及"如何会"的询问技巧，来找出事件/事故的真相。

为提升事件/事故分析技能，油田开展了多期分析方法培训班，所有直线组织及安全专业人员都参加了专项调查分析方法培训。并开展了多次事件/事故调查分析比赛，有效提升了事件/事故分析质量。

事件/事故调查分析的原因是制定针对性整改措施的前提。落实跟踪整改计划、改进提升才是关键。由一起静电打火事件分析得出静电防护不到位的教训，油田全面升级了静电防护标准，更换全油田非本安型静电释放装置。"8·23"井喷事故促发了全时控制井口四通的研发和使用，提升了井控安全标准；对大二线物资搬运对物体打击事故增加了吊装时防滑设施；等等。

如果不跟踪落实调查提出的改进措施，不但调查工作前功尽弃，影响员工参与调查的积极性，更重要的是导致事故事件的根源不及时消除，事件/事故很可能再次发生。塔里木油田建立网络化的跟踪制度，明确每项改进措施的完成日期和责任人，确保整改到位。

事故/事件持续、甚至重复发生，很重要的原因是对待事故/事件的观念没有转变。培育安全文化，重要的一点就是转变观念，只有观念转变，才能转变对待事故/事件的态度。塔里木油田在事件/事故管理过程中有以下几点体会:

(1) 培育文化是基础。事故/事件管理态度，决定于安全理念的转变和安全文化氛围的形成，尤其是领导的态度，一定要把握事件/事故分析方向和处罚的尺度，并通过制度引导观念的转变。

(2) 找到管理原因是重点，分析技能是保障。不仅仅关注人和物的因素，注重查找管理原因才是重点。虽然事件/事故分析没有标准答案，但学习掌握并不断提升分析技能，有助于事件/事故管理原因的查找。

(3) 跟踪整改是核心。制定有效的措施，落实责任人和整改时间，确保分析的问题能够有效整改。

(4) 领导重视参与是关键。领导亲自参与，并勇于查找自己管理上的问题，对事件/事故管理氛围和安全文化形成起着至关重要的作用。

塔里木油田坚持所有事故都是可以预防和避免的，采取了多种改善事件/事故管理做法的目的在于消除事故，达到“零事故”目标。建立以人为本、关爱生命、不责怪的事件/事故安全文化，使团队更加和谐，事件/事故的持续减少使全体员工体会到了安全管理的成就感。

保护员工生命就要对事件/事故“零容忍”，事件/事故调查毕竟已经是“善后”的管理。正向金字塔理论描述的那样，塔里木油田各级管理层会更加坚持安全管理重心下移、关口前移的行为安全观察与沟通的理念和做法。

深刻吸取事故教训　强化现场过程管理

辽阳石化

作业现场的安全管理是企业生产运行管理的重要内容，也是极易引发事故的重点领域和薄弱环节。认真反思去年在现场发生的“6·29”和“11·28”事故，中国石油辽阳石化公司（以下简称公司）班子充分认识到虽然个别作业环节执行不力、流程缺失、岗位失职是引发事故的主要原因，但缺少对现场作业的系统管理和过程控制才是管理上的症结所在。为此，公司班子进一步深化认识、转变观念，以强化现场过程管理为突破口，系统研究摸索推进 HSE 体系建设的工作思路。

公司突出“关键在领导、重点在基层、核心在风险”的管理思想，确定了以风险管理为核心、工艺安全和行为安全管理为主线，以完善标准制度、绩效考核和培训体系三项建设为载体，以践行有感领导、落实直线责任和实施属地管理三项措施为引导，努力实现领导干部从重视向重实、管理人员从安全参与者向安全管理者、员工从岗位操作者向属地管理者三个转变为目标的“12333”体系推进模式，并通过有效运行和持续改进，提高现场安全管理的整体水平。

一、强化 HSE 体系组织建设，健全三级安全监督体系

公司根据 HSE 体系推进实际，在不断压缩机关编制的情况下，专门成立了由 6 人组成的专职体系推进办公室，专职负责公司 HSE 体系推进和策划管理，为体系推进提供有力的组织保证。为切实把现场的监督管理落到实处，公司结合严格监督阶段的工作特点，有效整合内部管理资源，进一步理顺、优化内部安全管理体制，先后组建公司和分厂安全监督站，自上而下建立起安全监督管理体系。由于长期以来基层车间一直沿用传统的安全管理模式，即安全监督和管理岗位、人员、职责不分，车间安全工程师既承担安全管理又履行监督职责，使得车间安全监督流于形式、很难发挥应有作用。为此，公司重新调整基层车间安全管理模式，在保留主体车间原有安全工程师岗位基础上，增设了 42 个车间级安全总监岗位（副科级），负责监督和指导属地车间 HSE 体系推进工作。公司现设有 HSE 监督总站 1 个、二级单位 HSE 监督站 11 个，专兼职安全监督员达到 323 人。

公司还按照直线责任、属地管理原则，完善工作流程、制定岗位职责，建立工作制度，把日常监督工作纳入了程序化、制度化、规范化的管理轨道。在此基础上，定期召开工作例会，共同剖析监督中发现存在的共性问题，梳理产生问题的根本原因，研究解决办法和措施，指导督促基层做好安全工作。实践证明，公司三级安全监督体系运行顺畅，为规范现场过程管理、提高安全工作执行力发挥了积极作用。

二、推行 HSE 体系绩效考核，建立动态管理机制

公司发挥绩效考核政策的导向作用，推动安全管理由事后向事中、事前转变。2002 年以来，公司一直实行风险抵押金制度，以安全事故结果性指标作为安全奖惩的考核依据。由于政策导向不明确，一些单位不能及时上报典型安全事件，致使安全事件资源不能很好得到共享利用；同时过于注重结果性考核指标，也造成一些单位只重视结果，而忽视过程控制管理，长期积累下来，部分员工认识出现偏差，把这种考核约束当做了公司的一项福利政策，考核没有发挥全员正向激励作用。针对上述情况，公司取消了延续 8 年的风险抵押金管理制度，全面实施 HSE 体系推进过程考核制度，制定了《辽阳石化分公司 HSE 体系推进工作考核评比办法》，制定并实施了《HSE 评估标准》，按照一厂一个标准、一个单位一个标准的运行模式，每季度组织相关专业人员对各单位体系推进情况量化打分，并根据打分情况实施 HSE 体系推进季度考核。2011 年上半年，公司实施了两次季度考核，专项奖励体系推进先进单位 1270 万元，极大激励员工主动参与 HSE 管理，进一步提高了强化过程安全管理的实效性。

三、深化临时作业管理，提高现场作业管控能力

公司把临时作业管理作为工作重点，全面推行临时作业 PDCA 循环管理模式。一是提高管理计划性，实行临时作业计划审批许可制度。各基层车间必须提前一天上报开停车、机泵、阀门检修、清罐清釜、堵漏、土建维修等临时作业计划，将作业类别、项目性质、作业内容、地点、起止时间、承揽单位等信息，录入公司门户的“生产区域临时作业安全管理系统”，经厂和公司主管部门审核同意后，方可实施。二是加强临时作业的过程管理。在每天生产调度早会上，公司首先听取各单位对临时作业安全设施的检查落实情况，然后主管领导对上报的临时作业进行专项部署，根据作业性质和危险介质情况明确直线责任部门，确定公司、分厂和车间三级负责人，确保作业安全管理到位。三是强化分析改进环节。每月对临时作业情况进行统计，从作业性质、作业原因、操作管理、设备维护管理等多方面分析，根据分析结果采取有针对性的措施，力求降低临时作业数量，最大限度降低风险。

公司实施临时作业 PDCA 管理后，从小到更换阀门垫片、大到拆装反应器，每项作业都清晰可见，增强了各级人员过程管理针对性和实效性，进一步强化了临时作业动态安全监管和过程监督，大大减少和降低了作业风险。

四、细化承包商管理考核，提高安全监管有效性

公司把系统内外的承包商和供应商都纳入 HSE 管理体系，借鉴锦州石化和大连石化的管理经验，重新梳理安全管理流程，强化动态和过程安全监管。一是重新修订《承包商管理办法》和《承包商安全管理考核细则》管理制度。结合推行 HSE 体系建设的实际，在制度中融入了必要的 HSE 的管理要素，建立了从安全资质、防护用品到具体作业完整的量化考评依据，特别是把现场作业细分为运输、电气、起重、电气焊等共 13 大类、70 项，总分为 250 分的评分标准，对每一项违章行为都制定了相应的考核分值，使现场动态考核有据可依、有法可行。在此基础上制定“承包商十不准”，推行承包商违章“安全约谈”制度，对

违章频次较高或违章行为严重的承包商，由承包商主管部门对其进行约谈。二是实行承包商风险抵押金制度。承包商在进驻施工现场前要交纳一定比例的风险抵押金，根据发生各类违章和事故的性质，进行动态考核，建立安全管理和经济处罚的刚性连接，促进承包商加强自身安全管理。三是把好人员素质关。抓好承包商安全教育，严格分厂、车间和公司三级安全教育，严把承包商安全考试关，对考试不合格者禁止进入现场进行施工作业。同时，深入开展承包商健康体检工作。凡是进入辽阳石化的承包商，在进驻现场前必须经过国家三等甲级医院体检，体检不合格者禁止进入作业现场。四是完善“承包商施工安全信息管理系统”。建立健全承包商信息档案、外来施工作业人员“三违”积分和过程考核档案，每年依据该系统对承包商进行量化打分，并实行末位淘汰制度，规避人为因素干扰，努力实现承包商信息化、透明化、动态化和过程化管理。

这些措施的实施，进一步规范了承包商管理行为，承包商强化自主安全管理的积极性、自觉性得到有效调动，公司承包商施工管理更加规范有序，对比以往有了实质性进步。

五、建立风险排查机制，提高作业的风险防范能力

进行有效的风险识别、分析与控制是 HSE 体系管理的核心，也是保证作业过程安全的重要措施。公司以风险控制为核心，坚持风险排查动态化、常态化管理，建立起全员查风险、治隐患的长效工作机制，切实将风险管理的理念贯穿到岗位操作和现场作业的全过程。针对新建、改造装置较多的实际，组织全员围绕工艺设计、岗位操作、装置管理、上下游联系等方面展开隐患和风险排查，并建立班组级、车间级和厂级排查管理机制，保证每个层次的排查有记录、有分析、有措施。为充分调动员工参与的积极性，完善隐患排查和风险识别奖励办法，规定厂级奖励时限不准超过 1 个工作日、公司级奖励时限不准超过 5 个工作日，并提高了奖励标准，设定最高奖励标准为 5 万元，同时对正确使用“停止作业卡”的员工也给予一定奖励。2011 年上半年，公司风险辨识活动成效明显，共查出各类风险和隐患 756 项，奖励 1058 名员工，奖励金额达 63 万元。公司有效实施工艺安全管理。聘请安全技术单位对 9 套装置开展工艺安全评价，围绕发现的 4000 多项问题，开展攻关论证，分别从管理和技术上制定整改措施，并对操作规程和操作卡进行修订完善，增加相应的工艺安全风险提示和操作风险提示内容，使操作管理更有针对性和指导性。同时，进一步加强小事故和小事件管理，下发了《虚惊事件管理办法》，每月对虚惊事件汇总分析，并在全公司范围内分享。

实践证明，HSE 不仅是一种先进的、科学有效的管理方式，更是一种系统化、科学化的管理思维体系，具有极为广泛的指导性和适应性，只要长期坚持、常抓不懈，就一定会取得明显成效。在近一年的实践中，公司也深深体会到，安全管理和 HSE 体系建设的重点始终在基层、在现场、在落实、在执行。以现场安全管理为重点，强化过程控制，是推进 HSE 体系建设取得实效的有效途径。随着体系建设的不断深入，公司将继续深化对 HSE 体系建设重要性、长期性、艰巨性和复杂性的认识。我们有信心、有决心按照集团公司的部署，结合自身工作实际，扎实做好体系推进工作，为扭转安全生产的被动局面，为推动集团公司安全清洁发展做出应有贡献。

挖掘事故事件价值　促进安全绩效提升

南美公司安第斯项目

南美公司（厄瓜多尔）安第斯项目（以下简称安第斯项目或公司）充分利用事故事件资源，深入挖掘存在的管理缺陷和不足，使事故事件管理形成了包含事件统计、调查、整改、跟踪、趋势预测与预防、价值利用等环节的完整闭环管理模式，有效提升了公司 HSE 绩效。

一、公司概况

公司是中国石油与中国石化通过收购加拿大 EnCana 公司于 2005 年 8 月组建的合资公司，中国石油和中国石化分别占 55% 和 45% 的股份。公司现有员工 632 人（其中有中方员工 28 人），承包商员工平均约 1900 余人，年产量约 300 万吨。

公司的生产施工区域位于厄瓜多尔的亚马逊热带雨林腹地，森林覆盖率达 70%，是世界环保敏感地带。公司作业区块和国家自然保护区相交，近一半区块面积处于保护区中，与公司相互影响的当地社区近 100 个，其中包括多个土著部落。近年来，厄瓜多尔政府通过立法等手段，不断加大对资源领域的控制与管理。政府陆续实施了新石油法、新劳动法等多项法律法规，对多项环境和社会问题进行了重大变革，对外国石油公司的安全环保要求越来越严格，使公司面临极其复杂的安全环保法规环境和近乎苛刻的安全环保要求。

公司成立以来，继承加拿大 EnCana 公司在 HSE 管理方面的有效做法，采取了多种手段培育 HSE 文化，从技术、人才和管理方面大力创新，全面实现了安全环保工作网络化、规范化管理。公司高度重视事故事件管理，充分利用信息管理平台获取生产作业中的各类事故事件信息，深入挖掘事故事件资源，有针对性地改进 HSE 管理措施，有效提升了公司 HSE 工作业绩。自 2006 年起，公司 HSE 绩效指标连续多年在厄瓜多尔石油行业保持领先，公司已成为该国石油行业 HSE 工作典范。公司先后荣获“世界石油”、“可持续发展最佳公司”和欧洲国际质量“新千年奖”等多项荣誉，公司作业项目还荣获 2010 年中国石油天然气集团公司绿色基层站队称号。

二、事故事件管理的主要做法

公司将未遂事件视同事故来管理，以未遂事件和安全隐患作为节点来界定事前与事后管理。事前管理的重点是建立全员的安全核心价值观，主要是全面推行 STOP 制度，即：任何人都有权叫停可能危及自身或同事安全的工作，任何人都有权拒绝执行自己不能胜任的工作，员工有权知晓所从事工作的安全风险，员工有权接受工作安全培训。这种“天赋安全观”使事故预防成为每位员工的信念和工作，而不仅仅是 HSE 部门的工作，促进了公司预防为主安全文化的形成。事后管理的重点是强化信息报告，深入开展事故事件调查分析，充分利用调查结果制定改进措施，消除事故隐患，并广泛开展事故经验分享，把个人经验和局部经验扩展到整个公司，提高整个组织的安全防范水平。

（一）加强信息上报，强化源头控制

公司格外重视未遂事件及安全隐患的源头控制，严把事故事件信息入口关，通过建立事故事件报告系统，及时获取事故事件信息，建立完善的事故事件资源库，为调查分析和制定改进措施提供了基本数据保证。

1. 建立事故事件管理制度和标准

一是从制度层面明确事故管理要求，树立科学的事故事件管理理念。公司各级领导深知事故事件是 HSE 管理体系运行出现异常的信号，系统地监测和分析事故事件能帮助公司及时发现 HSE 管理系统存在的缺陷，制定更有针对性的改进方案，从而消除相应的风险。公司明确指出“责任追究”不是公司事故调查的目的，也不是事故调查报告的一部分。公司不会因为某位员工发生事故而对其严加处罚，通过广泛宣传和实际行动，使事故管理理念深入人心，从制度层面消除了各级管理人员和操作人员对事故上报的恐惧感，清晰明确的事故事件管理理念和宽松的信息报告环境，消除了员工对事故上报不利后果的担忧，有效避免了事故事件瞒报、迟报、漏报现象。

二是采取激励手段鼓励上报行为，从源头上保证信息上报及时畅通。为了确保及时准确获取事故事件信息，公司采取正向激励的原则引导员工上报各类事故事件和隐患。公司推出了事故事件报告人奖励措施，定期开展月度最佳隐患事件报告评选活动，激励员工报告在工作岗位上发现的各种事故隐患和未遂事件，调动了员工及时而诚实地报告事故事件的积极性，使员工能积极利用公司在线不安全行为/状态报告系统，搜集 HSE 不安全行为及不安全状态信息。自 2010 年 7 月份实施奖励措施以来，隐患事件报告数量明显增多，使公司能及时采取措施，避免发生类似事件或引发更大的事故。

2. 建立完善事故报告信息系统

一是开发事故信息报告系统，实现事故事件在线管理。事故事件管理系统是公司安全环保网络数据库管理系统的一个模块，整合了事故跟踪系统和未遂事件报告系统，集成了事故事件在线报告、程序化事故分级调查、调查结论和建议落实跟踪、事故关闭和存档等功能，设定了与生产施工各要素紧密相连的事故事件报告模板，规范信息报告内容。公司各单位配备了完善的硬件设施，每位员工随时随地可通过接入公司的网络计算机或通过远程登录访问该系统，按照系统设置的模板将工作中发现的安全环保隐患、发生的各类事故事件录入系统，然后依据事故报告与调查程序提交给现场经理和 HSE 总监，现场经理根据 HSE 总监现场取证和事故初步报告，并依据事故等级启动事故调查程序。

二是与公司信息系统高度集成，提高事故信息管理效率。事故事件管理系统与公司的信息系统架构高度整合，首先与公司的审批门户无缝链接，作业现场的每项工作任务都要经过网上审批，整个审批环节在信息门户中清晰可见，不仅提高了管理效率，增强了内部沟通，而且保证了在事故处理过程中权责分明；其次与公司文档管理系统高度集成，能将事故事件和安全环保隐患的各类基本信息及调查报告等完整地保存下来，按照事故类型、事故成本、污染、人员伤亡、不安全状态类型、不同原因导致的人员伤亡、整改计划和事故描述等内容形成不同的统计报表，提供趋势分析结果。报告和调查流程的所有环节均在系统内完成，便于跟踪管理。

（二）深入开展调查，挖掘事故原因

公司根据事故事件调查原则，制定了简明规范的调查程序，应用科学的调查分析方法，认真组织各类事故事件的调查分析工作，深入挖掘发生事故事件的根本原因。

1. 明确调查目的，规范工作流程

一是明确事故调查目的。公司明确了事故事件报告和调查的目的是确定事故事件发生的根本原因和直接原因，通过实施纠正和预防措施，避免类似事件重复发生。通过深入宣传事故事件调查理念，使员工了解事故调查的根本目的和工作原则，并通过事故调查与处罚相分离的具体措施，提高了员工积极参与事故调查工作的积极性，使调查工作能够深入发掘出事故背后隐藏的深层次管理原因，为制定预防与整改措施奠定坚实的基础。这是确保整个调查工作能够顺利而深入开展的关键因素。

二是制定简明规范的事故调查程序。公司在《HSE 管理手册》中明确了部门和员工在事故事件报告、调查、记录、分享及利用调查结果改进 HSE 管理方面的责任，在此基础上制定了项目人员和承包商均需执行的简明、规范、便于操作的《事故事件报告和调查程序》。按照直线管理原则规定了从承包商、基层雇员、现场监督到人力资源经理、总经理的各级直线管理者及执行委员会在事故事件报告和调查流程各个环节的职责，建立了包括调查、行动计划和跟踪、培训和沟通、记录、趋势分析等环节在内的事故事件调查流程。

三是强化事故调查专业培训。培训范围包括全体员工，主要包括事故调查工作流程、工作方法及具体工作要求。通过专业培训使不同岗位的员工熟悉本岗位在事故调查中的任务，需要完成的具体工作，掌握培训事件记录表、事故事件初始报告、最终报告、调查概述等相关文件的填写方法。通过培训，使相关人员清楚自己在流程中哪个环节应该做什么、用什么工具和方法去做、自己的工作与流程中其他环节之间的界面和相关性。

2. 应用科学方法，开展调查分析

一是应用科学的事故事件调查分析方法。公司采用挪威船级社的系统化原因分析技术（SCAT）作为事故调查方法，将事故事件类型分为撞击、非正常操作、设备故障等 13 大类，将直接原因细化为不安全行为和不安全状态各 20 种，将根本原因中涉及人的因素、工作或系统因素均分为 8 个方面，上述因素均细化成表格，形成规范统一又便于汇总填写的调查统计表，量化事故事件信息，将原因分析分解到具体细节，为下一步制定纠正和改进措施提供准确而细致的技术保障。

二是按规范开展调查分析工作。事故事件的当事人或其现场监督在 12 小时内按程序格式完成事故初步报告，在管理系统中提交给现场作业经理和 HSE 总监。公司审批门户会自动提示在班现场经理和 HSE 总监，附带自动邮件提示，由他们启动相应的事故调查程序。中等程度以下的事故，由公司 HSE 现场监督负责事故调查；损失严重、发生频率高的事故，由油田现场经理在 24 小时内任命多学科的专家组成事故调查组开展调查，必要时可聘请外部专家，HSE 人员提供必要的技术支持。调查组在 7 日内完成事故调查报告，采用程序文件中的模板，用文字叙述事故过程，并以图片或动画模拟事故发生过程，详细叙述事故发生

后采取的措施、目击证人描述，全面揭示事故发生的直接原因、根本原因和系统原因，并根据事故发生原因逐项制订整改措施，明确整改责任人、整改期限、整改进度跟踪。

（三）利用事故资源，改进管理水平

公司把事故事件作为管理资源，充分利用各类事故事件信息，挖掘管理系统中存在的问题，有针对性地制定整改措施，从硬件设施、人员素质等方面改进管理。

1. 利用事故信息，制定整改措施

一是综合利用事故事件信息。事故事件管理系统中 HSE 业绩数据库能随时为事故分析、预测提供指标性参数，帮助 HSE 人员根据趋势预测制定相应的措施方案，并易于按照作业环境、人员、设备设施、劳保用品等分类汇总导致各类事故的具体原因。

二是制定有针对性的整改措施。事故事件原因的细化和归类及科学的分析方法能帮助分析人员深入挖掘深层次的管理系统方面的漏洞，公司利用管理系统中事故资源库，从 22 个方面列出了制定纠正措施应权衡的内容，每个纠正措施又进一步细化为多个具体措施。要求制定的整改建议计划应清晰简明，在最终报告中的“跟踪及措施关闭”栏里，需写明“谁”、“何时”、“干什么”，内容详细准确，便于直线人员落实。

2. 强化整改责任，确保措施落实

一是明确整改责任，监督落实情况。在事故调查报告中，每项建议都指定了负责落实的部门或人员，有清晰明确的落实期限，每起事故指定一名现场 HSE 人员负责跟踪整改。现场单位利用每周经营会和经理安全会，分析上周发生的所有事故事件，监督整改措施落实情况和负责人员尽责情况。公司设立了事故调查委员会，每月召开会议，报告每起事故的调查结论和措施建议，已采取的措施、措施责任人、每项措施落实状态，让管理层了解各类事故事件及不安全行为与状态的原因，掌握预防和整改措施责任落实情况，据此制订安全管理的阶段策略。

二是及时跟踪反馈，确保措施落实。工作现场每周召开全体 HSE 人员会议，在事故事件管理系统中逐条分析每个报告事件的调查、整改情况，及时与现场作业经理和事故相关方沟通，督促事故调查和整改方案的落实。在事故事件管理系统中，会按区块、部门、工作区对事故分类统计，以图形方式显示每个区块、部门、工作区的事故事件整改方案落实情况。在每月的事故调查委员会会议上，管理层会逐项跟踪事故整改方案的落实情况，推动各项整改措施切实得到落实。

3. 提炼事故经验，开展经验分享

一是完善事故专家知识库。事故事件管理系统中的信息和统计报表组成了公司 HSE 专家知识库的一部分，员工在事件跟踪系统中可以按区块、时间段、事件类型分类查询事件详情，只要输入查询时间段和查询内容，系统即可自动输出总可记录事件率、损工伤害率、车辆事故率等统计数据，生成统计数据图表，为管理层提供了改进安全管理的可靠依据，促进了团队内部的知识共享及经验传承。

二是编制事故经验分享课件。公司根据事故报告将每起事故编写成事故经验分享材料，提炼事故中暴露出的事故原因，以及据此采取的预防和改进措施，在公司内部作为培训课件宣讲。同时，公司在承包商 HSE 委员会每次例会中，要求参会承包商轮流开展 HSE 专业讲座，分享 HSE 事故事件的经验或认识，并对经验分享的内容和质量提出了具体要求，确保每次分享活动能做到内容真实，具有参考价值。

加强事件管理　实现过程控制

长城钻探古巴项目部

中国石油长城钻探工程公司古巴项目部（以下简称古巴项目部）以“事故隐患必须及时整改、报告、分析和处理”为原则，以 HSE 事故事件发生率作为衡量 HSE 业绩水平高低的重要指标，加强事故事件管理制度建设、鼓励全员参与，找出现场的薄弱环节，消除事故事件发生的苗头，强化源头管理、实现过程控制，加强统计分析、找出事故事件发生的规律，有针对性地采取纠正和预防措施，取得了较好的效果，提高了项目 HSE 管理业绩。

一、加强制度建设，鼓励全员参与

一是按照公司《HSE 事件管理办法》要求，建立了《古巴项目事故事件管理办法》，明确各类事故事件报告的奖励制度，鼓励、发动员工发现和上报各类事件信息。对及时上报各类事件并认真分析、采取合适措施预防的基层队给予一定的奖励，激励员工参与事故事件管理。

二是为了鼓励全员参与现场 HSE 事件或隐患的报告，古巴项目部通过“安全观察与沟通”和 STOP 卡在现场管理岗和操作岗同时执行的做法，相互补充，相得益彰，出台了《古巴项目部安全观察与沟通管理及激励办法》，对平台经理、带班队长和 HSE 监督设立安全观察与沟通奖励，操作岗员工设立 STOP 卡激励机制。根据现场安全观察与沟通的内容及相应的隐患整改情况，每月各基层队对中方员工和古巴员工进行奖励。现场员工将奖励作为对自身安全工作的鼓励和认可，通过该方式员工参与安全管理的积极性和热情从整体上得到了进一步的提高。STOP 卡数量从原来每个月的 3～5 张到现在每月的 40 张左右，逐渐培养员工的行为由“要我安全”向“我要安全”转变。

三是根据公司异体监督实施办法，古巴项目部严格执行事故事件执行和监督两条线：由平台经理和 HSE 监督分别向项目作业部和 HSE 部进行汇报，明确责任，把事故事件的汇报作为考核平台经理和 HSE 监督的一项重要指标。在 HSE 部每月对 HSE 监督的考核中，事故事件的汇报作为加分考核项，同时项目部每季度大检查将此内容作为 10% 的专项工作进行考核，以提高基层管理者对 HSE 事件管理工作的重视程度。

四是古巴项目部建立了手机短信、QQ、电子邮箱等各种汇报的途径和方式，方便员工汇报，同时承诺对汇报员工情况进行保密，打消员工顾虑。通过这些渠道加强了对平台经理的监督，大幅度减少了各基层队对各类事故或事件的迟报、漏报、谎报和瞒报现象。

二、强化源头管理，实施过程控制

HSE 管理的核心是风险管理，关键在于预防，特别是要控制风险产生的源头，即每个岗位在作业中存在的各种不安全因素。要想杜绝事故的发生，必须加强不安全因素的管理，所以项目部通过严格员工岗位及设备变更管理、规范各岗位的操作规程、强化风险识别、严把项目材料准入关、执行一井一策及属地管理等手段，加强源头管理，实施过程控制。

一是古巴项目部将人员岗位变更和设备变更视为源头管理的重点工作之一。基层操作岗位人员变更时，项目部和基层队共同对该员工转岗前的安全意识、安全操作技能及 HSE 业绩等进行评估，对该员工进行新岗位知识的培训，完成人员变更申请表，项目 HSE 部进行备案。同时，在现场使用新设备或原设备操作程序发生变化时，现场组织机械师或电气师对操作人员进行专业培训。

二是鼓励大家从自身工作出发，养成记录、汇报习惯。要求各岗位建立自己的不安全因素记录本，即每个岗位把自己参与的作业中的不安全行为、不安全状态、有关设备的故障甚至更换零部件的频率等记录在案，并及时汇报给带班队长，既提供了大量真实有效的数据资料，又具有可追溯性。员工在日常规范自身安全操作的同时，项目部每季度组织基层队开展风险辨识活动，监督基层队制定防范措施，消除隐患。

三是强化源头与过程控制并重。现场物资材料的质量也是影响安全管理的重要因素，项目部高度重视物资材料的质量情况，严把现场材料准入关，定期向公司反馈现场材料质量情况，建立物资供应商质量信誉档案。通过“一井一策”等方法加强过程控制，即根据施工井的井深设计、地层特点及邻井资料出台该井“地质风险评估预案”；针对古巴 CUPET 甲方钻井管理相对薄弱的现状，对甲方钻井指令中不合理部分提出建议，避免因指令不当而造成 HSE 事故；项目部各部门每天对基层队的生产汇报、技术资料进行分析，为公司和基层队提供各项参考数据和经验指导。

四是积极沟通，防患未然。属地主管与带班队长每次在班前班后会上进行沟通，每周就属地中发现的问题与平台经理进行交流，充分落实属地管理和直线责任，实现“两个做在前”，即风险防范做在事故事件发生前面，具体工作做在考核检查的前面；基层队加强执行检查，属地主管对检查发现的问题限期关闭；项目部加强引导和支持，突出预防管理，促进隐患及时整改。

通过源头和过程管理，实现了从隐患发现到关闭的全过程控制，培养员工养成良好习惯，提高雇员的安全意识。自 2005 年古巴项目启动以来，未出现任何重大安全责任事故，受到了古巴 CUPET 公司的高度评价。

三、加强统计分析，实现科学预警

对事故、事件以及日常检查发现的问题，古巴项目部严格要求各基层队通过安全观察与沟通和 STOP 卡的形式记录并进行相关整改，提出预防性控制措施。同时要求基层队进行汇总分析，根据数据分析结果，有针对性地加强管理。

一是记录原始数据。HSE 监督每天收集安全观察沟通和 STOP 卡等方面的信息，按 5 个大类分别记录，为每周的评比奖励活动提供依据，同时为分析工作提供大量真实的数据。

二是统计分析。利用统计工具，对收集的数据进行统计、分析，及时掌握状况与趋势，寻找短板，持续改进。分析某井队收集的 47 份 STOP 卡发现：“工具和设备”项出现了 16 次，占总体的 34%，比重最大。该队根据这一情况，有针对性地加强对现场员工正确检查、使用用具的培训，完善了相应的制度。

三是根据统计分析结果，制定并落实纠正和预防控制措施，减少事故事件发生的可能性。如井队在工具设备及人员站位方面存在较多安全隐患，指导该基层队就应加强设备及工具安全操作等管理工作，在员工作业过程中及时监督纠正员工站位，降低施工风险。HSE监督结合每月发生的事故或事件，提交本队的 HSE 事件统计分析报告。根据事件发生的性质、类型、原因、时间、岗位工龄和自然环境等进行统计分析并上报，并在各基层队中进行安全经验分享，避免类似事故的发生。

四、充分利用事故事件资源，加强员工教育培训

一是利用各种事故事件资源，强化员工培训。古巴项目部充分利用各种事故事件资源，包括下发的各种事故事件，收集整理后发放给大家，组织学习，分析原因，举一反三，吸取教训。同时，充分利用 SAFEWAY 软件，采取室内培训、现场熟练员工示范演练和接受培训员工学习操作相结合的方式，收到了良好的效果。

二是对事故事件进行分类建档，为员工提供相同作业的同类事故安全经验分享，使预防工作更有针对性。

三是古巴项目部按照公司要求积极开展安全经验分享，同时组织基层队开展安全经验分享比赛，并选拔基层队安全经验分享比赛中的优秀员工参加项目安全经验分享比赛，进一步提高了员工安全意识，营造了安全文化的氛围。

通过加强事件管理，实施事故事件管理的全过程控制，古巴项目部的 HSE 业绩得到了明显的提升，牢牢站稳了古巴工程技术服务市场。在今后的工作中，古巴项目部将继续以风险管理为核心，深化事故事件管理，提升 HSE 管理水平，为长城钻探工程公司古巴市场份额的提高提供强有力的保障。

强化事故分析　探索有效事故管理模式

川 庆 钻 探

目前，事故调查过于强调责任分析，而忽略了事故调查的本质和目的；事故调查分析方法简单，事故原因分析侧重于人员和实物方面的因素，很少深挖事故发生的管理上的原因；纠正预防措施缺乏针对性和有效性，造成事故防范措施失效，同类事故重复发生，事故没有得到真正控制。中国石油川庆钻探工程公司（以下简称川庆钻探）针对当前事故调查存在的问题，开展事故调查分析研究，规范事故调查程序，转变事故调查观念，探索出了有效的事故管理模式。

一、探索事故原因分析方法，明确事故调查分析思路

事故原因分析是事故调查的核心，事故原因分析是否成功取决事故调查方法的选用，工业生产安全事故往往涉及人、物、管理等诸多因素，选用好的事故分析方法，选择恰当的事故调查方法，不仅有助于查找出事故发生的根本原因，而且不会遗漏，能系统、全面、客观的查找出造成事故的各种诱因。如果方法选用不当，就会造成原因查找不清的后果。因此选择事故分析方法尤为重要。

目前，中国石油天然气集团公司对生产安全事故调查分析方法没有统一和明确规定，调查事故大多为凭借调查组人员的经验来分析和判定，对事故原因也往往停留在人的不安全行为和物的不安全状态上，对管理上的因素涉及较少，事故原因分析不全面、不深入，未能查找出事故的根本性因素。川庆钻探通过对目前国内外事故调查分析常用的 12 种事故分析方法进行对比分析，结合企业生产实际，明确了根源分析法作为川庆钻探生产安全事故调查分析方法。

（一）根源分析法

根源分析法是一种系统的分析方法，以“鱼刺图”、“为什么树”等工具手段，查找造成事故发生人、实物方面的关键因素，再利用因果逻辑关系进行深入分析，查找出系统内存在的管理缺陷，即事故发生的根本原因，制定出消除这些原因的纠正和预防措施，达到改进业绩和持续发展的目的。该方法逻辑性强，简单实用，具有较强的操作性，应用范围广。

（二）根源分析法的思路

该方法主要采用因果逻辑推理的思维，运用“头脑风暴法”、“鱼刺图”、“为什么树”等工具，分析人员、实物、管理等方面的关键性因素，绘制事故逻辑图，简单明了地反映出造成事故各种原因以及相互之间的联系，不仅能查找导致事故发生的人员和设备上的关键性因素，更侧重于查找出管理上的关键性因素，明确系统管理的问题，从中得到经验教训，有效制定出防范措施，防范同类事故的发生。

（三）分析步骤

第一步：确定重要事项。重要事项就是所要分析的事故或者故障事件。

第二步：调查或分析造成重要事项的各种原因。将造成该事项发生可能的原因都要罗列出来，包括听到的和看到的所有事实，尽可能不要漏掉，查找出人和实物方面的关键性因素。

第三步：查找系统管理上的关键性因素。可以通过召开座谈会，利用“头脑风暴法”、“鱼刺图”等方法来进行分析、对查找的人和物方面的关键性因素进行深入分析，查找管理上存在的问题，确定管理方面的关键性因素。

第四步：绘制“为什么树”。在找出造成重要事件的和各种原因之后，就可以用相应事件符号把它们从上到下分层连接起来，层层向下，直到最基本的原因事件，这样就构成一个“逻辑树”。

第五步：验证。对整个事故分析的原因进行验证，根据现场调研取证和事实等方面的证据，来进行反复推敲，判定分析是否合理，如果分析与事实发生矛盾和冲突，除局部更改外，有的甚至要推倒重来，有时还要反复进行多次，直到符合实际情况、比较严密为止。

二、理顺事故调查流程，建立事故调查模式

事故发生后，开展事故调查十分重要。如何开展事故调查工作？还原事故真相，通过对国内外事故调查模式进行分析和研究，结合企业的特点，对事故调查流程进行梳理和规范，初步探索石油企业事故调查模式。

（一）事故报告与反应

（1）事故报告。事故发生后，当事人或最先发现者应及时采取自救、互救措施，保护好事故现场，并立即报告单位负责人。事故发生单位要根据事故等级和类型，按照要求逐级上报给相关部门和相应的政府机构。

（2）现场处置。事故发生后，现场处置特别重要，要做好组织抢救伤员，制止事故蔓延和保护事故现场。事故现场保护不好，一些与事故有关的证据就难于找到，不宜查明事故的原因，直接影响事故结案速度和事故调查处理质量。通过设置警戒线、划分警戒区域、疏散撤离人员等手段，尽可能保护现场的原始状态，既不减少任何痕迹、物品，也不增加任何痕迹、物品。

（二）成立事故调查组

企业要建立事故调查专家库，在组建事故调查组时，根据事故的性质和等级，从专家库选择相关人员组建事故调查组，成员应包括安全、技术、生产、纪检、工会等相关业务的专家，明确事故调查组的职责和权力，确保事故调查组顺利开展事故调查。在“龙岗63井掉钻具”事故中，川庆钻探组织了工程、装备、安全、工会等部门的专家组织调查组，改变过去一般工程事故只有工程部门人员进行调查的局限性。

（三）现场踏勘与证据收集

（1）现场勘验。要认真保护事故现场，凡与事故有关的物体、痕迹、状态，不得破坏，即使是为抢救受伤害者需要移动现场某些物体时，必须做好现场标志，所有物件尽可能保持原样。

(2) 事故证据收集。事故证据收集主要是要收集整理人、物、管理以及事故发生经过等4个方面的资料。尽可能将证据收集全面、准确，有些证据要进行验证，确保各种证据真实。在证据还不足以确定发生的直接原因或过程，往往要进行现场模拟实验。

(四) 事故原因分析

事故原因分析是事故分析的重点，也是事故调查的核心，事故原因分析不准确，事故调查也就失去意义。从事故发生的重要事项，利用根源分析法从人、物、管理、环境等4个方面来进行分析事故可能发生的原因，查找出事故发生的人和实物方面的关键性因素，再进行逻辑分析，查找管理上的关键性因素，找出事故发生的根本原因。

(五) 事故纠正预防措施

事故调查组人员查出事故原因后，针对事故原因分析找出的根本原因和主要原因，确定预防事故再次发生的整改措施。各职能部门要按照直线管理的原则，从人、物、管理等方面制定相应的预防措施，并制定出措施整改执行计划，明确各项防范措施落实时间、责任人，并定期对落实情况进行跟踪、督促，确保各项措施得到落实。

(六) 事故责任认定

要根据事故原因分析，来明确直接责任者、领导责任者和主要责任者，并按照事故管理处罚规定进行处理。

(七) 报告编写

事故报告应对事故发生过程描述要准确、原因分析要系统全面、责任划分要明确、预防措施要具体，结论要正确、肯定，证据充足。

(八) 事故资源共享

要根据事故的等级和性质，将事故情况在进行通报，编制事故案例书册或光碟，组织相关人员进行学习，确保事故资源得到有效利用。公司定期编制典型事故案例分析手册，将事故案例进行汇总成册，下发到基层单位，要求全员开展学习。

(九) 措施跟踪

事故调查结束后一定时间内组织相关人员对事故单位进行一次措施落实情况跟踪，验证事故单位对事故报告中提的建议采纳程度，评估事故单位安全现状，确保安全形势好转。

三、取得成效

目前，生产安全事故调查模式在川庆钻探生产安全事故、工程事故、质量事故等事故调查上广泛应用，通过开展事故调查模式研究，改变事故调查传统观念，事故调查更加规范，事故原因更加全面真实，事故措施也更加有针对性，事故资源充分共享。

(一) 事故调查更加规范

事故调查各个程序内存在较强的内在关联，任何一个环节没有做好可能影响整个事故调查的结果，通过对事故调查程序进行梳理和规范，建立事故调查模式，使得事故调查程序更加规范和严谨，改变了过去事故调查流程不明确，往往凭借调查组成员的经验和习惯的局限性。

（二）事故原因查找更加全面、客观

在以往事故调查分析过程中，侧重分析人的因素和物的因素，对管理上的原因深究太少，造成事故调查分析原因存在大量遗漏，不够客观、全面，没有查找出根本原因，事故防范措施缺乏有效性、针对性。通过采取根源分析法对事故进行全面分析，深挖管理上存在的问题，使事故原因更加全面和客观。例如，在一起物体打击事故中，查找出造成事故发生的因素共 21 个，其中人的因素有 4 个，物的不安全因素有 2 个，环境因素有 2 个，管理因素有 13 个。

（三）事故防范措施更具针对性

按照事故调查分析模式对事故开展调查，全面查找事故发生的各类原因，特别是查找出大量的管理上的缺陷，从而有利于从管理上进行改进，制定出的措施更能有针对性，同时也有利于改进企业安全管理水平。

（四）事故资源共享更充分

通过开展事故调查模式研究，改变事故调查的传统观念，将事故案例作为经验分享材料，通过下发文件、编制手册、网络等手段充分地进行传递，在会议、工作中进行分享和学习，充分利用事故资源，提升员工安全意识和防范能力，提高公司事故管理水平。

承包商管理

落实 HSE 九项原则　强化承包商安全管理

塔里木油田

承包商管理是任何一家大型企业都绕不开的管理问题。中国石油塔里木油田公司（以下简称塔里木油田）从会战伊始实行“两新两高”和“少人高效”管理体制，就决定了承包商将在企业运营发展中发挥重要作用。塔里木油田的飞速发展，给广大承包商的发展壮大提供了一个机遇，广大承包商既给塔里木油田的飞速发展增添了血液，也使油田的风险管理难度加大，这是企业发展过程中不可回避的问题。2008 年，中国石油天然气集团公司（以下简称集团公司）发布 HSE 九项原则之一——“承包商管理执行统一的健康安全环境标准”，规定“承包商安全事故纳入业主的安全业绩等同于业主事故”，内在和外在的压力也推动塔里木油田对承包商安全管理进行了一系列新的探索和创新。

一、承包商安全管理的重要意义

塔里木油田 4000 万吨发展规划和“又好又快”的可持续发展离不开承包商的支持，虽然面临巨大的进度压力和挑战，但塔里木油田的安全核心价值观不允许使用不安全的承包商。不安全的承包商会毁掉我们的事业，更为重要的是，塔里木油田树立的安全核心价值观是对所有承包商安全负责的价值观。将承包商的安全管理纳入企业一体管理，是塔里木油田安全文化建设最明显的特征之一。塔里木油田在承包商安全管理方面有以下几点体会：

（1）对承包商员工生命的平等态度，是做好承包商管理的关键，只有平等对待、真心关爱、充分尊重，牢固树立“一家人、一盘棋”思想，才能真正做好承包商管理，才能实现塔里木安全文化质的飞跃。

（2）承包商安全管理的绩效也反映了企业实际的安全管理水平和实际安全绩效。安全文化建设的持续深入，也促进了广大承包商的安全管理水平的提升。承包商在取得良好的安全业绩的同时，也促进了塔里木油田安全文化持续前进的步伐，双方取得“双赢”的效果。

（3）必须将承包商管理作为企业系统工程来部署，承包商管理水平在一定程度上也反映了企业基础管理水平，“基础不牢，地动山摇”。因此企业领导和各级管理部门必须高度重视、统一思想、步伐一致、耐心工作，各个部门协同工作密切配合，“把每一个关口都作为源头”是做好承包商管理的关键。

（4）承包商的稳定和发展对企业安全发展和战略目标具有非常大的影响，因此企业也应将承包商发展纳入到企业战略规划中，将承包商管理纳入到企业经营管理中，作为一个重要工作进行长期规划和统筹部署。

（5）企业各部门对承包商应紧紧围绕“转变其安全观念、培养其安全习惯、提高其安全能力”的思想展开工作，把对承包商的选择、监督、指导、考核工作做实、做细，每一个部门每一个关口的质量以必胜的信念、坚定的信心、无限的耐心把承包商安全管理持续开展下去。

（6）由于承包商与企业特殊的关系，由于安全文化建设和安全风险管理的复杂性、长期性、反复性、艰巨性特点，对涉及安全风险或风险集中的承包商管理时应避免“以包代管”现象。业主从安全风险管理的自身规律和关心所有人生命安全出发，关心承包商内部安全管理，帮助承包商理顺内部管理机制，逐步达到与业主管理体系对接和同步，从而实现控制安全风险、防止事故发生的目标，实现业主和承包商的共同安全和共同发展。

（7）随着业务发展，企业将会与不同行业、不同类型、不同安全风险的承包商合作，因此企业必须制定承包商管理策略，对不同承包商采用不同的管理策略，通过统一的安全标准进行规范，才能实现高效管理。

二、承包商安全管理实践做法

塔里木油田实行“两新两高”、“少人高效”管理体制，广大承包商工时占油田总工时的三分之二，而且承包商工作多属高风险作业，承包商管理面临一系列困难，主要表现在：承包商数量较大，管理水平参差不齐，人员结构复杂、流动大，总体学历和安全技能水平低；承包商普遍存在临时思想，会有短视行为，施工作业现场安全风险大；承包商普遍存在降低安全标准，主要关心进度和效益，而很少考虑安全与质量；承包商安全管理的流程不够清晰，管理责任划分不够明确，在承包商管理政策层面存在缺失；现有的承包商管理标准落实不下去，执行不严，现场属地主管责、权、利不够匹配，管理资源配置不足；等等。

为解决以上问题，塔里木油田转变承包商管理观念，针对不同业务存在的安全风险，结合“九项原则”与“反违章禁令”的具体要求，制定分类实施的承包商安全管理策略。按照“谁推荐、谁负责，谁使用、谁负责”的原则，对承包商进行准入和过程动态管理。推动广大承包商将 HSE 体系建设和安全文化与油田整体推进，进而把塔里木油田安全文化建设推上一个崭新的台阶。实施的主要方法如下。

（一）转变观念，培育共同文化

塔里木油田各级领导通过不同的途径和方法，展示他们对推动油田安全文化的决心和态度，从而影响了各承包商主要领导对安全的态度，也积极启发和引导了广大承包商思想观念的转变。通过“有感领导”和各级管理人员对承包商工作现场的行为安全审核，消除施工现场的违章现象，为施工现场个人施工安全提供了保障。承包商管理过程中协商、合作多于争论和推脱，沟通指导多于指令，发现问题，共同承担责任，共同处理问题。不是承包商怎么了，而是甲方能帮承包商做什么。由原来的甲乙方中的一方严格监督另一方变成双方组成联合工作团队。让承包商感受到油田推动安全文化的信心和决心，感受到他们的健康与生命得到了尊重和保护，管理变成更多的关爱，提高了承包商对塔里木安全文化的认同感和归属感。

（二）明确责任，各负其责

承包商管理涉及企业管理各个方面，需要系统综合改进。为了明确各部门责任，塔里木油田首先梳理并明确了从油田机关到属地的承包商管理各阶段的职责。

（1）质量安全环保处是承包商 HSE 管理归口部门；负责组织制定承包商 HSE 管理规章制度；负责承包商 HSE 资格准入审核和复审；监督考核各单位对承包商 HSE 管理规定落实情况。

（2）企管法规处参与制定油田承包商 HSE 管理办法；负责按照承包商 HSE 业绩进行市场准入审查；指导和监督承包商开展 HSE 业绩考核；负责 HSE 合同的管理，监督指导二级单位落实安全告知、签订 HSE 合同；负责建立承包商 HSE 评价考核系统，并将合同执行单位（部门）对承包商 HSE 评价考核结果在合同结算中兑现；建立并落实承包商激励和淘汰机制，并按照 HSE 评价考核结果对承包商进行处理。

（3）财务处参与制定油田承包商 HSE 管理办法；对承包商的 HSE 考核结果在合同结算中体现。审计部负责对承包商 HSE 管理办法执行情况的审计；负责 HSE 费用使用的审计。概预算管理部负责制定 HSE 费用计提规定；负责监督 HSE 费用按规定实施。

（4）合同执行单位（部门）负责对承包商 HSE 资格进行初步审查和能力评价；负责承包商的选择评估；负责提供项目相关的 HSE 技术标准和要求；负责向投标承包商发放及回收《HSE 要求传达确认书》；负责 HSE 费用项目审核；负责项目 HSE 风险评价和相关 HSE 条款审查；负责 HSE 合同的签订；监督承包商开展 HSE 业绩考核；负责将承包商 HSE 评价考核结果上报合同管理部门。

（5）属地管理单位负责承包商二、三级 HSE 培训考核；负责对承包商作业方案、人员、机具、物料入场验收；负责承包商日常 HSE 管理，监督承包商执行 HSE 标准和要求；监督 HSE 费用列支落实情况；负责承包商 HSE 评价考核，并将评价结果上报上级合同管理部门和 HSE 管理部门；有权对违反规定的承包商按照相关规定和合同条款进行警告、经济处罚或停工整顿处罚，有权向上级部门提出终止合同的意见或建议，对情节严重的，可向油田管理部门提出吊销安全资质许可证的建议。

（三）制定管理标准，分类实施

（1）分类管理：塔里木油田基于风险和承包商的实际情况，将承包商进行分类管理，划分为七大类，即工程技术类、操作运行类、设备检（维）修类、油田建设类、运输类、物资供应类、其他服务类的承包商，并就不同类型承包商采取针对性不同的管理方法。

（2）对于长期承包商：塔里木油田与部分长期关键承包商建立了战略联盟制度，鼓励部分关键承包商稳定队伍与油田同步发展，降低了承包商管理难度，也削减了安全风险；业主和承包商执行统一的安全管理标准，所有的工作都必须完全地按照制定的程序和/或安全作业规则来完成。油田将长期承包商纳入统一管理，部分生产运行承包商实行融合式管理，按照属地负责原则由属地单位负责所属承包商安全文化建设，共同学习，共同提高。

（3）对于临时承包商：对临时施工承包商，明确了承包商“六步法”的管理方法和步骤，即承包商的资质认证和选择、合同准备和招议标、签约、安全培训、现场管理与监督和定期考核评估。同时也明确了每个步骤相关属地的职责，做到了流程清晰、职责明确。各步骤实施的主要内容是：

①承包商的资质认证和选择：推行“谁引进，谁推荐，谁使用，谁负责”的责任追究制度，强化了承包商管理的源头控制。实施承包商安全准入制度，包括：识别符合公司安全承诺、原则的承包商；严格评估承包商安全业绩标准，有职工赔偿金、伤害率、管理程序、

资质、分包商管理策略等；由推荐单位对承包商根据量化打分表进行打分，择优进行推荐。承包商必须满足选择阶段综合能力评价的所有必要项，且综合能力评分达到 70 分以上，方准参加招投标。上年度油田 HSE 评价结果作为本年度承包商选择的重要依据，评价分数按照权重计入选择阶段综合能力评价，评价合格者，方准参加招投标。

②合同准备和招议标：承包商现场表现的问题，很多时候是前期合同准备和招议标阶段的准备没有做好。为了从源头上解决风险控制问题，塔里木油田明确规定合同执行单位（部门）在招议标阶段采取的管理责任，包括合同执行单位（部门）要对发包项目进行风险识别和危害分析，要明确对承包商的 HSE 管理要求、HSE 奖惩内容，明确对承包商人员的变更管理要求、HSE 费用配备等，强化风险的源头和过程管理。

③合同签订：为了将招议标会议上的内容体现固化，塔里木油田完善了安全合同管理责任和格式。合同执行单位（部门）负责制定 HSE 合同文本或经济合同文本中的 HSE 条款，写入经双方沟通确认的 HSE 要求；将 HSE 费用项目要求写入 HSE 合同；将 HSE 费用项目列支明细写入经济合同；回收并核查《HSE 要求传达确认书》，作为签约的必要条件，并作为合同附件；HSE 合同与经济合同必须同时签订，未签订 HSE 合同不准开工；HSE 合同中应明确合同执行单位（部门）对承包商的 HSE 评价结果与合同费用结算挂钩。

④安全培训：为确保前面的三个步骤完成，并进行完整的资料交接，本着对承包商负责的态度，对承包商人员开展入场“三级”安全培训，使承包商员工能够理解并接受项目现场的安全要求和塔里木油田安全文化。一级培训主要是承包商负责的法律法规培训；二级培训主要是油田理念和作业现场单位的安全规章制度培训；三级培训主要是针对高风险作业的技能强化培训。二、三级培训，不再是满足法律法规要求，而是切实提高承包商员工控制风险的技能；也不是笼统宣贯灌输培训，而是针对现场的具体工作需要，选择进行针对性的培训。培训更多采用现场操作的模式代替课堂理论灌输培训。

⑤现场管理与监督：落实“谁使用、谁负责”的责任追究制度，根据合同要求评估现场安全的实施状况，即以 HSE 作业计划书为依据，实行属地化管理，落实属地管理责任和履行责任的权利。保证审核或安全调查是针对伤害预防；设定跟踪机制，促使持续改进及避免事故的发生；建立顺畅的沟通渠道；各属地单位创新管理手段，确保控制各作业环节安全风险。

⑥定期考核评估：塔里木油田全面落实属地管理理念，赋予属地主管充分的承包商考核权。并建立分阶段的评价考核制度。油田各直线组织（部分职能处室和直属单位）高度重视与承包商的沟通交流，通过培训辅导、会议或者座谈等方式，建立与承包商沟通的畅通渠道，及时根据承包商的反馈意见，开展有针对性的工作，解决承包商工作中遇到的困难。对于安全管理经验不足的承包商通过安全管理现状审核评估以及高频次行为安全审核，及时发现承包商管理中的偏差，及时调整管理策略和配置资源，有效控制承包商管理中各个环节风险。

（四）甲乙方共担责任，严格考核兑现

（1）塔里木油田将所有承包商纳入考核体系，并制定了油田公司重点考核主要承包商，其他承包商由使用单位（部门）考核的策略。

塔里木油田对重点承包商进行 HSE 管理现状审核定级，结果作为 HSE 考核依据。审核定级为 A 级的，下一合同招标综合评分加 2 分；审核定级为 C 级的，下一合同招标综合评分减 1 分；审核定级为 D 级的，下一合同招标综合评分减 2 分，同时要求更换负责人，再度评为 D 级的，清出油田市场。

对未纳入塔里木油田考核的承包商，由合同执行单位负责日常工作表现评价和项目结束后的总体评价。油田按照评价结果对承包商合同费用按一定系数浮动，85 分（含）以上 100% 结算合同款，75 ~ 85 分下浮 1% ~ 5% 结算合同款，60 ~ 75 分下浮 5% ~ 10% 结算合同款，60 分以下下浮 10% ~ 20% 结算合同款。

塔里木油田按照年度 HSE 总体评价结果对未进行 HSE 管理现状审核定级的承包商进行考核。年度 HSE 评价考核分为四级，90 分（含）以上为优秀，80 ~ 90 分为良好，70 ~ 80 分为合格，70 分以下为不合格。年度 HSE 考核结果为优秀的承包商，下一合同招标综合评分加 2 分；考核结果为良好的承包商，下一合同招标综合评分加 1 分；考核结果为不合格的承包商，停签服务合同一年，连续两次评为不合格，吊销《安全资质证书》，清出油田市场。

发生一般 B 级事故的，除按照集团公司和塔里木油田相关事故管理规定处理外，将施工队伍清出油田市场。

发生两起一般 B 级或一般 A 级及以上事故的，除按照集团公司和油田相关事故管理规定处理外，吊销《安全资质证书》，将施工单位（公司）清出油田市场。

每年年初企管法规处对上年承包商评价考核结果和承包商的推荐单位在油田公示。

（2）为了强化甲方管理单位对承包商的管理责任，强化了对甲方管理的评价考核。

合同履行过程中，如发现承包商安全资质、业绩、能力、技术、设备、人员存在与推荐（选择）信息不符的，对推荐（选择）单位进行通报，并追究领导责任。

对纳入塔里木油田 HSE 管理现状审核定级的承包商，按照油田安全审核定级管理办法对甲方管理单位进行考核。

在上级部门或油田专项检查过程中，发现对承包商资质认证、队伍推荐、合同签订、安全培训、现场管理、评价考核等职责落实不到位的情况，按照塔里木油田 HSE 考核办法对相关责任单位（部门）进行考核。

承包商发生事故，对相关责任单位（部门）除按当年安全环保责任书与绩效合同，严格考核兑现外，还要根据相关规定进行处理和追究责任。

三、推进中存在的问题及对策

问题 1：推进承包商安全管理以及执行《承包商安全管理标准》时存在重视承包商现场管理和合同签订环节，轻视承包商培训、合同准备、资质审查和考核评估环节，形成中间大两头小的格局，管理不平衡造成属地单位现场管理难度大，整体上不能有效控制安全事件/事故发生。

对策：承包商管理是塔里木油田安全文化体系各要素中最大的短板，其成效直接决定了“零事故”目标和相应管理体系能否实现有效运转，必须将承包商管理纳入油田发展战略的重要工作来部署，因此承包商管理也必须是系统管理过程，各个环节都要严格把关确保质量才能保证承包商管理总体质量。将承包商管理涉及的资质审查、HSE 管理方案、HSE 风险控制措施及费用、入场前安全培训、开工前审查及考核、现场安全监督及审核、项目实施中和实施后考核评估等环节涉及的承包商的资格资质、人力资源、安全技能、装备设备、HSE费用、现场监督资源、过程信息等关键节点控制的安全职责有效分解到各直线组织和属地中,"良好的开端是成功的一半","上一个环节为下一个环节负责",从系统源头开始,在各个环节初始严格执行油田制度和安全标准,各直线组织和属地各司其职确保承包商安全。

问题2:塔里木油田大多数承包商安全投入不足,跟不上油田安全文化建设步伐,不适应油田整体发展。

对策:造成塔里木油田大多数承包商安全投入不足的原因是多方面的,从安全风险控制和事故预防的角度,安全投入包括安全资金投入、安全培训资源投入、合格人力资源投入、管理体系完善投入、优良设备设施投入以及员工队伍建设投入等部分,这些部分投入不足势必会带来管理跟不上、人员稳不住、内部不团结、设备故障多、人员技能低、队伍士气差等大量的安全隐患。这些隐患势必会积累爆发和转移给业主,造成安全事件/事故频发,业主管理资源严重透支,形成"双输"的局面。因此从油田长期可持续发展和建设塔里木特色安全文化大局出发,制定完善承包商合理的价格体系和管理政策,支持激励关键长期承包商的长期发展。在油田层面帮助承包商提升内部管理或管理体系建设,增强承包商内在素质。油田各属地单位按照油田党工委"两分两合"部署,关心承包商员工的冷暖和心理健康以及其发展,建立良好的甲乙方关系,多管齐下加大承包商的安全投入提升承包商安全管理,加快其安全文化建设步伐。

问题3:承包商数量庞大,存在资格审核环节不严格,考核评估环节跟不上,客观上造成现场管理难度加大和无序竞争状况。

对策:按照"谁引进、谁推荐、谁负责"原则,严格承包商引进、严格承包商资格审核、严格承包商准入关是选择优质承包商的关键,是做好承包商管理的源头,也是优化承包商结构控制数量膨胀的重点。因此严格控制承包商准入资格审核,按照标准对承包商工程资质、技术能力、设备配置、管理体系进行综合评价,拒绝不符合标准的承包商进入。对承包商进行施工过程及施工后评价是对承包商资质、技术能力、管理体系、设备装备配置等进行全面验证考核,属地管理单位必须专人负责考核过程,选用先进的管理工具和方法确保作业过程中和作业后考核结果客观真实,将与塔里木油田管理体系和核心价值不相符的承包商筛选出来、淘汰出去,从而确保承包商市场健康。细致合同准备环节,明确合同关键内容是确定合理标价的基础,同时可以避免承包商恶性竞争扰乱市场,最终损害业主利益,因此在合同准备环节,细化合同条款,明确关键措施和项目费用,透明化合同招标过程,避免不规范招标,确保选择费效比最佳的承包商。

坚持“四个一样”深化承包商安全管理

锦 州 石 化

中国石油锦州石化公司（以下简称锦州石化）深入贯彻落实 HSE 管理原则，基于“四个一样”的要求，即“对承包商的要求与对内部部门的要求一样、对承包商的管理与对内部部门的管理一样、对承包商员工的要求与对自己员工的要求一样、对承包商员工的管理与对自己员工的管理一样”，将承包商安全管理作为企业安全管理的延伸，不断优化承包商安全管理机制。锦州石化在承包商安全管理方面进行了积极探索，通过源头控制、过程规范、绩效评价，促进了承包商被动管理向自主管理转变，形成了企业与承包商共同管理、共同提高的良好局面，承包商的违规数量、事故起数逐年下降，违规行为和事故的严重程度逐年降低，承包商安全呈现持续好转的态势。

一、推进 HSE 体系建设，实现管理理念融合

加强承包商的管理，必须使承包商理解、认同企业的 HSE 方针和理念，并将企业理念融入承包商的内部管理，持续改进 HSE 表现，使其符合企业要求。近年来，锦州石化认真贯彻落实中国石油天然气集团公司（以下简称集团公司）HSE 方针、理念，全力推进 HSE 管理体系建设，将集团公司 HSE 方针、理念固化到管理制度之中，转化为具体的工作方法，在具体工作中贯彻执行。锦州石化在推进自身 HSE 管理体系建设的同时，与承包商就 HSE 管理理念进行了深入沟通交流，促进承包商对锦州石化公司 HSE 方针、理念的理解和认同。通过推行安全资质审核、过程考核、业绩评价等措施，积极引导承包商加强 HSE 体系建设。在承包商体系建设过程中，给予支持和指导，将企业 HSE 理念融于承包商的管理体系之中，实现了管理理念的有机融合。目前与锦州石化长期合作的承包商有 69 家，其中 47 家承包商已经建立了 HSE 管理体系，有效推进了承包商的安全管理业绩，为承包商长期稳定发展奠定了基础。

二、建立沟通机制，实现管理无缝对接

企业与承包商、承包商与承包商之间及时有效的沟通，是传递管理需求、实现共同发展的有效方法。锦州石化通过承包商年度工作会议、月度安全例会、承包商经验交流、互检互评等途径，在企业与承包商，以及承包商与承包商之间建立了有效的沟通机制，企业与承包商共享安全管理信息，实现了管理的无缝对接。

锦州石化通过承包商年度工作会议，使承包商全面理解企业的安全管理思路及整体规划；通过月度承包商安全例会，及时将公司的管理要求、现状等信息传达给承包商，让承包商掌握阶段性安全管理重点和管理动态；通过承包商单位互检互评、经验介绍等活动，形成

了承包商之间互相学习交流、相互促进、共同提高的良好氛围。锦州石化公司将上述沟通机制常态化，每年召开两次年度承包商工作会议，每月召开两次承包商安全专业人员月度例会，每月一次现场专项交流。常态化的沟通机制的建立，将承包商管理有机地融入公司管理体系之中，拉近了企业与承包商之间的距离，实现了甲乙方管理对接，为企业与承包商的顺畅交流和企业政策、要求的落实提供了保障。有多家在锦州石化的承包商，通过锦州石化的协调，主动到表现优秀的承包商单位学习、参观，取长补短，改进自身的安全管理。

三、统一管理标准，增强承包商及其员工的归属感

锦州石化把承包商的 HSE 管理工作纳入到企业 HSE 管理系统之中，承包商 HSE 管理执行与企业内部管理相同的管理标准，做到了工作统一部署、统一要求、统一检查、统一考核。

统一部署：每年年初，承包商安全管理纳入公司年度《健康、安全和环境工作计划》中，统一进行规划和部署，并利用承包商年度工作会议，传达给承包商；统一要求：承包商单位及员工必须与公司员工一样，执行公司 HSE 制度、要求，在安全人员配备、员工 HSE 培训、个人防护装备配备、施工管理、应急管理、事故事件管理等方面符合企业要求；统一检查：公司对内部单位和承包商均按《锦州石化公司安全监督检查管理》程序，实施相同频率、相同内容的公司、属地两级监督检查；统一考核：承包商单位的安全绩效作为公司总体安全绩效的一部分，纳入公司月度绩效报告，每月对承包商绩效进行总结、分析、考核。

每年评选出优秀承包商单位和先进员工，按照锦州石化先进奖励标准，对先进单位和个人进行奖励。每年，均有 10 余家承包商单位被评为 HSE 管理优秀承包商，20 余名承包商员工被评为 HSE 管理先进个人，得到了锦州石化的精神鼓励与物质奖励。

以上措施，使承包商及其员工在身心健康、工作环境等方面感受到了锦州石化公司的关注与关怀，建立起了承包商及其员工对企业的认同感、归属感，为培育甲乙方共同的 HSE 价值观创造了良好的氛围。

四、监管引导并重，推进承包商自主管理

在安全管理方面，目前大部分中小规模承包商尚处于自然本能阶段，即使较大规模的承包商仍处依赖监督阶段，在这种情况下，对承包商的严格监管是必需的，是在目前条件下保证承包商和企业安全的基本前提。实践证明，承包商的安全业绩呈现不稳定状态，存在周期性的反复和波动，直接原因是因为业主的监管对于承包商来说是被动地接受，执行企业的政策、制度并非出于主观意愿，而是为了迎合业主的要求，业主的监管稍有松懈，承包商的安全管理就会出现滑坡。根本原因在于承包商的安全意识，没有将保证员工的健康安全作为其必须履行的社会责任和企业核心价值，缺少提升自身安全管理能力的主观能动性。由于社会专业化分工不同，企业离不开承包商，企业对承包商的需求与合作是长期的。当然，长期稳定良好的承包商安全业绩是公司最终的追求，完全依靠业主的监督不是确保承包商安全业绩持续好转的最佳方法，只有不断引导，调动承包商主观能动性，培养其自主管理的意识和能力，促进其不断成长才是未来承包商管理的正确方向。

基于这种认识，锦州石化不断优化承包商管理机制，从理念渗透、执行指导、结果审核

等方面入手，加强与承包商的交流，引导承包商将安全作为核心价值，提升承包商的社会责任感，培养承包商自主管理的能力。经过几年的不懈努力，承包商对 HSE 的认识发生了转变，逐渐改变了以往被动依赖监督的局面，在安全费用投入、安全人员配备、员工 HSE 培训、施工现场规范、应急管理等各个方面均取得长足进步，基础管理工作得到了夯实。例如，与锦州石化长期合作的辽宁三盟公司，修订完善了内部安全管理制度，健全了内部组织机构，建立了内部 HSE 体系审核机制。安全投入费用逐年加大，由原来的无安全专项预算到根据标准比例进行安全投入；员工的培训学时逐年提高，由以往每年的人均不足 1 个学时，提升到每年人均 16 个学时。

通过强制监督与正向引导，承包商的安全理念发生了很大变化，安全管理主动性逐步提高，在承包商业务发展的同时，综合管理能力不断提升，初步营造了鼓励承包商健康成长的氛围。

承包商的安全业绩得到了提升，也促进了企业自身管理水平的提高，锦州石化将认真总结经验，在承包商管理理念、管理流程、制度建设、监管措施以及承包商培训方面不断完善和突破，力争承包商管理更加规范化、精细化、科学化。

职业健康

采取务实高效的治本措施　创造优良健康业绩

辽 河 油 田

中国石油辽河油田公司（以下简称辽河油田或公司）地跨辽宁、内蒙古13个市（地）、35个县（旗），是全国最大的稠油、高凝油生产基地。下设二级生产单位48个，用工总量11.6万人，其中有1.1万人不同程度地接触到噪声、毒物、粉尘、放射线等职业危害。几年来，公司牢固树立“以人为本”、“关心员工健康从员工健康时开始”、“拥有健康，才能拥有一切”的理念，积极承担企业主体责任，不断强化细化基础管理，狠抓健康风险控制、有害场所治理、员工健康防护工作，努力做到全员、全方位、全过程“无缝”覆盖。

一、发挥有感领导的作用，促进健康管理职责的落实

领导带头是落实全员健康管理责任的“助推器”。公司各级领导高度重视健康管理工作，坚持把职业健康工作与安全环保工作同时部署、同步推进、统筹考核；层层签订责任书，明确健康工作指标和重点工作；每季度召开HSE委员会会议，集中研讨基层单位反映的职业健康疑难问题。加强项目审查，严重危害员工健康的项目坚决不予审批和投资。各级领导严格执行联系点制度，定期深入基层有害作业现场，认真查找、解决现场职业危害隐患问题，将健康关爱送到生产一线。尤其是齐40块硫化氢治理等重点防治项目，公司领导亲自带领技术专家组、公司HSE委员会成员，深入齐30号采油站等区块组织召开现场会，主持研究硫化氢治理方案。各级领导身体力行的做法，将职业健康工作压力逐级传递，有效推动岗位责任落实。

二、健全“三个架构”，夯实职业健康管理的基础

（一）搭建管理组织架构，理顺监管流程

公司克服机构人员编制紧张等困难，早在2001年就率先在油气田系统成立HSE委员会领导下的健康管理中心，配备5名专职管理干部，负责职业健康管理工作。重组整合后设立HSE监督站，负责对作业场所进行常态化监督检查。2010年，成立两级HSE分委会，清晰界定各系统业务范围内健康管理直线责任，定期开展危害辨识评价、调研督导等工作。各二级单位建立厂—区—队—站四级健康监管机构，配备专兼职职业健康管理干部170人。同时，加强与卫生、社保、工会等横向部门的沟通协作监管，形成全覆盖的监管网络。

（二）搭建管理制度架构，做到有法可依规范运行

没有规矩，不成方圆。公司按照中国石油天然气集团公司有关规定，先后制订了《健康管理办法》、《员工个人劳动防护用品管理及配备规定》、《油气生产作业过程中硫化氢气

体防护暂行规定》等8项规章制度，编制了《职业健康审核清单》和《作业场所职业卫生检查标准》，详细分解各二级单位年度结果性指标、过程性指标，层层传递工作责任和压力。公司HSE委员会每半年组织一次HSE审核，将职业健康工作列为重点审核内容。年底对二级单位工作业绩进行全面考核，对出现职业危害事件和职业病事故的单位实行一票否决，同时，依据情节对事故单位“挂黑牌”，对主要领导诫勉谈话。这些严格的监管措施极大地促进了各项制度的落实，基层单位自主管理能力大大提升，公司连续多年实现职业危害零事故的工作目标。

（三）搭建技术支持架构，提升服务质量和时效

公司现设有油田总医院（国家三级甲等）、第二职工医院（国家二级甲等）、油田疾病预防控制中心（省职业卫生乙级资质）三家医疗卫生服务机构和安全环保技术研究所（省职业卫生乙级资质）。承担员工非职业和职业健康体检、职业危害作业场所检测和职业健康项目评价等工作。三家医疗服务机构配备先进检测设备、诊疗仪器和经验丰富的诊疗医师、专业化技术人员，为保证员工健康提供了强有力的技术支撑。

三、实施“四项举措”，促进职业健康管理见成效

（一）坚持教育培训优先，筑牢职业健康工作根基

公司始终把教育培训作为健康管理的首要任务，分层次加强员工职业健康教育，定期组织领导干部HSE理念培训和管理干部健康管理专业知识培训，共对1000名处级以上干部、200名专职健康管理干部进行培训。编制了《职业危害防治手册》、《卫生专刊》，有针对性地指导岗位员工防范职业危害；利用“职业病防治法宣传周”、《辽河石油报—安全环保专刊》，开展“健康安全环保知识竞赛”等特色活动，宣传健康安全文化知识。公司在2009年的“全国职业安全健康知识竞赛”活动中荣获优秀组织奖。

（二）细化职业危害辨识，全面掌控职业危害状况

组织开展职业危害因素动态识别活动，累计识别职业危害因素24种，经过全面分析和评价，掌控了620个作业场所的主要危害因素情况。加强主要职业病危害因素监控，投入400余万元，检测作业场所4500个，整改问题后，合格率达到100%。

开展“安全生产大讨论、全员风险大排查”活动。2009年以来，公司按季度确定主题，开展健康安全环保风险讨论和排查活动。共开展各系统、各层次讨论600多场次，排查整改职业健康类隐患问题1000多个，收到职业健康类合理化建议50多条。按照风险不受控不作业、不生产的原则，确保因作业方式改变、新工艺新技术应用及临时、检维修作业等新增职业危害因素受控。

加强建设项目职业卫生“三同时”管理

近三年开展了《欢喜岭油田齐40块转蒸汽驱工业化试验方案》、《天然气利用项目》等20多个建设项目职业病危害预评价、控制效果评价与防护设施设计审查及“三同时”验收，从源头上控制职业危害。

（三）实施重点项目专项整治，改善员工工作环境

2005年以来，针对采油作业区化验室汽油、联合站加药间甲醇浓度较高、热注作业区

厂房噪声过大等突出问题。公司投入500万元，对75个化验室、52个加药间进行了通风设施、加药工艺改造，变“敞开式”操作为“密闭式”操作；筹集8000余万元，整改油管厂、热注站等80多个噪声场所；油田公司组织研发的“油管防碰撞自动运送装置”获得国家专利，在生产作业场所广泛应用，改善了员工工作环境。

2005年8月，洼38块发现硫化氢气体，公司及时出台“油气生产作业过程中硫化氢防护措施”，两次组织“拉网式”油气井、地面集输装置硫化氢普查，摸清硫化氢分布区域和重点监控部位。投入3000余万元，在硫化氢作业井、站设置风向标和警示标识、配备便携式硫化氢气体检测报警仪、试管检测仪和正压式空气呼吸器等设备；坚持每月对重点区域油井和地面集输装置进行检测，对重点井、装置随时进行监控，指派专人负责对外来施工队伍进行HSE告知和安全监护。同时，编制两级《硫化氢气体中毒突发事件专项应急预案》25个，组织三级单位制定应急措施157个，举办硫化氢防范专项培训400多场次，每年开展防中毒演练200多场次，在提高个体防范意识、提高突发事件应急响应能力方面发挥了积极作用。

公司还投入6676万元，组织稠油区块硫化氢产生原因及防治措施研究，筛选出氧化铁吸附干法脱硫技术，对油井伴生气中的硫化氢进行治理。在齐40块、洼38块等5个区块建设脱硫装置55套。采用移动（车载）式天然气干法脱硫化氢装置，对含硫作业井进行脱硫处理，取得显著效果。《稠油油田油井硫化氢产生机理与防治技术研究》课题，荣获辽宁省科学技术进步项目二等奖。

（四）延伸员工健康监护，塑造健康幸福人生

一是强化员工健康体检。实行有害作业人员每年一次、非有害作业人员每两年至少一次的健康检查制度。2001年以来，累计投入近2亿元，组织职业健康体检11万人次、非职业健康体检21万人次，体检普及率连年实现100%，并视情况增加体检项目，受到广大员工的欢迎。二是强化员工劳动防护。定期组织劳保专项检查，严格按规定为基层员工配备防毒、降噪等个人防护用品，按标准发放岗位员工保健津贴；坚持开展夏季“送清凉”等防暑降温和冬季防寒等工作；改善井站环境和设施，为井站及操作间配备了淋浴、空调等卫生设施；做好员工年休假、健康疗养等工作，拓展心理咨询、访谈热线等活动，保障员工身心健康。三是强化饮食安全。加强基地食堂建设、饮用水、营地卫生管理，投资2000多万元建立了井站小伙房、小厕所、小绿地，定期组织食品卫生培训和专项检查，饮食从业人员健康体检率、持证上岗率、食品卫生培训合格率均达到100%。每年组织一线员工生活饮用水卫生检测分析，严把饮水安全卫生“入口关”。四是开展“送健康到一线”活动。组织医疗卫生服务小分队远赴油田各个偏远矿区和野外施工作业现场进行义诊服务，现场为员工家属发放急救药箱。做好汛期井站员工健康监护，为员工提供24小时医疗服务；汶川、玉树地震时期，选派优秀医师远赴灾区开展医疗协助，将健康关爱的范围从岗位延伸到家庭，从油区延伸到社会。

几年来，辽河油田通过不断强化职业健康监管工作，取得了一定成效。一是职业性健康体检发现观察对象401人、职业禁忌37人，及时进行医治和调岗安置。二是非职业性健康体检发现肿瘤等重大疾病28例，及早得到治疗，防止病情恶化。三是治理毒物场所127个，治理后达到国家标准。四是治理噪声作业场所80多个，噪声值由90~136分贝下降到85分

贝以下，固定职业危害作业场所合格率达 100%。五是在齐 40 等 5 个含硫化氢区块，建设硫化氢处理装置 55 套，治理后硫化氢最高浓度由 10000 毫克/米^3 降至 10 毫克/米^3 以下，达到国家职业卫生标准。六是连续多年实现职业危害零事故、零职业病的工作目标。

实践使我们体会到，做好职业健康管理工作领导重视，把关爱员工健康作为己任是关键；健全机构，明确职责，理顺流程，是必要条件；抓住主要矛盾，突出工作重点，是有效方法；保证必要的资金投入是实际而有力的保障；建立健全职业健康技术支撑体系是坚强后盾；坚持与安全环保工作同部署、同检查、同考核，是持续提升健康管理绩效的有力推手。

以人为本　持续提升职业健康管理水平

塔里木油田

中国石油塔里木油田公司（以下简称塔里木油田或公司）的职业健康工作始终坚持科学发展观，认真落实国家、地方政府和中国石油天然气集团公司（以下简称集团公司）职业健康工作要求，从建立 HSE 体系之初就确定了“从健康入手抓安全”的 HSE 理念，明确了“健康至上，以人为本”的健康方针，公司职业健康管理基础工作不断加强，职业健康管理水平持续提升。

一、建立健全组织机构和规章制度

公司设有健全的职业健康管理机构，分三级管理，油田层面成立 HSE 管理委员会，各直属单位成立 HSE 管理委员会，各基层单位成立 HSE 管理小组。设立专业职能部门，油田的职业健康工作由质量安全环保处归口管理，各直属单位设立安全环保部门，负责本单位的职业健康工作，各基层站队设有兼职职业健康管理人员。公司医院取得了职业健康检查和职业病诊断资质，负责油田员工的职业健康体检、体检档案的管理以及提供职业健康技术支持。完善的机构、人员设置为油田职业健康管理工作提供了人力资源保障。

油田建立了较完善的职业健康管理规章制度。依据集团公司的规定和要求，结合自身实际，制定了《公司公司健康管理规定》、《员工健康监护管理办法》、《作业场所卫生检测管理规定》、《特殊工种及享受保健津贴标准》、《民用建筑室内空气质量管理规定》等切实可行的职业健康制度标准，做到有据可依、有章可循，并不断持续改进，利用半年时间对职业健康管理制度进行了反复讨论修订，于 2011 年 6 月正式实施新版职业健康管理制度。

二、坚持预防为主，注重职业危害和风险管理

公司始终以消除、削减和控制职业危害为核心开展职业健康管理工作，发动全员参与职业危害识别，开展经常性的岗位风险控制培训。对职业危害进行分级、动态管理，采取有针对性的消除、控制措施。

油田两次聘请专业机构技术专家进行现场指导，分别对天然气处理装置、原油处理装置进行了 HSE 风险评价，编制了 HSE 风险评价和合规性评价报告，较全面、客观地对原油、天然气处理装置存在的职业危害进行了分析，也进一步提高了作业现场岗位操作人员的风险识别评价水平。2009 年，邀请中国石油职业卫生技术服务中心专家组，对油田所有职业危害作业场所存在的职业危害因素、检测点、防护设施和个人防护用品的配备和使用、现场警示标识等进行了全面普查，编制了《职业卫生普查报告》，对油田当前及今后的职业健康管

理工作都有很强的指导意义。

塔里木油田石化分公司不断夯实职业病“防火墙”，明确“主动出击、科学预防、全员行动、防患未然”的工作思路。自塔里木大化肥项目投产以来，组织全员对职业病危害因素进行辨识、分类，建立、健全职业病防治责任制，制定工作目标，实施目标考核，建立职业病防治长效机制。针对化肥尿素生产装置主要存在的噪声和有毒有害气体等危害因素，公司除了为员工配备耳塞、防护罩、防毒面具和空气呼吸器等个人防护用品外，还对设备增设减震隔离带，减弱噪声源的传播，加强生产现场噪声和有害气体的定期检测，全力消除设备的“跑、冒、滴、漏”，及时组织对设备进行检查和调整，营造健康的生产作业环境。

三、大力开展职业健康宣传和培训，提高员工健康意识和急救能力

油田以形式多样、注重实效为原则，采取多种方式，营造关注健康、全员参与的良好氛围。每年利用《中华人民共和国职业病防治法》宣传周活动契机，以周促年，开展大量的宣传活动。通过外聘专家和公司内培的方式，不断提高职业健康管理人员和有毒有害作业场所操作人员的业务素质和防护技能；连续两年邀请新疆维吾尔自治区卫生行政部门专家来油田进行职业健康法律法规知识讲座，邀请职业卫生技术服务中心专家对油田职业健康管理人员进行业务管理培训。

公司针对生产现场大部分地处沙漠腹地或戈壁荒滩，自然环境很恶劣，战线长，可依托的医疗机构都比较远等实际情况，开发了员工四种能力评估。第一种能力就是要求员工必须具备适应本岗位的身体能力，对于身体条件达不到要求或有职业禁忌症的员工严格调岗措施。为了提高员工的自救互救能力，油田每年都邀请乌鲁木齐市红十字会专家到前线现场进行轮流自救互救模拟培训。2011 年，油田取得初级急救员资质的员工将占岗位操作员工总数的 70%。

物资采办事业部轮南物资供应总站从 2006 年起就组织了班前职业健康安全会，并且不断推广，运行良好，内容包括当天工作安排、每日一题、经验分享以及职业健康安全知识学习、培训等，现场互动交流，既有知识问答，又有事故案例，还有现场演示等，不仅直观、易懂，使在场的每一位员工深受教育，而且大大激发了员工主动参与职业健康安全管理的热情，效果显著。

四、加强职业危害因素的检测、评价和整改

公司高度重视职业危害因素检测评价工作，聘请专业技术机构对生产作业场所职业危害因素进行检测、评价，在进行现场检测的同时，充分利用聘请的技术人员资源，对职业病危害作业场所进行从软件管理到硬件设施的职业卫生专项检查和指导，不断规范和提高现场的职业卫生管理。对超标场所及时制定整改计划和方案，近几年，油田不断加大密闭生产的投入，减少有毒有害物质的挥发，酸站、干混站由于生产工艺落后，强酸和粉尘浓度超标，公司决定停止使用，最大限度地保护员工身体健康。对于油田的主要职业病危害因素——噪声，油田已计划分期分批进行治理。

利用两年时间，油田请专业技术机构分批对七个主要油气作业场所开展了职业卫生

现状评价，编制了《职业卫生现状评价报告》，从软件和硬件措施方面评价了现场职业卫生控制效果，提出了很好的职业卫生管理建议。油田计划每五年开展一次职业卫生现状评价。

五、规范员工健康监护管理，保障员工身心健康

在员工健康监护方面，公司员工体检分为职业健康体检、一般健康体检和女员工妇检三类，均为每年组织一次。由于公司地处边缘的新疆沙漠地区，大部分员工常年工作在沙漠戈壁环境，油田结合前线工作环境和疾病发病的年龄段特点，有针对性地不断调整员工的体检项目。例如，近两年增加了血脂全套检查、碳 13 幽门螺杆菌测试，调整了胸片检查，缩短肿瘤标志物的检查频率等，由最初的 5 个体检项目增加到目前的 22 个体检项目。

在保持在岗职业健康体检率 100% 的基础上，油田加大对岗前和离岗职业健康体检的管理力度。针对临时用工流动性大、不易控制的特点，油田各单位重点梳理用工程序，防止各部门交叉环节出现遗漏，很大程度上保证了岗前和离岗员工的职业健康体检，既维护了企业利益，又保障了员工健康。修改完善了“特殊工种分类及享受保健津贴标准”，提高了补贴标准，增加了疗养等补助方式，充分体现油田“以人为本，关爱员工”的理念。

公司开发了员工体检信息系统，并每年投入资金进行逐步完善，到现在已建立了完善的体检信息系统，员工个人体检结束 10 个工作日即可网上查询体检结果。所有的员工都有一份电子体检档案，员工随时都可上网查询自己历年的体检情况，方便员工进行对比分析。对于存在重大疾病的员工，由医院和员工所在单位结合，对员工进行指导监护和跟踪治疗。

六、严格落实职业健康考核制度

公司各级领导高度重视职业健康工作，提出了“零职业病”的规划目标，并且制定了生产作业过程中“不损害健康”的管理目标，为落实管理目标，油田每年年初制定年度工作目标和考核方案。一是将职业病发病率作为否定指标列入与各单位签订的 HSE 责任书中；二是将职业健康体检率作为控制指标加大占各单位考核中的权重；三是利用 HSE 体系审核将职业健康日常工作作为管理指标纳入对各单位的评优选先工作。油田还开发了职业健康管理要素，分别为方针/目标和承诺、组织机构和职责、法规/标准和制度、宣传和培训、监测与统计、设施完整性、变更管理、不符合管理、应急管理、事故/事件管理、审核等共 11 个要素，针对各单位的管理性质不同，开发了个性化职业健康审核清单，对各单位进行专项审核。在此基础上，进行优化组合，形成了 HSE 审核清单，促进油田 HSE 文化的形成。

七、强化“三同时”管理，从源头预防和控制职业病发生

公司坚持贯彻落实国家《建设项目职业病危害分类管理办法》等建设项目管理法规，坚持预防为主，充分发挥职业卫生评价工作预防和控制职业病的有效手段，通过公司计划、

财务、基建、职业健康等部门的积极配合，做到职评工作与生产组织决策有机结合。同时强化“三同时”管理，加强建设项目职业卫生防护设施竣工验收，切实保证建项目投产后稳定达标，有效控制职业危害因素，防止职业病的产生。

公司先后组织开展了迪那凝析气田地面工程建设、英买力气田群地面工程建设、塔中 1 号凝析气田地面工程建设、塔中—轮南输气管线、和田河气田、塔石化 45 万吨合成氨和 80 万吨尿素等项目的职业卫生预评价以及英买力气田建设项目、塔西南炼油技改、燃机电站（二期）扩建工程、和田至洛浦县、墨玉县天然气气化工程等建设项目的职业卫生控制效果评价和职业卫生专项验收。

强化基础　不断提升职业健康管理水平

西南油气田

中国石油西南油气田公司（以下简称西南油气田公司）职业健康工作坚持预防为主、防治结合的方针，扎实开展职业健康体检和有毒有害生产作业场所职业危害因素检测工作，积极为员工创造符合国家职业卫生标准和卫生要求的工作环境和条件，保障员工获得职业卫生保护，确保无一例新增职业病或疑似职业病发生。在中国石油天然气集团公司（以下简称集团公司）、勘探与生产公司有关部门的指导与帮助下，西南油气田公司职业健康工作日臻完善，为职业病防治与员工职业健康监护管理工作打下了较好的基础。

一、坚持做好职业危害因素检测工作，改善生产工作条件

自2003年开始，西南油气田公司就坚持做好生产作业场所职业危害因素检测工作，聘请中国石油川庆钻探工程公司安全环保质量监督检测研究院进行危害因素检测工作，并达成长期合作意见。2010年，公司对所属919个生产作业场所的4785个检测点进行了职业危害因素检测，检测率100%，其中达标场站数902个，达标率98.2%。不达标的17个作业场站均为噪声超标，且主要是生产设备本身原因，设备工作时会发出较大声响（如部分天然气增压机、原料油泵等）。针对噪声超标情况，公司立即组织整改，制定整改计划，落实责任人，明确整改期限，通过持续检测切实改进和提高基层员工生产工作环境。

二、不断完善企业员工健康监护档案，杜绝职业病发生

按照国家《作业场所职业健康监督管理暂行规定》（国家安监总局23号令）和集团公司《职业病防治管理办法》、《职业健康监护管理规范》的要求，对公司近9000名接触有毒有害工种员工建立了健康监护档案，每年年初编制接触有毒有害工种员工职业健康体检计划，并组织实施。2010年，公司组织安排了8358名接触有毒有害工种员工进行职业健康体检，体检率97%。同时，公司总医院作为企业员工健康监护档案建立和管理技术机构，不仅按计划组织医疗队前往一线生产单位开展职业健康检查，并且通过分析职业健康检查结果，实时掌握接触有毒有害工种员工的健康状态，为进一步杜绝职业病发生提供有力的技术支持。

三、依据川渝两地气候特点，落实各季节职业健康管理工作

因地属四川盆地，夏季潮湿闷热，冬季阴冷湿寒，公司绝大多数生产作业现场都受盆地气候影响。根据气候特点，公司对员工的职业健康管理按季节、分时段进行。例如，针对夏季盆地内潮湿闷热情况，公司重点加强高温中暑、职业中毒、食物中毒等的预控工作，要求

在检维修作业过程中，合理安排施工作业时间，避开高温时段，防止中暑和因疲劳作业引发的伤害事故。保证生产作业场所防晒、通风、降温等设备设施的正常运行，配发必备的防暑降温药品和清凉饮料。同时，根据地缘性疾病发生特点，做好有关报告、宣传和检测等工作。例如，针对川西北地区的血吸虫病，公司对该区域所属单位加大血吸虫病防病知识宣传力度，严格监控食品、饮用水卫生，组织医疗小分队加大体检频率，通过一系列积极有效的措施，从源头控制疾病的发生。

四、强化专业技术培训，培育高质量职业健康管理人员

每年，公司总部针对职业健康工作需要和专业管理人员知识需求制定相应的培训计划，对公司职业健康管理部门有关人员、二级单位职业健康管理专兼职人员进行业务培训。培训内容包括：职业健康安全的法律法规知识、方针、目标，管理文件，消防、中暑、中毒、意外事故的紧急预案演练以及安全操作规程和安全生产注意事项等五个方面。公司各二级单位亦根据本单位实际，分别从生产一线操作人员和后勤管理人员入手，编制不同需求的培训教材与课件，有重点，有目的，因材施教，因需施教，充分运用培训教学手段，培育高质量职业健康管理人员。

着力增强危害预防　提升健康监护能力

西部钻探

中国石油集团西部钻探工程公司（以下简称公司）以石油天然气钻井、测井、录井、固井为主，并有相关专业化服务、技术研发、产品研制相配套的业务体系。服务区域主要分布在“六省八大油田四个国家”。共有员工20302人，其中少数民族员工2851人。公司面对钻探作业“三高两浅”、自然环境恶劣、施工条件艰苦、健康风险密集、社会依托资源少的环境，始终将识别作业危害风险、加强健康管理、杜绝职业病事故、作为恪守职责的立足点，职业健康管理水平有效提升。

一、树立积极健康理念，突出风险危害识别

公司上下联动、层层排查，识别出在职业健康管理上面临来自气候、地方疫情、施工环境等多方面的严峻挑战。

（1）气候异常的风险。高温和极度寒冷均容易造成野外作业人员伤害事件。

（2）跨幅大的管理风险。点多、面广、战线长、地方病密集，地情复杂。

（3）施工环境恶劣风险。沙漠戈壁作业枯燥疲劳，社会依托少，高原缺氧人易晕倒，极度沙尘暴伤害视线。

（4）作业风险大：各区域均为“三高两浅”作业，施工的塔中、轮南、塔河等油田硫化氢含量高达500～22800毫克/米^3，地压35～107兆帕，井深3000～7000米，处于“高压高危”区作业。一旦井喷失控或控制失败易造成硫化氢中毒。

（5）钻探作业联动的危害。①作业过程中产生的粉尘、噪声、射线、高毒、化学毒物、各种原材料等危害因素；②多种危害因素的联合作用，如毒物与不良气侯条件的联合作用，毒物与噪声和振动的联合作用等；其中有些化学物质有致突变、致畸和致癌作用。这些物质会对员工产生远期危害。

（6）生产过程中的危害。11个生产单位中，有7个单位产生职业危害，重要危害因素有粉尘、物理因素、毒物、电力辐射、打击等5类。有308个基层队站接触危害因素，接害人员总数5106人，配有各类职业防护设备、设施、个人防护用品18类30636（件/套）。作业过程中“三废”污染物不同程度地影响员工健康。

二、着力预防职业危害，确保施工健康安全

面对挑战，公司注重预防为主，体现全员参与，明确提出要“立足基层，找准要害，对症下药，防治结合”。

（一）着力“两个落实、三个建立、三项检查”

一是贯彻“两个落实”有行动。落实国家职业卫生的法律、法规、中国石油天然气集团公司（以下简称集团公司）的文件精神。落实职业健康各项管理规章制度。危害识别与控制的重点在基层，公司结合各作业场所危害产生的种类以及关键岗位，编制了《职业病防治管理办法》、《野外营地生活管理规定》、《职业健康监护档案管理规定》等 12 项规章制度。执行建设项目职业危害评价制度，认真落实职业病危害申报，实现职业病危害从源头控制。二是做好“三个建立”有记录：建立定期职业健康检查，建立接害人员信息录入，建立健康季度考核。三是抓好“三项检查”有规律：春季开工健康全面验收检查，高温天气防暑降温措施检查，防护用品配备与使用的检查。做到“上岗前识别危害，岗中预防危害，岗后避免危害”。总部从落实上抽查，从建立上普查，从检查上重点查，以促使职业健康管理各项工作落到实处。

（二）着力“三高”作业预防，做好“九个到位”管理

针对“三高”区域危害防范做到“九个到位”：井控安全防控措施到位，防止次生职业危害；“三高”防护设施使用到位，降低职业危害；防护设施正确佩戴培训到位，杜绝无防护作业；营舍空调维护到位，确保员工睡眠充足；现场急救设施配备到位，争取第一时间得到救治；危害警示标识挂牌到位，营造职业防护氛围；三餐食品质量安全监管到位，避免食物中毒事件发生。加强高温、疫情“四早”防控到位，防止疫情传染危害员工。由下而上健康认识到位，全员的健康意识普遍增强。

（三）着力治理健康隐患，营造健康作业环境

在各单位治理作业场所危害投资 6000 多万元的基础上，为了防止粉尘伤害、降低员工劳动强度，公司又投入 1000 多万元为 102 个钻井队配备了吨包吊，大大降低了员工的劳动强度，同时也改变了过去靠人工装卸水泥、重金石粉等大量的原材料对人体的伤害。作业现场粉尘浓度大大降低，影响员工健康的后顾之忧不断消除。

（四）全面开展“三基八力”，有效确保作业安全

公司职业健康安全一年靠侥幸，两年靠管理，要实现更长时间的健康安全，必须依靠 HSE 文化。针对识别出来的健康风险与危害，公司围绕“三基八力”开展职业防护与降低职业危害工作。“三基”即基础、基层、基本功。“八力”即各区域职业健康管理达到一定层次的前提下，注重队伍凝聚力、亲和力、向心力、执行力的培养，以促进区域队站自我管理、健康安全运行；在基础建设牢固的前提下，注重职业健康法律法规的学习，在防控力、监管力上下功夫，以保证职业健康基础更加牢固；在员工基本功达到一定要求的前提下，注重员工对岗位危害的识别力、防护力的互促，以降低岗位职业危害。公司主管职业健康的副总经理曾这样说：“一般企业看决策层，优秀企业看管理层，卓越企业看基层。”基于这种认识，公司深入挖掘“三基”的 HSE 文化内涵，将“三基”建设看做是公司生存发展的基石。在“三基”管理上，对基础着重在危害预防、健康隐患治理、防护设施用品配备等 5 个方面；对基层着重在队站管理、岗位危害识别、健康风险防范 3 个方面；对基本功着重在员工的职业防护能力、健康安全、健康意识等 3 个方面。公司连续三年获得集团公司、新疆维吾尔自治区“安全生产先进单位”的殊荣，职业健康管理水平稳步提升。

（五）围绕基层生产特点，开展多种健康培训

西北地区冬季长达6个月之久。总部机关利用员工冬休时机，采取提素质、走下去、请进来、送基层、去现场、搞活动、学典型等多种方式组织健康培训。(1) 提素质。对13名健康管理人员进行业务测试并通报，激发他们学健康知识的决心。(2) 走下去。2009—2011年6月，总部到78个基层为126名钻井队长、食堂管理员培训《职业卫生名词术语》、《中华人民共和国职业病防治法》、《中华人民共和国放射性污染防治法》、《职业性接触毒物危害程度分级》等16项有关国家职业卫生标准、食品安全国家标准、工作场所职业病危害作业分级，进行生产性粉尘、化学物、高温等宣贯培训。(3) 请进来。聘请健康专家、营养师、高级医师，对基层50名队长、食堂管理员进行职业防护、健康检查内容、周期、个人防护用品使用等进行培训。并推荐一些大众的增加免疫力的健康食品（如西红柿具有降血压的功能、黄豆可以补充卵磷脂、大蒜具有强烈的杀菌力、1天至少要喝2000毫升水等）12种，学员们一边记录一边提问都听得非常认真。(4) 送基层。总部随时将国家发布的有关职业病防治、食品卫生安全标准、兄弟单位健康管理方面好的做法，整理后发送到基层供大家学习借鉴。(5) 去现场。利用公司检查机会与现场员工进行健康防护沟通，培养员工乐观积极向上的性格和心境，激发他们对工作的活力和潜力，逾越枯燥。(6) 搞活动。《中华人民共和国职业病防治法》宣传周活动，在各片区办公区域、作业场所等悬挂横幅625幅；在食堂门口、就餐墙壁等37处举办黑板报、专栏902块（期），职业病知识彩页13520份，参加答题共38206人次，员工答题覆盖面为100%。2009年公司获得“全国职业安全健康知识竞赛优秀奖。(7) 学典型。公司所属测井公司曾被国家卫生部、安全监督管理局、全国总工会授予“国家职业卫生企业”示范单位，公司组织其他单位学习借鉴测井公司严格放射卫生的监管、降低职业危害风险，完善职业健康监护档案等方面的有效做法。

（六）严格履行危害告知，保障接害人员利益

公司严格执行《作业场所职业健康监督管理暂行规定》，认真履行作业场所“告知制度”、和“五项要求”。对可能产生职业病危害的场所和岗位，设置公告栏426个，公布有关职业病防治的规章制度、职业病危害事故应急救援措施、职业病危害因素监测评价结果。并在签订用人合同中，明确载明其所从事的作业活动可能产生的职业病危害及其后果和采取的防护措施及待遇，切实履行企业告知义务。为每位员工及时足额缴纳工伤保险，保障了从业员工的切身利益。

（七）重视野外防暑降温，确保员工健康安全

公司高度重视防暑降温工作。连续4年来拨专款开展“送文化、送健康、送清凉”到一线活动，慰问基层队463个，慰问员工18361人。为一线员工送健康文化书籍57918册、健康文化用品设施等8623件（个/台）、各区域现场送健康防暑降温药品、常见病、急救病药17种40698盒。聘请专职大夫为现场326名员工量血压、测血糖、现场急救演练、高温时段野外三餐食谱指导、健康心理疏导等。为迎接建党90周年大庆，2011年的“三送”活动更丰富，编排了“唱红歌”与“野外生活营地常遇到的小事”等生活细节方面的文艺节目20多个，节目生动有趣哲理深刻，喜闻乐见，既增添了员工信心，又鼓舞了员工克服高温天气而拼搏的坚强斗志，展现了员工健康乐观积极向上的精神风貌。

（八）结合西部作业实际，量身制定健康措施

公司不断探索和结合钻探作业产生的危害，将健康管理的着眼点落在对人的管理上。针对西部施工作业过程中存在的职业危害，公司制定对应的防治措施，使员工都能正确识别与预防。(1) 噪声超标。要控制和削弱噪声源，一是选防护性能好的产品；二是选无声或低噪声设备；三是逐见渐淘“三高”设备。对现有高声源设备实施噪声消减措施，如对柴油机排气筒加装消声器等，使其与周围环境相对隔绝。(2) 粉尘超标。在加料口处安装除尘装置、采用吨包吊等，为员工配备高密透气性能良好的防尘口罩等。(3) 高温天气防范。避开高温时段作业，做好防暑降温措施，以减轻因自然环境恶劣对员工引发的职业伤害。(4) 疫情防范。严密关注各区域疫情发生的季节和时段，做好消毒、通风、配备必要的应急药品以防止疫情的传染。(5) 健康培训。加强员工岗位职业病危害辨识、防护等宣传培训，形成职业病防治工作良好氛围。

关注基层员工健康　落实以人为本承诺

东方物探

中国石油东方地球物理勘探有限公司（以下简称东方物探或公司）多年来坚持以人为本、科学发展、关注健康、关爱生命的理念，扎扎实实地开展健康基础工作，努力践行“以人为本、健康至上”的承诺，健康管理与职业病防治工作取得了较好的工作成效。

一、注重健康管理，实现 HSE 管理同步发展

公司始终把“以人为本、健康至上”作为健康工作的指导方针，从机构设置、制度建设、工作落实等方面不断规范健康管理工作，逐步实现了健康、安全、环境管理工作的同步发展。

自 1998 年起，公司及所属单位分别设置了 HSE 管理部门，基层单位设置了专兼职 HSE 管理员，实现了健康、安全、环境的一体化管理。2006 年，公司成立了 HSE 监理中心，通过对施工项目派驻 HSE 监督对施工现场健康、安全、环境工作进行统一监督，确保了各项职业健康管理工作要求的落实，实现了现场职业健康管理与监督的分离。

自 1999 年开始推行健康管理标准化工作，逐步形成了以健康管理企业标准为主体的健康管理制度平台。2005 年，聘请国际（SOS）救援中心健康管理专家，对公司基层单位现场医疗设施、现场医生的资质、急救能力、食品储藏和加工等方面系统地进行审核与评价，进一步提升公司健康管理标准的技术水准。目前，公司已建立了包括《职业健康管理规定》等 30 余项企业标准在内的 HSE 标准体系，为规范开展职业健康管理提供了制度保障。

通过推行属地管理、落实直线责任，进一步明确了健康管理工作的责任主体。通过各级 HSE 管理人员、医疗卫生机构及驻队队医的专业指导，有效促进了健康管理工作的落实。

二、控制职业危害，落实职业病防治责任

公司主要生产作业现场为野外流动勘探作业，主要职业危害为噪声和粉尘，危害程度相对较低。公司所属单位存在职业病危害的固定作业场所均按要求进行了监测与评价；流动场所与临时作业确实无法实施现场监测与评价的，均通过模拟工作状态实施了模拟监测。所属各单位均按要求实施了职业危害作业场所员工（包括临时用工）的上岗前、在岗期间和离岗时的职业健康体检。

公司的放射工作场所包括各医院的 X 射线机房、CT 机房、碎石机房，所有放射工作场所均实现了隔室操作。放射工作单位许可证持证率、放射工作场所监测率、放射工作人员上岗培训发证率、放射工作人员个人剂量监测率、放射卫生单位档案率、放射工作人员健康档案率均达到了 100%。

公司非常重视职业病危害作业现场的职业卫生管理，所有固定场所均设置了与存在职业病危害因素相适用的防护设施，配备了个人劳动防护用品。通过对员工进行职业健康知识的培训和加强现场监督，使员工做到作业时自觉使用防护设施和正确佩戴防护用品。

按照作业场所噪声实测值超过 75 分贝即为接触噪声危害作业的界定原则，公司所属单位为接触噪声的员工配发了耳塞、耳罩或盔式耳罩等个人防护用品。

各基地锅炉房均实现了自动上煤、自动除渣、湿式除尘，有效地降低了粉尘及二氧化硫等危害因素的影响。员工到粉尘作业点巡检、工作时按要求佩戴防尘口罩。设置了中控监控室，员工日常工作在中控监控室内，减少了噪声和高温的影响。野外钻井作业人员作业时按要求佩戴防尘口罩，并尽量处于上风向作业，有效地降低了粉尘对作业人员的影响。

室内电气焊维修作业场点均设置了抽排风设施，员工作业时按要求佩戴防尘口罩、开启抽排风设施。铅锡焊作业场所均设置了个体烟雾吸尘器等防护设施，为员工配备了防毒口罩。其他高度物品作业场所也根据毒物危害的特点，设置了抽排风设施、配备了防毒口罩。

为降低可控震源对操作人员的危害，公司与可控震源生产厂家共同开展了 KZ—28、KZ—34 可控震源驾驶室的降噪、减振设计研究，目前已经进入成果验收阶段。为减少山地、黄土塬等地形施工人员人工背运油料、饮水对身体造成的伤害，公司与生产厂家共同设计制造了符合人体生理结构的加仑桶，目前已批量生产并全部配备到位。

三、持续改善野外生产、生活条件

公司野外勘探作业员工 70% 为季节性临时用工，公司把如何维护全体员工的基本权益、保障全体员工的根本利益作为一切工作的出发点和落脚点，不断改善野外生产、生活条件。

公司规范了包括餐食供应、饮用水供应、住宿标准、被服清洗、营地卫生保洁等野外后勤生活标准。野外施工单位按标准要求设置了洗浴车（浴室）、洗衣房、防暑采暖设备等生活设施，为基层员工提供了良好的生活条件。

公司明确了野外勘探作业的膳食营养标准，规定每餐主食不少于 2 种，主菜不少于 3 种，汤类不少于 1 种。公司为每名野外勘探作业员工补助 300 元/月的伙食费，多数地震队实现了每周提前向员工公布就餐食谱、员工免费就餐。

公司不断改善野外勘探员工住宿条件，主营地、中营地做到了每名员工一张床。野外流动作业住宿人员配备了帐篷、被褥、睡袋、隔潮垫等必要的装备；野外流动作业住宿人员每周至少返回主营地或中营地一次，进行必要的休整。

为减少长期野外施工对员工生理、心理健康的影响，所有国外施工队伍及部分国内施工队伍实施了工作 3 个月、休息 1 个月的轮休制度。国际勘探事业部及部分国内勘探单位通过聘请心理医生，到野外作业单位进行巡视与心理访谈，为野外勘探作业人员提供心理咨询与治疗。

为确保野外施工作业人员的饮食安全与卫生，公司所属野外勘探单位结合《石油物探作业健康管理办法》、《餐饮经营单位卫生规定》等标准要求，规范了饮食卫生管理的各个关键环节。公司各生活基地及野外地震队对饮用水实施了全项目送检分析，其他单位均保留了供水单位饮用水定期检验合格证明，确保了饮用水各项指标符合国家标准要求。通过规范食品加工环境、就餐环境、食品原材料采购及出入库管理、炊管人员健康取证、食品留样等环节的控制管理，确保了食品安全卫生，杜绝了食源性食物中毒事故的发生。

四、规范医疗管理，提高疾病诊治与应急救援能力

公司高度重视将野外作业队伍的疾病防治工作，将“生命最为宝贵”的理念落实到了具体工作上。

目前，公司野外地震勘探队伍均设立了标准的医务室，配备了专用急救车辆（其中基层建设示范队配备的急救车辆为配套设施齐全的专业救护车）、必要的医疗器械与药品、具有执业资格的驻队医师。驻队医师除诊治各种疾病以外，还承担生产现场定期巡诊、员工健康知识培训等工作，同时通过开展员工健康分析，对各类疾病的发病人数、原因进行统计分析，确定多发疾病的预防控制措施。

2010 年，公司在海拔 4000 ~ 5800 米的南祁连盆地进行物探作业。作业单位通过配备制氧机、高压氧仓、氧气瓶（袋）及充足的抗缺氧药品、急救药品，对作业员工进行严格的岗前体检、高原应急及急救培训，配发高原员工手册等，使员工健康得到了有效保障，未发生一起员工健康损害事件。公司有多支物探队伍常年在也门、阿曼等地区施工作业，施工区域地面辐射温度常高达 60℃以上。由于采取了有效的防暑降温措施，未发生过一起人员中暑事件。

所有野外施工队伍均与所在地医疗卫生机构签署了合作协议，保持了较强的现场应急救护及应急转运能力。公司与国际（SOS）救援中心建立了长期的合作关系，并通过国际（SOS）救援中心为野外施工作业单位提供紧急救护培训、远程医疗咨询及空中医疗转运等医疗支持，提高了对作业现场员工实施应急救援的能力。公司先后三次启用国际（SOS）救援中心“空中医院”，对作业现场的员工进行医疗转运与救治，成功挽救了员工的生命，提高了员工的凝聚力并取得了良好的社会效应。2001 年 5 月，公司花费 15 万美元转运在巴基斯坦遭不明身份武装分子袭击的员工，该员工成为首位享用跨国救护专机的普通中国公民。2003 年 6 月，公司花费 26 万元人民币转运在新疆塔里木盆地施工的员工，成为首家启用国际（SOS）救援中心“空中医院”进行境内医疗转运与救治的企业。

随着“十二五”规划的全面实施，公司将继续把健康管理、职业病防治工作与 HSE 体系推进提升工作有机地结合在一起，通过把健康管理工作做深入、做扎实，让每一名员工体会到公司“以人为本”的健康管理理念，实现“以人为本、健康至上”的庄严承诺。

综 合 管 理

以人为本　精细管理　预防为主　全员参与
——化工企业安全文化建设的探索与实践

大庆油田化工集团

大庆油田化工集团轻烃分馏分公司（原名大庆油田精细化工厂，以下简称公司）现有20万吨/年的轻烃分馏装置和5万吨/年的混合戊烷精细分离装置各一套，生产液化石油气、工业混合烷和戊烷系列发泡剂等18种产品。由于从原料到产品均属于易燃易爆的危险化学品，因此企业的安全问题一直是公司的头等大事。多年的生产实践证明，要使化工企业的安全得到持续有效的保障，就必须依托现代安全理念，构建企业安全文化。

自2001年起，公司着手安全文化建设。以大庆精神、铁人精神为得天独厚的文化底蕴，求真务实地建设安全文化；以杜邦、BP、拜尔、米其林等企业为借鉴，结合自身实际建设安全文化；以人性化管理为理念、精细化管理为手段，宏微并重地建设安全文化；以HSE、ISO14001、OHSAS18001等管理体系为依托，科学规范地建设安全文化，逐步构建了以“以人为本、精细管理、预防为主、全员参与”为内涵的企业安全文化。

一、坚持“以人为本”，筑牢安全管理基石

安全管理的目的就是要以人的安全为根本，就是生命第一。为此，公司有效实施“三个融入”，营造出了浓厚的安全文化氛围。

一是实施“理念融入”，引导员工树立正确的安全观念。分公司提出：“员工的生命和健康高于一切”，“安全拥有高于一切的优先权”，“细节决定成败，精细才能安全”，“管理从细节入手，安全从细节抓起”，“谁为我们查出隐患，谁就是我们的恩人；谁出现‘三违’引发事故，谁就是我们的罪人”，“把别人的事故当成自己的教训，绝不重现；把未遂的事故当成已发生的事故，四不放过”，“领导抓安全，事故减一半；班长抓安全，事故少出现；人人抓安全，事故可避免”等理念，不断加大理念的倡导和实施，强化员工对理念的理解和认同。

二是实施“关爱融入”，努力体现人性化管理。为使上零点班的员工精力充沛，公司实行免费夜餐保证员工下半夜值班的时候精力充沛。针对化工装置24小时连续运转的特点，公司在主控室设立了温馨提示播放器，在凌晨2:00和4:00岗位人员容易困倦的时间里，播放温馨的提示话语和音乐，提示员工按时巡检、注意安全。为每个家庭配备了装有消防安全绳、消防过滤式自救呼吸器、求生哨等物品的应急箱，让员工感受到企业大家庭的温暖。在每个生产岗位，增设配有冰箱、微波炉等用品的小餐厅。利用废旧设备制作了8组系列工业雕塑，实现了工业资源、绿色环保和文化艺术的有机结合。此外，公司还为员工修建了健身

场地、文化餐厅、员工公寓和员工浴池，加大厂区环境的整治力度。昔日杂草丛生的荒芜地，变成了赏心悦目的花园式工厂，就连鸟儿也把这里当做了自己的家，有 38 户小燕子在装置塔架下面安家落户，这是企业绿色环保与自然和谐的最好例证。

三是实施“情感融入”，用亲情触动员工最敏感的安全神经。公司每年组织召开“员工家人恳谈会”，邀请上至七十多岁的老人，下至五六岁的孩童，共同参观厂区，和员工一起巡检，共同接受对员工的表彰，共同观看员工在厂的“三违”现象录像，共读安全家书，让家庭和企业共同担负安全生产的重担，把安全文化延伸到 8 小时之外，延伸到家庭。在岗位上设立亲情板、在泵房设立“人机对话牌”，还把员工亲人的嘱托拍摄成短片，在每次上岗交接班前播放，亲人一声声的嘱托和叮咛，化作了无穷的力量和巨大的责任，深入员工的心田，用内在的动力拨动员工那根最敏感的安全神经。

二、落实“精细管理”，养成安全行为习惯

“精细管理”是化工企业确保安全生产、装置受控的有效途径。公司广泛推行“五精”管理，即“精细交接、精细操作、精细巡检、精细维护、精细检修”，努力让员工养成“只有规定动作，杜绝自选动作”的安全行为习惯。

一是通过三个方面实施“精细交接”。在原来“八不交接”（接班人员不到齐不交接、汇报情况不清楚不交接、出现问题不解决不交接、操作参数不正常不交接、填写记录不真实不交接、资料报表不齐全不交接、工具用具不完好不交接、环境卫生不清洁不交接）的基础上，通过三个方面进一步细化：交接角色精细，制作了《交接确认卡》，按照班长、运行工程师、主操、副操四个角色规范交接内容，由原来的一个岗位交接变为现在的四个岗位交接；交接内容精细，由原来多数情况下的“齐全、完整、合格、正常”这八个字，变为现在的 163 项，仅班长就要交接 5 方面内容 33 项；交接确认精细，实现了定量、定点、定性交接。从原来的八不交接，到现在的如何交接，交接这一关键环节得到了更加有效的细化和落实。

二是通过两个途径实施“精细操作”。通过管理途径实施“精细操作”。严格执行《操作规程》和《操作确认卡》。仅戊烷装置开停工操作，由过去 33 步精细为现在 581 步。同时，不断摸索总结操作经验，组织班长、运工、主操、技术员和车间管理人员进行总结，找出最佳的操作方法，形成了“快、慢、细、微”精细操作法（针对密度变化，快调原料初温；针对蒸汽变化，慢调塔底温度；针对塔压变化，细调空冷转速；针对流量变化，微调回流开度）和三法操作规则（曲线分析法、数据对比法、样品参照法），努力实现精细操作“一人如百人，百人如一人”。通过科技途径实施“精细操作”。在轻烃分馏和戊烷精分两套主要装置引进了先进控制系统，实现了由原来的单变量事后控制向现在的多变量事前趋势控制转变，大大提高了装置的运行效率和效益，一年多创效益约 200 万元。

三是通过步步确认实施“精细巡检”。公司制定了“六必六要”巡检制度（规定路线必走，走要到位；现场仪表必看，看要细致；热敏部件必摸，摸要认真；转动设备必听，听要清晰；密封结点必闻，闻要灵敏；灰尘污渍必擦，擦要彻底），设计了副操、班长、运行工程师巡检确认卡，使他们在巡检时间上做到相互交叉（副操整点巡，班长单点的半点巡，运行工程师双点的半点巡），在巡检内容上做到相互补充（确认卡放在巡检现场，副操和班

长使同一张确认卡，运行工程师的确认内容与之互补)，在巡检质量上做到相互监督（车间管理人员随时在现场检查，并在巡检确认卡上签字)。通过执行精细巡检确认卡，实现了工人不间断巡检和干部走动式管理。仅以轻烃分馏车间为例，一个巡检时间段就将对 57 项巡检项目、287 个巡检内容进行确认。除了使用电子巡检器外，还在巡检路线和巡检点上设立了巡检提示牌，上面标出“听、摸、闻、看”的具体内容和详细参数，帮助员工实现精细巡检。

四是运用二级维护保养实施“精细维护”。公司在严格遵循“清洁、润滑、紧固、调整、防腐”十字保养法的基础上，精心总结了便于员工记忆、理解和运用的“六定时设备保养方法”(备用设备定时盘车，运转设备定时切换，润滑设备定时加油，转动设备定时换油，除垢滤网定时清洗，易损部件定时更换)。同时，按照维护重点的不同，制定了《日常维护保养确认卡》和《定期维护保养确认卡》。在日常维护保养中，重点对设备的卫生、润滑、防腐等进行维护；在定期维护保养中，以专业维修人员为主，操作人员为辅，对设备进行局部或重点部位拆卸检查，清洗、调整、维护、更换易损件。通过二级维护保养，有效延长了设备大修周期，提高了使用寿命，增加了设备的可靠度，使精细维护实现了有效受控。

五是运用三步十五受控实施“精细检修”。按照“检修准备、装置停工、生产交检修、装置检修、检修交生产、装置开车、考核和总结”七个环节和两个界面交接的要求，制定了《“三步十五受控”确认卡》，按照事前六确认、事中五确认、事后四总结的要求，强化风险评估，强化步步确认，强化跟踪监护，实现了历年检修“不着一把火、不伤一个人、不损坏一台设备”和“装置检修开车一次成功”的目标。

“五精”管理作为新时期大庆精神的重要组成部分，仍需不断深化，形成精细管理长效机制。为此，公司相继制定出台了《用“四化”促“五精”，全面深化“五精”管理指导意见》、《“五精”管理晋级考核实施方案》、《标准化工作推进方案》等一系列方案和措施，坚持“五精”管理规范化、卡片化、可视化、特色化和“达标、创优、标杆”三级联创管理，初步构建了“五精”管理长效机制。

三、强化“预防为主”，提高本质安全水平

只有通过各种预防手段，不断提高人、机、物、环的本质安全水平，消除、减少或控制不安全行为和不安全状态，才能有效减少各类事故的发生。公司主要通过三个方面来落实。

一是通过运用现代科技手段，体现“预防为主”。公司利用 OA 办公平台，在装置区重点生产要害部位安装了 58 个视频监控点，其中动、静监控点各 29 个，对塔、罐、泵房、装车场等重点要害部位及员工状态、装置运行是否异常等进行实时监控。通过建立实时数据库系统，使各级管理人员能够在自己的计算机上同步观看各主控室 DCS 操作画面，随时掌握生产动态，随时调取操作曲线等。此外，公司还安装了风速风向实时监测系统，为高空作业、动火作业和紧急状态下的应急疏散提供了科学依据。

二是通过技术改造和科研攻关，实现“预防为主”。多年来，公司通过技术改造，逐步完善了锅炉自动点火系统、火炬自动监控点火系统。按照中国石油天然气集团公司（以下简称集团公司）要求，完善了三级防控体系，建设了装置区围堰、紧急事故存液池，铺设

了防爆自流坪，采用了陆用流体装卸臂，在球罐人孔安装了防泄漏卡具以及紧急切断球阀、注水设施和声光报警等等。通过上述技术手段，进一步提高了本质安全水平，实现了“预防为主”。

三是通过创新管理理念，形成“预防为主”管理机制。公司提出了“谁给我们查出隐患，谁就是我们的恩人，谁出现‘三违’引发事故，谁就是我们的罪人”等安全理念，并严格执行大庆油田化工集团《发现事故隐患奖励办法》，号召每一名员工“像寻宝一样查找安全隐患”。坚持每周发布一次《HSE 监督公报》，实行了行为监督、隐患监督、整改监督“三位一体”的安全监督管理。

四、发动“全员参与”，延伸安全网络触角

安全文化建设只有得到家庭和社会力量的共同参与，形成网络并不断纵深，才能最大限度地发挥文化的力量。为此，公司以“四进”为切入点，使之不断延伸、拓展和丰富。

一是安全文化进车间。公司坚持每年发的第一个文件是安全文件、召开的第一个会议是安全会议，坚持每年在职代会上签订《安全环保责任书》，在油田率先开展了安全生产述职，每年举办“安全文化节”系列主题活动。

二是安全文化进班组。公司把安全文化建设的阵地放在班组，努力创建良好的班组安全文化氛围。坚持班组安全理念课，做到“班前讲安全，思想添根弦；班中讲安全，操作保平安；班后讲安全，警钟鸣不断”。轻烃分馏分公司还组织开展了“五型”班组创建活动，编制完成了共有 15 个标准、396 项考核条款的《“五型”班组评选实施细则》，建立了“一月一评比、一月一考核、一月一奖励”的“五型”班组“三个一”考评管理机制，进一步激活了“班组细胞”活力。同时，还有针对性地举办了班组长培训班，用优秀班组长的名字命名基层班组，形成了各具特色的“班组文化”。

三是安全文化进岗位。公司组织员工编写了巡检小歌谣、安全小故事、安全文化周历、事故案例台历、《我所经历的一次安全事故集》。组织了“精细操作 DV 大赛”、“争做岗位讲解员”、“我最喜欢的安全漫画”评选等活动。组织建设了 202 个版面、200 个条幅、816.4 米长的安全文化墙，图文并茂、寓教于乐，让员工在温馨和谐的氛围中感受启示、接受教育。同时，公司还每年举办一次技能大赛，开展了丰富多彩的文体活动等等，进一步激发了员工岗位成才、爱厂爱岗的积极性。

四是安全文化进家庭。公司以车间为单位组织开展了以“安全是我和家庭的第一需要”为主题的“送安全文化进家庭，请安全嘱托进车间”员工、家人恳谈会，签订了《安全互保协议书》，为家人发放各类安全文化手册，向家人通报员工在岗“三违”情况等等，充分发挥“亲情感召安全”的作用，获得了家人对企业安全管理的理解和支持，使员工及其家人在参与安全文化建设中逐渐由视觉上的刺激、行为上的约束、习惯上的养成变成心灵上的共鸣。

公司安全文化建设“十六字”方针的提出，为安全文化建设指明了方向，在员工“从要我安全，到我要安全，再到我会安全”的转变中，发挥了巨大作用，为创建本质安全型企业奠定了坚实的基础。

企业安全文化建设结出了让企业员工受益、企业效益和荣誉得到提升的一系列成果。2007、2008 连续两年被评为全国企业文化建设先进单位；荣获黑龙江省“安全生产超千天先进单位”和“绿色企业标兵”称号；2005 年被集团公司确定为安全文化建设示范基地；2007 年成为油田基层建设“十面红旗”之一；2008 年通过省安全标准化二级企业验收，成为全省唯一通过申请国家验收的企业；2010 年荣获油田安全生产、文明生产金牌“十二连冠”，被油田推荐为唯一一家申报国家首批“安全文化建设示范单位”。2010 年 11 月 17 日，集团公司总经理第二次到公司视察工作，对轻烃分馏分公司的精细管理给予了高度的评价，他说，你们的工作时时处处都体现着大庆精神、铁人精神的精髓，把精细管理做到了极致。

创新管理　勇争一流
全面提升现场安全环保工作水平

大庆油田大庆钻探工程公司

大庆钻探工程公司钻井一公司70007钻井队2006年组建，现有员工57人，下设4个生产班组。几年来，钻井队始终以为油田找油找气为己任，以深井提速为目标，坚持追求高标准管理、高水平施工。2011年初，针对深井施工高风险、高投入的特点，扎实开展了以“强责任、重执行、夯基础、提素质、上水平”为主题的“安全环保制度落实年”活动，不断强化安全环保管理，提高执行效率，有效地带动了安全环保工作上水平。

一、推进“三化”管理，夯实基础固根基

抓好现场规范化管理不是一朝一夕的事情，只有打牢基础，常抓不懈，持之以恒，才能见到实效。只有把“在细节上认真，从小事上做起”的管理理念贯穿于生产的全过程，不断夯实管理基础，才能提高现场规范化管理水平。

一是抬高起点，做到日常工作标准化。在抓现场管理工作中，充分认识到搞好标准化现场管理是保证安全生产、提高职工素质、提升队伍整体形象的关键。必须改变旧的传统观念和不良习惯，克服“现场标准化就是打扫卫生”、“生产紧、任务忙，没有时间抓现场标准化”等错误认识；由班组长带领排队上下班等小事做起，并通过职工大会、班前会、员工教育培训等多种形式，来提高干部员工对现场规范化管理工作重要性的认识，增强干好标准化工作的主动性和责任意识。

二是分片包干，做到现场卫生规格化。钻井队在现场管理工作上通过实践摸索出了一套工序流程。如在安装工序施工中，做到各班分工明确，根据工作量多少进行细化，合理安排人员，避免人员分工不明，工作效率低等现象；在安装摆放的同时要求各班组把自己负责的设备、设施的卫生全部清理干净，才能达到开钻要求；负责场地的班组要对井上所有库房的材料摆放整齐、卫生合格，钻具上支架后要立即排齐；开钻前由队干部及驻队HSE监督员进行严格检查，达不到标准不准进行下道工序施工。

三是定置定位，做到物品摆放规范化。定置管理的好坏，体现在每个工作环节和一些小事上。例如，每口井看井位时都事先考察井场的场地条件、周边环境等。怎样做才能既符合现场管理要求，又有利于生产运行，在搬家前就予以确定。搬家时设备按事先确定的先后顺序组织装运，卸货时做到摆放一次就位，就能达到现场规范化管理要求。在日常员工教育管理上，要求员工按照固定位置摆放工具、配件，使施工现场始终保持整洁规范。

二、构建“三个”机制，把握关键重执行

抓安全环保，关键在于落实。如何让制度从墙上走下来，是抓好安全环保的重中之重。对此，结合深井施工和人员状况，主要在以下三个方面下功夫。

一是明职责，定协议，构建责任落实长效机制。为了彻底改变物的不安全状态，消除人的不安全行为，最大限度地降低作业风险，采取责任分解、过程控制、严格考核的“一条龙”管理模式。把生产中400余个项点的安全职责细分到岗位，下发“岗位作业指导卡”，明确各岗责任；建立安全职责记分卡，定期实施全面检查和专项检查、常规检查和突击检查；队里与每个岗位人员都签订了安全协议，进一步明确各岗位的安全责任。例如，在任深1井施工中，针对该井地下情况复杂、作业风险偏高的特点，队里与HSE监督共同研究，制定了全井安全措施和应急预案，队干部轮流盯在井上抓落实，仅用92天23小时就打完了全井3970米进尺，实现安全、高效钻井施工。

二是讲标准，守诚信，构建环保管理长效机制。建立了垃圾回收处理台账，不断完善环境保护预案，每半个月组织一次针对井涌、井喷等事故的环保应急演练，为减少环境污染打下坚实的基础。在具体实施中，不但严格落实排污池、泥浆罐和油罐区底部的环保标准，对节流管汇、库房等不引人注意的地方，也都做了具体规定。在达深11井安装后的自检中，发现生活排污池的防渗布有一个小洞，不换也没人知道。可是，按照“诚信为本、合作共赢、优质服务、追求卓越”的服务理念，如不更换，就失去诚信的基础，长此以往任何工作都可能流于形式，于是马上组织人员进行更换。甲方知道后，一再称我们是“放心钻井队”。

三是严考核，硬兑现，构建激励约束长效机制。为了进一步促进安全环保工作的有效落实，制定完善了钻井队的安全生产、清洁生产考核细则，把安全环保制度的执行，与员工的切身利益挂钩。有一次组织拆甩设备做搬家前的准备工作，四班发现三班更换绞车润滑油时，一些油不慎落到地上，他们觉得即使搬走了，也不能在环保上出偏差，就马上把油污清到排污池，又在落油的地方垫上新土，队里按规定给予四班奖励，并对三班进行处罚。2011年5月，三班司钻发现本班钳工在搞井架底座卫生时，没系安全带，违反了2米以上高空作业必须系安全带的规定，及时制止他的不安全行为，并按规定对他进行处罚，维护制度的严肃性，保证制度的有效落实。

三、严格“四项”监控，根除隐患保安全

安全环保管理是一个动态、复杂、多变的系统。为了达到由“动中求序”而获得“序中求安”的工作效果，钻井队坚持把管理重心放在过程监控上，突出受控管理。

一是对危害因素实行全面监控。通过以点带面的形式，由安全管理人员、生产骨干将危害识别、环境因素识别范围覆盖到本队各种岗位、所有生产经营活动、作业区域中，识别出身边实际存在或潜在的危害、危险源等。特别提出了：无论风险等级高低，都按照高度风险认真对待。打破了以往不同等级风险不同对待的老思想，提高了大家对安全工作的重视程度，真正做到了安全工作无小事。全面落实属地管理工作要求，按照岗位职责划分属地，如副司钻属地是泵房、钻井液工属地是钻井液罐区等等，由队长与岗位人员签订安全协议，认

真履行“我的属地我负责，我在属地你放心”的工作原则；钻井队干部与外来单位也签订了安全工作协议，保证外单位工作人员必须遵守本队的各项安全工作制度，共同识别、规避各种风险。

二是对关键工序实行动态监控。对钻井队来说，设备拆搬安、下套管、甩钻具等工序相对来说安全系数小、危险级别高，容易引发安全问题。为此，施工前，对这些工序都做出安全评价，以风险等级的形式做出预警，设置明显标志，提醒在岗员工注意安全。同时，对施工中应注意的环保事项进行明确，队干部亲临现场指挥，实施全过程监控。2011 年在一次井架起升前，队里安排 4 名井架工检查井架上是否有遗留工具、销子等。当时多数员工认为，安装后工具都收好了，班里也进行了检查，不会有问题。但是，验收小组仍然上去例行检查，结果在第三节井架上发现了一把扳手，及时消除了一次事故隐患。

三是对要害部位实行定责监控。为了加强重点要害部位的安全防范和环保监控，在公司派驻 HSE 监督员的基础上，队里还建立了由干部、大班和岗位操作人员组成的三级安全环保管理网络，把各要害部位的监控职责落实到人头。例如，滚筒大绳卡头、防碰天车等部位由大班司钻和当班司钻监控，泵保险总承由值班干部、大班司钻和副司钻监控，设备底座、油罐区和排污池的环保由值班干部监控，并把这些要害部位纳入交接班内容，总体上实现了“定人、定机、定岗、定责”的“四定”监控。2011 年 4 月，在一次下钻后准备开泵循环前，大班司钻按照分工，对所负责的要害部位进行全面检查时，发现当班副司钻给保险阀的销子定位偏高，责令其立即整改，及时消除了一次安全隐患。

四是对重点岗位实行跟踪监控。安全环保管理是一个全员、全过程、全方位、全天候的工作，除了做好重点工序、要害部位的监控外，值班干部、大班、司钻、副司钻、井架工等重点岗位人员，按照从高到低的顺序逐级进行跟踪监控，防止误操作、脱岗和睡岗现象，杜绝违反安全规定的事情发生。在一次起钻过程中，当班司钻在监视器中发现井架工为了省事，只系安全带腰带没系腿带，立即制止作业，责令其系好腿带后，才继续起钻。在 2011 年任深 1 井二开施工中，跟班干部在夜里 12 点半的巡回检查中，发现当班发电工在岗看小说，立即纠正，并按规定给予了处罚。

深化创建“五型”班组
努力构筑安全生产前沿阵地

抚 顺 石 化

中国石油抚顺石化公司（以下简称抚顺石化或公司）是我国炼油工业的“摇篮”，有着80多年的发展历史，是一个集“油化纤塑洗蜡”为一体的大型石油化工联合企业。现有全民员工2.2万人、集体职工1.1万人。抚顺石化目前共有2231个一线操作班组，直接承担着安全生产、平稳运行、降本增效等具体任务，是公司各项决策、指令的最直接、最具体的贯彻者、执行者。尤其是在易燃易爆、实施连续生产作业的石油化工企业，班组行为无时不在、无处不在，随时随地左右着企业的生产和安全。

多年来，公司始终将加强班组建设作为增强企业执行力和竞争力的关键环节，构筑安全生产前沿阵地，始终坚持大庆精神、铁人精神这得天独厚的文化底蕴，坚持以人为本、固本强基、求真务实、继承创新。以强化基础管理为重点，坚持不断提高干部员工的管控能力为目标，坚持不断提高干部员工的业务素质为根本，坚持不断把“三基”工作与安全工作紧密结合，增强队伍凝聚力、战斗力和执行力，着力构建基层建设的长效机制，逐步建立以王海式“五型”（学习型、安全型、清洁型、节约型、和谐型）班组为引领的企业安全文化。

一、立足公司可持续发展，加强对创建“五型”班组工作的领导

重视“三基”工作，加强一线班组建设是中国石油的优良传统，也是抚顺石化长期坚持的治企方针。班组是企业安全生产最为基层的组织，是推进企业安全发展和可持续发展的关键环节，班组的安全管理是企业安全管理的基石，班组的建设直接影响到整个企业的安全生产水平。多年来，公司始终坚持把加强班组建设纳入企业发展战略，作为企业安全管理的重要内容来抓。

一是加强组织领导，形成齐抓共管。建立了公司统一领导，自上而下层层有目标、有责任，各直属单位主要负责人亲自挂帅，逐级抓落实的班组建设工作责任制。公司机关相关部门组织制定和完善了工作标准，督促检查，各直属单位相应成立了基层建设领导小组，密切协作，强化执行，形成了公司、工厂、车间和班组四级管理网络。提出并积极倡导“干部走动式管理、十放心六不走”、“员工全天候巡检、十交五不接”等管理经验。坚持周二班组安全活动、领导干部安全联系点、班前、班后讲安全的工作做法，领导干部不到班组就不叫深入基层、专业部门不到班组就不叫服务基层、技术人员不到班组就不叫指导到位、思想政治工作不到班组就不叫贴紧靠实的要求，形成了公司上下全员参与的班组建设组织体系和

工作格局。

二是健全机制，推动班组建设规范化。几年来，公司制定了《基层建设规划》、《班组建设达标考核细则》、《基层车间、班组建设评价标准》和《关于创建“五型”班组的实施意见》，建立了班组竞赛、基层车间达标、生产企业综合优胜的三级评比机制，从生产管理、质量管理、安全管理、现场管理、民主管理、班组核算、思想政治工作、文化建设等八个方面提出班组建设考评标准和具体要求，将安全业绩作为班组评评选先进的否决性指标，形成了公平公正、奖惩并举的激励约束机制。

三是强势推广，营造和谐氛围。王海班，是抚顺石化第一个以班长姓名命名的生产班组，是抚顺石化 80 年优良传统的集中体现，是中国石油工人优秀传统的继承和发。为了深入推广王海经验，加强“三基”工作，公司下发了《关于全面推广“王海班”经验的通知》，启动了“861”推广工程。“8”，即强化宣传舆论主推、班组讲坛指导联推、班组协会联谊领推、现场观摩典型引推、领导带队互访互推、督查问责机制促推、外出考察创新助推、总结交流深入广推的八推助势；“6”，即推进工作督导、督查问责、跟踪下访、巡回宣讲、现场观摩、交流推动的六项行动；“1”，即实施党政工一把手战略工程。广泛开展了送知识、送健康、送温暖的“三送”活动，向基层员工发放了《读书的有效方法》、《平安是福》、《细节决定成败》等 20 多种书籍；开展了“距离先进企业有多远”等“金点子”征集活动，以《安全教育进家庭活动手册》、家属与班组员工签订“安全承诺书”、双员工夫妻互赠安全警句、安全文艺汇演等丰富多彩的形式，使员工安全意识入脑入心；每年免费为全体员工进行一次全面体检，协助员工及时治疗疾病，举办“全民健身夺标赛”，开展团队“拓展训练”，融智慧性、趣味性于一体，切实为班组建设营造和谐氛围。

二、以增强基层执行力为核心，全面提升班组素质

班组作为企业的细胞，是提升企业执行力的黄金终端。基础不牢，地动山摇。企业的执行力要在班组中体现，企业的效益要通过班组实现，企业的安全要由班组来保证，企业文化要靠班组文化来支撑。加强班组建设，不仅是安全生产、清洁生产、构建和谐的现实需要，更是面向未来、永续发展、基业长青的战略举措。

一是设讲台，构筑员工共同的思想基础。公司坚持把发扬大庆精神、铁人精神贯穿于班组建设工作全过程。通过开展“双学促三基”主题教育活动，缅怀石油人光荣传统，学习铁人奉献精神；举办“安全发展杯”论辩赛，让员工用自己的声音去阐述对安全的理解，进一步激发员工对安全生产工作的思考；试点开展“安全沙龙”活动，让一线员工讲装置存在的问题和风险，提升员工的安全责任意识和技能；举办“班组讲堂”，聘请专家讲班组管理、安全生产、企业文化和发展方向；设立“班组论坛”，让班组员工当“讲师”，讲学习、讲技能、讲心得，营造了树立社会主义核心价值观和“团队讲齐心、工作讲热心、互助讲爱心、处事讲公心”的和谐氛围。

二是建平台，激励员工岗位成才。公司开展了“创建学习型班组，争当知识型员工”活动，制定了《星级操作员评聘及管理办法》和《技师、高级技师评聘及管理办法》，采取师徒带学、岗位互学、日题周评、月考季赛、20% 安全抽考、班组长安全培训、全员安全考试、安全技能大赛、安全消防运动会等方式开展岗位培训。坚持面向生产、注重实效，结合

生产受控、集团公司《反违章禁令》等重点内容，根据不同的工作岗位、专业工种和技术等级，采取岗位和脱产培训相结合的方式，以“熟悉原理、精通流程、操作达标、预案熟练、一岗多能”为目标，坚持开展系统化培训和名师带高徒活动，先后举办了五届练兵比武和技能竞赛，近10万人次参加了不同层次的竞赛，有218名技术状元破格晋升技术等级。目前，公司一线操作员工80%具备两岗以上技能，50%具备三岗以上技能，35人被评为公司和集团公司技能专家，36人成为全国、中央企业或集团公司技术能手。几年来，广大员工凭着过硬的本领、精湛的技术、顽强的作风，成功地抵御了特大洪水、暴风雪灾、外电网波动导致的大停电等险情，没有发生任何次生事故。

三是搭擂台，助推创建“五型”班组。多年来，公司以基层班组为单位组织开展了以“五型”为主要内容的“星级”班组竞赛活动，将班组降本降耗、安全环保、清洁生产、劳动纪律等管理指标量化考核。每季度对参赛班组进行评比，当季完成各项考核指标且安全生产无事故，班组成员无违章则授予一颗星，全年累计四颗星。每年从“四星级班组”中评选“五型”班组，再从“五型”班组中评选“王海式班组”。目前，已命名表彰“王海式班组”260个，占班组总数12%，“五型”班组已经达到一线班组总数的60%。

三、强化选拔培养，打造优秀班组长队伍

班组长在企业管理中，起着重要的承上启下的纽带作用。班组长作为班组的领头雁，是企业最基层的一级管理人员，既是员工中的“将”，又是干部中的“兵”，是企业各项决策、方案最终执行者，具体的落实者。班组长素质的高低直接影响着企业的安全生产，因此要抓好班组长的素质建设，落实他们的责、权、利，充分发挥他们在安全生产第一线的作用。

一是规范班组长的选拔任用，从相马到赛马。公司出台了《班组长管理规定》，明确了班组长必须通过公开竞聘、民主推荐、竞争上岗方式产生，把安全作为聘任的条件，曾经发生过事故或违纪的人员坚决排除在外。目前，公司已有60%以上的生产一线班组实行了公开竞聘，一大批思想素质好、业务能力强的班组长脱颖而出。

二是加强班组长的培训教育，既重用人又重育才。公司制定了班组长培训规划，已有5000多人次参加了培训，每年还组织优秀班组长到先进企业考察。坚持以技术工艺规程、设备操作规程、设备维护保养规程、安全生产法律法规、先进的管理手段及方法和事故案例为主要内容，每年对班组长进行系统培训。同时，成立了以王海为名誉会长的“班组长协会”，定期举办“班组长论坛”，并编辑出版了《我谈治班之道》，使班组长们相互交流、共同提高。

三是注重班组长激励政策，小班长有大作为。公司评选表彰工作重点向一线班组长倾斜，每年评选劳动模范、先进个人中，优秀班组长占40%以上，还制定了重奖政策。例如，奖励班长王海一套122平方米的商品房，奖励班长赵林源10万元，选派班长李慧到中国劳动关系学院进行本科学习深造，先后有168名优秀班组长走上了各级管理岗位。

通过多年的基层建设工作实践，我们深深体会到，创建“五型”班组不只是为了创建，而是要通过创建“五型”班组来激发基层员工高度的责任心和使命感。当前，抚顺石化安

全环保局势异常严峻，面临着六大风险：一是项目建设带来的施工风险，二是全面开工带来的安全风险，三是装置老化带来的运行风险，四是布局调整带来的稳定风险，五是业务拓宽带来的经营风险，六是产业集中带来的管理风险。机遇与风险并存，抚顺石化正处于“最好”的发展时期、“最重要”的发展阶段，我们将狠抓基础建设，以“五型”班组建设为引领，为抚顺石化的科学发展、安全发展、和谐发展构筑坚固的安全壁垒，努力实现“百年企业、世界品牌”宏伟目标，为中国石油加快建设综合性国际能源公司做出新的更大的贡献！

规范基层 HSE 资料
为基层组织和员工减负

长城钻探钻井二公司

HSE 体系推进工作开展以来，长城钻探工程有限公司钻井二公司以现场 HSE 资料规范化管理为抓手，按照“队班合一”、“谁主持会议谁负责填写”、“解放操作者双手，强化基层管理层参与”三项原则，在满足国家、地方政府法律法规以及中国石油天然气集团公司（以下简称集团公司）管理要求的基础上，对 HSE 资料进行了认真梳理。根据调研结果、基层员工意见、满足现场管理以及体系推进工作等因素，对基层 HSE 资料进行调整、归并、修订，形成了“删繁就简、满足现场、便于操作、方便实用”的 HSE 资料规范一体化管理模式，切实减轻了基层队负担，实现了基层 HSE 资料标准化、系统化、规范化、信息化，满足了生产安全、持续、和谐发展的客观要求。

一、规范基层 HSE 资料是做好基层 HSE 工作的必然要求

（一）规范基层 HSE 资料是企业发展的必然要求

中国石油长城钻探工程公司（以下简称长城钻探）于 2008 年初由辽河石油勘探局钻探部分、长城钻井公司以及中油测井北京部分三家单位重组形成，三家单位长期以来都各自形成了比较完备的管理体系和方法，但不能满足公司规范、统一的 HSE 管理需求，亟待整合形成一套统一、完备、具有长城钻探特色的管理体系。恰逢集团公司把长城钻探列为 HSE 体系推进试点单位，公司领导以此为契机，对规范基层 HSE 资料做出明确指示，指定专人负责，把试点单位选择在钻井二公司的基层井队，按照先试点、取得经验、再推广的原则，全面规范基层 HSE 资料。

（二）规范基层 HSE 资料是实现基层科学管理的必然要求

基层队需填写的资料、数据数量庞杂，各类检查频繁，负担沉重，HSE 管理重点不突出。经统计，基层队需要保存、填写的资料和记录共计 155 种，分别为：上墙 13 种占 8.4%、设备管理 25 种占 16.1%、党政工团 28 种占 18.1%、成本管理 11 种占 7.1%、工程技术类 13 种占 8.4%、HSE 资料 65 种占 41.9%。解放基层队操作者的双手，实现基层科学管理，规范基层队 HSE 资料势在必行。

二、加强领导、科学分析、典型引路，实现基层 HSE 资料规范化

2010 年 4 月 30 日，基层 HSE 资料规范化项目正式启动，公司领导要求按照“融入 HSE 推进理念、满足钻探现场生产实际”的原则，安排专人开展调研，公司 HSE 管理部门对三

家钻修井队现场 HSE 资料进行整合，在国内外员工的广泛参与下，历时 8 个多月，对国内外钻井队现场使用的各种 HSE 记录进行了深入细致地调研，结合“两书一表”，适时地制修订、增补、删减了现有现场应用工具，形成了一套完整的钻井队 HSE 管理现场应用工具手册，充分发挥了 HSE 体系管理在现场的应用。

一是领导重视。HSE 资料规范工作启动以来，各级领导高度重视，长城钻探领导多次到试点队指导工作，听取汇报。公司副总经理、安全总监对规范基层 HSE 资料亲自进行安排部署，多次听取汇报，对规范 HSE 资料提出明确要求。公司总经理助理、安全副总监亲自到试点队 50013 队指导工作，讲解规范资料的目的和意义。总部机关各相关部门领导到现场开展 HSE 资料规范调研，对规范资料进行讲解、示范填写、提出具体建议，公司 HSE 资料规范化工作扎实、有序运行。

二是科学分析。通过全面统计分析之后，理清了公司国内外的 HSE 资料现状。海外 22 张检查表格包括 8 个检查表、6 个报告、5 个记录、2 个许可、1 个单据，经过海外各钻井队多年实践和不断改进已非常完备，适应海外“日费制”和“大包制”管理模式，夯实了海外 HSE 基础管理。国内钻井队使用的检查表是经过“三标管理”、HSE 管理逐渐演变而来，自成体系。两者有很多类似之处，具备融合和规范的条件。但两者也存在着诸多差异，海外检查表针对设备和现场的工作流程，但没有具体说明每个岗位从事的具体工作，是“为工作而建立检查表”，是针对人的不安全行为。而国内钻井队主要关注岗位风险，检查表以排查岗位员工所在施工区域的风险为主要内容，但对个别工艺流程有所忽略，是“为岗位而建立检查表”。通过对资料管理的现状调查后，对公司国内外的所有 HSE 资料进行对比、分析，总结、提出了三条编制原则：“队班合一”，井场始终是一个班组在作业，井队的安全管理也是针对该作业班组，队里资料与班组资料融合，避免资料重复填写；“谁主持会议谁负责填写”，彻底改变过去安排专人写资料、编造资料的现象；“解放操作者双手，强化基层管理层参与”，为防止基层管理干部当“甩手掌柜”，更好地参与安全管理找到了切入点。

三是抓好试点。在 HSE 资料修订出初稿后，公司选择了综合业绩优秀的 50013 队、70030 队、50023 队作为 HSE 资料规范试点队，对试点队员工进行了系统培训，并通过基层队管理者的填写和记录中的问题不断纠正和修改，资料规范化模板初步形成。在试运行中，通过员工讨论、现场实践、信息反馈、阶段总结，并积极与上级相关部门沟通等措施，对基层 HSE 资料及时进行调整、归并、修订、完善，形成了“两盒、两本、两表、一证”的 HSE 资料：两盒（各类作业许可，STOP 卡）、两本（HSE 综合记录本，班前班后会记录本）、两表（岗位 HSE 检查表，HSE 周检查表）、一证（岗位人员证件），共计 13 种记录和电子文档。加上告知类和查阅类文件的 6 种，最终形成告知类、查阅类、填写类、档案类四大类共计 19 项 HSE 资料，解决了复杂繁琐、重复填写、使用不便等问题，使现场 HSE 资料更加贴近现场生产实际。

三、规范的 HSE 资料为基层 HSE 管理提供了强有力的支持

（一）更符合现场工作需求

HSE 资料规范化后，使 HSE 资料填写质量和效率明显提高，主要体现在 HSE 管理要求的规范化、人性化、合理化三个方面。

一是实现了规范化。对以前不规范、不标准、随意性的做法有明确的要求和规定，HSE管理中存在的漏洞及时得到填补。

二是实现了人性化。现场要求填写的各种 HSE 资料表、检查表等简单易懂，非常适合填写，尤其是班前、班后会记录本的填写比以前内容全、涉及项具体，不仅节省了时间，还提高了员工的风险识别能力。

三是实现了合理化。各种检查表和作业许可等内容齐全，让员工一目了然，有很强的针对性，存在的隐患和问题可以及时发现和防控。

（二）强化了基层监管体系

规范 HSE 资料明确了“解放操作者双手，强化基层管理层参与”的工作目标，班组人员只负责填写岗位 HSE 检查表，从而使员工有更多的时间在岗进行生产，既保证了内容的准确性，又增强了管理人员的管理水平，使 HSE 管理水平得到提高。资料规范化后，合并了 HSE 综合记录本和班组 HSE 综合记录本，避免了重复填写。新 HSE 综合记录本主要以选择方式为主要填写方式，更加简单明了，记录更加全面可靠。规范化后新版资料填写必须遵守“谁主持会议谁负责填写”的原则，更加明确了基层管理人员的责任，彻底改变了过去安排专人写资料、编造资料、内容填写重复、千篇一律的陋习，使之更能准确地记录本班的工作任务、重点风险和防范措施，准确记录各岗位巡回检查中所存在的问题及整改情况，准确记录各个工况下的技术参数。

（三）体现出“三个深化，一个推动”

规范后的基层 HSE 资料经过长时间的使用和完善，其优点逐渐体现出来，真正体现了“防控重点、加强基层、落实有效管理制度、基层减负”的工作思路，规范的 HSE 资料起到“三个深化，一个推动”的良好作用。

一是深化了体系推进成果在基层的落实。HSE 资料的规范和 HSE 体系推进互相促进，相辅相成。基层资料规范使 HSE 体系推进知识更好地应用到实际生产中，而 HSE 体系推进内涵又使基层资料规范内容更加丰富和完善，真正实现了 HSE 管理从“重视”向“重实”的转变，深化了体系推进成果在基层的落实。

二是深化了基层员工能力的提升。通过实行“队班资料合一”，彻底做到“解放操作者双手，强化基层管理层参与”，真正做到管理人员发挥才智，提高基层干部管理水平，操作者竭尽其能完成岗位操作，提高基层员工技能水平。

三是深化了基层管理规范化。形成一套完整的现场 HSE 监管体系，即“两盒、两本、两表、一证”，明确了基层队伍各级人员班前、班后该做什么、每周该检查什么、每月该汇总什么，加强了防控重点和隐患排查力度。

四是推动了基层基础管理工作的统一、规范、上水平。HSE 资料规范、为基层减负的做法得到了长城钻探总经理的高度评价，要求在全公司各系统范围内大力推广，为基层基础管理工作的统一、规范、上水平起到了积极的推动作用。

在各级领导的关心和大力帮助下，钻井二公司全体员工通过积极努力，HSE 资料规范化试点工作取得较好的效果。在今后的工作中，钻井二公司将根据自身生产实际，积极查找不足，持续完善，全面推进 HSE 体系建设上水平，为公司实现 HSE 工作目标做出应有的贡献。

推行“866”管理活动　控制井队作业风险

川庆钻探长庆井下技术作业公司

在 HSE 体系推进过程，川庆钻探工程有限公司长庆井下技术作业公司面对点多、面广、线长、队伍高度分散的作业特点，以提高班组自主安全管理为突破口，把 HSE 管理要求融入到日常工作之中，规范试油（气）队每日、每周和每月 HSE 管理内容，形成了简明、适用的“866”基层 HSE 管理流程。

一、油（气）队日 HSE 管理活动

油（气）队日安全管理活动共有 8 个环节，如图 1 所示。

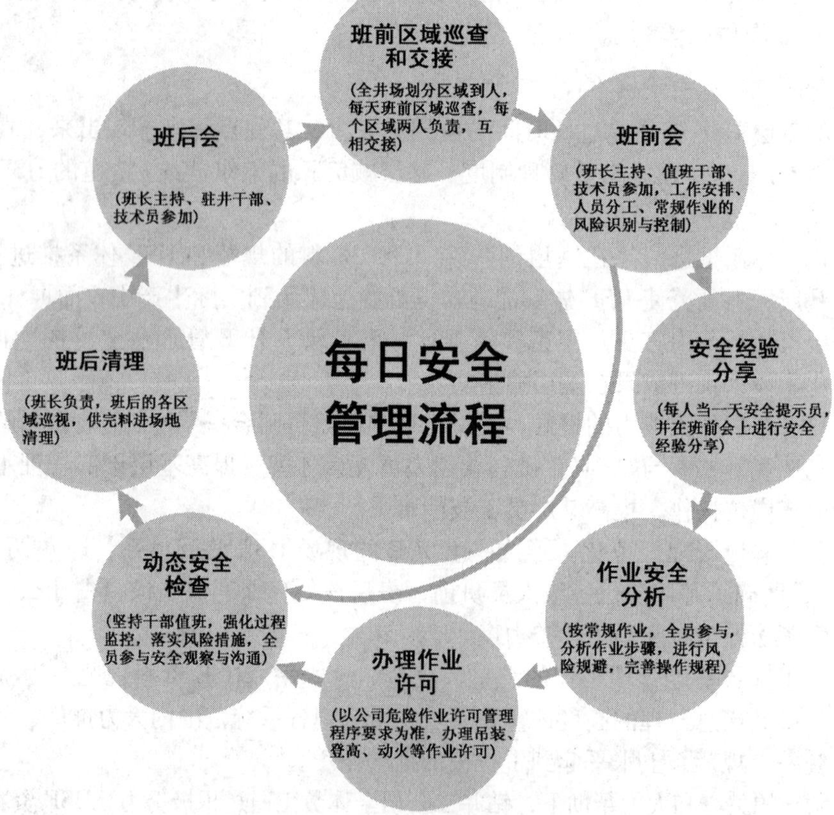

图 1　日 HSE 管理活动

其中班前区域巡查和交接、班前会、动态安全检查、班后清理、班后会为固定环节，安全经验分享、作业安全分析、办理作业许可视具体工作任务实施。

通过8项活动的循环实施，使作业人员做到各司其职，各尽其责，因而有效控制作业风险，及时消除事故隐患。

（一）班前区域巡查和交接

作业前的检查是每天HSE管理流程的第一步，检查的主要内容有设备、设施、工具和用品、作业环境等，并做好检查记录。驻井干部对检查结果进行处理，或现场整改、或制定措施、或向上汇报。

主要做法：

在班组大力推行岗位日检表，日检表中包含岗位检查路线和检查的具体内容，各岗位按照检查路线和检查内容逐项检查，通过检查及时发现各项隐患。

（二）班前会议

班前会议在班前检查之后进行，是每日HSE管理流程的第二个步骤，主要包括：通报班前检查情况；回顾上一班次交接班注意事项；进行本班任务分配；对即将进行的作业进行危害识别及明确削减措施；做一次安全经验分享；等等。

主要做法：

（1）班前会的质量是安全检查的一个重点，安全检查人员通过现场提问等方式来验证效果，或者亲自参加班前会，督促班前会全面规范和有效开展。

（2）班组员工清楚本岗位工作任务、风险控制措施及应急措施后签名确认。

（3）班前会结束，将本班主要风险和控制措施摘录于风险控制面板上进行提示。

（4）根据施工内容，确定是否开展工作安全分析。

（5）驻井干部坚持参加班前会议，起到表率作业，体现有感领导，也有利于提高班前会的效果。

（三）安全经验分享

安全经验分享由班组员工轮流进行，内容有：工作中的不安全和安全操作行为、工作外的不安全事例、听过或经历过的事故、好的安全建议、解读岗位职责或一段安全管理规定。

主要做法：

安全经验分享做到日常化，班组每次做完安全经验分享以后与班前会记录一同保存，通过全员参与、持之以恒，班组人员大大提高了安全意识。

（四）工作安全分析

工作安全分析是一个评估和控制风险的工具。运用工作前安全分析对施工区域涉及人员、设备、环境变化可能引起的作业新增风险进行识别，提出预防措施。

主要做法：

结合井下作业HSE标准操作程序中所做的41项工作安全分析，直接应用已经识别的风险和制定的控制措施进行风险管控，同时对特殊作业如现场制氮、磨钻、打捞等非常规作业在工作前进行工作安全分析。

（五）作业许可办理

根据作业内容，结合相关规定，驻井领导确定是否办理作业许可。2010 年，根据公司作业许可程序，规范了以下几方面的许可管理：吊装通井机、装卸 50 万米^3 分离器、现场维修大罐、试油（气）班组挖掘污水坑、二层平台以上的高空作业、立放井架时登高作业等。

主要做法：

针对立放 29 米井架风险较大的特点，规范了立放井架的登高作业许可，公司对 11 名人员进行了许可授权，同时在丛式井立放井架时，要求必须有副经理和各队队长在现场进行安全把关。

（六）动态安全检查

动态安全检查是在作业过程中，各岗位进行的自查或互查，目的是识别动态风险，采取相应的措施，确保施工过程安全。

主要做法：

（1）压裂、酸化、搬迁等大型施工作业在每天的生产安排时指定主要负责人，并执行干部带队、队车行驶制度，严格落实作业过程中的动态安全检查。

（2）各岗位员工对自己管理的区域进行安全巡回检查，每班检查次数不少于 3 次。值班干部每班对井场区域的巡回检查不得少于 6 次。

（七）班后清理

岗位员工在本班工作结束前，将本岗位设备、工具、环境卫生等进行整理、清扫，以确保结束时工作环境、设备准备妥当。班组员工以 5S 场地管理（整理、整顿、清扫、清洁、修养）为标准，对本岗位的设备、工具、环境等进行管理，做到工完、料尽、场地清。

主要做法：

班后清理不是简单的清洁设备，而是要员工按照 5S 管理要求，抓好日常“三标”工作、场地的清洁、整洁，填写本岗位的报表和记录，做到真实、准确、整洁，有可追溯性。

（八）班后会

召开班后会议，就本班工作任务、安全措施执行情况进行总结、点评，加强沟通，对班中检查问题情况进行通报。对本班安全观察与沟通情况进行汇总分析，以便从管理上找出原因，避免问题持续或恶化。

针对以上 8 项管理活动，生产调度在每天的生产会上根据施工内容进行风险提醒，制定风险控制措施，指定现场负责人。各队主要领导亲临现场把关，落实现场负责人到位情况，并形成安全生产动态报表。每天将检查的问题在生产会上进行通报讲评，并制定相应的整改措施，同时收集第三方检查发现的问题以飞信的方式发送给各队主要干部，督促整改，举一反三。技术组根据施工任务或指派专人对特殊作业及重点作业进行现场技术指导，或确定责任人实施监控，突出技术预防。

二、油（气）队周 HSE 管理活动

周 HSE 管理活动共有 6 个环节，如图 2 所示。

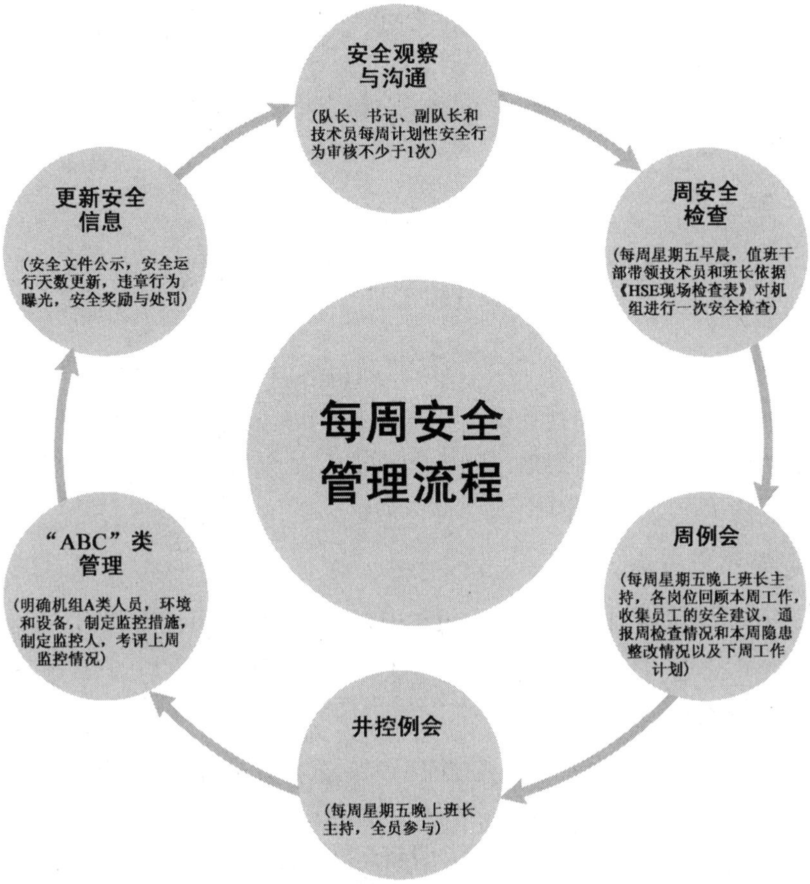

图2　周 HSE 管理活动

通过周 HSE 管理流程 6 大环节的实施，将过去一周的工作、表现进行总结，为下一周工作做好安排。

（一）安全观察与沟通

在班组全面推行安全观察与沟通，重点是员工的不安全行为，目的是不断纠正员工不规范操作，提高员工安全意识。

主要做法：

队干部每周每人开展 4 次以上的计划性安全观察与沟通，每次覆盖现场所有区域；班组人员每周开展安全观察与沟通至少 1 次；每月对观察与沟通报告进行数据汇总、分析，并制订针对性的改进措施，实施评比，对运用较好的机组和个人进行奖励。

（二）周安全检查

每周安全检查是为每周的安全例会做准备，目的是通过检查消除存在的安全隐患，确保作业现场的设备、设施处于良好状态，安装与摆放符合标准要求。

主要做法：

（1）周检查中突出“异位检查”，岗位之间的互查互学，弥补岗位自检不足，消除岗位自检盲点，提高各岗位人员综合素质。

（2）不同岗位人员开展联合检查，明确联合检查路线，使检查不留死角。

（3）驻井干部对井场环境及各岗位区域进行复查。

（三）班组周例会

每周 HSE 会议主要对本周 HSE 管理存在的问题进行通报讲评，分析共性和个性问题，找准切入点，落实责任，提高班组 HSE 管理水平。

主要做法：

（1）收集并分析安全检查中发现的隐患，确认整改措施，落实整改责任，上报不能整改的隐患，回顾上一周安全隐患落实情况。每个参会人员都要简述工作和下步打算。

（2）收集阶段性安全合理化建议，成立实施小组，验证可行性，逐步改善施工条件。

（3）确定下周工作安排：培训计划，应急演练计划，安全措施落实等。

（四）每周井控例会

对井控检查中发现的隐患及井控演习过程中存在的问题提出整改意见，督促整改并制定针对性措施；吸纳班组井控方面好的建议；对下周井控工作进行安排。

（五）周“ABC”管理

“ABC”管理是对人员、设备和环境按照一定的分类标准进行划分，A 类人员、设备和环境是管理的重点。

根据机组员工的表现和岗位操作情况、设备运转情况和年限、环境和气候情况等，对不同的分类采取不同的控制措施。

（六）更新每周安全信息

及时更新安全信息看板，将安全管理的相关信息向所有员工公示，做到安全管理公开、透明，如相关文件、通知、安全知识、技能，安全评比和奖励处罚情况。

主要做法：

（1）更新安全信息看板的时间通常在每周星期六。安全信息看板摆放在值班室。

（2）将公司下发的文件、通知组织员工学习，对本队、公司或行业内发生的事故及时进行通报。

（3）月度 HSE 会议上公布评比、奖励与处罚情况。

针对以上 6 项管理活动，对本周安全检查的问题进行汇总分析和上报，制定整改措施，进行隐患追踪，责任到人。与第三方监督进行沟通，就发现的问题共同研究制定相应措施，促进安全管理的共同提升。

三、月 HSE 管理活动

月 HSE 管理活动包括了 6 大活动，见图 3。

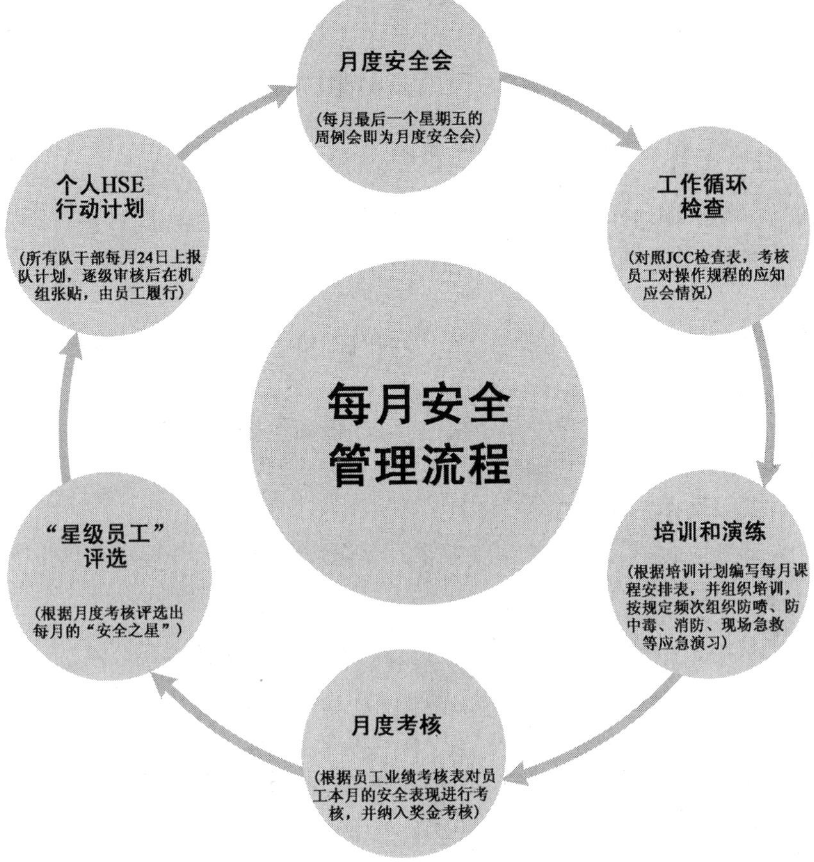

图3　月 HSE 管理活动

月 HSE 管理活动主要在于通过 6 大活动提升员工操作技能、安全意识，同时对月度工作进行汇总分析，实现安全管理的 PDCA 循环。

（一）月度安全会

月度会议在周会的基础上增加了以下内容：安全事故统计，本月安全观察与沟通统计分析，安全建议跟踪，月度培训安排，等等。

主要做法：

（1）对本月观察与沟通的数据进行分析，制订预防控制措施。

（2）根据上一次培训的效果、不安全行为、不安全状态（观察与沟通）分析结果，确定下一月的培训内容与计划。

（3）回顾本月安全生产情况，每个参会人员简述自己分管的工作和下月计划（包括培训计划）。

（4）通报安全隐患、奖励与处罚。

（二）工作循环检查

工作循环检查，是对已经制定的操作规程与员工实际操作行为进行分析和评价，以验证员工实际操作与操作规程的符合情况，以及操作规程的完整性和可靠性。

主要做法：

收集员工对操作规程的建议，汇总后填写《操作规程改进建议表》，向公司有关部门上报。

（三）培训和演练

把员工的岗位操作培训作为现场培训的重点，通过签订师徒合同，进行一对一的帮教，同时把提高应急响应和处置能力作为演练的重点，注重实战演练。

主要做法：

（1）安全培训每班每月至少开展两次。培训时间可选择在生产等停间隙，培训时间不少于 120 分钟。

（2）制订培训计划，培训内容应根据员工岗位培训矩阵、安全观察与沟通的数据分析结果、事故案例、标准或操作规程确定。

（3）培训方式以操作、讨论为主。

（4）按计划开展应急演练，评价演练效果，完善应急措施，开展应急培训。

（四）月度 HSE 考核

由队 HSE 考核小组对员工月度安全表现进行考核，并将考核结果公示。

主要做法：

（1）严格按照试油气（班组）现场 HSE 管理流程指南，建立“HSE 问责制”，全员参与，规范基层 HSE 运行，对不履行职责的行为进行责任追究，健全以正面激励为主的业绩考核体系，明确各岗位的 HSE 指标。

（2）每月 5 日召开队综合考评会，对检查的问题进行奖罚，确定本月的 A 类班组和 A 类环境，制定措施。

（五）“星级员工”评选

根据月度考核结果，推选月度安全星级员工，公示结果。

主要做法：

（1）星级员工的评选是根据员工的综合表现，如劳动纪律、个人安全表现、岗位操作水平、属地管理能力、培训与技能。

（2）每月选出一名“安全星级员工”，给予奖励。

（六）个人 HSE 行动计划

队主要干部制定个人 HSE 行动计划，由直属上级审核并监督执行，在作业现场进行公示。

主要做法：

（1）推行个人安全行动计划，实行从上到下逐级审核、自下而上逐级上报计划，从自身做起，履行岗位安全职责，将各级安全职责融入日常工作，成为落实安全职责的有效载体。

（2）重点突出一对一的个人计划制定及落实的审核，并进行相应的考核，建立完善的记录，并有简单的总结。

（3）月初制定，月底完成情况，由直属上级审核确认，公司不定期进行抽查。

行为安全管理的探讨

川庆钻探

“油气至上，安全为天”已经成为中国石油川庆钻探工程公司（以下简称川庆公司）的企业理念，“安全第一”的思想已经深入心，随着安全管理与国际的逐渐接轨，对安全工作的要求也日益提高，避免事故和伤害是当前安全管理的重点也是难点。要有效地解决这个管理难点，首先从事故分析中找到答案。

根据杜邦公司的历年统计记录，96%的事故都是由于人的因素造成的；通过对IADC（国际钻井承包商协会）自1998年以来的事故统计结果，截至2009年，IADC官方网站12年间共报告的530起事故中有492起与人的行为因素有关，占到了总事故数量的93%；对国内近年的事故统计，80%的事故是由于人的操作错误或违章造成的；在川庆公司2005—2009年的74起事故、事件统计中，几乎100%是由于员工违章或是无知性的不安全行为造成的。

要做到保护员工不受伤害，实现“零事故、零伤害、零污染”的三零目标，重点是要做好人员行为的安全管理。

一、影响行为安全的几大因素

行为科学是研究人的行为规律，主要研究工作环境中个人和群体的行为。安全行为科学是行为科学的重要应用分支。安全行为科学研究认为：人的行为是复杂和动态的，具有多样性、计划性、目的性、可塑性，并受安全意识水平的调节，受思维、情感、意志等心理活动的支配，同时受道德观、人生观和世界观的影响。所以说态度、意识、知识决定人的安全行为水平。

（一）安全态度

所谓态度是一个人对待事物的心理倾向，是对事物的一种评价，它是在社会中产生的，是后天的产物。安全态度是对安全的认识，对管理制度的认可或反对，对管理规范的执行或违背都与安全态度有关。态度具有差异性和内隐性的特点，每个人的安全态度是不同的，只有通过言论表明和行动来反映。因为态度是在个人信念的基础上形成的，最终成为一种习惯性的行为，所以不同的安全态度将会有不同的安全习惯。

（二）安全意识

所谓安全意识，就是在自己的脑海里，随时有一种自我保护的思维或想法。安全意识会决定一个人的行动。安全意识的养成与一个人的受教育程度、工作背景、性格差异、所掌握的知识、企业的教育等都有密切关系。

(三) 安全知识

所谓安全知识，就是在工作中、生活中与安全有关的内容。比如走在大街上要知道的交通安全常识，工作中要知道如何保护自己、如何逃生等。一个人的安全知识的多少直接决定他的自我保护能力以及保护其他人的能力。安全知识主要来源于自我学习和企业的专项培训。

二、提高行为安全管理的对策

(一) 要培养员工正确的安全态度

1. 设定安全态度教育对象

作业安全的动机是操作者本人的意志表现行为，它与个人的安全知识和安全技能是有区别的。当发现一名操作员工在一项作业中或是在设定的一段时间内有多次违章，尤其是发现明知故犯的违章时，就应将其视为安全态度教育的对象，并开始对其所掌握的安全知识和安全技能以及性格、情绪变化、工作经历、家庭状况、有无事故档案记录等情况建立教育档案，实行重点监控。

2. 企业的安全愿景要取得员工的共识

没有人希望受伤，这种心理是人的本能。在钻井施工中，发生了很多的伤害事故，都是操作者错误的操作行为引起的，究其原因，一是本身意念的影响，二是同伴之间的相互影响。要改变员工操作的随意性，首先得保证全体员工对安全、生命的重视达到高度的一致认识。

3. 营建和谐的安全氛围

人的动机都包含着感情的因素，人和人之间和睦的关系和有效的忠告能够促进安全态度的实现，如果用简单的处罚和要求来促其改变，只能治标不能治本。所以要彻底改变员工的安全态度，必须坚持营建和谐的安全氛围，开展以人为本的安全教育，注意改善员工之间、员工与管理人员之间的人际关系，增强相互间的协作观念，创造一个和谐的安全环境，对违章者变被动的监督管理为主动的引导关心，使得有抵触情绪人的安全态度得到改变。现在推行杜邦公司的“安全观察与沟通”是解决这个问题的最好工具。

4. 领导的示范带动

态度是在个人信念的基础上形成的，要形成安全态度就必须通过长期的指导，必须付出相当的努力。管理者的安全态度会直接影响到员工对安全的认识，只有管理者带头遵守安全规程，员工才会在反复模仿的过程中，逐渐学会接受管理者的言行。反之，则会前功尽弃。如果教育方法正确，即使没有人来跟踪检查也不会出现有意的违章，经过日积月累，正确的安全态度会自然而然地形成。现在推行的“有感领导”，不是挂在嘴上，而是要在工作中认真实践，用领导者的行动“感召”员工。

5. 建立安全奖惩机制

即使企业确立了安全管理目标，制订了安全管理制度，仍会有一些操作人员漠不关心，甚至有一些人还会抱有反感情绪。要把这些人对待安全的态度转变过来，除了进行安全态度的教育以外，还要适当建立有效的奖励和惩处制度，尤其是正面激励异常重要。比如：借鉴杜邦、壳牌的经验，每周例会上对认真进行安全观察的员工进行实物奖励就是很好的做法，坚持下去会让员工从心里认可安全管理，自愿接受管理，自觉地遵守企业的管理规定。

（二）加强员工的安全意识培训

1. 安全意识培训要从小事做起

有这样一则故事："丢了一个钉子，坏了一只蹄铁；坏了一只蹄铁，折了一匹战马；折了一匹战马，伤了一名勇士；伤了一名勇士，输了一场战争；输了一场战争，亡了一个国家"。其实，安全工作就如同这则故事，对待安全问题，必须把小事当作大事来做，力求精细。杜邦公司不管召开任何会议都坚持一个惯例，正式开会之前主持人必须先介绍安全出口；规定员工上下楼梯必须扶扶手、在办公室里不准奔跑、铅笔芯要朝下插在笔筒内。如此"谨小慎微"的安全教育、规章制度和具体措施，看起来是那样微不足道，但正是这些小小的安全意识，使得杜邦公司一直保持着骄人的安全记录，并造就了"让员工在工作场所比在家里安全十倍"的神话。正是这些看起来微不足道的细节，让每一名员工从心理产生安全意识，就是什么是应该做的，应该怎么去做，这正是安全生产的命脉之穴。

2. 安全意识教育要从习惯抓起

安全意识的培养，有个积累的过程。"世界上最可怕的力量是习惯，最宝贵的财富也是习惯"。对公司近10年来的74起伤害事故统计分析表明，不良习惯的可怕之处让人惊叹。所谓"习惯"，在字典上的解释就是由于重复的练习而固定下来的并变成需要的行动方式。比如，开车系安全带，上井架使用防坠落装置等。在生产过程中，一旦有人违章作业又没有得到及时制止和处罚，周围其他人员就有可能盲目随从，如果这种习惯得不到纠正，就有可能发生群体违章或群体伤害。从大量的事故分析看，不但违章者本人的安全技术和心理状态、行为习惯存在麻痹思想，抱着侥幸心理，而违章者身边的人员也对违章行为不以为然，见怪不怪，更有甚者，盲目跟从。

3. 要加强事故案例教育

通过一张张血淋淋的图片，刺激职工大脑意识，唤起保护生命的安全意识，使职工用严肃的态度来对待工作的安全问题，积极主动地参与安全管理活动。首先要明确事故调查的目提为了查找事故背后的真实原因，是为了吸取教训，而不是为了处理人；其次是要搞好"安全经验分享"，将事故的真正原因与全体员工一起分析讨论，让员工产生共鸣。

4. 设立专门的"意识教育"培训课程

通过与壳牌公司合作，发现就是缺少这种专门的课程，缺少这种专项的培训。在壳牌公司，对安全意识教育的重视不亚于专业安全知识的培训。要借鉴杜邦、壳牌的经验，让专业安全管理人员设计类似的课程，对员工进行系统的培训。

（三）对员工进行系统的安全知识培训

通过对事故的调查分析发现，与人的行为有关的事故，除了安全意识缺乏之外，重要的一个方面就是员工缺乏相关的安全知识。比如：不懂得绳套的安全负荷就会选错绳套，导致吊物坠落砸伤员工；不懂得井架逃生装置的正确使用，会导致人员坠落伤害；不懂得使用正压式空气呼吸器会在应急情况下盲目施救而出现连续亡人事故。可见安全知识对于员工保护自己生命安全是异常重要，对员工进行系统的安全知识培训刻不容缓。

1. 根据岗位需求，建立科学的培训矩阵

根据员工不同的操作岗位，明确岗位所需的安全知识，制定培训项目和培训周期，并严格落实。

2. 培养专业的培训师，编制标准课件

每一项安全知识都应由相关专业人员编制好标准的培训课件。有了课件，不同的人去讲效果也会有很大的差异，所以还要注重培训师的培养，把各级管理者都培养成合格的培训师，履行其培训直线下属的责任。

3. 加强培训的跟踪和考核

制定严格的培训计划，分层次、分阶段、分项目逐步实施，确保所岗位员工都能接受到岗位所需的培训。注重对培训效果的考核，以确保员工真正掌握培训内容。此外，还应对培训效果进行周期跟踪，确保培训有效进行。

（四）应用管理手段改变员工行为习惯

当前的安全管理还处在“严格监督”阶段，员工安全态度、安全意识、安全知识还不能满足安全管理的需要。所以，除了做好以上三个方面的事情外，还得采取一些有效的管理手段，来强制性地规范员工的安全行为。

（1）强力推行几种“风险控制工具”。作业许可（PTW）、工作安全分析（JSA）、安全观察与沟通等都是有效控制员工不安全行为的手段，要科学转换、全面宣贯、强力推行。

（2）实施异体监督，加强违章管理，有效地开展行为安全审核，发现并纠正员工的违章行为，对明知故犯或屡教不改的员工要进行适当地处罚。此外，要对发现的违章行为进行定期的分析，找出员工违章背后的原因，采取相应的管理措施。

三、结束语

从分析、认识、研究人的安全行为因素和模式入手，掌握人的安全行为和不安全行为的规律，从而激励安全行为、防止行为失误和抑制不安全行为是提高安全管理水平的最直接、最有效的管理手段。